2021年教育部首批新文科研究与改革实践项目
首批江苏高校新文科研究与改革实践省级重点培育项目（项目编号：20
"以经济监督人才培养为特色的经管法领域新文科建设实践"研究成果

法学专业实践教学改革探索

FAXUE ZHUANYE SHIJIAN JIAOXUE
GAIGE TANSUO

主　编　刘旺洪
副主编　刘宏宇　殷　楠

南京大学出版社

图书在版编目(CIP)数据

法学专业实践教学改革探索 / 刘旺洪主编. —南京：南京大学出版社，2022.11
ISBN 978-7-305-26142-8

Ⅰ.①法… Ⅱ.①刘… Ⅲ.①法学教育-教学改革-研究-高等学校 Ⅳ.①D90-42

中国版本图书馆 CIP 数据核字(2022)第 169092 号

出版发行	南京大学出版社
社　　址	南京市汉口路 22 号　　邮　编　210093
出 版 人	金鑫荣

书　　名	法学专业实践教学改革探索
主　　编	刘旺洪
责任编辑	黄隽翀

照　　排	南京紫藤制版印务中心
印　　刷	南京京新印刷有限公司
开　　本	787×960　1/16　印张 24.5　字数 342 千
版　　次	2022 年 11 月第 1 版　2022 年 11 月第 1 次印刷
ISBN	978-7-305-26142-8
定　　价	98.00 元

网　　址：http://www.njupco.com
官方微博：http://weibo.com/njupco
官方微信：njupress
销售咨询热线：(025)83594756

* 版权所有，侵权必究
* 凡购买南大版图书，如有印装质量问题，请与所购
　图书销售部门联系调换

目 录

新文科背景下法学人才培养研究

新文科视域中复合型法律人才培养模式研究 …………………… 王艳丽 / 3
新文科建设下的法学创新与实践人才培养路径 ………………… 秦康美 / 12
习近平法治思想中的涉外法治观对国际法课程实践教学的引领作用
　　……………………………………………………………… 路　广 / 24
《刑事诉讼法》课程思政案例教学模式研究
　　——"马恩刑事诉讼观"视阈下的"张扣扣案"为例 ………… 胡玉霞 / 32
法学本科毕业生就业状况 ……………………………… 牛建平　刘宏宇 / 41
双院制模式下学生组织参与教学管理探究
　　——以 N 大学法学院为例 ……………………………………… 朱　芸 / 56
审计法实验课程思政教学路径研究 …………………… 郝　炜　牛建平 / 61
新时代法治人才培养模式思考 …………………………………… 刘汉天 / 70

法学实践教学模式创新

关于法庭辩论赛提升法学生就业能力的分析 ………… 刘宏宇　金　灿 / 81
论情境教学法的内涵 …………………………………… 李相森　柴亚琪 / 89
法学本科实践教学中的三大误区 ………………………………… 殷　楠 / 103
诊所式法律教育在我国法学实践教学中的发展与创新
　　——以南京审计大学《法律诊所》课程教学为例 ……………… 冯　翔 / 112
大学生校外实习基地建设研究
　　——以法学专业为例 ………………………………… 何新容　马瑜彬 / 122

如何上好《法学跨专业综合实验》实践教学课 …………… 戴继翔 / 127
法学教育校外实践基地建设的新思维
　　——基于新文科背景下的法学教育路径考量 …………… 胡天成 / 136
把课堂当社会，把社会当课堂
　　——谈法律诊所实践课程的教学 …………… 胡晓涛　朱　灿 / 144
心理咨询技术在法学实践教学中的运用 …………… 任　凡　牛建平 / 152
普通法系之案例教学法在我国法学教育中的适用 …… 漆鲜萍　鲍红香 / 163
法律诊所教育在《法律职业伦理》教学中的问题与对策 …………… 高伟伟 / 169

信息技术与法学实践融合路径探索

"互联网＋"时代法学本科教学模式与方法探索 ……… 何邦武　俞陶涛 / 181
如何打造高质量法学实践课程
　　——以疫情期间《法务会计模拟实训》课程为例
　　　　　　…………… 沈　玲　鲍红香　王艳丽　秦康美 / 190
模拟法庭课程的一些问题及其改进 …………… 施卫忠　辛　灵 / 196
"互联网＋"背景下的诊所式法律教育改革探索
　　——以南京审计大学《法律诊所》课程为例 …………… 靳　宁 / 202
高校网络在线课程的兴起与规范 …………… 苏海雨 / 211
新冠背景下在线远程教育的机遇与挑战 …………… 倪蕴帷 / 215
法学第二学历线上教学效果提升之道 …………… 陆海波 / 223

课程教学改革

行政法案例教学中的规范思维
　　——以"袁裕来购书案"为例 …………… 何永红 / 233
论复合型法学(法务金融方向)专业人才培养 …………… 秦康美 / 247
"互联网＋"时代下《网络法学》的课程建设 ……… 何邦武　王子轩 / 261
审计法学的学科定位与实践教学
　　——理念、方法与路径 …………… 苏　欣　周华鑫 / 270
《知识产权法》课程落实习近平总书记保护知识产权思想的几点做法
　　………………………………………………………… 王晨雁 / 278

高校法律职业伦理课程建设探究 …………………………… 毕少斌 / 285
法学专业人才培养方案的思索与完善 …………………………… 王　刚 / 293
中国问题视角下的国际私法实践教学 …………………………… 吴一鸣 / 310
"金课"建设视域下经济法线上线下混合教学改革探析 ………… 朱　娟 / 318
国际经济法课程复合型考核模式探析 ……………… 孙秀娟　何新容 / 326
纪检监察学科发展与课程体系建设初探 ………………………… 池　通 / 336
KOLB学习圈理论在民法学教学上的应用与反思 ……………… 郑　祺 / 344
行政法教学的中国话语研究 ……………………………………… 刘文凯 / 353
"非必选"型课程定位下环境法学教学质量提升路径研究 ……… 谌　杨 / 360
新时代知识产权法课程改革教学实践研究 ……………………… 范晗婷 / 369
"法学＋"复合型专业本科生专业承诺及影响因素研究
　　………………………………………………… 牛建平　韩冰瑶 / 375

新文科背景下法学人才培养研究

新文科视域中复合型法律人才培养模式研究

王艳丽

【摘要】 新文科建设对法律人才培养提出了新的要求,新文科背景下的复合型法律人才应当具有民族精神和国际视野,能够适应新时代发展,具有复合知识背景和较强的应用能力。通过对代表性法律先辈的学习背景、国外法律人才培养模式等进行分析,复合性知识是法律人才培养的基本要求。我国现有的复合型法律人才培养模式各有利弊,推进人才培养模式改革,应当进一步丰富法科学生的基本知识面,推进跨专业知识深度融合,强化复合性实践,并加强复合型师资队伍建设。

【关键词】 新文科;复合型;法律人才;培养模式

2018年8月,教育部提出了新文科建设,高校文科专业应当"强化价值引领,促进专业优化,夯实课程体系,推动模式创新","培养适应新时代要求的应用型复合型文科人才"。教育部高等教育司司长吴岩指出:文科占学科门类的三分之二,其专业种类和在校学生数占半壁江山,文科教育的振兴关乎高等教育的振兴。高等文科教育应精准把握高等教育新形势,构建以育人育才为中心的哲学社会科学发展新格局,加快培养新时代文科人才,全面提升国家文化软实力。[①]并对什么是新文科,如何建设新文科做出了阐释。对新文科人才的民族

【基金项目】本文为教育部首批新文科研究与改革实践项目:以经济监督人才培养为特色的经管法领域新文科建设实践(2021140067)的研究成果。其中部分内容曾发表于《江苏教育研究》2019年第6期。

【作者简介】王艳丽,南京审计大学法学院教授,主要从事经济法教学与理论研究。

① 吴岩:《积势蓄势谋势 识变应变求变——全面推进新文科建设》,载《新文科教育研究》2021年第1期。

性、时代性、世界性、应用性、复合性等提出了明确的要求。① 法学界也结合专业特色对新文科视域中的法学人才培养进行了探讨,"培养模式创新"成为新文科背景下法学人才培养的核心任务与迫切要求。如教育部高等学校法学类专业教学指导委员会主任委员、教育部新文科建设工作组副组长徐显明认为,应当"更新生源构成、培养目标、培养体系、师资队伍、培养模式等";②武汉大学法学院院长冯果教授认为,应当"在育人观念、人才战略定位、专业建设、课程体系、教学模式和授课方式等方面进行全面改革"。③ 并均针对人才培养中法学与其他学科的交叉复合问题提出了建设性意见。

实际上,早在 2012 年 5 月,中共中央政法委员会、中华人民共和国教育部联合推出卓越法律人才教育培养计划,就明确提出要"坚持分类培养,着力打造应用型、复合型法律职业人才"。④ 2018 年 10 月 8 日,教育部颁布了《关于加快建设高水平本科教育,全面提高人才培养能力的意见》,在卓越法律人才教育培养计划的基础上,提出了"实施卓越法治人才教育培养计划 2.0",进一步明确相关改革任务和重点举措,其中包括"鼓励高校开发开设跨学科、跨专业新兴交叉课程、实践教学课程,形成课程模块(课程组)供学生选择性修读。鼓励高校深入实施主辅修制度,丰富学生跨专业知识,培养学生跨领域知识融通能力和实践能力。推进法学学科体系、学术体系、话语体系创新,鼓励高校组建跨专业、跨学科、跨学院教学团队,整合教学资源,积极探索新型教学模式,编写出版一

---

① "新文科"就是文科教育的创新发展。培养知中国、爱中国、堪当民族复兴大任新时代文科人才;培育新时代社会科学家;构建哲学社会科学中国学派;创造光耀时代、光耀世界的中华文化。推进新文科建设要遵循守正创新、价值引领、分类推进"三个基本原则";把握专业优化、课程提质、模式创新"三大重要抓手",抓好中国政法实务大讲堂、中国新闻传播大讲堂、中国经济大讲堂、中国艺术大讲堂"四大关键突破",培养适应新时代要求的应用型复合型文科人才。参见吴岩:《积势蓄势谋势 识变应变求变全面推进新文科建设》,2020 年在山东大学召开的由教育部新文科建设工作组主办的新文科建设工作会议上的主题报告。参见齐鲁晚报网:[EB/OL] https://baijiahao.baidu.com/s?id=1682402214219491830&wfr=spider&for=pc。根据该要求,新文科人才的基本内涵应当是:具有民族精神(民族性)和国际视野(世界性),能够适应新时代发展(时代性),具有复合知识背景和较强的应用能力。
② 徐显明:《新文科建设与"新法学"教育的挑战和应对》,载《新文科教育研究》2021 年第 1 期。
③ 冯果:《新理念与法学教育创新》,载《中国大学教育》2019 年第 10 期。
④ 《教育部、中央政法委员会关于实施卓越法律人才教育培养计划的若干意见》(教高〔2011〕10号),第二条"主要任务"。参见:[EB/OL] http://old.moe.gov.cn/publicfiles/business/htmlfiles/moe/s3875/201204/134451.html

批具有创新性、交叉性的教材,实现跨专业的师资交叉、资源共享、协同创新"。①这一要求其实是对复合型、应用性法律人才培养实现路径的进一步细化。复合型人才培养不仅是新文科建设、卓越法治人才培养的基本要求,同时也是实务部门由来已久的强烈呼声,②因此,笔者重点针对复合型法律人才培养,结合本校法学专业改革实践,谈一点粗浅的认识。

一、从我国法律先辈求学之路看复合型法律人才培养

我国法律界一些杰出代表都属于复合型法律人才,要么有不同的知名大学求学经历,要么具备丰富的多领域专业知识。以三位著名的先辈为例:钱端升、梅汝璈和向哲浚先生。钱端升先生是参加我国第一部宪法起草工作、筹建北京政法学院(今中国政法大学)并出任首任院长的著名法学家。钱先生考入清华大学后,先后在美国哈佛大学获得文学硕士学位和哲学博士学位。梅汝璈先生,代表中国出任远东国际军事法庭法官,参与了举世闻名的东京审判,对日本甲级战犯的定罪量刑工作作出了突出的贡献。梅先生在斯坦福大学获得文学士学位,尔后进入芝加哥大学法学院学习,获得法学博士学位。向哲浚先生,代表中国出任远东国际军事法庭检察官,从清华大学毕业后,在耶鲁大学获得文学和法学两个学士学位,然后在华盛顿大学学习国际法,获法学博士学位。

通过这三位法律名人的学习履历可见,他们具有以下共同特点:第一,在求学的过程中都曾经在非法律专业领域学习,获得过非法律专业的学位证书;第二,在法律专业知识之外,还具有深厚的文学底蕴和其他领域的专业知识及经验。如钱端升先生还有丰富的政治学知识,同时也是著名的政治学家;向哲浚先生还曾任上海财经学院(现为上海财经大学)外语教研室主任。此外,他们都有海外留学的经历。这些法律先辈的学习背景与新文科提出的具有民族精神、

---

① 《教育部、中央政法委关于坚持德法兼修实施卓越法治人才教育培养计划 2.0 的意见》(教高〔2018〕6 号),第三条"改革任务和重点举措"。参见 http://www.moe.gov.cn/srcsite/A08/moe_739/s6550/201810/t20181017_351892.html

② 同济大学工程(土木)——法学创新试验区曾做过一个调查,对复合型人才(包括复合型法律人才)需求达到 10%以上的单位高达被调查单位的 60%,而真正达到这一数值的被调查单位仅占 20%。参见:刘一村,冉凌霄,许佳楠:《土木法学复合型人才的需求及前景》,载《教育教学论坛》2017 年第 34 期。另有针对企业对法律人才需求的调研发现:"毕业生不能仅仅是单一的法律诉讼或法律事务人才,而是成为能够涉猎多领域职业的具有现代法律意识的复合型人才。"参见:郑侠,侯帆:《企业对法律及法律专业人才的需求调研》,载《教育教学论坛》2012 年第 18 期。

国际视野、复合性知识等要求不谋而合。

二、从其他国家的法学教育看复合型法律人才培养

世界主要有两大法系,反映在不同的人才培养模式上,大陆法系以德国、日本为代表;英美法系以美国为代表。

1. 美国。美国法学院有三种学位:法学硕士(L.L.M.)、法律职业博士(J.D.)和法律科学博士(J.S.D.或者 S.J.D.),其中法律职业博士生是法学教育的主体,攻读法律职业博士学位的学生必须先取得一个非法学专业的学士学位。

2. 日本。日本法学教育有法学本科和法科大学院,其中法科大学院是日本在各个高水平法学研究教育和法学本科教育基础上建立的,专门培养法律职业人才的高等法学教育机构。法科大学院是"专业研究生院,以培养法律职业(法曹)应该具备的必要的学识和能力为目的"。[①] 在学生的来源上,法科大学院与美国的法学教育有类似之处,也强调学生的多元背景,吸收大量非法学本科学生入学。

3. 德国。德国的法学教育模式为:大学研习+职业预备。法学专业的学生不仅要在大学里学习书本上的法律,还要到司法、行政部门等去训练运用法律的能力。[②] 在第一阶段的大学研习中,学生学习的必修课包括:重要技能和法学外语课程,如修辞学、表达技能、交流和谈话能力,法语法律术语、英语法律术语。[③]

上述三个国家都强调法律人才培养的复合性,在具体的复合模式上有所区别:美国是完全复合模式,即所有法学专业的学生首先必须获得其他专业的学位;日本是复合为主模式,即法科的研究生中有大量来自非法律专业的毕业生,并对来自法学专业和非法学专业的学生设置不同的学习年限要求,前者只需要修读 2 年,后者则需修读 3 年;德国则是内涵式复合模式,即将非法律专业的课程和知识内化于法律专业人才培养过程中,以满足培养法律职业人的要求。

---

① 丁相顺:《J.M.还是 J.D.?——中、日、美复合型法律人才培养制度比较》,载《法学家》2008 年第 3 期。
② 杜晓明:《德国法学教育简介》,载《北航法律评论》2015 年第 1 期。
③ 郑永流:《知行合一经世致用——德国法学教育再述》,载《比较法研究》2007 年第 1 期。

三、我国复合型法律人才培养模式分析

从可查知的资料来看,我国复合型法律人才培养自 1996 年开启,南京铁道医学院(后并入东南大学)开始招收医事法学方向学生。同年,我国法律(非法学)硕士开始设立,远早于法律(法学)硕士(2009 年开始首次招生)。20 余年发展历程,我国主要形成了以下几种培养模式。

1. 复合型专业方向模式

这种模式一般而言是在法学专业内设其他专业方向,如"法学＋会计学""法学＋金融学""法学＋工程学"等,培养"法学＋"复合型人才。专业课程设置上以法学课程为主,同时兼设另一专业的核心课程,学生毕业时获得法学学位。如东南大学的工程法学方向、南京审计大学的法务会计方向等。也有高校在其他专业复合法学课程,如西南政法大学在德语、电子商务、金融工程等专业中开设法学类课程,培养具有一定法律素养的非法学专业人才。

2. 辅修模式

这种模式是学生在法学专业学习之外,辅修另一专业的专业课程,都通过考核以后可以获得法学本科毕业证和学位证,同时获得另一专业的辅修学位证书。

3. 双专业双学位模式

这种模式是法学专业的学生可以在本科阶段修读第二个专业,在达到两个专业培养要求的情况下,可以获得两个毕业证书和学位证书。如中国政法大学,学生可以用 4＋2 年时间修读两个专业,在两个专业均达到培养方案要求的前提下,可以获得记载有两个专业学习经历的毕业证和学位证。

前述三种模式各有优缺点。复合型专业方向模式的优点在于学生可以在正常本科四年的时间修读完另一个专业的核心课程,达到了解这个专业相关知识的目的,但由于修学时间有限,也有可能导致两个专业都没有学到位,从而产生"1＋1＜1"的结果。辅修模式的优点在于学生可以利用课余时间修读另一专业,并拿到相应的辅修证书;但缺点在于教师开设辅修课程时,对学生要求不高,教学内容和要求一般会降低,从而影响辅修学位的含金量。双专业双学位模式的优点在于,修读年限比一般本科长,学生在非法学专业课程的学习上比复合型专业方向更为深入,但修读年限长同时也是让学生犹豫的原因,同时,2年时间毕竟远低于一个完整的专业培养周期。

4. 法律（非法学）硕士模式

这种模式是其他专业本科毕业生直接考取或推免进入法律硕士阶段学习，所有高校的法律（非法学）硕士，即"非法学本科法律硕士"均为这种模式。这种模式下虽然修学时间较长，培养成本相对较高，但学生学习不同专业知识的时间最为充裕，掌握两个专业知识的程度明显高于前三种模式，是最能实现复合型法律人才培养要求的。早在2006年厦门大学朱崇实校长就提出"法学专业不应该在本科设置"[①]的观点，认为应该在硕士阶段再设置法学专业，但这就在根本上改变了我国的法学专业设置，而我国目前有600多个高校设有法学本科专业，改革难度可想而知。

此外，还有一个重要的问题，现有的复合型法律人才培养均为传统的"法学＋某专业知识"的培养思路，离新文科所要求的"复合型"人才差距还很大。新文科视域中的"复合型"不仅仅是专业知识的复合，还要求具有民族精神、家国情怀、国际视野，并能适应时代发展，与时俱进。随着各高校"课程思政"建设的不断推进，法律人才的"民族性"得以提升，但其"时代性""世界性"方面的素质还不足，如何在有限的时间里培养满足新文科要求的复合型法律人才，是各法学院校应当共同探讨的问题。

四、新文科背景下复合型法律人才培养改革思路

正如冯果教授指出的，新文科背景下的法学学科，要加强跨学科建设，但又切忌形式主义，尤其不能简单地将法律、经济、计算机、艺术等课程进行"拼盘"，导致培养出"法律不像法律、经济不像经济，工程不像工程"的四不像人才。[②] 复合型法律人才绝不是法律和不同专业的简单相加，而是让学生将所学法律知识与其他专业知识有机融合，丰富自己的知识底蕴和专业知识面，提升综合能力，以满足社会不同领域对法律人才的需求。因此，无论哪种培养模式下，都应当注意以下几方面的改革，以实现在新文科背景下复合型人才培养"1＋1＞2"的目的。

1. 丰富基本知识面

在保持法律专业秉性的基础上，丰富复合型法律人才的基本知识面。通过

---

① 丁相顺：《J.M.还是J.D.？——中、日、美复合型法律人才培养制度比较》，载《法学家》2008年第3期。

② 冯果：《新理念与法学教育创新》，载《中国大学教育》2019年第10期。

前述法律名人成长之路以及各国法律人才培养模式可见,丰富法律人才知识底蕴是法学教育中不可或缺的环节。复合型法律人才需要掌握的不仅仅是法律专业知识和某专业的基础知识,还要掌握与法律思辨能力和法律职业技能密切相关的哲学、历史、社会学知识、语言技能及现代化技术等。因而,在复合型法律人才培养的课程设置中,应当拓宽思路,增加相关的人文社科类课程和现代信息技术类课程,提升学生的法律思维、写作、表达能力及现代信息技术应用能力,对学生阅读经典著述、撰写论文、法律文书等方面提出明确考核要求。如2021 年我校修订人才培养方案,进一步提升了法学专业学生基础性课程的学分,其中"国本类"必修课,包括形势与政策、马克思主义基本原理等高校共同的必修课程 44 学分,"校本类"必修课程四门,包括简明微积分、审计学通论、现代信息技术前沿概论、数据分析与可视化共 12 学分,通识教育选修课包括五类:思想政治类、社会科学类、中华文化类、外国文化类、方法类,其中设置了社会主义发展史、大学语文与写作、唐宋诗词、逻辑学、社会调查与定量分析等选修课共 17 学分。

2. 推进跨专业知识深度融合

在复合型法律人才培养中,应将法律专业学习与另一专业学习深度融合,避免两张皮现象。如前所述,当前复合型法律人才培养方案的设计往往是在法学专业核心课程和主干课程的基础上再开设另一专业的核心课程。其出发点是让学生能够在掌握法律知识的基础上再掌握或熟悉另一专业的基础知识,从而达到复合的目的,但实践中却往往出现两个专业各说各话,特别是另一专业的授课教师在针对复合型法学专业学生教学时,出现教学状态不佳或学生学习效果较差等问题,这个问题产生的原因主要有:对复合型人才培养的定位不准确;学生对待非法学专业课程不够认真;缺乏配套实践教学环节等。笔者认为,首先,应当准确定位不同法学院校人才培养的出口,以本科人才培养为主的高校,宜以应用性为目标,对标毕业生的主要就业去向,开设跨专业课程,如法务会计,若主要出口为企业合规、社会中介机构等,可以能够看懂涉案财务报表为课程设置目标。而以研究生培养为主的高校,特别是在法律(非法学)硕士教育中,有天然的复合型人才培养的基础,但现实中却常常出现学生考上研究生以后对原有专业知识遗忘现象,没有发挥复合型法律人才的优势。针对该问题,有学者提出:学校应结合自身优势,制定体现自己特色的应用复合型培养方案[①]。笔者

---

① 屈茂辉,陈锦红:《应用型复合型卓越法律人才培养方案研究》,载《大学教育科学》2015 年第 2 期。

认为,要真正发挥不同高校在复合型法律人才培养中的特色和优势,应根据高校自身的特色和优势招收相应本科专业的学生进入法律(非法学)硕士阶段培养。比如法学专业所在学校工科专业较强的,可以相应招收工科专业本科学生进入法律硕士班;而所在学校经管类专业较强的,则招收经管类专业本科学生进入法律硕士班,并制定相应的特色培养方案,这样可以将学生原来的专业与法律硕士阶段的学习有机结合起来,真正实现特色化的复合型人才培养。其次,充分利用现代教育手段和教育资源。很多非法学专业课程,学生校内学时不足或效果不佳的,可以利用中国大学慕课、学银在线等公开的教育教学资源,通过课外学习弥补课内学习的不足,以提升跨专业学习的效果。

3. 强化复合性实践

复合型法律人才不仅仅要掌握法律和另一专业领域的基础知识,同时还应当具备相应的职业技能。早在 19 世纪,美国著名大法官霍姆斯就提出了法律界的至理名言:"法律的生命不在于逻辑,而在于经验。"学以致用是法学专业人才培养的直接追求,社会对复合型法律人才提出的要求更是如此。因而在复合型法律人才的培养过程中,应当强化实践环节,构建"从课内到课外,从校内到校外"的实践教学模式,不仅在课堂教学上大量采用案例教学、模拟教学等手段,在课外还要大量开展实践活动,同时提供在校外实习实践的机会。如一方面学校与当地实务部门包括司法部门、律师事务所、街道基层组织、企业等合作,让学生实际接触和解决法律纠纷,提升法律应用能力;同时,针对不同法学院校复合型法学教育的特点,还要强化学生在另一专业领域的技能,如我校法务会计方向的学生,为提升其会计、审计实务技能,还专门提供会计核算模拟、企业会计实务等实践活动内容。在用中学,往往是学习的有效路径。

4. 加强复合型师资队伍建设

要培养适应时代发展的复合型人才,教师队伍建设也是亟待解决的问题。首先,参与复合型人才培养的师资队伍,不能是两个专业教师的简单拼凑,教师自身应当具有一定的复合型知识和能力,即便不能做到全员知识复合,至少核心团队成员应当具有复合型知识背景。特别是随着现代经济和技术的发展,很多法学院校已经开始跨专业学科建设和人才培养的尝试,如开设能源法学、家事和医疗法学、工程法学、网络与智能法学、计算法学等具有鲜明时代特征的新兴与交叉专业或专业方向。如果纯粹是法学与工程、医疗、计算机等专业的老师简单相加,最后难免产生前述两张皮现象。比如法务会计的师资队伍中,就一定要有懂会计、审计的法学专业教师。其次,还要加强教师的现代化技能培训。法学专业教师大多为文科背景，在现代教育技术的运用上相较理工科专业明显有差距，如虚拟仿真实验项目的建设，全国法学专业目前在教育部虚拟仿真实验平台开放的项目仅仅 35 个。同时，对利用各类线上资源开展教学也相对滞后。汉代思想家杨雄《法言》有云："师者，人之模范也。"育人先育己，在复合型法律人才培养的道路上，身为法学专业教师，也还有很长的路要走。

新文科建设下的法学创新与实践人才培养路径

秦康美

【摘要】 法学教育应该与时俱进,培养适应社会发展的法学专业人才,当前法学教育培养的人才同质化严重,更多培养的为理论型传统人才,导致法学人才与社会需求脱节。新文科建设下的法学教育应该培养适应社会需要的多层次、多样化的法学人才,为此法学人才培养应该科学体系化,首先,应该从思想上进行理念设计,使法学学生具有优良的思想品德和文化素养,拥有专业自信和自豪感。其次,宜将法学人才培养分为实践型、创新创业型、研究型三种人才,为社会培养应用型、创业型及研究型的法学人才;最后,不同的法学人才类型应该设置不同的培养目标与路径,培养学生的自主学习和探究理念,使其能够独立思考和自主安排职业规划,成为具有专业担当精神,承担民族复兴大业的治国理政专业人才。

【关键词】 法学教育;应用型人才;创新型人才;研究型人才

一、问题提出

习近平总书记在去年中央人才工作会议上提出:要全方位培养人才,培养心怀"国之大者",为国分忧、为国解难、为国尽责的创新型、复合型以及坚持实践为标准的应用型人才。教育部于 2020 年 11 月推出《中国新文科建设宣言》,提出国家发展需要创新文科人才培养,提出"经管法助力治国理政",作为治国理政重要专业之一的法学专业如何全方位培养法学人才,以适社会发展新格局

【基金项目】本文系南京审计大学国家一流专业(法学)建设项目"法学学生创新与实践能力提升研究"(课题编号:2020JG143)的研究成果。
【作者简介】秦康美,南京审计大学法学院教授,主要从事民法学教学与理论研究。

就提上了新的发展日程。目前全国高等院校开设法学本科专业的学校有 588 所[①]，但是据麦可思研究院于 2020 年 7 月 9 日发布的《2020 年中国大学生就业报告》显示，法学专业与绘画、音乐表演、应用心理学、化学 5 个专业是 2020 年本科就业红牌专业，并且，法学专业是连续三届都是红牌专业。[②] 法学专业作为治理政的主要专业，培养的人才应该是社会急需的人才，一方面社会发展急需法学人才，另一方面法学人才却是社会发展中不景气的就业人才。究其原因，可能是高校培养的法学人才未能与社会需求所契合，学生的创新与实践能力不足导致其不能胜任用人单位各种需求。如何培养在思想上有为社会服务，具有职业担当精神的专业自信和自豪感的高境界法学人才，同时，具有丰富的法学实践能力，能够应对创新社会多层次需要的复合型新文科法学人才就尤为迫切。

二、法学本科创新与实践人才培养研究现状

创新能力主要是指人们受到创造性思维的影响从而具备的一种创造且具有一定价值的能力。法学学生创新能力是指通过法学教育，能够激发学生的创新意识，培养学生在理念上的创新。围绕着法学创新与实践人才培养，当前学术界主要有如下一些观点。

1. 实践创新研究。一是法学本科教育主要是为社会提供应用型人才，需要实践能力方面的创新人才，法学学生实践能力提升是指法学学生在具有法学基础理论后，使用理论知识能够为社会提供服务的能力。实践创新主要表现在，一是实践教学模式创新，当前实践创新教学模式种类有案例研习法，强调学生为主体；案例教学法，强调教师为主体；实务部门人员担任实践教学法。二是学生实践形式的创新。通过创新实践形式来培养学生的实践能力。如有学者提出可以将公益诉讼作为新型实践课程创新模式，用此培养学生从传统的被动学习到真正环境下的主动运用所学知识与技巧进行学习与实践。（刘铁光，法学专业学生提起公益诉讼的价值与纳入实践课程的方案，2020）三是实践路径的

---

① 数据来源于中国教育在线：https://gkcx.eol.cn/special/14? special_type=3&sort=1 整理而来。
② 郎朗：《就业蓝皮书：法学等专业连续三年就业率亮"红牌"》，中国新闻网：http://www.chinanews.com/gn/2020/07-09/9233459.shtml

创新。实践路径的创新路径需要从教学团队带领,组织化的学生,常规培训教学体系等方面进行安排。(曹锦秋、郭金良,高等学校法学实践教育创新研究——从实训课程与模拟法庭的关系视角切入,2018)

2. 创新创业研究。法学学生实践能力提升主要是为社会提供熟练的应用型法学人才,这类人才更多是为用人单位所需要,当前社会还需要培养自主就业的法学人才,因此法学界围绕着法学学生创新创业进行了研究。有学者认为,法学专业并无创新可能,创新更多是社会服务模式的创新,(叶青.法学院校创新创业教育贵在得法,2016),但也有学者认为,高校法学院系的毕业生不仅要具备系统的法学专业基础知识,更要有能适应不同社会层面、不同行业领域的实践能力,还需要在知法、用法的基础上,拓展新的法律服务模式适应社会整体的创新需求,法学学生也需要专业方面创业服务研究。(张英,高校法学专业创新创业教育的现实意义及教学组织模式探究——以广东技术师范学院法学专业《创新创业实践》课程开设经验为参考,2018)

3. 科研创新研究。法学本科不仅要培养应用型本科人才,还要为社会培养更高层次的法学专业人才,需要在科研方面创新。学者们认为,科研创新是激发学生的科研热情,培养学生学术创新的能力。科研创新一方面可以从课内写作课着手,写作课需要从教学内容选择、教学环节设计、教学方法和模式等方面大胆创新,能够培养具有创新能力的高层次法学学术专业人才。(张小军,新时代大学生科研创新实践能力培育路径研究——以"法学研究方法与论文写作"课教学为例,2019);另一方面,科研创新还可以从课外学术活动着手,课外学术活动首先应该有名,避免学生陷入不务正业之嫌。同时科研创新需要教师教导适度,学生要求适度。(李伟峰,基于课外科研活动培养大学生创新实践能力,2019)

学者们针对法学人才创新与实践培养方面已经有一定的研究基础,但也存在许多薄弱之处,首先,当前研究还未形成体系。很多研究都是自成体系,共性很难找到。其次,研究缺乏理论。当前研究没有相应的理论进行支撑,研究更多是一家之言,最后,研究缺乏详细的开展路径,更多研究只是泛泛指出框架式建议,没有详细的具体路径和方法。

4. 国外的法学教育典范代表研究

国外先进法学教育以美国为典范,因此,国外法学教育研究多以美国法学教育为研究对象。

(1) 美国法学的教育目标。美国法学教育是应用型人才培养的典范,其成功地为美国社会培养了众多国家领导者和法学精英人才,诸如总统、大法官、教授和精英律师。法学教育成功之处是培养复合型的应用型法学人才,强调法学教育需要与实务部门结合。(李响,美国法学教育的人才培养机制及其借鉴,2018)因此,美国法学主要是围绕着职业教育进行,法学学生教育更多会到实践部门去实习、参加诉讼及提供社会法律服务等。(Americanbar.org,A BAR A. ABA Standards and rules of procedure for approval of law schools,2017 - 2018)

(2) 美国法学教育方式。美国法学教育模式是培养独立思考型的人才,即培养的学生要实行"像律师一样思考",强调通过实践教学对学生思维方式进行训练。(O'NEILL S B, SPARKMAN C G.From law school to law practice: the new associate's guide,2008)

(3) 美国法学教学方法。美国法学教育典型的使用苏格拉底拷问式教学法,要求老师在课堂上扮演一个"智者"的角色,注重建立以学生为中心的课堂教学模式,老师提出问题,引导学生交流与思考,美国式教学方式能够培养学生自主学习与思考。(MARSHALL D G.Socratic method and the irreducible core of legal education,2005)

(4) 美国法学实践。美国法学实践有模拟与法律诊所等方式,法律诊所式教育也是美国法学教育典范,法学学生有机会出庭应诉,参加各类法律服务,但学生需要遵守相应的律师职业道德,因此法学教育强调职业伦理教育与专业实践教育。(STEPHEN F. Clinical legal education at a generational crossroads: a self-focused self-study of self,2010)

三、新文科发展对法学创新与实践人才的基本要求

(一) 法学人才应该是引导社会价值的人才

社会的良性发展需要有一个远近期的规划,良好的社会秩序,高素质的社会居民三个发展要素。而社会规划和社会秩序应该由社会价值引导形成。法学学生不仅自身需要具有良好的社会价值观,同时还需要向社会他人积极引领社会价值观。因此,一方面,法学人才应当是德才兼备的人才,应该既要具备法学相关的基础知识,同时还应该具备良好的道德品质。重视法学人才的德育工作,培养良好的社会价值观。法学人才教育德才并行,不仅是国家发展战略层

面的要求,更是新时代法学教育培养目标的基本要求。[①]习近平总书记在其一系列重要论述中就明确了法治人才培养应当造就一大批德法兼修、明法笃行、德才兼备的高素质法治人才及后备力量。具体而言,应当从努力培养法学生的社会主义法治观念和社会主义法治信仰[②]出发,树立起建设中国特色社会主义法治体系的坚定信念。中国法学生接受法学教育年龄正处于刚成年阶段,心智成熟程度尚不完全,价值观念易受不良信息影响从而走向偏激和畸形,但正因为不成熟的价值观念又具备很高的可塑性,因此对法学生的价值观念引导和矫正极为重要。这需要在法学学科的初始教育阶段就对法学生的法治观念进行引导,道德教育与基础知识教育并重,使学生将法治观念牢牢印在心中,在将来的法律实践工作中能够坚守本心,既当守法的模范者,又是法律实践的先行者。

另一方面,法学人才应积极投入到为社会大众普法,引领社会法治价值观的工作中去。法学学生应立足于马克思主义法学理论,学习21世纪中国马克思主义理论的最新成果——习近平法治思想,更应牢固坚持中国共产党的集中统一领导,在党的领导下深入推进全面依法治国,带头守法、带头普法,让法治走向人民心中。[③]这需要学生首先能够了解社会,认识到社会发展需要什么样的人才,在认识社会过程中能够发现社会发展中存在的问题,分析社会问题存在的原因,并能够理解当前形势下社会管理者在管理过程中局限于一些基础不足而采取的管理措施,理解这些不足之处,并能向他人进行解释和引导社会公众理解管理者,宣传大家为社会发展共同服务。法学学生的认识和理解社会过程即需要通过实践与社会接触,只有这样才能提高法学学生自身的思想觉悟、道德水准和文化素养,同时通过自身的提升向他人传达社会的整体价值,号召社会大众为中华民族复兴共同努力。一个在思想素质方面积极向上的学生一定为社会各界所欢迎。法学人才培养应该注重专业理念的培养,强调对学生公正执法、遵纪守法等观念培养。[④]

(二)法学人才应该是专业自信的人才

法学人才培养目标应该是为社会培养治国理政人才,这样的人才需要有社会正义和正气感。社会正义和正气感需要有情与法共同来纺织和渲染。优秀

---

① 杨宗科:《习近平德法兼修高素质法治人才培养思想的科学内涵》,载《法学》2021年第1期。
② 陈楚钿:《新时代法学专业课程思政人研究》,载《学校党建与思想教育》2021年第18期。
③ 李龙,刘玄龙:《马克思主义法学中国化的百年历史回顾与时代展望》,载《社会科学战线》2021年第3期。
④ 赵群:《应用型法学人才培养实践改革》,载《法学文化》2020年第7期。

的法学专业人才能够为社会公平与正义秩序构建提供帮助,同时,优秀的法学人才能够提升他们专业自信心,促进专业学习动力,形成学习的良性循环。另外,优秀的法学人才由于有专业自信心,能够激发学生为社会服务热情,当他们能够用自己的专业知识为社会提供帮助后能够产生专业自豪感,能够促使他们更好地积极为社会服务,同时,专业自信还应当是对中国的法学专业树立自信,中国的法学话语体系相较于西方法学尚弱,在比较法的学习和研究中,不能一味地过于尊崇西方法律制度和经验,而是应当立足中国本土,明晰中国法学发展所需与根本,使西方经验和方法为我所用,建设中国特色社会主义法治体系。法学人才应该对中国法学有自信,对中国法学的发展有自信,对中国法学的发展道路方向有自信,完成西方主导的法学话语体系向中国话语体系主导的转变。① 最后,在为社会服务过程中能够认识到社会对自己的需求,社会对法学人才的需求及需要具有的素质,能够帮助他们确立职业规划,使其学生自主性更强。通过这样学生的引领,能够提升整体法学人才对社会的影响力、感召力和塑造力,培养担当民族复兴大任的新时代文科人才。

(三)法学人才必须是守正创新的人才

法学教育需要培养与时俱进、适应时代发展的新法学人才。当前社会在发展过程中出现了很多新行业和新事物,急需法律对其进行有效的规范,以促进这些行业发展和新的事物向良性方向发展。疫情时代的到来对法学教学的内容也提出了新挑战和新要求,疫情期间的政府行为、公共卫生安全健康等问题成为比以往更加值得关注的问题,②法学的创新应及时与时代并进。但法律教育对于社会新发展格式各方面需要的人才还没有配套培养,培养的传统人才对于当前经济社会发展中出现的各种问题应对不足,诸如监察法、党内法规、大数据、人工智能、共享经济、数字货币、基因编辑、5G 技术等领域的人才不能适应社会需要,③同时传统的培养方式下法学人才文科生思维较重,对现代信息技术如人工智能、算法等工具不能很好地使用,新时代下科技技术的使用能够极大地减少在法学研究和实践中的人力耗费,极大的提升效率。法学教育不仅应该培养厚基础的传统法学人才,同时,还应该积极配合社会发展,促成法学人才的

---

① 徐显明:《新文科建设与卓越法治人才培养》,载《中国高等教育》2021 年第 1 期。
② 黄瑶:《新冠肺炎疫情对法学教育的挑战与应对——以实证调研为基础的分析》,载《中国大学教学》2021 年第 4 期。
③ 马怀德:《优秀法学人才培养的"四梁"》,载《光明日服》2019 年 10 月 5 日第 6 版。

思维转变,将法学教育和工科教育融合,开设跨学科课程,对计算机使用进行培训指导,引进法学相关的软件工具,人工智能和算法的基本原理讲解和法学研究的融合指导。① 鼓励法学生既要能够熟练运用传统的人文社科工具,又能够掌握现代信息技术和工具的使用,使新文科的科学性得以彰显。② 此外,作为财经类院校,在创新的同时不应丢弃自身基础,应当立足于自身基础和优势,发展特色专业,此即为守正与创新。现代信息技术工具的使用仅是为提高效力与扩充学习与研究的工具选择,立足自身特色,实现与财经、管理和实务方面的交叉融合。③ 培养创新型的法学人才,包括法学与这些领域交叉的复合人才,④使学生在这些领域能够具有丰富的实践经验,创新的思维能力,能够有效地为社会新兴行业提供服务。

四、新发展格局下法学创新与实践人才培养思路

法学教育应该培养社会各方面、各层次需要的人才,法学本科教育对于人才培养需要分类定位,针对不同的人才需求确立不同的人才培养目标,安排不同的思想理念,确立不同的提升路径。下面是本文对于法学创新与实践人才培养的基本思路框架:

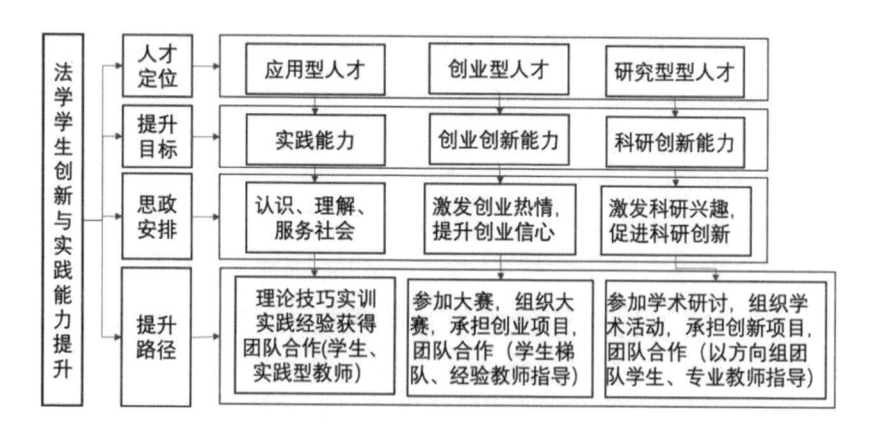

法学学生创新与实践能力提升	人才定位	应用型人才	创业型人才	研究型型人才
	提升目标	实践能力	创业创新能力	科研创新能力
	思政安排	认识、理解、服务社会	激发创业热情,提升创业信心	激发科研兴趣,促进科研创新
	提升路径	理论技巧实训实践经验获得团队合作(学生、实践型教师)	参加大赛,组织大赛,承担创业项目,团队合作(学生梯队、经验教师指导)	参加学术研讨,组织学术活动,承担创新项目,团队合作(以方向组团队学生、专业教师指导)

---

① 常立飞:《法学教育与新工科人才培养相融合之路径探索》,载《当代法学》2021年第1期。
② 徐显明:《新文科建设与卓越法治人才培养》,载《中国高等教育》2021年第1期。
③ 雷俊生:《复合型人才培养视角下的财经院校法学教育改革》,载《黑龙江高教研究》2021年第8期。
④ 梁平:《德法兼修:新时代卓越法治人才培养的实践进路探索》,载《河北法学》2021年第3期。

（一）法学人才培养需要分层次培养

法学本科教育需要分层次进行人才培养，法学本科教育既要为社会培养应用型人才，使学生毕业后能够直接为社会提供服务。同时，法学本科教育也要培养适应社会创业需求的创新创业人才，使学生在学校及毕业后能够开展创业活动，创新行业和推动科技发展。另外，法学本科教育也要为社会培养探究性的研究人才，在学生本科毕业后能够继续深造，完成研究生学习的各类人才，为社会提供高层次研究型学术人才。因此法学人才培养需要分层次培养，可以分为应用型人才培养，创业型人才培养，研究型三个层次人才培养。针对不同层次人才培养，即法学人才需要有学术创新培养、创业创新培养、实践型人才培养三大模式，针对三大层次人才培养应该确立不同培养目标、理念，以及培养路径安排，最终形成创新与实践能力提升的体系化法学教育研究路径。法学教育应该因材应教，提供不同人才培养层次，才能挖掘学生的个性特征，发挥学生的个人特长和创新能力，从而更好地适应多元化社会和创新型国家的需要。[1]

（二）法学人才培养需要设置不同的提升目标

法学本科人才培养需要分三个层次进行定位，第一层次以应用型人才培养定位为主，需要对于学生实践能力进行提升，对于多数法学本科生来说，毕业后走上工作岗位的会占主要部分，对于这部分学生应该培养学生的实践能力，使学生在未来走上工作岗位时能够很快胜任岗位上的工作。第二层次以创业型人才培养为主，为社会培养创业型人才。青年是祖国的未来人才，一国发展需要大众创业，万众创新，作为法学本科生，同样要顺应社会潮流，高校应该在人才培养目标中体现鼓励法学本科生去创新创业。此类学生应该培养他们创新思维能力为主要目标。第三层次以科研创新型人才培养为主，为社会培养更高层次的科研人才。对于部分法学本科生来说，需要往更高层次领域进行学习，高校需要为这样的学生提供培养方案，主要从科研方面进行提升，以培养学生科研兴趣和能力提升，此层次的人才培养应该以激发学生的探究能力为目标，使学生形成问题探究思维方式和产生研究兴趣。

（三）法学人才培养需要确立不同的思政定位

三种人才培养的思政理念也应该有所不同。

---

[1] 王丽华、丁亮：《以创新人才培养为目标构建法学本科实践教学体系》，载《黑龙江高教研究》2010年第7期。

1. 应用型人才实践能力提升思政安排

应用型人才能力提升以更好服务社会为目标。应用型人才能力提升主要以让学生能够通过实践认识社会、了解当前的社会现状,熟悉社会存在的各种问题、分析社会存在这些问题的原因,在分析同时使学生能够理解社会。同时,引导学生自觉思考与探究解决问题的方法与路径,产生为社会服务的专业责任感。

2. 创业型人才能力提升思政安排

长期以来,我国的法学实践教学环节不注重培养学生的创新能力,只强调实践经验的获取,使学生缺乏创新理念的感染,难以形成创新意识和培养出创新能力。[1] 因此法学人才培养需要注重创新能力培养,创业型人才能力提升以更好地为社会提供创业与就业机会为目标。创业型思政主要是通过教师引导,使学生产生社会发展中的主人翁意识,培养学生养成"国家发展、匹夫有责"的创业责任感。同时,通过引导和激发学生创业热情,提升学生的创业信心。

3. 科研型人才能力提升思政安排

研究型人才能力提升以更好为社会提供宏观决策、解决问题能力的人才培养为目标。科研创新型思政主要是通过教师引导,使学生产生科研兴趣,培养学生科研创新意识,使学生产生解决社会各种问题的责任感,激发学生探究社会前沿发展的兴趣,促进学生专业更好服务社会的责任感。

五、法学创新与实践人才培养路径

(一)实践能力提升路径

1. 理论技巧提升

应用型人才需要有实践经验,而实践经验需要有实践技巧,对于校内的学生来说他们缺乏专业实践技巧,使学生们在面临社会实践时会不自信。法学应用型人才培养路径应该首先提升学生的实践认知能力。真实社会实践前应该提升学生的实践方面的模拟技巧,让学生模拟真实实践的各种情形,使学生对于社会实践有初步认知和经验探索,增加真实社会实践的能力与信心。其次,理论技巧来源于有实践经验丰富的实践教师指导与示范,应用型人才培养应该

---

[1] 王莉:《基于创新人才培养的法学实践教学改革探析》,载《教育教学论坛》2015年第2期。

有经验丰富的实践教师来承担教学。最后,理论技巧提升需要学生模拟实训。通过课内角色模拟,模拟法庭,公演和情景剧形式进行技巧提升,使学生在校内获得初步的实践经验,为真实的社会实践提供过渡空间转换。

2. 实践经验获得

在学生获得一定的理论实践技巧后,学生实践能力提升主要还是需要进行课外实践,获得直接的实践经验,外出实践的路径可以是法治宣传、法律服务(咨询、文书写作、诉讼、非讼方案指导)。实践经验获得需要通过具体项目来完成,学生外出实践由于个体差异,使得很多学生可能没有案件来源,不能获得足够的实践机会,高校作为实践的组织者,应该为学生提供实践机会,本人所在的学院与当地司法局进行合作,学生在司法局各业务科室进行固定值班实习,学习各类业务服务知识,同时,学生还承担周边社区的上门法律服务,学生需要承担指定服务区的居民法律服务,需要定期上门询问居民们是否有法律需求,如果有需要学生们会及时提供服务,如果没有需要,学生们也会进行普法宣传。这样既能提升学生的实践能力,又能提高学生的人际沟通能力,同时能够打通政府法治服务中的最后一公里薄弱之处。

3. 团队合作形成

(1) 学生团队形成。实践能力提升需要学生团队完成,由于教师资源有限,对课内学生需要组团教导。同时,学生需要形成团队合作意识。课外实践需要增强学生服务信心,团队能够使学生更有信心,同时保证学生的人身安全。

(2) 教师团队指导。学生实践能力提升需要有实践经验丰富的教师给予指导,只有教学方有创新教师团队提供,才能带领学生进行实践创新研究,需要对于学生进行心理教育,引导学生对于创新的重视及兴趣培养。[1] 因此,法学院应该组织实践教师团队,保证学生实践有足够的教师资源给予学生实时的实践指导,组织学生实践讨论,提升学生实践理论技巧和实践能力。

(二) 创业能力提升路径

1. 号召学生参加创业大赛。学院应该鼓励学生积极参加大赛,通过大赛的参加,使学生能够了解创业的步骤,理解创业的艰辛,激发创业的斗志。学院应该鼓励学生挑战高级别的省级和国家级的创业大赛,具体有挑战杯、创青春、互联网+等创业大赛。

---

[1] 刘蒙恩、白莉:《提高学生专业创新实践能力的方法研究》,载《教育教学论坛》2020 第 8 期。

2. 鼓励学生组织创业大赛活动。学生通过创业大赛组织与交流能够获得组织经验,通过交流能够获得创业管理方面的经验。其次,通过交流能够为创业学生获得创业行业情况。最后,通过交流能够了解各类潜在人才,为将来的创业提供人、财、物方面的资源和管理方面的经验。

3. 创业项目承担。鼓励学生申报各类创业项目,通过对创业项目的承担与研究,使学生产生创业研究压力与研究动力,创业研究过程也能激发学生创业热情,使其获得创业方面的理论知识和创业方面的实践经验。

4. 团队合作。第一,组织不同专业的学生团队。创业需要不同专业方向的人才,组织不同专业的学生形成团队,形成以法学专业为主的复合型创业团队,为法学学生创业提供其他专业方面的人才支持。第二,经验丰富的教师团队形成。创业需要有经验丰富的教师来引导与指导,激发学生产生创业兴趣,教授学生创业中需要考虑的各种问题及需要具备的各种要素,同时,学生在创业过程中需要有经验丰富的教师给予专业指导与评估。

(三)科研能力提升路径

1. 科研创新课程提供。学院应该组织学术研究类的课程引导学生做科研。如可以开设《经典导读》《科研写作》《项目申报与研究》等课程,激发学生科研热情,提升学生科研能力。

2. 鼓励学生参加学术研讨。科研能力提升需要学生有科研兴趣,兴趣培养以为学生提供科研研讨活动为主,通过学术研讨,使学生能够了解科研动态,发现可以研究的科研问题,引导学生选择科研研究的方向,培养学生的科研研究思维。

3. 鼓励学生组织学术活动。学术型学生培养不仅需要学生多参加科研研讨,还可以通过组织学术活动来提升科研能力。通过学术活动组织,能够培养学生科研研究的方式,科研研究需要了解相关研究领域最新现状,此时学生可以通过参加学术研讨会,还可以通过组织学术活动了解最新研究现状,通过组织自己需要研究领域科研活动,了解感兴趣学术领域的最新研究现状及观点,检验自己解决问题的理论与对策的可行性。

4. 创新项目承担。科研能力提升还可以通过科研项目承担方式来提升。学生通过申报科研项目,使其产生科研研究的动力同时又有科研研究的压力,促使学生进行科研研究。同时,通过科研研究的调研,使学生了解相关课题的社会现状与问题,促使学生思考解决问题的方式,激发学生科研研究的责任感。

5. 团队形成。第一，梯队学生团队组成。科研研究需要有学术氛围，学生局限于所学知识的不够全面，此时，可以通过不同年级学生的团队组成，可以增加学生科研研究知识，增加学术研究完成的可行性。第二，科研型教师的团队指导。学生科研能力提升需要有相应的老师引导与指导，科研能力强的老师能够引导学生做科研，指导学生具体做科研的方法与路径，使学生科研能力能够得到有效提升。同时，科研型老师指导能够为学生提供研究方向，学生可以为老师提供研究的基础资料，实现学生与老师双赢局面。

六、结语

法学创新与实践人才培养需要与社会需要相结合，社会需要不同层次的法学人才，法学教育也需要分类进行人才培养与定位，使物尽其才，人尽其用。法学的三种人才培养模式最终是为社会培养交叉的复合型人才，以法学加行业模式培养法学人才，为社会各行业尤其是新兴行业发展提供专业服务。专业人才培养需要有思想理念的培养、专业知识和经验的教授、团队合作和管理。

习近平法治思想中的涉外法治观对国际法课程实践教学的引领作用

路　广

【摘要】 习近平法治思想中的涉外法治观来源于中国特色社会主义理论、中国特色大国外交理论、现代国际法理论和中华优秀传统文化，是打造马克思主义法治理论中国化在国际法领域的最新成果，为国际关系民主化法治化提供中国方案。当前在国际法课程实践教学环节中还存在着诸多的理论难点题和现实困境。习近平法治思想中的涉外法治观作为中国国际法治观念与思想的集大成者，不仅是国际法课程理论教学的基本遵循，而且是国际法课程实践教学的行动指南。习近平法治思想中的涉外法治观对国际法课程实践教学的改革和完善具有重要的引领作用。

【关键词】 习近平法治思想中的涉外法治观；国际法课程实践教学；引领作用

一、习近平法治思想中的涉外法治观是引领国际法教学和实践的重大理论创新

习近平法治思想中的涉外法治观来源于中国特色社会主义理论、中国特色大国外交理论、现代国际法理论和中华优秀传统文化。其核心理念是构建人类命运共同体，内涵包括国家主权观、国家安全观、国家利益观、国际体系观、国际和平观、国际合作观、全球治理观和全面发展观八个方面。[1] 坚持统筹推进国内法治和涉外法治，并积极参与建设国际法治，是建设法治强国的必然要求，习近

【作者简介】路广，南京审计大学法学院副教授，主要从事国际法学教学与理论研究。

[1] 中国国际私法学会课题组：《习近平法治思想中的国际法治观》，载《武大国际法评论》2021年第1期。

平法治思想关于涉外法治的系列重要论述博大精深、兼收并蓄,具有强烈的时代特征和实践指向。① 习近平法治思想中的涉外法治观是引领国际法教学和实践的重大理论创新。

（一）习近平法治思想中的涉外法治观是国际法理论教学的根本遵循

国际法所调整国际关系的法律性质归类于不同的法律部门其理论框架及内容非常庞杂。这样复杂庞大的理论框架和内容体系对国际法理论教学的技术和方法提出了更高的要求。此外,国际法与国际关系之间关系非常紧密,如何在百年未有之大变局的当下,在国际法理论教学中把稳舵是一个紧迫的问题。

习近平法治思想中的涉外法治观孕育和产生于国际关系发生深刻复杂变化、世界处于百年未有之大变局与中华民族实现伟大复兴的历史发展关键期。习近平法治思想中的涉外法治观具有深厚的理论渊源。第一,中国特色社会主义理论是习近平法治思想中的涉外法治观的首要渊源。习近平法治思想是习近平新时代中国特色社会主义理论的重要组成部分。第二,中国特色大国外交思想是习近平法治思想中涉外法治观的另一重要渊源。以习近平同志为核心的党中央在中国外交新的历史征程中,在保持对外大政方针稳定性连续性的基础上,创造性地提出了一系列富有中国特色、体现时代精神、引领人类进步潮流的新理念新主张新倡议,形成了习近平外交思想,取得了新中国外交理论建设中具有划时代意义的重大成果。第三,以"和平共处五项原则"为基础的现代国际法理论是习近平法治思想中的涉外法治观的理论渊源。第四,中华优秀传统文化是习近平法治思想中的涉外法治观的理论渊源。传统中国社会在处理对外交往关系时贯穿了深厚的"协和万邦"思想。习近平法治思想中的涉外法治观深深融入了中华文化精髓,体现了中国传统智慧。② 习近平法治思想中的涉外法治观是国际法理论教学的根本遵循。

（二）习近平法治思想中的涉外法治观是国际法实践教学的行动指南

在国际法学教学中,现有课程实践教学环节设计非常的单调,其主要还是通过案例讨论教学和模拟法庭教学来实现。各个法学院开设较多的国际法案

---

① 黄惠康:《论习近平法治思想关于国际法治系列重要论述的实践逻辑、历史逻辑和理论逻辑》,载《国际法研究》2021年第1期。
② 中国国际私法学会课题组:《习近平法治思想中的国际法治观》,载《武大国际法评论》2021年第1期。

例实践教学中也存在着案例陈旧和雷同的问题。国际法课程的实践教学应当具有鲜明的时代特征，应当同当下我国的外交实践密切关联。新时代孕育新思想，新思想指导新实践。在深刻洞察世界百年未有之大变局，思考和回答"世界怎么了，我们怎么办"这一时代之问的过程中，习近平不但提出了"构建人类命运共同体"和"建设国际法治"的宏伟目标，还就如何在统筹谋划国内国际两个大局的基础上推动国际关系的民主化法治化，提出了一系列重要论述。习近平法治思想关于涉外法治的系列重要论述，正是在把握世界发展大势，应对全球共同挑战，维护人类共同利益，坚持统筹推进国内法治和涉外法治，积极参与全球治理体系变革，推动构建人类命运共同体的宏伟实践中应运而生，并在实践中不断丰富发展，为新时代中国特色大国外交推动建设国际法治提供了中国解决方案，也是国际法学实践教学的行动指南。

二、现阶段国际法课程实践教学环节中存在的理论难点和现实困境

目前我国高等院校法学院基本已设置了法学课程实践教学大纲。依据大纲的要求，各法学院的法学专业课程的实践环节普遍安排了诸如民事、刑事、行政庭审见习、法学专业社会调查和专题辩论、法学专业法律咨询和毕业实习等。现阶段绝大多数法学专业的实践教学环节仍然集中于民事、刑事和行政部门法律的实践培养，忽视了国际法课程实践教学环节的科学设置和有效实训。

国际法课程的实践教学环节是沟通国际法理论和国际关系实践的纽带，其对于国际法基本理论的基础教学以及学生综合实践能力和职业能力的提升，都具有十分重要的作用。但是，由于国际法理论体系的复杂性以及国际法实践教学的特殊性，其实践教学环节面临的问题和困境也较为明显。

（一）国际法课程庞杂的知识体系制约了学生实践的能动性

国际法与国内法是两个既有联系又有区别法律体系的协调论学说已经被国际法理论界广泛接受。与国内法相比，国际法律体系的形成较晚，也欠缺深厚的国际法基础理论研究。在国际法学体系中，对国际法基本理论的研究历来不构成一个独立学科，即国际法学之"法理学"一直缺失。[①] 在学习国内法转向

---

① 徐崇利：《构建国际法之"法理学"——国际法学与国际关系理论之学科交叉》，载《比较法研究》2009年第4期。

学习国际法的起始阶段,学生们往往难以将他们相对熟悉的国内法的理论基础以及在此基础上形成的法学思维运用到国际法的学习当中去。这不仅对国际法的基础理论教学和实践教学产生障碍,亦会滋生学生学习国家法的畏难情绪。此外,国际法学庞杂的知识体系依据其调整国际关系的法律性质归类于不同的法律部门,其内容非常的庞杂。与国内法的实践教学相比,在实践教学环节中采取案例教学、讨论教学、模拟法庭教学时,针对案例的选取、讨论内容的确定和模拟法庭的组织和评价,相比于国内法的国际法实践教学要面临更多的困难同时也制约了学生参与热情和学习能动性。

(二)国际法实践教学的必要性理念未得到学生的重视和认同

在国内法的学习过程中,学生对于其基本理论和法律规范的制定与执行方面掌握较好。学生在学习以国际条约与国际惯例为主的国际法律规范的制定和实施时,发现国际法的实施效果的确定性弱于国内法的实施效果,国际法没有国内法的实施方面的强制力保障,会对于国际法律规范对国际关系的调整效果会产生质疑。学生对国际法相关的理论知识与制度理解相对有一定的困难,学生的学习动力不足。很多同学在基础理论学习中重视国内法轻忽国际法,导致了在实践教学中忽视国际法。此外,国内法的实践教学与学生实际社会生活息息相关,学生的代入感较强,其往往能够亲力亲为及形成切身体验。与之相反,国际法所调整的国际关系与学生的实际生活的距离较远。国际法具体适用于国际法主体之间的国际交往,体现在国际关系的处理过程中,对此过程学生缺乏对国际关系和国际社会直接的感性认识,没有参与感,自视为旁观者。由于国际法实践教学与学生的既有认知存在着明显的距离感,国际法实践教学的必要性理念未得到学生的重视和认同。

(三)国际法课程实践教学环节的设置缺乏科学性和系统化

法学是应用性和操作性很强的学科,需要在教学计划中安排一定量的课时进行实践教学。目前国际法实践教学中缺乏先进的、科学的和系统的理论作为指导。在国际法学教学中,现有课程实践教学环节设计非常的单调,其主要还是通过案例讨论教学和模拟法庭教学来实现。只有很少的法学院将国际法辩论竞赛和国际新闻素材分析列入国际法课程实践教学环节计划,对思辨技巧等专业素质的实践教学形式还在探索阶段,涉外案件的辩论包括英文辩论几乎没有开展。此外,在各个法学院开设较多的国际法案例实践教学中也存在着案例陈旧和雷同的问题。这些案例样本主要采用学者对案情的介绍和对案件的简单分析结论来传授知识,并没有将案情原始真实地展现出来,案件的分析也没有针对法院或者仲裁庭的真实判决或者裁决进行。这样的教学方法是学生有了先入为主的结论,不利于他们独立思考和分析能力的提高。① 就现状分析,现阶段国际法课程实践教学环节的设置缺乏科学性和系统化,并未形成长效和多样的实践教学机制。

三、习近平法治思想中的涉外法治观引领国际法实践教学的具体表现及重要作用

（一）习近平法治思想中的涉外法治观对国际法实践教学的方向引领

国际法学科的特殊性决定了学生不仅要具备扎实的法学理论基础,良好的法律素养,一定程度的英语水平,而且学生还需要对西方法律文化背景和国际关系理论具备一定的知识储备。然而,当今世界,正在经历百年未有之大变局。② 世界多极化、经济全球化、社会信息化、文化多样化深入发展,新一轮科技革命和产业变革方兴未艾,和平发展潮流不可逆转,合作共赢更是大势所趋,全球治理体系和国际秩序变革加速推进。人类有史以来首次出现以和平方式实现新旧秩序转变和治理模式改善的前景。数百年来西方国家主导国际政治的情况开始发生根本性改变,国际权力在少数几个西方国家之间"倒手"的局面正在走向终结,国际体系和国际秩序面临深度调整。国际法在稳定国际秩序、规范国际关系、塑造国际规则方面的作用愈发凸显。③

习近平总书记把握世界大势,洞察国际风云,提出了一系列关于涉外法治的重要论述,成为指导中国外交实践、参与全球治理体系变革和建设的行动指南。在这一思想引领下,中国积极参与国际法治进程,将为全人类的发展和进步作出应有和更大的贡献。国际法的新理论决定着国际法实践教学的方向。

---

① 李英,于迪:《论我国国际法实践教学环节的构建》,载《中国电力教育》2014年第30期。
② 2018年中央外事工作会议上,习近平总书记首次提及"世界正处于百年未有之大变局"这一新的重要战略判断。2018年7月25日,在南非约翰内斯堡举行的金砖国家工商论坛的讲话中,习近平指出:"当今世界正面临百年未有之大变局。对广大新兴市场国家和发展中国家而言,这个世界既充满机遇,也存在挑战。"这是"百年未有之大变局"判断首次见诸国际场合。
③ 杨洁篪:《深刻认识和用好国际法,坚定捍卫国家利益,共同维护世界和平与发展》,载《求是》2020年第20期。

习近平法治思想中的涉外法治观对国际法实践教学方向的把握，起到了重要的引领作用。

（二）习近平法治思想中的涉外法治观对国际法实践教学的方案引领

当前在国际法学教学中，现有课程实践教学环节设计非常的单调，其主要还是通过案例讨论教学和模拟法庭教学来实现。在各个法学院开设较多的国际法案例实践教学中也存在着案例陈旧和雷同的问题。国际法实践教学方案没有适应当前国际关系和大国外交的巨大变化。

新时代孕育新思想，新思想指导新实践。在深刻洞察世界百年未有之大变局，思考和回答"世界怎么了，我们怎么办"这一时代之问的过程中，习近平不但提出了"构建人类命运共同体"和"建设国际法治"的宏伟目标，还就如何在统筹谋划国内国际两个大局的基础上推进国际关系的民主化法治化，提出了一系列重要论述。在习近平法治思想中的国际法治观的引领下，中国倡导共建"一带一路"，致力于打造经济多元合作平台；积极参与《巴黎协定》的制定、达成，推动了全球气候治理向合作共赢、公平合理的方向发展；持续召开世界互联网大会，为全球互联网治理的国际规则制定提供中国方案。这些实践在一些领域产生了新的国际规则，创新了国际法治规范、机制，促进了国际法治发展。习近平法治思想中的涉外法治观指引之下，新时代中国的大国外交实践必然成为国际法实践教学最具有时代特征的素材宝库和方案源泉。

（三）习近平法治思想中的涉外法治观对国际法实践教学的方法引领

现阶段在国际法课程的教学中，现有实践教学环节采用的教学方法较为单一，其主要还是通过课堂讲授式教学法和案例式教学法。此类少数人主导，多数人被动参与的实践教学方法是不可取的，也不符合当下国际交往实践所追求的民主化、法治化、合作共赢和去中心化的全球治理理念。

习近平法治思想中的涉外法治观的核心理念是人类命运共同体理念。人类命运共同体理念对国际法理念和价值的辩证维护与扬弃发展，成就了其重大的国际法意义。其对和平秩序的维护和发展，一方面表现为它所具有的"维护国际和平与安全"的国际法内涵，另一方面表现为其所提倡的实现国际和平与安全的策略以及所欲实现的和平与安全的实质。在人类命运共同体理念下，实现国际和平与安全应当依靠对话协商、共建共享、合作共赢、包容互鉴等友好方式;所欲实现的是国际主体通过平等合作并基于互利共赢模式形成的真实的和平与安全。在人类命运共同体理念的引领之下,国际法实践教学的方法应该是具有时代特征的,以实践教学参与者进行平等对话、团队合作、谈判协商为主的新方法。

四、在习近平法治思想中的涉外法治观引领下完善国际法实践教学环节的具体设计

(一) 运用习近平法治思想中的涉外法治观,引领实践教学的大方向

国际法学的基础理论指引着课程实践教学的方向。现有的国际法学理论体系主要反映了旧有的西方国际法治观,缺乏时代进步性。"当前中国处于近代以来最好的发展时期,世界处于百年未有之大变局,两者同步交织、相互激荡。"[1]新的时代需要新的理论来指导实践。习近平法治思想中的涉外法治观根植于中华优秀传统文化沃土,广泛汲取东西法治文明精华,打造马克思主义法治理论中国化在国际法治领域的最新成果,为国际关系民主化法治化提供中国方案。习近平法治思想关于涉外法治的系列重要论述对深入推进国际法治具有重大而深远的意义。我们应当及时修订和更新国际法实践教学的大纲,在既有的国际法学理论框架基础之上,以习近平法治思想中的涉外法治观以及习近平法治思想关于涉外法治的系列重要论述为国际法课程实践教学的根本方向指南,引领实践教学活动的开展。

(二) 聚焦新时代大国外交和全球治理实践,扩充实践教学的新素材

习近平主席不但提出了"构建人类命运共同体"和"建设国际法治"的宏伟目标,还就如何在统筹谋划国内国际两个大局的基础上推进国际关系的民主化法治化,提出了一系列重要论述。在安全领域,倡导普遍安全、持久和平;在发展领域,倡导聚焦行动、合作共赢;在人权领域,倡导以人民为中心、以生命权和健康权为首要;在治理领域,倡导坚持多边主义、厉行法治、致力开放;在生态环境领域,倡导清洁美丽、和谐共生;在文明交流领域,倡导包容互鉴、美美与

---

[1] 《习近平:努力开创中国特色大国外交新局面》,人民网,http://politics.people.com.cn/n1/2018/0623/c1001-30078644.html

共。[1] 这些重要论述丰富和发展了习近平法治思想和外交思想,成为其重要组成部分,具有强烈的时代特征和实践指向。

现有实践教学中采用的案例很难跟得上国际关系的发展变化,国际时事有时能更好地说明国际法及其发展,所以在进行国际法实践教学时如不密切联系国际关系的现实问题,就会让学生感到与国际实践的距离感。就国际法实践教学的素材选择而言,我们除了使用现有的案例素材资源库,还要根据国际法理论和国际关系实践的新发展和新变化,密切联系国际关系的实际,扩充真实的国际时事新闻中案例来分析解释国际法的理论,尤其要更多地联系与中国相关的国家实践。

(三) 领会国际合作与人类命运共同体理念,创造实践教学的好模式

国际合作观要求国际社会成员应该促进国际合作与发展。合作是发展的手段,发展是合作的目标,以合作促发展,就能为人类福祉、社会进步提供源源不断的动力。中国认为,构建人类命运共同体应当坚持"对话协商""共建共享""合作共赢",应当建设"一个共同繁荣的世界"。这些论断与《联合国宪章》宗旨相得益彰,道明了人类命运共同体理念"促进国际合作与发展"的国际法内涵。在人类命运共同体理念下,实现国际和平与安全应当依靠对话协商、共建共享、合作共赢、交流互鉴等友好方式;所欲实现的是国际主体通过平等合作并基于互利共赢模式形成的真实的和平与安全。此外,人类命运共同体理念具有的"坚持可持续发展原则"的国际法内涵,也有利于促进国际和平与安全的实现。我们要以人类命运共同体理念以及国际合作观为引领,改变现有的单纯教师主导,学生参与的实践教学模式。在实践教学的模式选择上,我们还可以新增例如模拟外交部新闻发布会以及答记者问互动环节、模拟联合国大会议题辩论赛、模拟 G20 峰会等便于学生平等参与、谈判协商、团队合作的国际法实践教学新模式。

---

[1] 参见杨洁篪:《深刻认识和用好国际法,坚定捍卫国家利益,共同维护世界和平与发展》。

《刑事诉讼法》课程思政案例教学模式研究
——"马恩刑事诉讼观"视阈下的"张扣扣案"为例

胡玉霞

【摘要】 高校《刑事诉讼法》课程教学中广泛采用课程思政案例教学模式极为必要且行之有效。在分析《刑事诉讼法》课程思政案例教学模式的总体目标与实施路径的基础上,以"马恩刑事诉讼观"视阈下的"张扣扣案"为例,对《刑事诉讼法》课程思政案例教学模式进行详细的个案分析。

【关键词】 刑事诉讼法;课程思政;案例教学;"马恩刑事诉讼观";"张扣扣案"

课程思政案例教学模式是指在专业课程的教学中高度融合知识讲授与思政教育的实践教学方式。丰富而生动的真实案例既能帮助学生在解决现实问题中牢固树立社会主义核心价值观,又能优化课程思政对学生育化人心的方式与效果,可谓一举两得。为实现 2020 年教育部《高等学校课程思政建设指导纲要》中所要求的高校教育立德树人的根本任务,高校《刑事诉讼法》课程教学中广泛采用课程思政案例教学模式极为必要。

一、《刑事诉讼法》课程思政案例教学模式概述

1.《刑事诉讼法》课程思政案例教学模式的总体目标。充分发挥《刑事诉讼法》课程在高校思政工作中的作用,将思政教育贯穿于真实刑事案例的分析全程,实现对学生知识传授、案例解析与价值观塑造的统一,培养学生正当程序意

【基金项目】本文系南京审计大学国家一流专业(法学)建设项目"德法兼修的高素质法治人才培养路径研究"(课题编号:2020JG147)的研究成果。

【作者简介】胡玉霞,南京审计大学法学院副教授,主要从事诉讼法与高等教育方向研究。

识以及实体公正与程序公正、惩罚犯罪与保障人权并重的法治观,培养学生强烈的社会责任感和崇高的道德品质以及依法治国的理想信念,从而在法治人才培养中实现"立德与树人的统一,厚德与明法的结合"。①

2.《刑事诉讼法》课程思政案例教学模式的实施路径。首先,授课教师在课前针对所授内容精心准备课程思政案例与供学生讨论的思考问题,课程思政案例必须是社会关注度较高的真实刑事案例,供学生讨论的思考问题必须是融合了思政元素的课程专业性问题;其次,授课教师必须在课前给学生与课程思政案例相关的文献等材料,并要求学生做好提前查阅和思考的准备;然后,授课教师在课堂上组织学生在充分讨论基础上各抒己见;最后,授课教师在听取学生多方观点基础上作全面归纳与评析。如在《刑事诉讼法》课程教学中,笔者就采用课程思政案例教学模式,要求学生深入思考与讨论:马克思、恩格斯的刑事诉讼观在真实案例"张扣扣案"②中的体现,从而将"马恩刑事诉讼观"和社会主义核心价值观深植于学生脑海中。

二、《刑事诉讼法》课程思政案例教学模式的个案分析

马克思、恩格斯的刑事诉讼观(以下简称"马恩刑事诉讼观")是对马克思、恩格斯关于刑事诉讼基本观念和立场的统称,对我国刑事司法体系的完善和依法治国战略的实施具有指引意义,至今仍发挥着指导刑事立法与司法实践的重要影响,更是《刑事诉讼法》课程极为重要的思政资源。"马恩刑事诉讼观"主要包括五方面:刑事程序法和刑事实体法的关系、刑事诉讼中的人权司法保障、刑事审判权的独立行使、刑事司法的民众参与以及刑事诉讼的程序公正要求。③

---

① 史凤林:《高素质法治人才培养规律研究》,载《中共山西省委党校学报》2019年第3期。
② "张扣扣案"案情简介:2018年2月15日12时20分许,陕西汉中市南郑区新集镇王坪村14组(原三门村2组)发生一起杀人案件。张扣扣(男,35岁)持刀将邻居王自新(男,71岁)及其长子王校军(47岁)当场杀死,将王自新三子王正军(39岁)刺伤(抢救无效死亡);张扣扣还点燃了王校军的小轿车,致该车严重受损。作案后张扣扣潜逃。2月16日21时许,张扣扣欲潜回家中取钱,被巡逻民警、武警发现后翻墙趁夜逃脱,随即警方再次组织地毯式大搜捕行动。省、市、区公安机关、武警、消防官兵和人民群众经过40余小时昼夜追捕。在持续强大的攻势下,2月17日7时45分,自感逃跑无望的张扣扣到汉中市公安局南郑分局新集派出所投案自首。9月27日,汉中市人民检察院对张扣扣故意杀人、故意毁坏财物案依法提起公诉。2019年1月8日上午9点,汉中市中级人民法院一审公开开庭审理,下午5点多,法院以故意杀人罪、故意毁坏财物罪对张扣扣判处死刑。此案二审维持原判,并经过最高人民法院核准死刑。2019年7月17日,张扣扣被执行死刑。
③ 陈卫东:《刑事诉讼法学》(第三版),高等教育出版社2019年版,第29—41页。

以下将从这五方面来对"马恩刑事诉讼观"在真实案例"张扣扣案"的体现进行详细阐述,实质上是授课教师在听取学生观点后的全面剖析,也是对《刑事诉讼法》课程思政案例教学模式的具体落实与个案分析。

(一)刑事程序法和刑事实体法的关系

马克思认为程序法与实体法的相互关系为:实体法是内容、程序法是表达内容的形式;内容决定形式,形式表现内容并为内容服务;但他同时肯定"公开的自由的诉讼",认为程序法自身体现正义的要求,即认可程序法的独立价值。① 从程序法的工具价值来分析,实体正义的实现不是无所可依,实体法既为行为人的行为规范,也是法院的裁判规范;实体法的规范需要借助程序法来实现和落实;程序法规定了程序参与主体的权利义务,并通过一定的次序和方法的运作将实体法规定的权利义务加以固定;一个完善而正义的程序必然更能帮助我们接近实体真实和实现法律的最佳适用。然而程序法并非只具有外在工具价值,其还具有独立价值。在现实司法过程中,程序法在很大程度上反映了普通民众的正义要求;而普通民众进行的价值评价主要是通过观察法律实施的过程来进行的,这种"看得见的正义"就是程序正义。

在"张扣扣案"中,首先,整个案件严格遵守了《刑事诉讼法》的程序规定,同时又在审判结果上实现了《刑法》定罪量刑上的公正;充分体现出程序法《刑事诉讼法》之形式与实体法《刑法》之内容之间的决定与被决定、表现与被表现、服务与被服务的关系,实现了《刑事诉讼法》的工具价值。其次,"张扣扣案"自案发就引起社会高度关注,网民就案情展开激烈讨论,案件审理过程全面公开并得到了社会的普遍认可,体现了张扣扣作为当事人的主体地位以及社会对正义的强烈要求,体现了我国刑事诉讼的自由、民主与公正性,更体现了"公开的自由的诉讼"之程序公正要义,展示了程序法的独立价值。

(二)刑事诉讼中的人权司法保障

马克思认为:"专制制度的唯一原则就是轻视人类,使人不成其为人。"② 因此当资产阶级高举人权旗帜的时候,马克思、恩格斯并不对其进行否定,反而认为这是伟大的历史进步,同时主张保障人权得以实现的基本环节是对人权的制度化和法律化。这一思想主要体现在以下几个方面:一是任何人不受非法逮捕

---

① 陈卫东:《刑事诉讼法学》(第三版),高等教育出版社 2019 年版,第 30—31 页。
② 《马克思恩格斯全集》第 1 卷,人民出版社 1956 年版,第 411 页。

和羁押。资产阶级革命成功后,虽然资产阶级国家在刑事诉讼法中规定了逮捕和羁押的程序,但仍有很多无辜公民经常被抓进监狱,马克思、恩格斯对非法逮捕和羁押的行为进行了无情的批判。二是被告人有权获得迅速审判。如果说非法羁押和逮捕是表面违法的话,那么随意延长羁押期限则是表面上依法但实际上违法。马克思、恩格斯针对科隆司法当局对被告人任意延长羁押期限的非法行为曾多次进行无情的揭露和批判。三是应当给羁押中的被告人以人道待遇。马克思、恩格斯在科隆共产党人案件中向世界人民揭露了普鲁士司法当局的专横和对待被监禁被告人的不人道行径。[①]

"马恩刑事诉讼观"对我国人权保障方面的立法产生了深远的影响。我国在 2004 年将国家尊重和保障人权写进《宪法》,在 2012 年修改《刑事诉讼法》时增加了人权保障原则。因为刑事诉讼中被追诉人的人权最容易受到侵犯,所以刑事诉讼中对人权司法保障的重心在于对被追诉人的人权保障,旨在增强相对弱势的被追诉人防御国家追诉权力侵害的能力。马克思、恩格斯关于刑事诉讼中的人权司法保障理念在"张扣扣案"中的体现如下。首先,公安机关立案侦查后对在逃人员张扣扣发布了通缉令,张扣扣自首后,汉中市公安局对其拘留,并在拘留后的 3 日内提请同级检察院审查批准逮捕,检察院在 7 日内作出了批准逮捕的决定,符合法定程序。其次,张扣扣从案发 2018 年 2 月 15 日到 2019 年 4 月 11 日陕西省高级人民法院第二审判决维持原判,历时一年两个月。无论是在公安机关侦查阶段、检察院提起公诉阶段,还是法院审理阶段都严格按照法定的时间进行,使得被告人迅速获得审判,避免对被告人造成不必要的羁押,更没有拖延审判。最后,充分给予张扣扣人道待遇。公安民警带着张扣扣到医院进行入所体检,对张扣扣有创口的右手进行包扎处理,安排心理调查人员对其进行心理辅导;法院、检察院和公安机关保障了张扣扣的辩护权和依法享有的其他诉讼权利,并告知张扣扣有权对审判人员、检察人员和侦查人员侵犯其诉讼权利的行为提出控告;在此案中,在一审判决后,不服判决,提出了再审申请,汉中高级法院对张扣扣的再审申请依法受理并作出处理,汉中市中级人民法院依法在张扣扣执行死刑前安排其会见了其父亲。

(三) 刑事审判权的独立行使

1. 刑事审判权的独立行使是刑事审判公正的必要条件

马克思和恩格斯对于审判权独立的内涵进行过详细论述。首先,司法权独

[①] 陈卫东:《刑事诉讼法学》(第三版),高等教育出版社 2019 年版,第 32—34 页。

立于行政权,即法官行使审判权时不受行政官员的干涉。普鲁士曾经实行过书报检查制度,由书报检察官代替法官对于新闻出版行为是否违法进行裁判;马克思对此严厉批评,认为这是行政权对司法权的侵犯。其次,刑事审判权的独立行使不仅包括法院独立,更关键的是法官独立。法官应当独立于政府,陪审法官应当独立于职业法官,法官不能侵犯陪审法官的权力;法官必须根据证据材料形成心证,并在不受任何因素干扰的情形下作出判决。最后,法官应当独立于控辩双方。法官、控方、辩护人是三种不同的角色,因此,法官必须从形式上和实质上独立于控辩双方。即法官既不能是控辩双方当事人,也不能与案件审理结果有利益关系,否则就难以实现裁判的公正。[①]

我国《宪法》《刑事诉讼法》和《人民法院组织法》均规定了"人民法院依照法律规定独立行使审判权"。我国《刑事诉讼法》和《人民陪审员法》均规定了陪审员参加合议庭时独立发表意见,体现了法官与陪审员之间的相互独立。十八届四中全会《决定》特别强调了审判权的独立,并加大了政党干预司法的处罚力度。此外,我国还颁布《领导干部干预司法活动、插手具体案件处理的记录、通报和责任追究的规定》以及实施法院的人、财、物省级统管等措施来确保法院独立行使审判权。可见,我国吸收了马克思和恩格斯关于审判权独立的基本内核,但从我国司法体制和审判组织的特殊性出发,更多强调的是法院独立而不是法官独立。在对张扣扣进行审判的过程中,法院依法独立行使审判权。开庭审理中,法院在控辩双方充分进行质证、辩论后,依法采纳意见;最终认为被告人张扣扣构成故意杀人罪与故意毁坏财物罪,依法惩处并数罪并罚;并认为本案虽然事出有因,张扣扣系初犯且有自首情节,但认为其投案自首的行为不足以对其从轻处罚。本案的处理不偏不倚,真正保障了审判权的独立行使,贯彻了"马恩刑事诉讼观"。

2. 确保刑事审判权的独立行使要处理好舆论与司法之间的关系

刑事审判权的独立行使在当今时代还应当包括司法独立于舆论之内涵。舆论监督是我国司法监督体制中不可或缺的组成部分。随着网络信息技术的发展,当今社会是个太多信息充斥与快速传播的网络时代,公民获取信息的速度越来越快,民众表达意见的途径越来越多,舆论对司法公正的监督也越来越广泛。但舆论是一把"双刃剑",以下舆论因素会影响审判的独立性,势必对审判结果产生不利后果:首先,一些媒体为了博眼球往往会通过文学渲染方式发

[①] 陈卫东:《刑事诉讼法学》(第三版),高等教育出版社2019年版,第35—37页。

布未经证实的所谓案件事实或用极端的语言文字去评价案件,导致民众随波逐流地去盲信,引发舆论对案件的讨论出现偏差乃至完全偏离法律轨道的现象,这种过度介入乃至错误的舆论往往会将法院推向风口浪尖,容易导致法院滑向"媒体审判"的边缘;其次,舆论评价在一些法院被作为裁判的社会效果来对待或作为评价法官工作业绩的考量因素之一,导致法官可能被舆论裹挟的现象。

"张扣扣案"之所以会得到全国范围内的广泛关注,就是因为民众认为"张扣扣案"的起因是其母多年前被伤害死亡一案①,即张扣扣犯罪是"为母报仇"。而孝义乃中华民族传统美德,且我国古代律法中有对复仇行为免罪或者从轻处罚的规定,于是当时的网络舆论对张扣扣产生同情,甚至将其塑造为一个"悲情英雄""侠士""刺客"的形象,认为其不应当受到法律的严苛评价乃至应当法外开恩。显然,这种对是非曲直的判断观点是将人性的直觉判断凌驾于法律评价与诉讼裁判之上了,而这也使得法院因此而遭受了极大的舆论压力。

然而在现代社会,纷争解决方式已经从古代私力救济转变为国家介入式公力救济为主,这是人类社会走向文明、民主和法治的必然规律。刑事纠纷的解决相应也体现为以国家强制力保障的公力救济为主,自力救济仅仅是公力救济的例外和补充,仅正当防卫、紧急避险、被害人同意、基于推定的承诺、公民扭送以及满足法定条件提起刑事自诉等自力救济方式为我国刑事法律所允许。古语云:冤冤相报何时了?且犯罪不仅侵害了个人法益,也侵害了国家和社会的公共利益。就"张扣扣案"而言,张扣扣采取血腥同态复仇式私立救济性质的犯罪行为已被法治社会所摒弃,是对我国刑事法律的蔑视与挑战,必须受到法律制裁。法院虽然背负着巨大的舆论压力,却没有被舆论牵住鼻子,坚持独立审判。张扣扣不仅没有因为事出有因、自首等事由获得刑法上的宽宥,反而被处以死刑。探其原因,是因为在法治社会,法律无可替代,法律至上必须被坚守;具体体现在:个人恩仇等犯罪动机在法律面前只是作恶的借口而不是值得宽恕的理由,任何借口绝对不能成为突破法律防线的理由;法律要倾听民众声音,也要超越民众偏见;法律的天平不会因人情而倾斜,道德评价永远不可跃居于法

---

① 张扣扣母亲被伤害死亡案案情简介:1996年张扣扣母亲汪秀萍因为土地纠纷,与邻居王家产生了口角,并朝王家人脸上吐口水,因此被王老三打了一巴掌。张母一气之下拿过张扣扣姐姐事先已经准备好的铁锹将王家老三(王自新时年17岁的三子王正军)的头打破。王老三防卫过当,超出了应有的防卫限度,情急之下用随手拿的木棒打死了张母,但并没有追打的行为且木棒不是预先准备好的,因此法院认定王老三没有杀人的故意,认定其故意伤害过失致人死亡。1996年12月5日,法院鉴于王家老三犯罪时未满十八周岁、张母具有一定的过错等,以故意伤害罪判处王正军有期徒刑七年。

律裁判之上；尊崇、遵守与依靠法律是理性解决纠纷的唯一合法渠道，且所有案件的审判必须冷静而客观地"以事实为依据，以法律为准绳"。正所谓"尊重法律，尊重规则，才是真正的顾全大局"。①

因此，为了在实践中真正落实马克思、恩格斯所倡导的刑事审判独立观，在形成良好舆论监督氛围的同时，必须合理限制舆论的边界，明确舆论的作用范围，形成舆论和司法的良性互动。司法依法维护舆论自由，虚心倾听民众的呼声；舆论不过多羁绊司法，尊重司法的独立与权威性。

（四）刑事司法的民众参与

在马克思、恩格斯的时代，民众对刑事司法的参与主要通过陪审制实现；由于阶级局限性，当时的陪审法官都是有产者。恩格斯主张"司法权是国民的直接所有物"，②对陪审制予以高度赞赏。马克思、恩格斯认为陪审法官应当来自各界，即让民众普遍享有作为陪审法官参与法庭审判的资格。③

我国是人民当家作主的社会主义国家，注重保护公民平等拥有参与司法的权利。《刑事诉讼法》规定了依靠群众原则和审判公开原则。《人民陪审员法》规定"公民有依法担任人民陪审员的权利和义务"，且对人民陪审员的选任条件中没有经济状况的限制，即并不是只有"有产者"才能成为陪审法官。十八届四中全会《决定》强调"保障人民群众参与司法"以及"保障公民陪审权利，扩大参审范围"。

民众参与在"张扣扣案"中得以充分体现。首先，一审法院由审判员三人和四人陪审员组成七人合议庭审理，允许普通民众旁听，使得审判更加民主化。其次，由于本案社会关注度高，一审法院开庭采取了官方微博上图文直播形式，二审法院开庭也给出了网络直播链接；网络直播方式让案件审判全程公之于众以及接受舆论监督，更多民众通过网络形式积极发表自己观点，消除了民众对司法的抵触情绪，维护了司法的权威。此外，公安局在案发后为了尽快抓获张扣扣，发布悬赏通告以充分发动民众力量，民众也提供了很多线索；在案件侦查中，不少目击证人提供证言，帮助公安机关获取案件细节，都体现了民众对于刑事司法活动的参与。

---

① 罗翔：《圆圈正义》，中国法制出版社2019年版，第141页。
② 《马克思恩格斯全集》第2卷，人民出版社2005年版，第532页。
③ 陈卫东：《刑事诉讼法学》（第三版），高等教育出版社2019年版，第38页。

（五）刑事诉讼的程序公正要求

马克思、恩格斯刑事诉讼观中的程序公正要求主要包括三方面:由依法设立的法庭行使审理权,法官不能与自己处理的案件有利害关系,严格依照法定程序进行诉讼。[①]

首先,由依法设立的法庭行使审判权是保证刑事诉讼程序公正的必要条件之一,这在"张扣扣案"中得到了充分体现。汉中市中级人民法院由审判员和人民陪审员组成七人合议庭依法进行了第一审程序的审判,陕西省高级人民法院由审判员三人组成合议庭依法进行了第二审程序的审判,最高人民法院由审判员三人组成合议庭依法进行了死刑复核程序的审判。

其次,法官不能处理与自己有利害关系的案子,否则审判将不再具有中立性。这在我国《刑事诉讼法》回避制度以及具体适用中予以了全面体现,如在审判程序庭前会议中,审判人员可以对回避问题了解情况、听取意见;开庭的时候,审判长告知当事人有权申请回避,因申请回避法庭可以决定延期审理;一审违反回避制度相关规定的,构成二审撤销原判、发回重审判的法定理由,亦可成为"违反法律规定的诉讼程序,可能影响公正审判的"的再审事由。这些规定均在"张扣扣案"中得到了严格遵守。

最后,进行刑事诉讼必须严格遵守法定程序,这既是我国《刑事诉讼法》所明确要求的,也是对习近平总书记提出的"努力让人民群众在每一个司法案件中感受到公平正义"之司法工作目标的具体落实。在"张扣扣案"中,无论是立案、侦查环节,还是随后的审查起诉环节,都严格执行法定程序和期限。公安机关在侦查期间第一次讯问时告知张扣扣有权委托辩护人,张扣扣委托了律师作为自己的辩护人,此后辩护律师多次会见张扣扣并了解涉案罪名以及案件有关情况。当然,程序的严格依法性更是集中体现在对张扣扣的审判活动之中:根据《刑事诉讼法》关于级别管辖的规定,一审法院为汉中市中级人民法院;在"张扣扣案"正式开庭审理前,由于案件社会影响重大,证据材料较多,一审法院组织了庭前会议,并采用图文直播方式公开开庭审理了"张扣扣案",法院最终以故意杀人罪、故意毁坏财物罪对张扣扣判处死刑;张扣扣上诉之后,陕西省高级人民法院就控辩双方争议问题在一审基础上进行了二审审判,合议庭经过二审庭审之后当庭作出"驳回上诉,维持原判"的二审裁定,并依法报请最高人民法

[①] 陈卫东主编《刑事诉讼法学》(第三版),高等教育出版社 2019 年版,第 39—40 页。

院进行死刑复核程序；最高人民法院依法核准后，认为第一审判决、第二审裁定定罪准确、量刑适当、审判程序合法。在"张扣扣案"整个审判过程中，法院严格遵循法定程序，经历了一审、二审和死刑复核程序，并且每一审法院对于事实认定和证据采信都严格按照法律规定进行，淋漓尽致地彰显了程序法定和程序正义。

三、结语

在《刑事诉讼法》课程中，通过组织学生就"张扣扣案"的讨论和剖析，让学生认真领悟"马恩刑事诉讼观"的精髓与我国《刑事诉讼法》所规定的人权保障、司法独立、依靠民众、审判公开、法院统一定罪以及严格遵循法定程序等相关规定之间的高度关联与匹配度，让学生体会到"马恩刑事诉讼观"对我国刑事诉讼立法的深刻影响，让学生意识到坚持"马恩刑事诉讼观"本土化的基础上进行与时俱进的创新发展以及将其灵活运用于我国刑事立法与司法实践的重要性，从而坚定学生对我国社会主义道路的自信，培养学生为推进刑事司法现代化贡献自己力量的信念。综上可见，思政案例教学模式能在潜移默化中有效实现高校立德树人的根本任务，是行之有效的课程思政教学方式。

法学本科毕业生就业状况

牛建平　刘宏宇

【摘要】 法学本科毕业生的就业状如何,是法学教育界的关注的重点问题之一,也是评价法学教育的重要指标之一。本文以法学本科毕业生就业调查为依据,全面对江苏某高校法学院近四届法学本科毕生的就业状况进行梳理,发现毕业生更偏向江苏省内就业,就业行业多种多样,就业率、专业相关度、工作满意度等指标较高,就业适配性高;毕业生对在校读书时的自我评价良好,对母校总体满意度高。

【关键词】 就业;法务会计;法务金融;满意度

法学本科毕业生是中国法治建设人才不可缺少的一部分,相较于1990年,2020年"法学教育学位总数增长了18.9倍,法学学士、法学硕士、法学博士分别增长了14.6、25.4、47.8倍"。[①] 随着法学教育规模扩大,法学专业毕业生人数与日俱增,法学毕业生的就业状况如何,这是法学教育界重点关注的问题之一,是社会评价法学教育的重要指标之一。因此,对法学本科毕业生就业问题的研究受到学界高度重视。

本文以江苏省某高校法学院2018届、2019届、2020届、2021届毕业生为调查对象,以"法学本科毕业生就业状况调研问卷"数据为基础,综合参考该校就业质量报告,对近四届法学本科生毕业生的就业状况进行全方位梳理和分析,

---

【基金项目】本文系江苏省高校哲学社会科学研究基金项目"卓越法律人才素质模型构建——基于胜任力视角"(编号:2018SJA0332)研究成果,南京审计大学国家一流专业(法学)建设项目"法学本科毕业生就业质量分析与研究"(课题编号:2020JG140,2020JG150)的研究成果。

【作者简介】牛建平,南京审计大学法学院助理研究员,主要从事法学教育、教育心理学研究;刘宏宇,南京审计大学法学院副研究员,主要从事法学教育、法理学研究。

① 郭二榕,沈文钦,王顶明:《法学学位体系和教育规模的中美比较研究》,载《学位与研究生教育》2020年第11期。

以期为法学毕业生就业指导和人才培养提供数据支撑。

一、法学专业毕业生特征

(一) 毕业生规模

在我国全面推进依法治国和新文科建设背景下,复合型卓越法治人才培养是新时代法学教育的重要使命。近十年来,我国许多高校已开始探索"法学+"复合型专业,如法学(法务会计)、法学(法务金融)、法学(监察方向)等,旨在培养适应时代社会经济发展需要的、既懂法学又懂其他学科的复合型法治人才,此类专业仍然属于法学专业。本研究中以某高校法学、法学(法务会计)、法学(法务金融)毕业生样本进行调查,期望对提高法学本科生就业质量起到抛砖引玉的作用。

该校近四届法学本科毕业生规模见表1。可以看出,2018届、2019届、2020届和2021届法学、法学(法务会计)、法学(法务金融)毕业总人数分别为417人、396人、408人和390人,平均每年毕业生人数为400人左右,该规模在江苏省内居于前列。从性别来看,男女生比例约为1∶3;从生源地来看,2019届以后,省外毕业生逐渐高于江苏省内毕业生,约占毕业生总人数的58%,省外生源主要来自贵州、甘肃、河南、广西、四川、云南、山西、海南等省份或自治区。

表1 2018—2021届法学本科毕业生规模

年份	专业	男	女	省外	省内	人数
2018届	法学	42	83	68	57	125
2018届	法学(法务会计)	33	124	66	91	157
2018届	法学(法务金融)	42	93	49	86	135
2018届	法学院合计	117	300	183	234	417
2019届	法学	33	80	62	51	113
2019届	法学(法务会计)	32	132	85	79	164
2019届	法学(法务金融)	32	87	74	45	119
2019届	法学院合计	96	299	221	174	396
2020届	法学	36	84	54	67	121

续 表

年份	专业	男	女	省外	省内	人数
2020届	法学(法务会计)	34	134	69	104	173
2020届	法学(法务金融)	38	78	52	67	119
2020届	法学院合计	109	299	240	168	408
2021届	法学	33	92	79	46	125
2021届	法学(法务会计)	37	108	81	64	145
2021届	法学(法务金融)	32	88	68	52	120
2021届	法学院合计	102	288	228	162	390

(二)就业去向

调查中发现,法学本科毕业生毕业后主要去向分为两种:一是走向工作岗位参加工作,就业形式主要为"协议就业",少部分毕业生通过签订灵活就业合同就业,极少数毕业生毕业后进行自主创业或从事自由职业;二是升学,主要包括国内升学和国外升学,总体来看,升学率逐年提高,实际参加工作走上就业岗位的人数比例有所下降,同期其他研究数据也表明,政法类院校的法学毕业生,近些年国内升学比例逐年明显提升,这可能与近年来社会整体就业大环境以及法学本科生渴望深造的就业观念有关。对2021届未参加工作的毕业生调查发现,这部分学生中64.5%的人准备考研,32.2%的准备考取公务员或事业单位,比2017届毕业生有明显提升,这表明,学生再升学深造或考公务员意愿强烈。此外,调查数据显示,除2020届受新冠肺炎疫情影响,就业率受到影响外,其他年份总就业率基本恒定在95%以上,2019年升高至97.47%,就业充分。

二、就业特点

(一)就业地区分布

为深入了解法学专业近几年毕业生就业地区分布特点,对2018届至2021届法学、法学(法务会计)、法学(法务金融)所有毕业生的就业地区进行梳理见表2,可以发现法学专业本科生近几年的就业在地区分布上呈现以下特点:

表2 就业地区分布

年份	外省就业比例	本省就业比例	本省就业量前五位的地区
2018届	34.78	65.22	南京(38.23%)、无锡(12%)、苏州(10.22%)、常州(9.78%)、南通(8%)
2019届	43.69	56.31	南京(46.43%)、苏州(12.15%)、无锡(7.73%)、常州(6.63%)、盐城(4.97%)
2020届	47.91	52.09	南京(40.16%)、南通(11.61%)、苏州(8.93%)、无锡(8.93%)、常州(8.04%)
2021届	44.44	55.56	南京(48.48%)、苏州(10.91%)、无锡(10.3%)、南通(7.88%)、常州(6.06%)

一是，在省内就业的毕业生人数多于省外就业人数。就业地区分布与学生的生源地有一定联系，由表1中可以看出，近几年来省外学生的规模在正逐步提升，2018年省外生源比例为43%，2021年省外生源地学生占比已达58.46%，与此同时外省就业比例由也34.78%提高至44.44%；另一方面，省外一部分学生就业时更愿意选择留在读书所在地，这可能与毕业生对就业情况客观认知以及在外成就一番事业的心理有关。

二是，省内就业分布在省会城市或经济发达的苏南地区。近四年本省就业量排前的地区主要分布在南京、苏州、无锡、常州、南通等地区。这些地区经济发达，地区生产总值和经济增长速度位居全省乃至全国前列[1]，相较其他地区市就业岗位更多，对毕业生也更具吸引力。而本校主要培养经济监督类法学人才，因此对毕业生而言，到经济发达地区就业更有职业发展潜力。

（二）就业行业、单位及职位分布

分析毕业生的就业行业、就业单位以及从事的相关职位，可以更好地了解毕业生就业的具体情况和特性，从而为今后法学专业人才培养做借鉴和经验分析。以法学、法学(法务会计)、法学(法务金融)三个专业方向的毕业生为总体调查对象，对就业人数排名前五的行业、就业人数排名前五的用人单位、主要从事的职位进行描述性统计，结果见表3。

根据《国民经济行业分类》标准，行业是指从事相同性质的经济活动的所有单位的集合。单位指有效地开展各种经济活动的实体，是划分国民经

---

[1] 江苏省统计局官网：http://tj.jiangsu.gov.cn/art/2022/1/24/art_83155_10329657.html

济行业的载体。① 单位性质是指机关、团体、法人、企业等非自然人的实体或其下属部门的性质，是用来区分工薪阶层上班的地方的类别关系。《职业大典》指出，职业是指从业人员为获取主要生活来源所从事的社会性工作的类别，职位是指机关或团队中执行一定职务的位置。本调查中的关于行业、单位、职位的分类参照以上标准进行区分。

表3 主要就业行业分布、用人单位性质、从事的主要职位

年份	就业量前五的行业	就业量前五的用人单位	从事的主要职位
2018届	租赁和商务服务业(17.97%)，金融业(14.20%)，批发和零售业(10.73%)，公共管理、社会保障和社会组织(10.43%)，制造业(9.28%)	其他企业(71.01%)，国有企业(15.08%)，机关(8.99%)，三资企业(2.03%)，其他事业单位(1.16%)	其他人员(29.65%)，经济业务人员(20.93%)，法律专业人员(18.61%)，金融业务人员(13.08%)，公务员(8.43%)
2019届	租赁和商务服务业(15.89%)，制造业(12.77%)，信息传输、软件和信息技术服务业(9.96%)，批发和零售业(9.35%)，金融业(9.03%)	其他企业(76.45%)，国有企业(11.31%)，机关(3.98%)，其他事业单位(2.15%)，自由职业(1.22%)	法律专业人员(55.71%)，金融业务人员(12.86%)，办事人员和有关人员(8.58%)，公务员(5.72%)，其他人员(5.71%)
2020届	建筑业(13.02%)，租赁和商务服务业(12.56%)，批发和零售业(11.62%)，制造业(10.23%)，金融业(8.84%)	其他企业(75.57%)，国有企业(12.22%)，机关(4.97%)，三资企业(2.26%)，其他(2.26%)	法律专业人员(58.14%)，金融业务人员(13.95%)，公务员(10.46%)，办事人员和有关人员(8.14%)，教学人员(2.33%)
2021届	制造业(13.56%)，租赁和商务服务业(13.56%)，公共管理、社会保障和社会组织(8.81%)，居民服务、修理和其他服务业(21.88%)，批发和零售业(7.80%)	其他企业(77.63%)，国有企业(7.46%)，机关(7.12%)，其他事业单位(1.69%)，三资企业(1.69%)	法律专业人员(50.17%)，其他人员(23.05%)，公务员(5.76%)，办事人员和有关人员(5.76%)，金融业务人员(5.42%)，经济业务人员(5.08%)

由表3可以看出，法学专业毕业生从事就业面广，主要分布在"租赁和商务服务业""公共管理、社会保障和社会组织""金融业""制造业""建筑业"和"批发和零售业"等行业，基本符合专业对应就业行业。根据《国民经济行业分类》标准，法律服务属于"租赁和商务服务业"，公检法机关属于"公共管理、社会保障和社会组织"。可以看出，法学本科生就业行业不仅包括法律服务、公检法等相

---

① 国家统计局：《2017年国民经济行业分类(GB/T 4754—2017)》，见 http://www.stats.gov.cn/xxgk/tjbz/gjtjbz/201710/t20171017_1758922.html

关行业,也包括金融业,此外还有相当一部毕业生步入制造业、建筑业等实体经济行业,为社会各行各业贡献力量。

就毕业生的工作的单位性质而言,主要包括其他企业、国有企业、机关等。此处"其他企业"类别占比达70%以上,进一步对具体就业单位梳理发现,其他企业中,绝大多数是律师事务所。从已就业毕业生从事的职位分类来看,主要包括法律专业人员,每年一多半就业的同学从事与法律相关的职位;此外,相当一部分毕业生为经济或金融业务人员,这与"法学+会计""法学+金融"人才培养目标相吻合;还有一部分同学考取公务员,多是走向政府部门、法院、司法局或检察院等部门。

三、就业质量

本研究主要从就业率、专业与工作相关度、职业期待吻合度、工作满意度、离职率,来呈现法学本科毕业生的就业质量指标。关于法学专业本科生的就业率,上文已有说明,此处不再赘述。

(一)工作与专业相关度、职业期待吻合度和工作满意度

毕业生是知识的使用者,他们能够判断自己的工作是否用到了所学的专业知识,是否与自己的职业期待相吻合,是否对工作满意。因此调查中是由毕业生自我报告的形式获取相关数据,分子是报告为是的毕业生人数,分母为受雇全职工作的毕业生人数,进而得到工作与专业相关度、职业期待吻合度、工作满意度,结果见表4。2019届法学专业毕业生因调查样本较少,在此不做统计分析。

表4 工作与专业相关度、职业期待吻合度和工作满意度

年份	专业名称	工作与专业相关度(%)	职业期待吻合度(%)	工作满意度(%)
2018	法学	80	80	88
	法学(法务会计)	65.22	78.26	91.3
	法学(法务金融)	83.33	72.22	83.33
	三个方向平均	73.03	77.53	88.76
2019	法学(法务会计)	77.14	68.57	77.14
	法学(法务金融)	76.19	66.67	80.95
	两个方向平均	78.57	62.86	78.57

续 表

年份	专业名称	工作与专业相关度(%)	职业期待吻合度(%)	工作满意度(%)
2020	法学	83.33	77.78	83.33
	法学(法务会计)	78.72	85.11	82.98
	法学(法务金融)	95.24	95.24	90.48
	三个方法平均	83.72	86.05	84.88
2021	法学	75	87.5	95.83
	法学(法务会计)	88.24	76.47	82.35
	法学(法务金融)	82.61	86.96	82.61
	三个方向平均	81.25	84.38	87.5

"工作与专业相关度"主要考查学生专业与就业岗位的匹配程度,由表5可以看出,法学三个专业方向全体毕业生的"工作与专业相关度"保持良好的上长升之势,由2018届的73.3%提高至2021届的81.25%,2020届法学(法务金融)毕业生工作与专业相关度达95.24%,总体来看,法学本科毕业生工作的对口率相对较高,特别是法学(法务会计)、法学(法务金融)两个复合型专业方向毕业生的"工作与专业相关度"提高明显,由此可以看出社会对这两类人才的需求增多,而法学复合型人才培养效果也初步显现。

法学本科毕业生的职业期待吻合度逐年提高,呈上升趋势,法务会计、法务金融两个复合型方向毕业生的职业期待吻合度提升明显,绝大多数毕业生认为自己工作与职业期待吻合,说明专业培养符合大部分同学的职业预期。近四届法学三个方向毕业生对工作的满意度均高于80%,2021届法学专业为95.83%,较之前提升明显,整体来看,法学本科毕业生对工作比较满意。

(三)就业稳定性

就业稳定性是指劳动者个体工作的稳定性,用以描述劳动者工作变换间或在参加经济活动与不参加任何经济活动之间变换的状况。[①] 就业不稳定有可能给劳动者工作带来一定影响。反映就业稳定性的指标较多,在此我们主要考察毕业生的协议履约率和离职率。协议履约率主要通过考查学生现在的工作是

[①] 肖红梅:《国内就业稳定性问题研究历程与文献述评》,载《北京劳动保障职业学院学报》2015年第3期。

否为毕业离校前签订协议(合同)的单位而获得。离职率,主是指从毕业时到毕业当年底,有过工作经历的毕业生中多大百分比发生过离职。

近四届法学三个专业方向专业生的协议履约率较高,达70%左右,三个专业方向差别不大;近四届离职平均为6.95%,2020年离职率略高,可能与疫情影响有关。进一步调查发现,毕业生离职多为主动离职。以2021届毕业生为列,选取的调查样本中,所有离职毕业生主要是由于考取公务员或升学、个人发展空间小、有了其他更好的工作机会等原因而选择主动离职。

四、毕业生求职情况

为全面了解毕业生的求职情况,以下对毕业生求职的信息来源、求职的成功渠道以及求职难度进行分析,以便为以后学生就业提供更有针对性的改进。

(一)就业信息来源和就业成功渠道

以2021届毕业生为样本,调查发现,已就业的毕业生就业信息来源渠道按选择人数多少依次主要有:学校组织的招聘会、宣讲会(46.89%)、学校的就业网和公众号等信息平台(34.38%)、政府部门的就业网、公众号等信息平台(23.44%)、亲友推荐(20.31%)、其他(14.06%)、政府部门组织的招聘会、宣讲会(14.06%)、社会机构的就业网、公众号等信息平台(14.06%)、学校老师推荐(9.38%)、单位自行组织招聘路演和发布招聘信息等(9.38%)、社会机构组织的招聘会、宣讲会(4.69%)。可以发现,学校组织的招聘会和宣讲会,以及学校就业网上的招聘信息推送,是毕业生获取求职信息的重要来源。

已就业毕业生成功找到第一份工作的求职渠道按选择人数多少依次为:其他(17.19%)、亲友推荐(17.19%)、学校组织的招聘会、宣讲会(15.63%)、社会机构的就业网、公众号等信息平台(14.06%)、政府部门的就业网、公众号等信息平台(12.50%)、单位自行组织招聘路演和发布招聘信息等(7.81%)、学校的就业网和公众号等信息平台(6.25%)、学校老师推荐(4.69%)、政府部门组织的招聘会、宣讲会(3.13%)、社会机构组织的招聘会、宣讲会(1.56%)。可以发现,学校组织的招聘会、亲友推荐等方式是毕业求职成功的重要渠道。

(二)求职难度

求职难度反映毕业生在求职过程中遇到困难的程度,对2021届毕业生就进抽样调查结果见图1。少数毕业生认为求职有一定难度,这些难度主要来自三个方面:**一是其自身内部因素**,如毕业生认为自己缺乏实践经验(61.9%)、专业知识与能力不足(50%)等;**二是外部因素**,如毕业生认为适合自己的招聘职位太少(33.33%)、缺乏良好的人脉资源(21.43%)等;**三是,缺乏求职技巧和职业规划**,如缺乏求职方法技巧(47.62%)、不知道什么工作适合自己(19.05%)等。2021届毕业生在毕业实习期间正值疫情期间,因疫情防控要求,线下实地实习被迫暂停并改为线上实习,在这一定程度上有可能会对学生实践经验的获得造不利影响;另一方面,需要加强实习实践平台开拓力度,充分发挥实习基地协同育人功能,为毕业生们提供实习机会,进而丰富学生的实践经验;再次,需要加强职业生涯指导和就业指导,由专业老师和辅导员联合组成指导团队,提升学生的就业能力。

困难	比例
1. 缺乏实践经验	61.90%
2. 专业知识与能力不足	50.00%
3. 缺乏求职方法技巧	47.62%
4. 适合自己的招聘职位…	33.33%
5. 缺乏良好的人脉资源	21.43%
6. 不知道什么工作适合…	19.05%
7. 遭遇就业歧视	4.76%

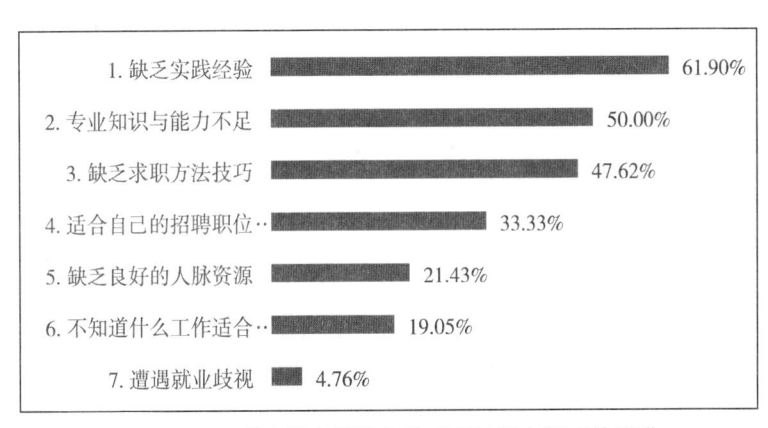

图1　2021届法学本科毕业生求职过程中遇到的困难

同期调查中,为了解同学们需要哪些方面的就业服务,84.1%的同学认为目前学校就业服务工作做得较到位,不需要再增加服务项目;15.9%的同学认为需要提供更多的就业信息,增加相关就业培训。

五、毕业生评价

(一)自我评价

毕业生在校学习情况是否良好,对在校期间自身发展是否满意,一定程度上影响其就业能力,因此在调查中设置了相应题项来了解学生在校学习情况和对自身发展的满意度,同时也为今后提升教育教学效果,提高人才培养质量提供借鉴。

在此以2021届法学三个专业方向毕业生的调查结果为例说明,43.5%的毕业生认为自己在大学读书期间积极参与课堂学习讨论,48.8%的毕业生认为自己在大学期间经常参与课外学习和实践。本科生希望母校提供的课外学习支持主要是提供更多的实践机会(64.99%)、开设更多的在线学习平台(44.56%)、提供更多的参与研究机会(如参与科研项目等)(42.71%)。

表5 毕业生对自身发展满意度情况

年份	专业名称	对自身发展的满意度(%)	年份	专业名称	对自身发展的满意度(%)
2018	法学	82.09	2020	法学	89.66
2018	法学(法务会计)	91.79	2020	法学(法务会计)	88.24
2018	法学(法务金融)	90.16	2020	法学(法务金融)	94.06
2019	法学	80.56	2021	法学	87.9
2019	法学(法务会计)	87.5	2021	法学(法务会计)	85.11
2019	法学(法务金融)	79.27	2021	法学(法务金融)	89.29

近四届法学三个方向毕业生对自身发展的满意度见表5,毕业生对自身的发展满意度基本80%以上,满意度较高,部分年份,法学(法务会计)、法学(法务金融)毕业生对自身发展满意度达90%以上;法学三个专业方向相比而言,近四届平均满意度法学(85.05%)、法学(法务会计)(88.16%)、法学(法务金融)(88.20%),可以看出,法学复合型方向的满意度较高,这可能与学生对专业价值的认知有关。

(二) 对母校的评价

毕业生对母校的评价是反映学校办学声誉一个参考指标,从长远来看也是影响毕业生就业的一个因素。在此主要通过毕业生对母校的总体满意度和专项工作满意度来呈现。近四届法学、法学(法务会计)、法学(法务金融)三个方向毕业生对母校的满意度和推荐度见表6。可以看出,三个方向的毕业生对母校的满意度平均为94.66%,对母校非常满意。其中2020届法学(法务金融)方向的满意度最高(99.01%),学校办学水平普遍获得毕业生充分认可。

表6 对母校满意度

年份	专业名称	对母校的满意度(%)	年份	专业名称	对母校的满意度(%)
2018	法学	89.55	2020	法学	96.55
2018	法学(法务会计)	95.52	2020	法学(法务会计)	95.56
2018	法学(法务金融)	95.16	2020	法学(法务金融)	99.01
2018	法学院	93.92	2020	法学院	96.88
2018	本校本科平均	93.39	2020	本校本科平均	96.31
2019	法学	90.28	2021	法学	97.58
2019	法学(法务会计)	94.64	2021	法学(法务会计)	93.62
2019	法学(法务金融)	92.68	2021	法学(法务金融)	93.75
2019	法学院	92.86	2021	法学院	94.96
2019	本校本科平均	92.44	2021	本校本科平均	94.80

比较三个专业方向近四届的平均水平,结果见图2,可以发现,法学(法务金融)毕业生对母校的平均满意度最高,达到95.15%。

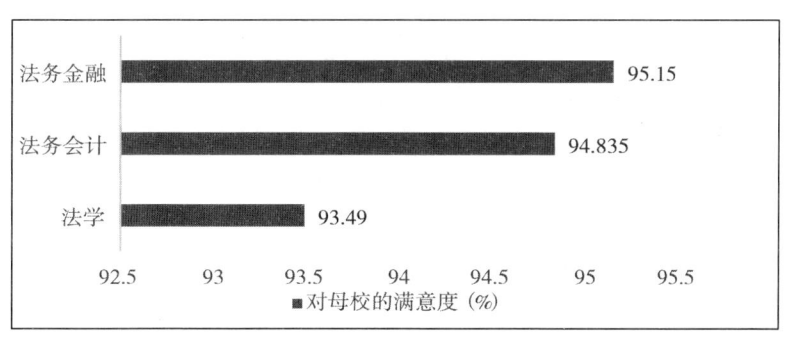

图2 近四届法学、法学(法务会计)、法学(法务金融)毕业生对母校的满意度

（三）对母校专项工作的评价

为深入了解毕业生对母校专项的工作的满意度,我们以2021届毕业生就业调查数据为基础,进一步分析各专业方向毕业生对课程教学、创新创业教育教学、学生管理和创新创业实践训练的满意度,结果见表7。可以看出,毕业生对课程教学、创新创业教育教学、学生管理、创新创业实践训练四个方面的满意度平均水平均高于84.88%,可见整体上比较满意,对课程教学的满意度最高

（91.51%）。法学专业毕业生对课程教学、创新创业教育教学、学生管理、创新创业实践训练四个方面的满意度均高于法学（法务会计）和法学（法务金融），也高于该校平均水平。

表7　2021届毕业生对母校专项工作的评价

专业	对课程教学满意度	对创新创业教育教学满意度	对学生管理的满意度	对创新创业实践训练满意度
法学	94.35%	88.71%	92.74%	88.71%
法学（法务会计）	92.91%	83.69%	87.23%	83.69%
法学（法务金融）	86.61%	83.04%	86.61%	82.14%
法学院	91.51%	85.15%	88.86%	84.88%

尽管绝大多数毕业生对母校的各项工作满意度较高，但我们仍然希望法学本科毕业生对以上专项工作的改革与完善给出一些建议，进行描述统计分析结果见图3、图4、图5。

项目	比例
提高课程考核的合理性	40.32%
加强教学的实验、实习等	38.73%
提高教师的教学能力与水平	38.73%
及时更新课程内容	30.77%
加强课堂互动交流	29.97%
加强课后个别指导与沟通	23.61%
培养教师的敬业精神	23.08%

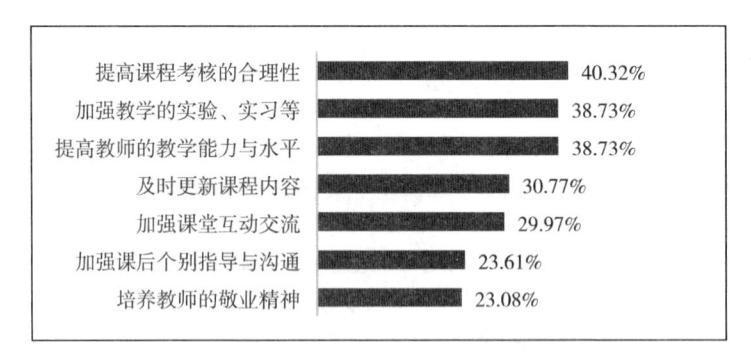

图3　2021届法学本科毕业生对课程教学提高的改进建议

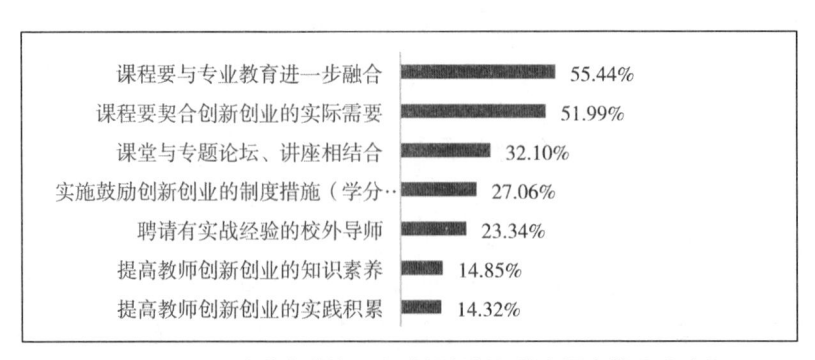

项目	比例
课程要与专业教育进一步融合	55.44%
课程要契合创新创业的实际需要	51.99%
课堂与专题论坛、讲座相结合	32.10%
实施鼓励创新创业的制度措施（学分…）	27.06%
聘请有实战经验的校外导师	23.34%
提高教师创新创业的知识素养	14.85%
提高教师创新创业的实践积累	14.32%

图4　2021届法学本科毕业生对创新创业教育提高的改进建议

```
社团活动、课外活动及假期…           56.23%
校级学生工作部门的服务              54.91%
年级主任、辅导员的责任心             46.42%
心理健康教育                    21.22%
学生资助和勤工助学                19.89%
思想政治教育                    12.47%
```

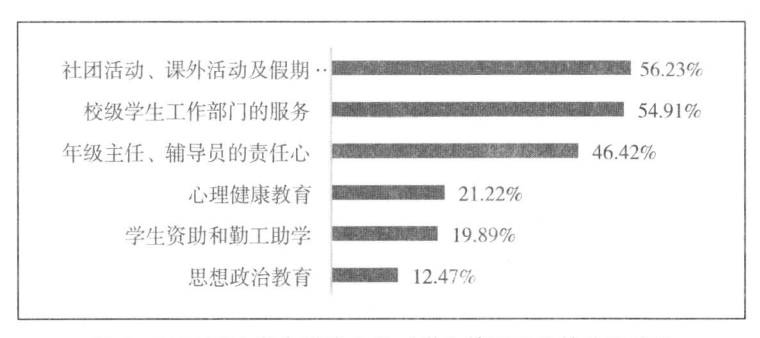

图 5 2021 届法学本科毕业生对学生管理工作的改进建议

可以看出,毕业生对课程教学的建议主要是希望提高课程考核的合理性(40.32%)、加强教学的实验和实习环节(38.73%)、提高教师的教学能力与水平(38.73%);对创新创业教育的主要建议是课程要与专业教育进一步整合(55.4%)、课程要契合创新创业的实际需要(51.99%)、课堂与专题论坛和讲座相结合(32.1%);对学生管理工作的建议主要是希望社团活动、课外活动及假期社会实践(56.23%)更加优化完善、提升校级学工部门的服务效率和质量(54.91%)、增强辅导员的责任心(46.42%)等方面。而毕业生对母校在创新创业实践训练方面的建议主要是加强建设高质量实践基地(63.9%)、继续实施创新创业类训练计划(46.1%),加强创新创业项目指导力度。

(四)工作后期望提高的素养

借鉴胜任力概念可知,一个卓越的法治人才,其胜任素质结构绝不是单一的,而是多维复杂的立体系统,既包括知识与技能等显性素质,还包括职业能力、职业素养个性特质等隐性素质。传统法学教育中比较注重专业知识和技能培养,轻其他素质培养。因此,为提高就业质量,我们就应关注学生多维素质结构培养。

为了解毕业生在工作后对知识、能力、综合素养等方面有何诉求,从而可以对在校生学习提供有效借鉴,提升学生就业竞争力,我们以 2021 届已就业的毕业生为样本,请其回答在工作后希望自己的胜任力方面有哪些提高,统计结果见图 6、图 7、图 8。

由图中可以看出,一部分毕业生认为自己在知识(28.13%)、职业能力(23.44%)、职业素养(29.69%)方面均能满足目前的工作需要,还有相当一部毕业生认为在以上三个方面均需要提高。需要加强学习的知识主要有专业基础

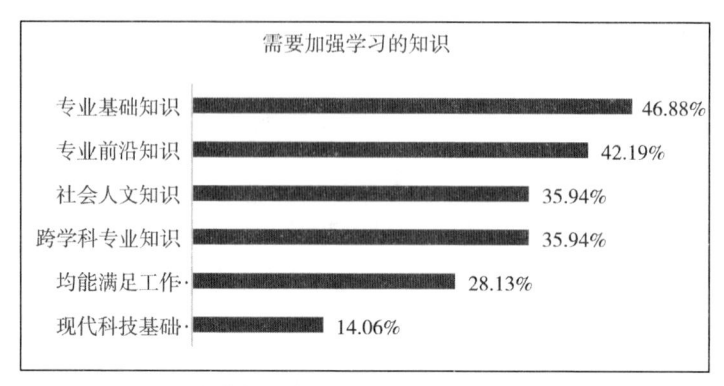

图 6　2021 届法学本科毕业生工作后希望需要加强学习的知识

需要加强学习的知识
- 专业基础知识　46.88%
- 专业前沿知识　42.19%
- 社会人文知识　35.94%
- 跨学科专业知识　35.94%
- 均能满足工作　28.13%
- 现代科技基础　14.06%

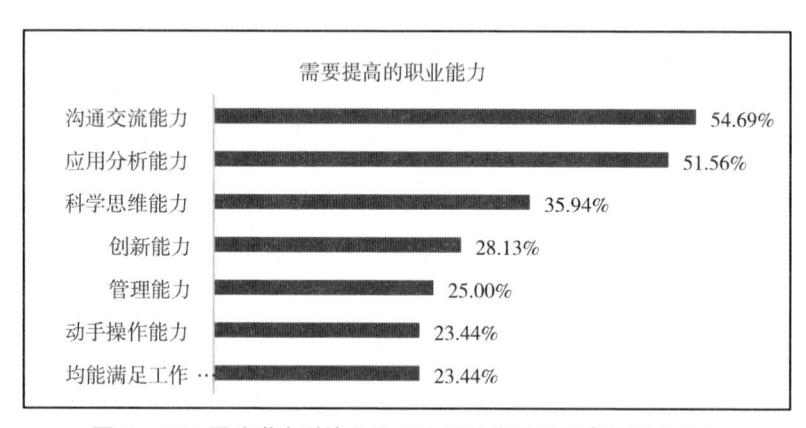

图 7　2021 届法学本科毕业生工作后认为需要提高的职业能力

需要提高的职业能力
- 沟通交流能力　54.69%
- 应用分析能力　51.56%
- 科学思维能力　35.94%
- 创新能力　28.13%
- 管理能力　25.00%
- 动手操作能力　23.44%
- 均能满足工作　23.44%

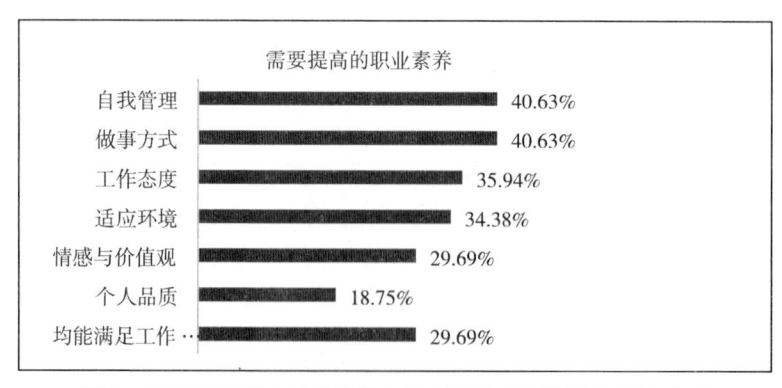

图 8　2021 届法学本科毕业生工作后认为需要提高的职业素养

需要提高的职业素养
- 自我管理　40.63%
- 做事方式　40.63%
- 工作态度　35.94%
- 适应环境　34.38%
- 情感与价值观　29.69%
- 个人品质　18.75%
- 均能满足工作　29.69%

知识(46.88%)、专业前沿知识(42.19%)、社会人文知识(35.94%)、跨学科专业知识(35.94%)等;需要提高的职业能力主要有沟通交流能力(54.69%)、应用分析能力(51.56%)、科学思维能力(35.94%)、创新能力(28.13%)等;需要提高的职业素养主要有自我管理能力(40.63%)、做事方式(40.63%)、工作态度(35.94%)、适应环境(34.38%)等。从以上结果可以发现,法学本科毕业生对自己需要提高的素养,不仅仅包括专业知识方面能力,还包括沟通交流、应用分析、创新能力以及个性修养等综合素养。

六、结语

法学专业本科毕业生就业质量受多种因素影响制约,包括社会需求、教育教学质量、人才培养质量、毕业生个人就业观念等。本文从实证调查数据入手,对法学本科毕业生的就业状况进行了描述性统计分析,以期为法学学生就业指导和人才培养提供了数据支撑,但因篇幅和作者写作水平限制,对如何提高毕业生的就业质量、助力学生就业等问题还有待于结合胜任素质模型进行深入研究。

双院制模式下学生组织参与教学管理探究
——以N大学法学院为例

朱 芸

【摘要】 学生干部参与学院的教学管理是在"书院＋学院"双院制背景下学院日常教学管理的重要组成部分,是以生为本的重要体现。学生干部参与学院教学管理一方面有利于体现学院在日常教学管理中的主体作用,实现学院育人,提高人才培养质量,另一方面有利于提高学生的参与意识,增强学生主人翁意识,提高学生对学院的归属感。文章结合N大学法学院教学管理与学生管理工作中的实际情况,对具体的问题进行探讨并提出优化举措。

【关键词】 双院制;学生组织;教学管理

"卓越法治人才教育培养计划"要求高校不断进行教学模式的改革,重视法学专业学生毕业就业现状,这就要求法学专业学生不仅需要有坚硬的专业基础,还要有自主创新的实践能力。N大法学院成立学生组织,实现学生自治,打破了原先"双院制"育人模式在运行过程中出现的沟通不畅,执行不力的现象,极大促进了学院的学生管理工作。学生组织参与教学管理的实际工作,工作范围涉及学院的教学质量监控、教学运行、实践教学管理及档案整理等方面,发挥学生在教学管理中的主体地位。

一、学生干部参与学院日常教学管理的必要性

1. 学生组织可以作为教学管理工作的补充和延伸

教务人员在日常的教务管理与服务工作时不一定能面面俱到,特别是在双院制下存在很多局限性。面对事情的多样化和学生群体的多元化,学院教务办

【作者简介】朱芸,南京审计大学法学院教务办公室主任,研究方向:行政管理。

的职能与效能不能满足所有学生的诉求。在这种情况下，N大法学院组建了学业助理团，成员全部来自学生群体，他们更加贴近学生的日常生活，相较于学院行政管理层面更接地气，更加了解学生所需所想，便于沟通，能及时地反映学生问题及诉求。学院定期召开学生座谈会，学业助理团成员在日常的学习过程中善于发现教学管理和教学一线工作中存在的问题，通过发表意见、提出建议、协商对话等方式反馈与给学院，使得学院能够提高教学质量，满足学生的教学需求。

2. 学生组织在教学管理中具有"润滑剂"的作用

学生组织大部分是优秀的学生干部组成，他们植根于不同的学生群体，能够及时发现学生群体中的问题，在调和学院与学生、教师与学生、学生与学生之间的矛盾关系中起到重要的作用。因此，学生组织在协调解决不同群体关系方面具有一定优势，他们能有效展示榜样作用，及时将"民情、民意"等收集汇总给学院教务办。学生组织在调节矛盾关系方面发挥着"晴雨表"和"润滑剂"的作用。[1]

3. 有利于实现三全育人，进行隐性的立德树人引领

学生组织可以发挥学生主动锻炼的积极性，是学生综合素质提高的直接有效平台。法学院四个学生组织均配备有专业指导老师，在充分发挥学生自治的基础上，对其进行宏观性专业指导和思政引领，以生为本，三全育人，立德树人。

4. 保障学生活动的开展，促进优良学风的形成

法学专业协议自成立以来举办法学沙龙，从法律人视角讨论当前热点问题；举办法律知识竞赛、法律人风采大赛、文济校友论坛等活动，做好活动前的组织、现场摄影、比赛结束后及时撰写新闻稿等各项工作。

二、学生组织参与教学管理存在问题

1. 学生组织参与教学管理的民主意识淡薄

学生组织受传统文化的影响，很多时候并不能主动维护自身权利，民主意识有待加强。在日常教学管理活动中，会把自己看作是局外人，事不关己的消极态度参与到管理中来，敷衍了事。同时，缺乏自我管理意识，更谈不上民主意识了。

---

[1] 毋张明：《学生组织在高校管理育人机制中的作用思考》，载《科技风》2020年6月。

2. 学生组织内部管理体制不够完善

N大学法学院成立的法学专业协会等学生组织都属于学生自我治理组织,组织内部管理中最突出的问题是民主化建设问题,这是阻碍学生组织发展的现实问题。学生组织在建设过程要得到广大学生的支持,这对学生会的长远发展和民主建设具有重要意义,学生组织中的很多决策通过民主评议决定,评议过程中存在拉票、拉关系等不和谐的现象。干部的选拔任用缺乏统一规范,随意性较大,不利于组织文化传承。组织中传帮带制度没有很好的建立。学生组织中大二、大三学生的参与意识与能力都要高于大一和大四的学生。随着时间的变化,大三学生会因影响自己的学业等因为退出学生组织,组织中的新人在面对实际问题时,出现目的性不明确,质量不高,管理效率低等缺陷。

3. 学生组织参与教务管理的内容不深入

学生组织目前的管理还处于表面,学生们能参与的是网上评教,意见的传达、活动的组织等,但与教学相关的教学计划、学生专业课的设置以及课程改革等很少能有学生参与进来。而学校在这方面也很少采纳学生的建议或意见。学院对学生组织的参与管理没有完全放权,剥夺了学生实际参与管理的权利,使学生参与管理浮于表面工作,成了走过场,参与管理没实效,从而不能很好地发挥学生组织的作用。

三、加强学生组织参与教务管理,提高教学管理水平的途径

1. 树立与时俱进的治理理念,营造民主的校园氛围

双院制下首先要增强学生对学院的归属感,增加学生参与教务管理的意愿,强烈的参与意愿能为学生组织有效地参与教务管理提供思想意识方面的助推力,学生组织成员除了有积极的参与意识之外,也必须将责任意识当作为己任,每个人都是学院的学生,主动参与学院管理是自己的责任。学生要对自身参与教务管理的权利有清晰的认识,要以主体的身份去参与导管中,对教学过程中产生的问题提出自己的意见和建议。

第一是为了让更多的学生能够有效参与到教务管理中来,学生组织中的学生干部要彰显领头羊的优势,带动学生积极参与治理。第二是充分发挥女生多的优势,法学院女学生人数比男生多,学生组织参与人员女生数也高于男生,要让女生去带动男生参与管理工作中来。第三是学生要树立长远的参与动机,学生的参与动机要在不断的进步中上升一个层次,要将自身参与的动机与学校的

发展、国家发展融到一起。最后,学校定期开展研讨会、座谈会等,引导学生将掌握的知识和实际获得经验进行系统化、理论化的梳理,从而更好地运用到教学管理中来。

2. 提升学生组织参与教学管理的层次

结合到学生组织参与教学管理的实践基础来看,学生组织要更多地参与到人才培养方案的制定、课程的设置与教师教学水平的评价等,参与层次分为四个等级发表意见或建议的权利、监督的权力、评价的权力和决策的权力。在具体的参与管理的内容中,可以以某一种层次参与,也可以以多种层次参与。①

3. 以学生成长为目标,转变工作理念

教务管理人员在完成琐碎工作的同时,还要转变工作理念,要密切联系学生。首先,学生的管理与教学管理应步调一致、密切协作、积极创新管理模式,变管理为服务,为学生成长成才和健康发展提供保障。其次,要开辟融合的平台,加强双院联动,深化书院制改革"1+N",增强辅导员与专业班主任的互动、副书记与辅导员的互动等。最后,要加强工作研究,结合人才培养开展专业性强的相关的品牌实践活动。实现教学管理与学生管理的双融合,体现学院以生为本、服务育人的、全员育人的宗旨,充分调动学生参与教学管理的积极性、主动性何创造性。②

4. 加强对学生干部的选拔

学生组织参与日常教学管理,学院就要做好组织中学生干部的人才培养和选拔任用,让学生干部熟知教学管理的各个环节,熟悉教学管理的规律,有效配合学院教务办老师做好教学管理工作。学生干部要对自己的相关知识文库进行充实,主动学习和教学管理息息相关的知识,从而具备一定的协调能力、沟通能力、辨别能力。学院要不断改进对学生干部的培养管理,搭建学院层面的联动主体,制定融合机制确保制度的落实,学生组织成员、教学管理人员和教师之间要责任明确、互联互通、密切协作、相互配合,形成良好的育人氛围。

5. 完善学生参与平台,畅通学生参与渠道

通过线上线下共同搭建参与平台,学生与新媒体相结合,共同促进学生组织参与教学管理。其中,坦诚沟通是最好的方式,倾听和沟通以及必要的移情

---

① 李聘环:《浅谈高校教学管理与学生管理工作的联动与整合》,载《科技世界》2021年10月。
② 衣海永:《高校学生管理与教学管理融合机制探究》,载《山东青年政治学院学报》2019年第1期。

换位思考是一个非常重要且行之有效的参与途径。通过"座谈会""午餐会"等"面对面"途径来参与教学管理,学生代表与学院院长、书记面对面交谈,学院管理者能亲自倾听学生们的心声,现场为学生们答疑解惑。领导亲自和学生会谈,学生们参与管理的意识会被激起。通过和领导面对面的坦诚详谈,学生参与的热情和激情也会进一步提高。

6. 做好教务管理人员的培训

教务人员的业务水平和管理能力是影响教学管理与学生管理工作效果的重要因素。学校教学部门应该结合实际情况,定期组织教务人员开展管理能力、业务能等方面的培训,对高校教育工作发展方向、先进管理理论进行培训,从而丰富教务人员的管理手段,提升其工作能力。学校也需要经常与其他学校进行交流,引进先进的教学管理和学生管理等方法,结合自身实际情况,对具体的问题进行分析和处理,畅通信息沟通渠道、理清工作思路、扫清工作盲区,从而提高工作效率。①

---

① 张冬梅:《教学秘书视角下高校教学管理工作提升路径研究》,载《湖北开放职业学院学报》2020年第7期。

审计法实验课程思政教学路径研究

郝 炜 牛建平

【摘要】 审计法实验课程思政教学在内涵建构上包括审计法实验与课程思政两项密不可分的教学要素。该课程思政体系由审计法实验课程系列与专业课程思政系列融合而成,在课程设计上呈现"体用结合"的教学设计风格,将审计法实验课程系列视为"体"、专业课程思政系列视为"用"。审计法实验课程思政要素不仅来自审计法学科体系内部、实验场景过程,同时还来自同社会变迁的沟通与互动。在发挥教师主导教、学生主体学积极功能基础上,课程思政要素融入实验项目设计、实验项目评估、实验项目评估。

【关键词】 审计法实验;课程思政;建构主义教学实验

在立德树人综合教育理念指引下,如何将课程思政知识体系融入跨专业、场景化、实验性的审计法实验课程之中,从而在新时代背景下实现审计法实验课程思政教学与思想政治理论同向同行效应,是当前审计法实验教程教育教学领域的一项紧迫课题。

一、审计法实验课程思政教学的理论界定

审计法实验课程思政教学在内涵建构上包括审计法实验与课程思政两项密不可分的教学要素。课程思政肇始于 2005 年上海推行的"学科德育"课程改革实践,并经教育部于 2018 年统一部署在全国推广。目前国内学界并没有专门针对法学实验课程思政教学的文献。为全面勾勒理论脉络,有必要分别以

【基金项目】 本文系 2021 年南京审计大学校级教改课题实验室专项课题《审计法实验课程思政教学路径研究》(2021JG057)的阶段性成果。

【作者简介】 郝炜,南京审计大学法学院讲师,主要从事行政法学教学与理论研究;牛建平,南京审计大学法学院助理研究员,主要从事法学教育、教育心理学研究。

(审计法)实验、专业课程思政进行考察。

1. 法学实验的学理分析。尽管时显群以法理学为例提出法学知识教育和思想政治教育相融合方法、①陈楚庭提出有必要强化法学专业教师的思想政治教育责任意识和能力,②但关于法学专业仅有的这两篇文献显然偏向于理念阐释而并未提供具有操作意义的实践路径。法学界虽有论及法学实验课程之于法学专业的学科意义与独特功能,③但均未涉及课程思政。因此,就审计法学专业而言,目前鲜有关于审计法学实验课程的课程思政教学路径研究文献。

2. 专业课程思政的学理分析。伴随课程思政研究兴起,学界对专业课程思政的认识基本围绕以下三种途径展开。第一种是侧重于理论层面研究。针对思政教育与专业教学脱节现象,有学者建议构建思想政治理论课、综合素养课程、专业课程三位一体的高校思政课程体系,进而推动"思政课程"向"课程思政"的立体化育人转型。④ 该类观点较为系统论述了二者的关系,但并未从方法论角度指明二者保持互动的途径,也并未指明专业课程的课程思政建设路径。第二种是侧重于宏观路径构思。邱伟光指出课程思政的生成路径包括重在建设、教师是关键、教材是基础、资源挖掘是先决条件、制度建设是根本保障,⑤但并未指明课程思政的具体建设路径。陆道坤实际上指明了诸如课程思政的设计问题等专业课程思政实施路径中最为关键和最难解决的部分,⑥但并未提出专业课程思政系统化实施路径。第三种是侧重于具体学科论证。该类研究或是停留在生成机理与逻辑结构的理念论证阶段,⑦或是停留在各自学科知识点的思政要素阐发,⑧在教学路径领域对其他学科借鉴意义较小。可见,当前在专业课程思政领域具有偏重于理念阐发、在具体实践路径领域构建不足的研究特

---

① 时显群:《法学专业"课程思政"教学改革探索》,载《学校党建与思想教育》2020年第4期。
② 陈楚庭:《法学专业"课程思政"教学改革探析》,载《学校党建与思想教育》2020年第16期。
③ 王均平:《法学实验教学相关概念的界定及其应用》,载《高等教育研究》2012年第9期。
④ 高德毅、宗爱东:《从思政课程到课程思政:从战略高度构建高校思想政治教育课程体系》,载《中国高等教育》2017年第1期;何红娟:《"思政课程"到"课程思政"发展的内在逻辑及建构策略》,载《思想政治教育研究》2017年第5期。
⑤ 邱伟光:《课程思政的价值意蕴与生成路径》,载《思想理论教育》2017年第7期。
⑥ 陆道坤:《课程思政推行中若干核心问题及解决思路——基于专业课程思政的探讨》,载《思想理论教育》2018年第3期。
⑦ 邵志毅、任晓伟:《中国共产党引领"自然辩证法概论"课程发展历史研究》,载《自然辩证法研究》2022年第2期。
⑧ 王慧莉、吕万刚:《表现性评价在体育课程思政建设中的应用研究——以体育教育专业体操类专项课程为例》,载《体育学刊》2022年第1期。

征,难以提供既具有类型化又能够复制化的路径方案,并且偏重于教学方法而忽视教学管理模式对专业课程思政的影响。

3. 审计法实验课程思政教学。尽管学界鲜有关于审计法实验课程思政教学路径的深入论述,但结合专业课程思政的既有学理,可以运用后者研究成果介入前者研究场景。建构主义教学实验为此种介入能够提供理论指导。建构主义教学实验是一种关于学生在建构概念阶段与发展轨迹过程中形成的纵向研究模型,由美国教育家Steffe、Cobb等人提出。[①] 建构主义学习观在审计法实验课程思政教学中以建构主义教学实验形态呈现。"建构主义教学实验兼具教学设计和验证假设这两个教学实验的典型特征,因此,其本质上从属于教学实验。""对建构主义教学实验而言,假设仅是研究者进行研究的预先构想,需要在实验过程中根据学生的行为表现不断地进行修改,实验的真正目的并非验证假设,而是期望通过与学习者的互动构建学生学习的模型。"[②]对于法律专业教学而言,演绎与归纳是经常使用的教学逻辑分析方法,演绎以确定性前提为标志、归纳则以不确定前提为特征。建构主义教学实验由于同时包括教学设计、实验验证假设两项特征,因此在教学逻辑认知层次上能够实现与演绎或归纳的完全对接。因循该认识逻辑,可基于建构主义学习观为理论基础,将审计法实验课程思政教学界定为:在可控制条件下模拟或创设审计法律场景研究法律主体与法律行为效果、法学理论与法律现实之间确定性联系为主旨,坚持立德树人教育理念,依托全员、全程、全课程育人格局形式,实现法学实验课程与思想政治理论课协同推进的方法和措施。

二、基础设计:审计法实验课程编目与类型

审计法实验课程思政体系由审计法实验课程系列与专业课程思政系列融合而成,在课程设计上呈现"体用结合"的教学设计风格,将审计法实验课程系列视为"体"、专业课程思政系列视为"用"。就审计法实验课程系列而言,在教学课程设计上可分为审计法实验基本理论、基本审计法律制度实验、专门审计法律制度实验共三编。其中,审计法实验基本理论编包括五部分内容即审计法

[①] Cobb,P., & Steffe, L.P. The constructivist researcher asteacher and model builder[J]. Journal for Research in Mathe-matics Education,1983,14(2):83-94.

[②] 丁锐等:《建构主义教学实验研究:演进性学习进阶的构建取向》,载《教育科学研究》2019年第7期,第55页。

实验的概念、审计法实验的价值与功能、审计法实验的国别维度（中国审计法的历史维度、国际审计组织与国际审计法律维度、世界主要国家和地区审计法律维度）、审计法律关系实验、审计法律体系实验；基本审计法律制度实验编包括六部分内容即审计法律主体实验、审计法律行为实验、审计法律程序实验、审计法律证据实验、审计法律责任实验、审计法律救济实验；专门审计法律制度实验编包括六部分内容即公共资金审计法律制度实验、国有资产审计法律制度实验、国有资源审计法律制度实验、经济责任审计法律制度实验、内部审计法律制度实验、社会审计法律制度实验。参见下表。

审计法实验课程教学设计表

审计法实验编目	审计法实验类型
审计法实验基本理论	审计法实验的概念
	审计法实验的价值与功能
	审计法实验的国别维度
	审计法律关系实验
	审计法律体系实验
基本审计法律制度实验	审计法律主体实验
	审计法律行为实验
	审计法律程序实验
	审计法律证据实验
	审计法律责任实验
	审计法律救济实验
专门审计法律制度实验	公共资金审计法律制度实验
	国有资产审计法律制度实验
	国有资源审计法律制度实验
	经济责任审计法律制度实验
	内部审计法律制度实验
	社会审计法律制度实验

三、融合设计：审计法实验课程的课程思政要素

审计法实验课程思政要素不仅来自审计法学科体系内部、实验场景过程，同时还来自同流动的社会变迁保持沟通与互动。换而言之，审计法实验课程思政要素系统应当具有一定的开放特征。"课程思政建设重在发挥思政课程之外的其他各类课程的德育功能，实现其他各类课程与思政课程同向同行，发挥协同育人效应。"[①]为此，分别从课程思政要素系统、审计法实验课程思政要素展开阐释。

1. 课程思政要素系统。审计法实验课程思政的政治属性，是形塑该课程授课内容的重要理据。把思想政治融入实验课程，通过融入课程思政健全审计法实验课程人才培养体系、提升审计法人才培养水平，是审计法实验课程思政的应有之义。为此，在审计法实验课程思政设计过程中要提高政治站位，把深入贯彻落实习近平总书记关于教育的重要论述、全国教育大会精神、《关于深化新时代学校思想政治理论课改革创新的若干意见》（中共中央办公厅、国务院办公厅印发），视为审计法实验课程思政融合设计的第一属性，进而提升审计法治人才政治素养和业务素养。另外，目前除了教育部《关于印发〈高等学校课程思政建设指导纲要〉的通知》（教高〔2020〕3号）所列明的指导目录，还需及时补充党与政府在不同时期颁行的权威会议文件及其精神作为审计法课程思政要素系统的重要组成部分。参见下图。

课程思政系统要素表

类型	课程思政要素
主线	爱党、爱国、爱社会主义、爱人民、爱集体
内容供给	政治认同、家国情怀、文化素养、宪法法治意识、道德修养
概括目录	中国特色社会主义和中国梦教育、社会主义核心价值观教育、法治教育、劳动教育、心理健康教育、中华优秀传统文化教育

---

① 赵继伟：《课程思政建设的原则、目标与方法》，载《中南民族大学学报（人文社会科学版）》2022年第3期，第175页。

续　表

类型		课程思政要素
指导目录	习近平新时代中国特色社会主义思想	"四情(世情国情党情民情)""三同(政治认同、思想认同、情感认同)""四个自信(道路自信、理论自信、制度自信、文化自信)"
	社会主义核心价值观	富强、民主、文明、和谐,自由、平等、公正、法治,爱国、敬业、诚信、友善
	中华优秀传统文化	以爱国主义为核心的民族精神和以改革创新为核心的时代精神;讲仁爱、重民本、守诚信、崇正义、尚和合、求大同
	宪法法治	习近平法治思想;中国特色社会主义法治道路;法治思维和法治方式
	职业理想和职业道德	遵纪守法、爱岗敬业、无私奉献、诚实守信、公道办事、开拓创新
动态目录	党与政府的权威会议	党的十八大、党的十九大等重要会议文件;审计署制发的相关文件。

需要说明的是,动态目录应当结合党和国家重大权威会议及时进行调整补充。例如,在 2021 年 11 月 6 日召开的党的十九届六中全会上就提出了一系列重要论断,应当作为上表课程思政要素的动态目录,至少包括如下方面。① 一是唯物史观和党史观要素,具体是指"全党要坚持唯物史观和正确党史观,从党的百年奋斗中看清楚过去我们为什么能够成功、弄明白未来我们怎样才能继续成功,从而更加坚定、更加自觉地践行初心使命,在新时代更好坚持和发展中国特色社会主义。"二是初心使命要素,具体是指"始终把为中国人民谋幸福、为中华民族谋复兴作为自己的初心使命"。三是以人民为中心的发展思想要素,具体是指"必须永远保持同人民群众的血肉联系,践行以人民为中心的发展思想,不断实现好、维护好、发展好最广大人民根本利益"。

2. 审计法实验课程思政要素。审计法的本质以经济监督为主。"由于认识不足,长期以来,人们要么把《审计法》当成行政法的组成部分,要么当成经济法的组成部分,没有把《审计法》放在监督法的高度。"② 为此,审计法实验课程思政要素应当突出审计法课程的经济监督主线。"专业实验实践课程,要注重学思

---

① 《中国共产党第十九届中央委员会第六次全体会议公报》。
② 程乃胜:《论〈审计法〉的修改与完善》,载《江海学刊》2020 年第 6 期,第 249 页;参见刘爱龙:《新一轮审计法修订完善问题探析》,载《江海学刊》2017 年第 3 期。

结合、知行统一,增强学生勇于探索的创新精神、善于解决问题的实践能力。"①针对审计法实验基本理论、基本审计法律制度实验、专门审计法律制度实验的3编17类内容,在设计教学体系时将课程思政要素渗入审计法实验课程的知识点目录。在教学设计之初可制定《审计法实验课程思政要素指导目录》,在实际教学过程中根据该目录适时调整。

四、具体路径:审计法实验课程思政的教与学

在具体授课过程中,发挥教师主导教、学生主体学积极功能,并着重按照如下三种方式路径将审计法实验课程思政要素融入教学。

1. 课程思政要素融入实验项目设计。在实验项目设计阶段,尤为重要的是在指导目录与动态目录基础上推导并践行核心要素。结合授课实践,在审计法基本理论实验阶段,更加注重习近平法治思想、中国特色社会主义法治道路等课程思政要素渗入,经由审计法实验的国别维度,进而打造具有中国特色的审计法实验概念、体现本土审计法实验的价值与功能,并具体落实于审计法律关系与审计法律体系之中。在基本审计法律制度实验阶段,在审计法律关系主体实验中融合"四个自信(道路自信、理论自信、制度自信、文化自信)"、在审计法律行为实验中融合"四情(世情国情党情民情)"、在审计法律程序实验中融合"三同(政治认同、思想认同、情感认同)"、在审计法律责任实验中融合"遵纪守法、爱岗敬业、无私奉献、诚实守信、公道办事、开拓创新"、在审计法律救济实验中融入法治思维和法治方式;在专门审计法律制度实验阶段,在公共资金审计法律制度实验中融合"遵纪守法、爱岗敬业"、国有资产审计法律制度实验中融合"无私奉献、诚实守信"、国有资源审计法律制度实验中融合"公道办事、开拓创新"、在经济责任审计法律制度实验中融合"法治、爱国、敬业"、内部审计法律制度实验中融合"守诚信、崇正义"、社会审计法律制度实验中融合"宪法法治、职业理想和职业道德"。

2. 课程思政要素融入实验项目执行。在制定授课计划时,结合疫情防控动态政策调控要求,将审计法实验课程项目执行分为课堂内外、线上等场景,在不同场景中应当凸显不同的课程思政要素。针对课堂实验课程"10分钟授课——20分钟实验——10分钟点评"的实验讲授规则,课程思政要素融合环节主要在

---

① 教育部《关于印发〈高等学校课程思政建设指导纲要〉的通知》(教高〔2020〕3号)。

实验前后两端,此时由教师按照建构主义理论将课程思政要素导入实验目标、实验要求;针对课堂外实验课程"5 分钟宣讲实验规则——30 分钟实验——5 分钟反馈实验结论"的实验课程规则,有必要抓住"开展本实验前"与"5 分钟宣讲实验规则""5 分钟反馈实验结论"三个环节导入课程思政要素;针对线上实验场景,在授课实践中探索"全域课程思政模式",即同时结合前述两种实验场景课程思政导入方式,更加注重将实验本身设置成饱含课程思政要素的审计法实验。例如,在通过线上方式开展审计法律责任实验项目时,在实验要求、实验内容上均要求学生从宪法和审计法框架内选定特定行政机关、分别从党委与政府两个维度展开实验,特别是在最后审计责任认定部分要求学生分别从党内法规、纪检监察、法律三个维度厘定主体责任。该模式核心特征是实验本身即体现习近平新时代中国特色社会主义思想。

  3. 课程思政要素融入实验项目评估。教案评价与教学效果评估是审计法实验课程思政设计的重要组成部分。审计法律制度中关于问责的规定、课程思政要素中关于公平正义的核心要素,均为设计实验项目评估提供了课程本体支持。其中,问责要素与批判要素是审计法实验课程思政教学设计的出发点和落脚点。审计法律制度体系中对于问责的制度设计,为实验项目评估创造了有利法律环境。"强化问责主要是为了保障审计机关行使监督权时获取资料、调查取证、通报和建议等审计监督业务全过程的相关权限,为有效激发审计监督法治效果做好铺垫。"[①]而注重培养审计法治人才的批判精神,则是审计法实验课程思政的另一价值取向。"教育的目的不仅是要让学生掌握能够谋生的工具和能力,更重要的培养一种能够形成、运用批判性思维的学识与能力。对于学生来说,以批判性思维进行思考与交流,客观把握教育与政治、文化、社会之间的关系,运用理性去规范和引导自身的行为并进行科学的价值判断,有助于展开真正意义上的自我教育和对现实的改造。"[②]从授课实践观察,有必要围绕课程思政主题设计学科学术话语、职业素养、实验教学、实验载体四类指标,作为对审计法实验课程的项目评估标准。其中学科学术话语指标主要围绕实验是否符合中国特色哲学社会科学学科体系、是否符合中国特色哲学社会科学学术体系、是否符合中国特色哲学社会科学话语体系开展项目评估;职业素养指标主

[①] 钱弘道、谢天予:《审计全覆盖视域下的审计法变迁方向及其逻辑》,载《审计与经济研究》2019 年第 3 期,第 27 页。

[②] 祁东方:《追寻人性之美——教育哲学课程思政的价值意蕴与旨归》,载《学术探索》2022 年第 2 期,第 140 页。

要围绕学生经世济民、诚信服务、德法兼修的职业素养开展项目评估;实验教学标准主要围绕实验课程目标设计、实验教学大纲修订、实验教材编审选用、实验教案课件编写开展项目评估;实验载体标准主要围绕现代信息技术在课程思政实验中的应用开展项目评估。

新时代法治人才培养模式思考

刘汉天

【摘要】 习近平总书记曾在 2017 年考察中国政法大学时就法学教育和法治人才培养作重要讲话，明确提出要坚持以马克思主义法学和中国特色社会主义法治理论为指导，立德树人，德法兼修，培养大批高素质法治人才，指明了新时代法治人才的培养目标。"德法兼修"的法治人才培养是一项复杂且持久的伟大工程，就目前高校法学教育、法治教育和人才培养的情况来看，仍然面临诸多问题，例如，法治教育模式、法治理念培育等方面均存在问题；为解决这些问题，我们需要优化法治人才的培养模式，具体路径包括贯彻"德法兼修"的培育理念、加强法治理念培育、持续推动法学学科建设以及稳步开展协同育人工作。

【关键词】 德法兼修；法治人才；培养模式

一、引言

习近平总书记 2017 年 5 月 3 日到中国政法大学考察并就法学教育和法治人才培养作重要讲话，彰显党和国家最高领导人高度重视法学教育和法治人才培养。他强调，全面推进依法治国是一项长期而重大的历史任务，要坚持中国特色社会主义道路，坚持以马克思主义法学和中国特色社会主义法治理论为指导，立德树人，德法兼修，培养大批高素质法治人才。而后，2018 年教育部、中央政法委联合发布了《关于坚持德法兼修实施卓越法治人才教育培养计划 2.0 的意见》（以下简称《卓越法治人才教育培养计划 2.0》），此意见既是为贯彻落实习近平总书记在中国政法大学考察时的重要讲话精神的具体措施，也是为全面推进依法治国稳定输出优质后备力量的必然要求。据此，本文拟就新时代法治人才的培养模式展开讨论、思考，确立新时代法治人才的培养目标，发现新时代法

【作者简介】 刘汉天，男，南京审计大学法学院讲师，主要从事法理学教学和理论研究。

治人才培养所面临的问题,探讨何种路径可以优化法治人才培养模式,培育出"德法兼修"的新时代法治人才。

二、新时代法治人才培养的主要目标

《卓越法治人才教育培养计划2.0》升级了原来的卓越法律人才教育培养计划,明确提出法学教育要培养"卓越法治人才""一流法治人才""高素质法治人才""应用型复合型创新型法治人才",以培养造就宪法法律的信仰者、公平正义的捍卫者、法治建设的实践者、法治进程的推动者、法治文明的传承者,为全面依法治国奠定坚实基础为目标要求。① 这是该计划关于新时代法治人才培养的总体要求,指明了新时代法治人才培养的主要目标。

以此为背景,再回归现实的法治人才培养,法治人才的主要培养路径即是法学教育。根据上述总体要求,突出了法学教育是对"法治人才"的培养,与过去经常讲的法学教育要培养"法学人才""法律人才""职业法律人"是不同的。② 习近平总书记在考察中国政法大学时明确提出,法学教育要致力于培养"法治人才";他特别强调,全面依法治国是一个系统工程,法治人才培养是其重要组成部分,法治人才培养不上去,法治领域不能人才辈出,全面依法治国就不可能做好,而高校是法治人才培养的第一阵地。据此,未来法学教育的主要目标应该是培养新时代的"法治人才"。

从高等教育层面出发,新时代"法治人才"培养目标的具体设定是多样的、各异的,深受各高校自身的定位、特色、优势、所处区位以及综合实力等多方面因素的影响。总体上说,各个高校的所有专业都致力于培养当代学生的专业素养、思想品德、科学理性以及法治精神。此种目标设定覆盖高等教育阶段的所有专业,尽管也适用于法学专业的高等教育,但并没有针对性,也无法准确还原出法学专业教育和新时代"法治人才"培养的具体目标。

法学专业教育领域,应该以培养"德法兼修""德才兼备"的法治人才为具体目标,对于法科学子而言,应该做到打磨专业知识,培育思想品德、职业道德,树立法治理念、法律信仰。进而为全面推进依法治国、建设中国特色社会主义法治体系提供储备力量和理论支撑。

---

① 详见《关于坚持德法兼修实施卓越法治人才教育培养计划2.0意见》
② 黄进:《新时代高素质法治人才培养的路径》,载《中国大学教学》,2019年第6期。

另有观点指出,法治人才培养的目标和标准,主要有两个方面:第一,要熟悉和坚守中国特色社会主义法治体系;第二,要德法兼修。因为,如果不熟悉我国的法治体系,专业性不够,当然不能算"人才";如果不能坚守中国特色社会主义法治体系,不能从中国实际出发,用正确的法治理论武装头脑,不能用法治思维和法治方式有效解决问题,就不能算"法治"人才;同时,仅有法律和法治的维度,而缺少道德和德治的维度,做不到德才兼备,也不能算法治人才。[①] 由此观之,新时代法治人才培养的主要目标可以总结为:首先,着力优化完善法治人才培养模式;其次,优化培养模式的基础上加强"德育"工程,促进"德法兼修";最后,严格执行"德法兼修""德才兼备"的培养标准,为全面推进依法治国储蓄优质后备力量。

三、新时代法治人才培养的主要问题

"德法兼修"的法治人才培养是一项复杂且持久的伟大工程,旨在为中国特色社会主义法治体系建设输出优质后备力量,一定程度上可谓是全面推进依法治国的"源头活水"。同时,我们须意识到"德法兼修"的法治人才培养工程本就具有复杂性、长期性等特征,不可能一蹴而就。就目前高校法学教育、法治教育和人才培养的情况来看,仍然面临诸多亟须解决的现实问题。

(一)如何定义新时代"法治人才"

传统观念普遍将"法治人才"理解为法律专业人才,或者说,简单地将法治人才划归为"法律人"的范畴。此种观念稍显偏狭,不足以准确定义新时代"法治人才"的内涵。造成此种观念的原因有二:其一,思维逻辑的固化,学生进入高等教育阶段,在高校的法学院系学习法学专业知识,在此阶段,学生的身份是"法科学子",亦是成为"法律人"的必经之路,换言之,尚处于"法治人才"培养的初级阶段;当学生完成法学本科阶段学业或是法学研究生阶段的学业,面对择业问题,首先会考虑进入法律职业共同体(主要是法院、检察院、律师事务所);据此,便以固定的思维模式将"法科学子"等同于"法律人"进而定义为"法治人才"。其二,现有培养模式与现实需求不相适应,将法学专业的学生作为法治建设的主要后备力量是无可非议的,但就建设中国特色社会主义法治体系以及建

---

① 张守文:《法治人才培养的目标与路径》,载《中国高校社会科学》,2017年第4期。

设社会主义法治国家的总目标而言,仅仅依靠法学专业的学生作为后备力量,明显难以满足全面推进依法治国的现实需求。有观点指出,对于体量庞大的非法学专业学生而言,法治教育则属于通识教育,目前"思想道德修养与法律基础"课程承担法治教育任务。法学作为一门科学和一级学科,将法学专业学生教育作为法治人才培养的重心是毋庸置疑的,但这种"双轨制"模式,既与全面依法治国实践不相符,也同法治人才培养与法治现实实践相脱节。[①]

从现实情况来看,全面推进依法治国这一伟大工程覆盖了立法、执法、司法、守法等多个环节,"科学立法、严格执法、公正司法"以及"依法治国、依法执政、依法行政"等多个维度的工作,都必须以法治思维、法治方式去处理,但现实中实际处理相关工作的人员并非全都具备法学教育背景。根据2018年司法部发布的《国家统一法律职业资格考试实施办法》相关规定,通过法律职业资格考试即可进入法官、检察官、律师、公证员、法律类仲裁员、法律顾问等9类行业执业。[②] 据此,法学专业的毕业生且通过法律职业资格考试的学生,在法治体系建设的所有环节中仍属于少数群体;反之,非法学专业的毕业生则是多数群体,工作在全面依法治国各个岗位。一定程度上说,中国特色社会主义法治体系的建设质量,全面依法治国的推进速度、进程,取决于占据多数群体的非法学专业毕业生。因此,培养新时代的法治人才,应作从宽理解,做到全覆盖,培养所有专业的大学生的法治素养。当然,培养模式、方式上要具体问题具体分析,区别于法学专业学生的培养模式,但必须确立"法治培养全覆盖"的工作理念。新时代法治人才培养必须覆盖所有在校大学生,从高等教育阶段开始,对所有在校大学生进行法治素养培养,将所有学生作为全面推进依法治国的后备力量。

(二)现有法治教育模式存在的问题

厘清何为新时代法治人才的基础上,我们需要认清一个现实,当前各个高校的法治教育模式仍属于传统模式,与应有的"德法兼修"的法治人才培养模式存在较大差距,不能适应新时代法治人才培养的需求。"随着法治国家的高水平建设,法律实务已经深入各个学科领域,形成应用法学交叉边缘学科的特点,法律实务已经不单纯是法律领域的纯粹法律问题,而是专业知识和法律知识深度融合的复合型、立体化、应用型法律问题,解决这些法律问题无疑需要跨学科

---

① 梁平:《新时代"德法兼修"法治人才培养——基于习近平法治思想的时代意蕴》,载《湖北社会科学》2021年第2期。
② 详见《国家统一法律职业资格考试实施办法》。

知识背景、较强综合实践能力的精英法律人才。"①以此为背景,传统的法学人才的培养模式,或许难以满足新时代的现实需求,传统法学教育模式培养出的法学人才不能等同于新时代的法治人才,单纯具备法学专业知识难以从容应对复杂的新型法律问题。如此一来,传统的法治教育体系便存在以下问题:

首先,《卓越法治人才教育培养计划 2.0》提出将"厚德育,铸就法治人才之魂"作为首要工程,虽然各个高校也在逐步推进"课程思政",但是专业教育与思政教育的融合度欠佳,并没有很好地将专业知识传授与思政教育"并轨"实行,使得德育工作的开展不甚理想。

其次,传统培养体系与新时代要求匹配度欠佳。从法学专业教育角度出发,各个高校的法学专业教育重点不同,以财经类院校为例,为凸显学校特色,在法学学科教育过程中自然倾向于着重培养经济法、审计法、财税法等相关领域的专业知识。虽然各个高校的法学教育侧重点不同,但是大多数高校的法治人才培养模式还是趋于同质化,难以较好地适应新时代法治人才培养需要。

最后,法学专业教育理论强于实践。多数高校的法学专业教育仍采用课堂教育为主的方式,新时代"德法兼修"法治人才培养不能停留在理论灌输层面,应该尽可能地创造环境,提供现实条件,为学生提供将所学理论付诸实践的机会,以此加强学生关于专业理论知识的感受。

(三)当下法治理念培育存在的问题

如前所述,有必要将法学专业学生与非法学专业学生,统一作为全面推进依法治国的后备力量进行培养,优化现有的法治教育体系。法学专业教育体系业已成熟,设置本科、硕士、博士不同的专业教育阶段,以及学术学位与专业学位等结构完善的培养体系。虽然设置法律硕士(非法学)这一培养模式为广大非法学专业毕业生提供了学习法学知识,提升法治素养的通路,但是基于法学专业理论知识的复杂性,从硕士阶段开始学习法学专业知识、养成法治素养未见得能够取得良好的效果。所以,应该从本科阶段开始培养非法学专业学生的法治理念,提升学生的法治素养。我们需要明确一个认知,新时代法治人才的培养不应局限于法学专业知识的传授,更加需要培育法治理念、树立法律信仰、提升法治素养。就我国高等教育的现状而言,无论是法学专业教育还是非法学专业教育,在法治理念培育方面均呈现出不同程度的不足。一方面,长期以来,

---

① 谢伟:《论从卓越法律人才到卓越法治人才培养的转变》,载《社会科学家》2019 年第 10 期。

法学专业教育呈现出"重技术、轻理念"的态势,注重法学专业知识的传授,疏忽对于学生法律精神的培育,法律信仰的塑造。另一方面,对于非法学专业的学生而言,只能通过"思想道德修养与法律基础"这一门课程接触、学习法律知识,常态下,这也是非法学专业学生提升法治素养的唯一途径。而多数高校的此门课程并未选择法学专业教师任教,使得学生无法得到良好的法律知识教育,法治素养也难以得到实质性提升。此现状如果不能得到改善,必然不利于"德法兼修"的法治人才培养。

四、新时代法治人才培养模式的优化路径

《卓越法治人才教育培养计划2.0》列明8项改革任务与重点举措:(1)厚德育,铸就法治人才之魂;(2)强专业,筑牢法学教育之本;(3)重实践,强化法学教育之要;(4)深协同,破除培养机制壁垒;(5)强德能,加强法学师资队伍建设;(6)拓渠道,发展"互联网+法学教育";(7)促开放,构建涉外法治人才培养新格局;(8)立标准,建强法学教育质量文化。[①] 笔者认为,我们不妨以此8项改革任务与重点举措以及法治人才培养面临的现实问题为导向,以培养目标为标准,还原定位何种路径能够优化法治人才的培养模式,适应全面推进依法治国的现实需求。

(一)贯彻"德法兼修"的培育理念

培育新时代的法治人才,务必坚决贯彻"德法兼修"的培育理念,纠正过往"重技术,轻德行"的培养模式,不仅要传授学生专业知识,更要帮助学生辨明是非曲直。法学教育本就是培育新时代法治人才的主要路径,且法学教育本身具有浓厚的思想性和价值型,并非纯粹的技能教育。法治工作者广泛地活跃于国家政治生活和社会治理领域,加强"德法兼修"卓越法治人才培养,推进法学教育改革,从终极意义上"教导学生做正确的事、正确地做事,这其实就是教导学生怎么做人的问题"。[②] 新时代法治人才的培养,必须做到"厚德育,铸就法治人才之魂。"保证未来的法律人具有良好专业素养的同时,还须帮助他们树立正确的公平正义观,建立法律信仰、恪守法治理念。进而从源头杜绝"有才无德""德不配位"的法律人出现。

---

① 详见《关于坚持德法兼修实施卓越法治人才教育培养计划2.0意见》。
② 王利明:《培养明法厚德的卓越法治人才》,载《中国高校社会科学》2017年第4期。

（二）加强法治理念培育

我们已经清楚地认识到，依照传统的法治理念培育方式对现今的学生进行培养，无论是从质量上，还是从数量上，都难以满足全面推进依法治国、建设中国特色社会主义法治体系的现实需求。唯有改换思路，革新现有的法治理念培育方式，在确保"德法兼修"的培育理念得以贯彻落实的前提下，调整现有的法治理念培育方式。根据受众群体的不同，制定"个性化"法治理念培育方案。例如，针对法学专业学生，着重夯实其法律信仰、树立法治理念，恪守法治精神，使其"德才兼备"；针对非法学专业的学生，践行"双管齐下"的培育理念，一方面，为非法学专业学生创造更加良好的学习平台，提供接触学习与本专业相关联的法学专业知识的机会，另一方面，培养训练非法学专业学生的法治思维，提升其法治素养，逐步形成法治观念。

（三）持续推动学科建设

学科建设作为高校建设重要内容，内涵师资队伍建设、科学研究以及人才培养三项核心元素。习近平总书记曾指出，学科建设的关键词是"学科交叉、协同创新"；科学研究的关键词是"问题导向、需求导向"；而人才培养的关键词是"学科交叉、跨界培养"。跨学科、跨领域的协同创新既是科学发展新的增长点基础，也是培养具有创新精神和创造能力人才的重要途径。[①] 此种认知同样适用于法学学科建设。法学学科属于社会科学，随着社会的发展，新型法律关系、法律问题层出不穷，为了及时回应现实的司法需求，必须适时准确地与其他学科进行交叉、融合发展，方能保障社会的稳定运行。笔者认为，只有持续推动法学学科建设，才能确保法学专业教育与时俱进，使得法学专业人才的培养工作与新时代法治人才的培养需求相匹配，满足全面推进依法治国对于法治人才的"质"与"量"的要求。因此，持续推动学科建设也是优化新时代法治人才培养模式的有效路径之一。

（四）稳步开展协同育人

有观点指出，高素质的法治人才培养仅靠高校自身力量是很难达成的，必须紧紧把握协同育人这个强有力的杠杆。[②] 法学本就是一门实践性较强的学科，法学专业教育的重要目的之一就是以各类法学理论指导相关的法律实践，

---

① 李延保：《"双一流"大学建设中人才培养目标定位的思考》，载《中国高校科技》2017年第1期。
② 郜占川：《新时代卓越法治人才培养之道与术》，载《政法论坛》2019年第2期。

或者说,以法学专业知识为法律实践提供理论支撑。正如前文所述,唯有将法学理论、法律知识付诸实践,才能真正实现法学教育的意义,进一步完善新时代法治人才的培育工作。然而,法学教育的规模不断扩大,高校能够为学生提供的法律实践机会却相当有限,致使法学教育与法律实践相脱节的情况愈发严重。法学院系有责任,也有必要推进与司法机关、其他法律实务部门的合作对接,建立建构长效的合作机制,通力合作,为法科学子创造更多的法律实践机会,提供更好的法律实践平台。以此促进学生在实践中感悟理论,增强对于理论知识的感性认知。总的来说,通过推进协同育人,优化了法治人才的培育模式,完善了现有的法治人才培养体系。

五、结语

开展新时代"德法兼修"法治人才培养工作,既是我们践行习近平法治思想的必然要求,也是建设中国特色社会主义法治体系的必要环节。由此看来,新时代"德法兼修"的法治人才培养,对于全面推进依法治国具有十分重要的现实意义;但现实情况尚未达到最佳状态,因此,我们有必要适时调整与完善法治人才的培养模式,保质保量地为法治中国建设输送"德才兼备"的法治人才。

法学实践教学模式创新

关于法庭辩论赛提升法学生就业能力的分析

刘宏宇　金　灿

【摘要】 当下法律专业就业形势严峻,当下就业市场越来越注重考核法学专业学生的基本专业素质。法律文书写作、法庭辩论技巧等是法学专业学生的基本功,但是当下法学教育对实践教学较为缺乏。以法庭辩论赛为平台,对于提升法学专业学生的综合素质能力无疑具有显著作用。以南京审计大学法学实践教育为背景,探析高校法庭辩论赛对于法学专业学生基本组织教育的积极作用,总结通用的模式,为促进法学院也学衡综合素质发展提供参考。

【关键词】 法庭辩论;模拟法庭;就业能力

法学专业目前在就业市场已趋于饱和,法学专业的就业形势已经从21世纪初的"蓝海"转变为"红牌专业"。以律师行业为例,传统"万金油"式的律师需求量越来越少,上升和发展的空间越来越窄,而具有专业知识、深入研究某一领域且基本功扎实的高精尖人才则深受行业欢迎。现在律师行业多实行团队制模式,团队成员通力协作,每人负责某一部分、某一领域,团队协作能力也成为用人单位考察的重要标准。在此种背景下,我们的法学教育如何能培养出符合甚至高于高端市场要求法学专业人才,提高法学专业学生竞争能力,是当下需要探讨的重点。专业教学与实践教学相结合,是南京审计大学法学院人才培养模式的一大特色,在实践教学中,法庭辩论赛为提升法学专业学生专业运用能力、团队协作能力提供了良好的平台。

本文以法庭辩论赛为分析点,进一步探究法庭辩论赛能够提升法学生的就业能力。首先分析了目前法学生就业难的原因,汲取关键的几点因素。然后探

【基金项目】本文系南京审计大学国家一流专业(法学)建设项目"法学专业毕业生就业质量分析与研究——以南京审计大学为例"(课题编号:2020JG150)的研究成果。

【作者简介】刘宏宇,南京审计大学法学院副研究员,博士。金灿,南京审计大学法学院研究生,主要从事法学理论研究。

究解决路径即以法庭辩论为重要路径进一步分析原因,再以有过多次举办高校法庭辩论赛经历的南京审计大学为例,进一步论证法庭辩论赛能够提升法学生就业能力。

一、当前现状:法学生就业难现象分析

新中国成立以来,我国法学教育艰难起步。国家为了建设法律,大力推动培养法律人才,推行法学专业。至此越来越多的学校开设法学学科,法律专业出生的学生不论是从法学本科到研究生都呈现出逐年递增的数量。法学专业作为王牌专业多年都位居学生的热选之一,但是近几年,法学生就业不再如从前那么吃香,甚至很多法学生毕业后并没有前往传统的公检法系统而是选择其他行业,金融业、房地产业、互联网行业等等。这是通过分析就业率得出的结论,还有部分学生选择继续深造,读研或者考公务员。曾经热门的法律专业如今就业陷入了进退两难的地步,背后的原因有以下几点。

(一) 法学专业的自然淘汰率高

中国学生在高考结束后选择专业,对于专业本身不会有太大的理解,而受家长的影响较大。在中国大多数家长眼中,法学院业就业面广,毕业可选择的空间较大。况且法学专业天然与"公检法"相关,在中国大多数家中眼中属于是"铁饭碗"。诚然,法学专业较为容易入门,但是随着学习、研究的深入,其难度不亚于其他专业,且想要成为一名专业的"法律人",通过法律职业考试取得执业资格是本行业入门的门槛,法律职业资格考试的前身为"司法考试",年通过率仅在 10% 左右,近年来法律职业资格考试的通过率也不足 20%。何况,通过法律职业资格考试只是获得准入门槛,四年或者更高年限的法学教育厚度决定了发学生未来发展的高度。在这过程中,随时伴随着淘汰,能坚持下来的寥寥无几。公检法等机构需要通过公务员考试,律师入门较为简易,但是前 5—10 年属于学习期,需要较长的时间的积累,在这一过程中薪资水平远远低于其他专业因届毕业生进入社会时薪资水平。能坚持下来的人寥寥无几。

(二) 地区资源不匹配

法学生就业难从另外一个角度出发,法学生毕业往往选择的城市是经济发达的地区,如北上广深等大城市,虽然大城市就业市场广大,机会多,但是竞争压力也远远高于其他城市。城市与城市之间法律资源不均衡的现象也限制了

法学专业学生就业的选择。所以好的律师事务所、人们的法律维权手段能够在这些城市能够得到充分利用。城市与城市之间的差距往往很大，一些落后的地方没有充分的法律资源，一些受苦难之人甚至无法用法律手段进行维权，这何尝不是一种悲哀。当然，我们国家现在在努力让各地差距逐渐缩小，希望未来各地资源能够实现一种平衡，能够实现法律专业真正的价值。

（三）法学教育培养模式的机械

大多数的高校对法律专业的授课模式往往都是以理论为主，而且对专业课的设置都是采取的法学类十四门核心课程。老师在课堂上机械的传授，学生被动接受知识，这种模式培养的学生动手能力差因为缺乏实践知识，等毕业后就很难适应工作，因为最基础的一些实践能力都不具备，自然会被淘汰。对于公司企业，比起花时间从头开始培养，他们更希望能够在减少成本的情况下获得效用最大化。所以，如果同样是来面试的，更加倾向于选择实践能力强的。而我们的大学学习更多的是靠独立自主，所以也造成了学生们两极分化。认真学习的可以很好利用课堂上知识再加上课后自己的研习，但是想混日子的学生则荒废四年，最基础的法学知识都不清楚，这样毕业后如何形成竞争力？而且进一步深入探析法学本科教育，有学者认为法学本科教育目标定位存在问题，我国法学教育目前现状应当定位于职业教育，[①]作者认为法学教育是集专业性、理论性、实践性于一体的，要求学者不仅要知晓法律，还要学会用各种法律知识去解决社会矛盾，处理各种法律问题。但是高校的培养模式往往是重理论轻实践，作者在这点非常欣赏德国的法学教育体制，形式上看，目前法学专业的培养模式上理论与实践具备，但是大多还是以理论为主，实践几乎流于形式。这点应该向德国学习，德国是四年理论，两年实践，且实践分在几个非常重要的部门法。培养法学专业的学校在中国数量逐年递增，这也造成了学校与学校之间的培养模式也有区别，大体都是过多注重理论。[②] 但是有的高校办学规模杂乱缺乏监管，有高校对学生的校外实习缺乏重视致使胡乱胡差事，其中最重要的因素高校本身专业设置不合理。所以，现今也有越来越多的高校注重培养学生的实践能力，通过实习和开设如同法庭辩论这种的实践课程。

---

① 隋晶秋：《法学专业大学生就业难的症结及其对策》，载《黑龙江高教研究》2008 年第 5 期。
② 任丹红：《论法学专业学生的就业现状与实践教育的改革》，载《当代教育论坛（管理研究）》2010年第 4 期。

二、法庭辩论赛与提高发学生综合素质可行性分析

（一）南京审计大学实践教学体系

南京审计大学法学实践教学已经形成成熟的体系，分为实践教学课程＋课外实践教学活动的模式。其中实践教学课程现有"模拟法庭""法律诊所"等，由专业的实践教学专家进行授课。其中，模拟法庭由学院诉讼法方向的专家、教师进行理论授课，南审法学院与南京市浦口区法院进行合作，浦口区第 16 审判庭（南京审计大学法学院教学法庭）设在学院内，在经过一定期间的理论教学后，会安排学生模拟现实民事诉讼、刑事诉讼以及行政诉讼，学生分别担任审判员、原告（公诉人）、被告（辩护人）、被告人、证人等现实庭审角色。从中了解现实庭审中各环节，为未来的实务工作有一个大致的了解。

"法律诊所"与"模拟法庭"的运行模式较为类似，经过一定时间的理论教学后，在有较为扎实的理论功底厚，将会定期组织学生走出校园，走进社区，为学校附近居民提供法律咨询，分析案件背后的法律适用，并提供相应的解决方案。

"模拟法庭"与"法律诊所"在寓教于实践，在教学上取得了良好的效果，并在社会上取得了较高的评价。

此外，南审法学院课外实践教学活动也极具特色。全国高校法庭辩论赛是南京审计大学举办的传统赛事，也是全国高校法科学生一年一度的盛会，至今已成功举办八届，旨在加强全国高校法科学生法律实务能力的锻炼，促进法律人综合素质的养成。倡导在观念交锋中拓宽视野，在思想碰撞中悟得道理，在唇枪舌剑中增进友谊。2012 年，第一届南京高校法庭辩论赛应运而生；2014 年，赛事走出江苏，第一届苏皖高校法庭辩论赛成功举办；2016 年，参赛队伍范围扩大到华东地区，第一届华东高校法庭辩论赛取得圆满成功。2017 年，参赛范围进一步扩大到全国，首届全国高校法庭辩论赛应运而生，在全国范围内产生重大影响，受到国内数十所高校及中央电视台、江苏卫视、新华日报等知名媒体的持续关注。2018 年，第二届全国高校法庭辩论赛继续为全国高校法科生提供展示风采的舞台，全国共计 51 所高校代表队参赛，赛事规模与水准均属空前。受疫情影响，2019 年至 2020 年高校法庭辩论赛暂缓举办，2022 年全国高校法庭辩论赛采用"线上＋线下"模式，参赛高校规模达到史无前例的 64 所，赛事受到人民日报、环球网等多家媒体的报道，为疫情常态化期间举办大型法庭

辩论赛事提供了"南审方案"。

高校法庭辩论赛选取社会热点案例,如"于欢案""抖音诉腾讯滥用市场支配地位案""货拉拉跳车案"等以及涉及学界理论争议的"保底合同"以及"虚拟货币"等案件,邀请实务、理论等部门的专家担任评委,从理论、实务等角度进行专业点评。高校法庭辩论赛给法学专业的学生提供了一个专业交流的平台,以竞技的方式进行最专业的展示,并在其中取得收获。

出高校法庭辩论赛外,南审法学院在校内亦举行校内法庭辩论赛,校内有志于参加法庭辩论以提高自身专业素养的学生均可参加,至今举办了四届,取得了良好的效果。

(二)高校的法庭辩论赛的成效

高校开展的法庭辩论有这样的显著特点:更有利于培养高素质实用型法律人才,将理论运用于案件实践,培养学生毕业后从事法律工作时应当具备的作为法律人的各项能力。[1] 模拟法庭并不等同于一般老师课堂上讲的案例,课堂上的案例往往只是针对一个具体的法律问题,具有一定局限性。模拟法庭选取的都是真实案例,学生能从多角度思考问题,具有更强的综合性和实战性。使学生加深对法律的理解,真正地融入案件,有一种身临现场的感觉。[2] 模拟法庭更多的是呈现了一种真实性、互动性、主动性、技能性、职业性。因为法学教育的真谛是使学生具备学生学习和使用法律的能力。[3] 模拟法庭使原来学生处于被动的课上接受知识的状态化为主动,因为自己能够参与到这一活动中。且通过模拟法庭的训练,从具体案例中培养了法律思维能力,将法规与具体实践相结合。同时在参与过程中必然会进行法律文书的书写,提升了写作功底和语言表达能力。模拟法庭实际上就是不同角色之间的相互配合和团队协作。但是在现实情况下,模拟法庭的教学也存在一定问题,学生找案例时往往图省事,没有进行深入学习,在辩论过程中也是提前准备好说词,这样就缺乏应有的激情。模拟法庭更加注重的是诉讼程序,但是这导致对法律类的理论知识无法进行运用。而且在实践中,教学的指导力度也不够,有的老师将组织交于学生,有的老

---

[1] 范明瑶、王睿:《论高校模拟法庭实践教学方法的应用与创新——以应对法学专业学生就业困境为视角》,载《学理论》2015年第15期。

[2] 樊颖:《模拟法庭教学的实施路径——以中国石油大学胜利学院为例》,载《法制与社会》2017年24期。

[3] 艾飞燕:《模拟法庭辩论与法学生法律应用技能培养的实证研究》,载《法制与社会》2019年16期。

师自身缺乏丰富的实战经验。模拟法庭最后流于一种表演,无法有效进行总结。已经出现的问题也为其他高校开展法庭辩论提供了改善思路,最大效的发挥好模拟法庭达到的真实效果,能够有效锻炼学生。模拟法庭还存在一种问题比如学生的角色体验不足,因为模拟法庭辩论的开展并不能保证所有的科目都能涉及,学生能够选择的角色也单一。其次,过于注重表演,缺少辩论对抗的激情。最后在模拟法庭过程中,言行不够规范,专业术语会和日常用语进行混淆。建议可以开设单独的法庭辩论课程,表演不是目的,应当以辩论为中心,加强学校与司法实务人员共同指导。

三、法庭辩论提升法学生就业能力的原因分析

(一) 模拟法庭培养了学生独立自主的能力

要想成功完成一场模拟法庭的演练,前期工作需要做好充分准备。尽管是一项模拟,但并不意味着可以不认真搜集资料。在这个过程中,学生们会自主的进行案例选择,并分析案例模拟的可行性,尽可能充分还原该案件在真实法庭的经过。除了分析案例之外,还要进行大量的阅读文献,有助于更深入理解案件的深刻含义,证据的搜集也是一个较为复杂的过程,学生们在搜集时可以进行理性的判断,判断该证据可不可行,是否是应当呈庭的证据。这一系列过程培养了学生们独立自主的能力,弥补了在理论教学中,学生们动手能力差的缺陷。在这个过程中,除了动手能力得到提升之外,独立思考能力也得以提升。因为阅读文献并不只是通篇浏览,会形成各种问题意识。所以,在阅读中势必会产生自己思考的结果,可以是一个结论又或者是需要后期解决的问题,独立思考能力也促进法律思维的培养。

(二) 模拟法庭增加了学生的就业信心

常规的课堂理论学习只是让学生们学了大量的课本知识,而且学到的理论也并不扎实,基础没有打牢会引发整个法律根基都不牢固,甚至学生在毕业后从事相关行业闹出了最基础的问题都不会的笑话。如果一味地只接受书本知识,学生自身也会陷入焦虑心理,觉得自身理论也不算丰富,甚至连实践能力都没有。毕业后面临找工作,当面试官提及大学的学习生活状况或者学到了什么知识,竟无法自如的回答出真实的感受,而编造谎言很容易被拆穿。所以高校通过开展模拟法庭,学生有了实践经历,虽然说此种经历不能等同于实习经历,

但是也是学生在大学阶段中较为重要的经历。不论毕业后去往公检法哪个机关,最终都是要亲身经历庭审,而在此之前,在学校有了模拟庭审经历,有利于学生们在未来参加真正庭审增加了一份信心,同时也有利于学生对比模拟法庭与真正庭审的区别,进一步分析自己的学习能力,需要在哪些方面提升自己。

(三)模拟法庭提升了法学专业学生的法律素养

学生参加模拟法庭往往并不局限于某一个特定的角色,可以是法官、检察官、律师又或者是人民陪审员。角色的不同往往给学生在代入中体会特定角色的本体特性,更加深入理解不同的法律职业人员的职业素养和职业特性。这也涉及法律职业伦理问题,作为法律人,可以通过模拟法庭深刻理解不同角色的内涵,也为未来自己将要从事哪个职业有了一定的初判意识。作为法律人本身就应该具备一定的法律素养和法律修养,在模拟庭审过程中,对自己角色有清晰的认识,有利于提升自身的法律素养和法律修养,而且能够以法律人的职业角色带入曾经发生的真实案件中,更加具有一种感同身受的现场感,能够燃起法律人内心的正义感。

(四)模拟法庭锻炼了法学专业学生的语言表达能力

法律人除了要具备完善的法律知识、法律修养外。如何将在内的知识转化于外部,清晰的逻辑思维能力和一流的口才是应当要具备的。模拟法庭是控辩双方激烈对辩,将脑海中清晰的思维以法言法语清楚地表达出来。所以模拟法庭能够锻炼学生的口才,但是能说并不代表口才好,口才是集多方面因素于一体。法律思维、法言法语、逻辑清晰。初次参加模拟法庭,即使并没有很好的语言表达能力也并无要紧,多练几次自然出成效。但是若一次模拟经历都没有,很难有机会锻炼法学生的语言表达能力。优秀的语言表达能力在未来就业能够发挥出很大的优势,同样是面试,作为 hr 必定更加倾向于选择口才好的那个,因为这意味着可以减少培训成本,直接就能够用上人才,市场经济本质在于竞争,所以模拟法庭经历锻炼了语言表达能力后促进了学生在就业中的竞争力。

(五)模拟法庭培养了法学专业学生的写作能力

模拟法庭是涉及书写书状和答辩状的,之前从未写过相关法律文书的学生可以借此锻炼一下自己的写作能力。书状和答辩状不同于一般的写作,更加专业。书状和答辩状的内容严谨,所以需要学生认真严谨的梳理好案件内容,再以特定的格式和语言书写出来,有了模拟法庭的书写的经历,为以后就业书写真正发生案件的书状和答辩状打下了基础,在未来工作中,能够更加便捷快速上手,甚至能够节约时间,提高办案效率。可以将更多的时间用在其他更加重要的事项上,所以高校模拟法庭的开展有利于提升学生在同类人员中的竞争优势。

（六）模拟法庭提升了法学专业学生团队协作能力

当下司法实践中法律工作者的工作模式越来越偏向和注重团队协作模式,法庭辩论赛的形式不仅专注于培养学生的法庭辩论能力、法学思辨能力,亦能够培养其团队协作能力。在高校法庭辩论赛中,正式比赛时之能有两名队员上场,但是绝不意味着一个团队背后只有两人。一个完整的辩论团队内部成员应当是分工明确的,如提供专业指导的指导教师,统筹日常训练的领队、教练,以及正式参赛队员、陪练、替补以及后勤人员等。其日常在一起研究比赛案例、搭建攻防体系、撰写比赛书状以及赛后复盘等,均离不开良好的团队协作。因此,一个能在法庭辩论中取得良好成绩的队伍,其背后的团队协作能力一定是出色的。为今后进入社会从事司法工作,具有先天的优势。

四、结语

法学是一门兼具理论性与实践性的社会科学,该特性决定了法学教育绝不能进停留于书本,不能从理论到理论,而是应当理论指导实践,理论与实践相结合。当下法学专业就业形势严峻,就业市场亟须理论功底扎实、专业素质出众的高端人才,法学教育也应当根据市场要求进行体系创新。南京审计大学法学院实践教学深耕该领域多年,形成了一套体系完善、特色鲜明、质量上乘的教学体系,以法学理论为核心,以"模拟法庭""法律诊所"为主干,以高校法庭辩论赛为平台,总结出高效的人才培养模式。该体系所培养出的法学专业的学生,在当下就业市场环境中具有强劲的在竞争能力。通过介绍该体系,总结分析该教学体系中普遍性的经验,为我国高校法学教育提供了良好的经验和模板,该经验和模式值得推广。

论情境教学法的内涵

李相森　柴亚琪

【摘要】 在新时期教育体制面临新发展、新挑战的背景下,情境教学法作为课堂教育的主要途径和重要方式正被广泛适用。它通过多种手段创设丰富的教学情境,调动学生的思维浸入极富真实性的情境中,给学生以人性化的关怀,引发学生主动探索问题的兴趣,用符合科学教育规律的方法培养学生成为学习秩序的构建者。情境教学法从设置和模拟多样化的真实情境入手,突破书本的局限,还固化僵硬的知识、理论以生动、真实和具有审美意义的情境,将问题融入学生所关心的现实生活,让教师与学生实现由知识认同到情境认同,再到情感认同的跨越。明确情境教学法的内涵是提升教学质量的必经之路,也是进一步实现学生知识、能力、素养全面发展的基础和保障。

【关键词】 情境;情境教学法;课程思政;问题教学法

在当今时代,情境教学法成为一种风靡全球的主流教学方法,受到教育家的推崇和学生的广泛喜爱。这不仅仅是因为情境教学法呈现了生动活泼、富有魅力的教学过程,更重要的是情境教学法遵循了认知规律、揭示了教学的本质。情境教学法主张利用文字、图表、数据、视频等多种手段创造出鲜活真实的教学环境,将知识、价值、理念诞生的情境还原,寓"情"于"境",以"境"会"情",为培养、教育学生陶冶性情提供更优的工具,鼓励学生融入情境追寻、探索问题,自发在情境教学的过程中实现自我思维的整合,达到唤醒或启迪智慧的目的。

情境教学法的适用范围非常广泛,但在实际教学过程中,部分教育工作者缺乏对情境教学法的系统认知,对情境教学法与其他教学法的综合运用能力不

【基金项目】本文系南京审计大学国家一流专业(法学)建设项目"法学课程思政建设研究"(课题编号:2020JG138)的研究成果。
【作者简介】李相森,南京审计大学法学院副教授,主要从事中国法律史教学与研究;柴亚琪,南京审计大学法学院硕士研究生,主要从事监察法制史研究。

够,从而无法发挥情境教学法应有的功效。因此,在适应时代发展提出的新的教育要求与遵循学生身心发展规律的前提下对情境教育法的内涵进行深度探究是必要的,促进教育工作者对于具有方法论性质的情境教学法有更深刻的认识,才能在情境教育的舞台之上充分激发出学生对知识的渴求和探索精神。

一、情境教学法是什么

(一)情境教学法的概念

迄今为止,部分教育工作者对于情境教学做了一定的理论探讨,对于情境教学的概念进行了阐释:

情境教学,指在教学过程中为了达到既定的教学目的,从教学需要出发,制造或创设与教学内容相适应的场景或氛围,引起学生的情感体验,激发吸引学生主动学习,帮助学生正确而迅速地理解教学内容,达到最佳教学效果的一种教学方法。①

情境性教学就是根据事先确定的学习主题在相关的实际情境中去选定某个典型的真实事件或真实问题,然后围绕该问题展开进一步的学习:对给定问题进行假设,通过查询各种信息资料和逻辑推理假设进行论证;根据论证的结果制定解决问题的行动计划;然后实施该计划并根据实施过程的反馈,补充和完善原有的认识。②

情境教学是充分利用形象,创设典型场景,激起学生的学习情绪,把认知活动与情感活动结合起来的一种教学模式。③

情境教学是指在教学过程中,教师有目的地引入或创设具有一定情绪色彩的、以形象为主体的生动具体的场景,以引发学生一定的态度体验,从而帮助学生理解教学内容,并使学生的认知水平、智力状况、情感状态等得到优化与发展的教学方法。④

情境教学是指通过为学生提供一个相对完整、真实的情境,还原知识产生的背景,恢复其原来的生动性和丰富性,使个体更真实地融入情境中去,亲"心"

---

① 朱正平、欧阳林舟:《对德育中实施体验情境教学的思考》,载《教育导刊》2004年7月号上半月。
② 徐辉:《现代西方教育理论》,重庆出版社2009年版,第108页。
③ 李吉林:《李吉林文集》,转引自顾明远主编:《李吉林和情景教学学派研究》,教育科学出版社2011年版,第74页。
④ 冯卫东主编:《情景教学操作全手册》,江苏教育出版社2010年版,第3页。

体验其过程,并以此为基础,使个体产生学习的需要和兴趣,进行自主学习,从而达到主动建构知识、产生感悟、生成意义的目的。[①]

本文认同以上关于情境教学的概念界定,在吸收已有研究成果的基础上,结合在教学实践中的探索经验,将情境教学法定义为:通过创设多样化、人性化、有意义的教学情境,调动学生的感官及思维,引发学生情感上的共鸣,引导学生积极思考、主动探求新知,从而完成理念认同、知识获得、行为自觉的一种教学方法。情境教学法的根本是变枯燥的理论说教和灌输为直观的言语、影像、声音,甚至是味觉、触觉的直接感官感受。其关键在于组织和创造学习情境,外在呈现为一种场景和过程,核心是激发学生的情感和兴趣,目的是使学生积极思考、主动学习,对于知识、理论有更为深刻的理解和把握。

(二) 情境教学法的特征

第一,情境教学法基于情境,体现真实性。与其他教学方法相比,情境教学法最突出的特征是教学活动建基于情境之上。情境学习理论认为知识是在情境与活动中发展的,知识的获取离不开情境和活动。在进行基于情境的学习过程中,学习者通过对情境的体验、反思,认识所学知识的复杂性和有用性。情境教学通过提供可以反映知识在真实生活中应用的模拟的或真实的情境,让学习者置身其中,从而进行有意义、有效的学习。

第二,情境教学法是人性化的教学法。情境教学法是最富有人性化的教学方法。在行为主义看来,学生的任务就是要消化、理解老师所讲授的内容,把学生当作灌输的对象,忽视了学生是活生生的人。教学成为一种传授死板的知识和固定的技巧的过程,缺乏对学生个性的尊重和人文关怀。情境教学法强调发挥学生的主动性,充分体现学生的主体作用,把学生真正当作具有喜怒哀乐的情绪反应和独立人格的活生生的人。情境教学过程中,教学情境的创设不仅把事物本来面貌呈现于学生面前,并且把学科感性的、生动的一面以及教师和学生最富生活气息、最富情感的一面展现出来;同时,将学生的兴趣、特长、志向、态度、个性、价值观等作为情境的有机构成部分,真正围绕学生,贴近学生,尊重学生,富有感情色彩,充满人性色彩。

第三,情境教学法是以学生为主体的教学法。学生在学习过程中的主体性表现为三个方面,即学习的意识性,它是指学生主体在学习活动中的一种内在

---

① 肖海平、付波华:《体验式教学:素质教育的理想选择》,载《教育理论研究》2004 年第 1 期。

状态特性,是主体知、情(认知、观念、需要、情感)方面潜在内隐的状态,是主体在学习中得到客观内容后形成的一种主观观念和自我意识,并逐步从自发性向自觉性发展和转化;学习的能动性,是指学生主体在学习活动中一种外显的意、行(意志、毅力、行动)实践性范畴的特性表现,如学生能主动参与到教育教学、教育管理等活动中,对教师提出的问题勤于思考、主动探索,积极参加社会实践,发展自己的能力;学习的新颖性,是指学生主体在实践形式中表现出来的,是主体潜能能动发挥的外在表现形式,是意识性与能动性相互渗透结合、主体的"悟性"在学习活动中的显现。[1] 与传统教学模式中以老师为主体、学生为客体的角色设置不同,情境教学法是真正以学生为主体的,突出学生的主体地位,尊重学生的自主意识,培养学生的主体精神。情境教学让学生从创设的具体情境中主动地获得一般的知识、能力和态度,学生是秩序的建构者,是学习和发展的主体。情境教学法中学生的主体性主要体现在师生平等交流思想、鼓励学生能动性的发挥、培养学生的合作精神等方面。

第四,情境教学法是符合科学教学规律的方法。从认识论的角度而言,人的认识是从感性认识上升到理性认识,感性认识是理性认识的前提和基础,没有感性材料的支撑,理性认识将是无源之水。从方法论的角度看,创设情境是利用能动的反映论原理。意识是客观存在于人脑中的反映,把学生置身于特定情境中,此种情境影响着学生的认知心理,促进学生带着情感活动参与学习。情境教学正是诉诸人的感官,通过典型性情境的创设,给学生展示鲜明具体的形象,刺激学生的感官,使其从形象的感知到达抽象的理性认识。同时,激发学生的学习情绪和学习兴趣,使学习成为学生主动、自觉的活动。

二、情景教学法诸要素

(一)情境教学法之"情境"

1. 何谓"情境"

在我国教育、教学研究文献中,"情境"和"情景"两个词常常混淆,有研究者常常根据个人的喜好随意运用这两个词,是欠推敲的。"情景"是指情况和光景。[2] 而情境一词具有多层面的含义。

---

[1] 王文娟:《情境教学——提高教学效果的有效模式》,载《北京教育》2011 年第 9 期。
[2] 夏征农主编:《辞海》,上海辞书出版社 1989 年版,第 980 页。

（1）在西方语境中，情境指的是"与某一具体的事件同时存在的整个的情景、背景或环境"（It defines as "the whole situation, background or environment to a particular event". Websters Dictionary, 1972. p307）。从广义上讲，情境是指影响个体行为变化的各种刺激所构成的特殊环境，包括客观情境和心理情境。[①]人的心理与客观情境的关系，主要是一种"认知"性的反映关系，认为心理情境对人的认知具有更为重要的意义。

（2）中国语境下的"情境"则强调主观的"情"与客观的"境"的交融统一，即为"情景，境界"。情景是环境景物形成的一种情绪状态，随环境景物消失而消失。客观的场景因有"景"而无情不能称为"情景"，因景生情，产生情绪，才有"情景"。经由情景再进入"境界"。"境界"是中国哲学特有的概念，主要是用来指个人的生存层次和生活品位。由此，情境就是在真情景中抒发真情实感，升华生活的品位，提升自身的境界。

（3）李吉林的"情境"概念则具有更加丰富的内涵，既受到中国文论中"意境"的启发，具有浓郁的本土文化底蕴，又接受了西方语境的情境观，而且吸收了马克思关于人化环境、人化现实的思想。意境是指抒情性作品中呈现的情景交融、虚实相生、活跃着生命律动的韵味无穷的诗意空间。意境既不是客观物象的简单描摹，也不是主观意念的随意拼合，而是主、客观世界的统一，是由体认获得的特殊的感知。此处的情境从有物之境、有情之境，进入人文意境。同时，李吉林强调"情境教育是依据马克思关于人在活动与环境相互作用和谐统一中获得全面发展的哲学原理构建"，此处的情境便成了"人为优化的环境"，这种环境促使主体的能动活动与现实环境优化统一。

总结以上关于情境内涵的揭示，情境是"情"与"境"的统一，具有两个层面的含义：第一，情境是客观意义上的学习环境或背景。从教育的角度而言，人类所有的学习都离不开特定的情境，这些情境以一种强有力的方式影响着学习及其迁移。情境学习要求把知识呈现在具体的真实情境之中。第二，情境是一种"人为优化了的环境"。"人"的介入，才使得因"境"生"情"，以"情"化"境"，并达到"情""境"合一的境界。真人真景物激起真情感，激起广远之思，进入美的境界。情境作为整体展现于学生面前，造成直接的印象，激起学生的情绪，成为学生想象的契机。同时，学生的情绪和想象又丰富了教学情境，达到相得益彰的境地。

[①] 周奇：《情境创设与意义建构》，载《江西社会科学》2001年第12期。

汉语中的"情境"比"情景"更能准确地传达情境认知与学习理论中的本义，所以，本文使用"情境"，而不用"情景"。作为情境教学的"情境"实质上是人为优化了的，渗透着教育者的主观意图和教育目的，可以让学生自主活动于其中，历时性、全局性地存在于整个教学过程中的有意义的并符合审美要求的特定环境。情境以直观的方式再现书本知识所表征的实际事物或实际事物的相关背景，解决了学生认识过程中形象与抽象、实际与理论、感性与理性以及旧知识与新知识之间的矛盾。情境又是客观教学场景与学生主观情感的统一体，是主客体交融合一的状态和氛围。在情境中，知识和意义得以建构，情感和思想得到提升。可以说，情境是情境教学的切入点和出发点，是课程系统的有机组成部分，是情境教学法的核心要素。

2."情境"的特性

第一，情境的多样化。丰富的情境可以是物理的、是自然真实的，也可以是功能性的、虚拟的……丰富的情境供应不仅可以反映知识在真实生活中的应用方式，保持真实生活情境的复杂性，而且能为学习者提供反映不同观点的信息源，能够合成既不分散也不过于简化的"情境场"，进而使基于情境认知与学习的教学模式具有"情境性"的特色。情境的多样性要求情境是具体的复杂的"事件"而非简单的"问题"，只有如此，情境才具有体验、分析、讨论的价值。

第二，情境的意义性。丰富的"情境供应"也不是无原则的，在实践操作中，也不是情境越丰富越好，只有"有意义"的情境供应，才是教学过程中的必须。这就要求教师根据学习内容创设有目的性的学习情境，使情境具有"合目的性"。所谓合目的性，是指人的社会实践，符合既定价值目标和理想，即现实活动与终极目标具有一致性。合目的性的情境应是追求知识性目的、审美性目的和人文性目的的完美实现。只有呈现特定知识、具备美的形态、符合人性的情境才是有意义的。

第三，情境的审美性。情境的意义性要求情境要具备美的形态。"美"是情境能够感染人所必需的。美的情境应当具备：形象美、内容美、逻辑美。形象美要求情境形象逼真、意境深远，能够唤起人的情绪反应，触动视觉感官，带给学生身心的舒适和畅快；内容美要求情境体现的主题鲜明，贴近人心，引发学生情感上的认同、思想上的共鸣；逻辑美要求情境不是杂乱的、琐碎的、没有内在联系的，而能够达到现象与本质、原因与结果、主观与客观的内在一致，让学生体味到情境的深刻性、一致性，有豁然开朗、酣畅淋漓之感。

第四，情境的情感性。"感人心者莫先乎情"，情是维系人与人之间关系的纽带,是达到认同和共鸣的必要因素。"境为情设","情由境发",情感是情境的当然特性。情境教学法中的情境应该带有感情色彩,能够激发学生的情感,并引起学生情感上的认同和共鸣。这就要求情境本身渗透着教师的情感,包括对学生的热爱、对真善美的追求。同时,正如马克思所言:"人作为对象性的、感性的存在物……是一个有激情的存在物。激情、热情是人强烈追求自己的对象的本质力量。"[①]情感是人们对客观事物是否满足自身需要的态度和体验。如果个体认为事物符合自身需要,就会产生肯定的积极态度,相反就会产生消极的态度。情境要能够满足学生的情感需求,包括学生的爱憎取向以及渴望被爱、被尊重的心理需求,从而产生积极的学习态度。

3. 情境的种类

情境有多种分类方式,在上海辞书出版社出版的《辞海》中,将情境分为三类:真实的情境、想象的情境和暗含的情境。真实的情境是指人们周围现实存在的他人或群体;想象的情境是指在意识中的他人或群体;暗含的情境则是指人及其行为中所包含的一种象征意义。《MIT认知科学百科全书》的作者将情境分为如下几类:物理的或基于任务的(包括人工智能或信息的外部表征);环境的或生态的(如,工作坊或商业中心);社会的或互动的(教育、教学或临床背景中)。[②] 认知分享理论也特别强调情境在学习中的作用,认为可以将学习情境分为物理性和社会性两种;麦克莱伦则认为,情境可以是:真实的工作场景;高度的真实,或真实的工作环境的"虚拟"的代用品;一种可停留的环境,如,影像或多媒体程序。李吉林认为,根据刺激物对学生感官或思维活动所引起的不同作用,可以将情境总结为五种类型:实体情境、模拟情境、语表情境、想象情境及推理情境。实体情境是以物体原型为主的真实客观情境;模拟情境是根据相似原理,出于教学实际需要,运用一定手段对事物进行复现所创造的情境;语表情境是运用语言表述的情境;想象情境通过学生的想象活动,在已经获得经验的基础上,将表象重新加以组合的情境;推理情境是为引导学生运用抽象思维能力对事物进行分析、综合、判断、推理而创造的抽象情境。[③] 根据情境体现内容的不同可以划分为:问题情境、故事情境、案例情境、体验情境、角色扮演情境等。

---

① 马克思、恩格斯:《马克思恩格斯全集》(第42卷),人民出版社1995年版,第169页。
② Robert A. Wilson&Frank C. Keil (1999). The MIT Encyclopedia of the Cognitive Science. Massachusetts Institute of Technology.pp.767 - 768.
③ 冯卫东主编:《情景教学操作全手册》,江苏教育出版社2010年版,第25—27页。

可见,情境具有多重层面与分类,以不同的分类标准进行分类,就有不同的情境的类别。所以,情境既可以是观念的、想象的、情意的、抽象的,又可以是物理的;既可以是虚拟的,又可以是真实的;既可以是基于学校与课堂的功能性的,又可以是基于社会的自然的、日常生活中的。而在具体的教学实践中,可以灵活运用多种情境,也可以自主创设相应的情境。笔者在教学实践中曾经采用文字材料情境、图表材料情境、漫画情境、演示情境、动画情境、视频情境、教师的语言渲染、生活实例列举、利用网络平台辅助创设情境等形式。

(二) 情境教学法之"教学"

古今中外有关教育的论著在使用"教学"这个词时,其含义不尽相同。从教学的起源看,无论东方还是西方,教和学都是一体化的。中国的"教"起源于"学",而英语的"teach"和"learn"具有相同的词源。近代以来,随着社会文化的发展,学校教育性质的变化,教学的内涵也发生了变化。在此背景下,以夸美纽斯、赫尔巴特为代表的教育家提出了系统的教学思想。教与学开始被分别对待,有了不同的任务。教师以传授知识为主,学生以接受知识为主。[1] 时至今日,随着科技的迅速进步,社会的不断发展,尤其是心理学对人的发展的探索,教与学在新的形势下又逐步统一起来,拥有了更为丰富的内涵。有学者把教学定义为:"教学是教师引起、维持或促进学生学习的所有行为。"[2]也有学者认为:"所谓教学乃教师教、学生学的统一活动;在这个活动中,学生掌握一定的知识和技能,同时,身心获得一定的发展,形成一定的思想品德。"[3]情境教学法中的教学具有一般教学中的内涵,但同时蕴含新的内容。

1. 情境下的"教"

"教学不是直接给学生知识,而是给他们机会让他们自己建构知识。如果学生没有体验到什么,让他们去理解也往往是很困难的,更多的只能是死记硬背。"[4]情境教学需要创造容易接纳的知识情境,让学生可以通过身临其境的直观体验,运用视觉、听觉、触觉、体觉等多种手段发掘知识、构造知识、传递知识。比如,可以在教学过程中,通过多媒体技术模拟或者直接带领学生进入场景基地,让学生以缅怀、欣赏或好奇的心态去感受、体验、反思要传授的知识、理念及

---

[1] 周军:《教学策略》,教育科学出版社2007年版,第2—3页。
[2] 施良方、崔允漷:《教学理论:课题教学的原理、策略与研究》,华东师范大学出版社1999年版,第13页。
[3] 王策三:《教学论稿》,人民教育出版社1985年版,第88—89页。
[4] 胡庆芳:《美国教育360度》,教育科学出版社2007年版,第128页。

价值取向。

在教学内容上,不应拘泥于书本,要将知识、理论和价值融于现实和学生的处境。教师在设计教学内容时必须大量搜集社会案例和素材,侧重于学生所关注的社会热点问题,不能回避现实;必须贴近学生生活实际,关注他们的内心世界,尊重他们的主体性,侧重于学生所关心的人生问题。当然书本知识仍是教学内容的主要部分,但与纯文字式的抽象理论灌输不同的是,情境教学更强调教学内容的具体化、形象化、现实化。

在情境教学过程中,教师必须对学习环境进行有效管理,给予学生以引导和鼓励,由知识的呈现者转变为促进者和指导者。在情境教学的课堂中,学生经常在教室中走动、说话,教师需要不断进行监管,以确定学生是否完成任务以及完成的效果,并进行适当的提醒和引导。

2. 情境下的"学"

学习产生于具有亲身经历性、社会情境性和文化制约性的情境之中。教学不能被解释为"引起"或"迫使"学习者在特定时刻、以特定方式学习特定东西。[1] 在传统教学过程中,学生只是被动地接受,学习主动性和积极性受到压抑,学习效率不高、效果不佳。而"建构主义的情境模式认为知识是认知主体主动参与建构而来的,是人和情境之间经过对等的、非因果的互动关系,不断意义建构的过程"。[2] 情境学习是在有意义的、真实与复杂的情境中学习;在有意义的、真实与复杂的情境中互动与协商;在有意义的、真实与复杂的情境中主动地学习并获得知识;在有意义的、真实与复杂的情境中产出意义与学习者的身份。

情境教学强调学生的主体性地位,让学生参与到教学过程中去。这要求学生改变传统的学习习惯,发挥自主参与作用,努力做到:调动相关知识经验,进入学习情境;针对设定的情境,进行有目的的观察、分析和体验;与老师、同学协商讨论,正确表达自己的观点;吸取同学长处,听取教师的评价和指导,不断调整自己的学习策略和方法,或者修正自己的观点,达成新的认知。

3. 情境教学法之"教"与"学"的统一

情境教学法中的教学是"教"与"学"的统一,"教"围绕"学"展开,"学"亦离不开"教"的引导和诱发。情境教学法中"教"的性质随学生学习性质和内容的

---

[1] Brent Davis 等著:《心智交汇:复杂时代的教学变革》,毛齐明译,华东师范大学出版社 2011 年版,第 166 页。
[2] 周奇:《情境创设与意义建构》,载《江西社会科学》2001 年第 12 期。

变化而变化,紧紧围绕着学生的学习展开。也即教的内容是学生尚未获得的知识或品性,同时也是学生乐意获得的知识或愿意养成的品性;教的方法是适应学生学习能力,能够为学生所接收的符合认知规律的情境法。情境教学法之"学"是主动地参与和体验,最终获得的知识、习得的品性是学生自我建构起来的,可以说是某种意义上的"自教自学",然而这种"自学"离不开"教"的循循善诱和积极引导。情境教学法中的"教"与"学"是完美的统一,"教"便有"学"之参与,"学"即离不开"教"之展开。

（三）情境教学法之"法"

"法"是方法,指为达到某种目的而采取的途径、步骤、手段等。教学法是指为达到教学目的而采取的途径、步骤、手段。情境教学法作为一种教学方法,有其独特的操作程式和手段。情境教学至少应包含以下步骤:创设情境—带入情境—运用情境—总结提升。以问题情境教学为例,具体操作步骤为:创设情境—提出问题—引导思考—合作讨论—探究解决—总结提升。具体而言,创设情境是选取符合教学目的的真实的自然、社会场景或者模拟真实的场景,以为教学提供背景、环境和依托;带入情境,教师应通过语言或动作引导学生进入情境,以使学生能够主动地观察、体验、想象情境,产生一定的情感反应,而不是仅仅将情境呈现出来;运用情境,利用客观场景以及学生的主观情感积极引导、启发,以实现知识的迁移、情感的升华和行为的习得;总结提升,学生对学习过程中感受及学习所得进行总结发言,教师进一步总结知识要点及整个教学过程的得失,并进行升华提高,完成知识的建构。

三、情境教学法与其他教学法的关系

情境教学法并不是一种高深复杂的教学方法,甚至一些教师在教学过程中实际运用了情境教学方法却不自知或者在运用其他教学方法时,参用情境教学法。由于对情境教学法与其他教学法没有进行适当地区分,没有能够达到理论上和方法上的自觉,情境教学法的效力便大打折扣。因此,有必要对情境教学法与其他教学方法予以辨析。

（一）情境教学法与探究式教学法

探究式教学(Inquiry Teaching),是指从学科领域或现实生活中选择和确立主题,在教学中创设类似于学术研究的情境,学生通过独立自主地发现问题、实验、操作、调查、收集与处理信息、表达与交流等探索活动,获得知识,培养能力,发展情感与态度,特别是发展探索精神与创新能力。它倡导学生的主动参与,在教师的指导下,以学生为主体,让学生自觉地、主动地探索,掌握认识和解决问题的方法和步骤,研究客观事物的属性,发现事物发展的起因和事物内部的联系,从中找出规律,形成自己的概念。探究式教学方法与情境教学法之间存在重合关系,情境教学法当然需要问题的探究,而探究式教学法有时也需要情境的创设,二者的结合便是情境探究教学法。

所谓情境探究教学,是指在教学过程中,教师有目的地引入或创设具有一定情绪色彩的、以形象为主体的生动具体的场景,以引起学生一定的情感体验,从而帮助学生理解文本,并使学生的心理机能得到发展的教学探究方式。[①] 具体说它是指教师以现行教材为基本内容,以学生周围世界和生活实际为参照对象,选择综合而典型的材料,创设特定的语言、形声色、问题等情境,努力真实、全面地反映或模拟现实,引导学生应用所学知识,自主地探究事物的整体结构、功能、作用,分析理解事物的变化发展过程,从而形成新知识、新观点,进而找到解决问题的新方法、新手段。情境探究中的特定情境提供了调动人的原有认知结构的某些线索,起到唤醒或启迪智慧的作用,从而更顺利地进行探究和解决问题。

(二)情境教学法与问题教学法

《辞海》中是这样界定问题教学法的:问题教学法就是"提出问题、发现问题,并通过分析研究,寻求假设、进行试验,以求问题解决的教学方法。"[②]问题教学法是以问题为中心展开教学活动的一种教学方法,是教师根据教学需要,从教材入手提出一定的问题,激发学生的求知欲,引导学生深入思考,通过问题解决以达到理解和掌握知识的一种教学方法。问题教学法在本质上是问题情境教学法,是情境教学法的一种。

问题教学法离不开"问题情境"的创设。问题情境"是指在一定的情境中(或条件下),教师依据教学内容向学生提出需要解答的问题,以激发学生问题意识为价值取向的刺激性的数据材料和背景信息"。[③] 苏联教育家马赫穆托夫认为"问题情景并非一般地被看作是与思想进程遇到意外'障碍'相关的那种智

---

① 周新桂、费利益:《探究教学操作全手册》,江苏教育出版社 2010 年版,第 123 页。
② 夏征农主编:《辞海》,上海辞书出版社 1989 年版,第 1046 页。
③ 冯卫东主编:《情景教学操作全手册》,江苏教育出版社 2010 年版,第 62 页。

力紧张状况,而是在一定的教学情景中,由于学生以前所掌握的知识、智力、方法,在客观上不足以解决已产生的认识任务时,所引起的那种智力困窘状况。意外的困窘总是使人感到惊异、困惑,并促使人进行智力探索。"[1]问题情境是通过外部问题和内部知识经验的紧张和冲突,引起最强烈的思考动机和最佳思维定向的一种情境。

不能够引起学生心理困境的问题都不能产生问题情境,也即不是"真问题",从而不能够称为问题教学。真正的问题教学法不是以设问组织教学,也不是站在问题面前去分析、寻找解决问题的方法,而是要创设具体的有思维价值的教学情境,激起学生的认识、分析、解决问题的欲望,使学生的思维处于兴奋积极状态,刺激学生提出高质量的问题。问题教学法要取得良好的教学效果,必须按照情境教学法对"情境"特性的要求精心设置问题情境,同时也应当遵循情境教学法的操作程式。情境中的问题要尽量生活化、实际化,因为问题脱离了学生的实际,学生就很难参与,也就谈不上体验情境,更谈不上分析、解决。情境教学的根本目的不是教会学生解答、掌握结论,而是在探索和解决问题的过程中锻炼学生的思维、发展能力,从而激发其求知的欲望,使他们主动寻求和发现新的问题。因此,真正的问题教学法应当注重真问题的提出,问题情境的创设以及教学过程的开放。

(三)情境教学法与体验式教学

所谓体验式教学就是指在教学过程中,根据学生的认知特点和规律,通过创造实际的或重复经历的情境和机会,呈现或再现、还原教学内容,使学生在亲历的过程中理解并建构知识、发展能力、产生情感、生成意义的教学观和教学形式。[2] 体验式教学以"在体验中发展"为指导思想,让学生作为主体去体验,在体验中完成学习对象与自我的双向建构,最终实现主体的主动发展;以体验作为主要途径,借助体验真正确立学生在教学过程中的主体性,使学生有更充分的思想及行为的自由和发展、选择的机会;关注教学的过程及情感体验,更加注重学生对教学过程的主体性体验。

体验式教学突出强调了学生的主体性体验,整个教学过程围绕学生的体验展开。这与情境教学法强调学生对情境的体验是一致的。情境教学是以心理体验——主体从心理上对自己或他人的"亲身经历"进行体验的方式进行的,在

---

[1] 问题解决教学的研究课题组:《关于"问题教学"》,载《临沂师范学院学报》2000年第4期。
[2] 肖海平、付波华:《体验式教学:素质教育的理想选择》,载《教育理论研究》2004年第1期。

对事物有真切感受和深刻理解的基础上产生情感,激发情绪,建构知识。在此种意义上,情境教学法即是体验式教学法。体验式教学的基本策略首先是创造教学情境,给学生以感官刺激或心理准备。体验是在相应的情境和学习活动中,获得知识、情感、方法、能力等一体化的真实体验。情境教学是体验式教学的策略之一。在此一种意义上,体验式教学也即是情境教学。

此外,还有的学者提出了"体验情境教学",所谓体验情境,是教育者在日常生活、游戏中设置或利用某些较隐秘的真实的互动情境,或者是一些与"做"有关的情境性的"练习题",使学生在行动中获得对某种道德要求的切身体验。[①]体验情境突出强调了情境教学法中情境的可体验性。由此可见,体验式教学法与情境教学法有着密切的关系。

(四)情境教学法与参与式教学法

参与式教学法起源于西方经济学领域的参与式发展理论,此理论后来渗透到教育领域中,逐渐形成了自成体系的参与式教学法。参与式教学"是一种合作式的教学或协作式教学法,是以学生为主体,应用灵活多样直观形象的教学手段,引导学生积极参与到教学过程之中,成为知识的发掘者和构造者"。[②] 参与式教学法强调在教学中"教"与"学"的双向互动,"学"要平等参与"教","教"也要平等参与"学",且相互参与的模式建立在主体活动环境中,寓教于乐,寓教于趣,寓教于景,形成学生在参与式教学过程中无意识的接受知识的模式。[③]

参与式教学法必然依托某种场景或情境,只有如此,才有"参与"的平台或环境。而情境教学法本身即突出学生的主体地位,强调学生的主动参与。在此一种意义上,参与式教学法就是情境教学法。但二者并不完全等同,参与式教学法还强调让学生沉浸在整个教学过程的始终,让学生亲自做课件、上讲台、自我考核。在此,情境教学法又可以成为参与式教学的一种教学方法。

总结以上论述可见,情境教学法是一种具有很强包容性、开放性的教学方法,其他的一些教学法都可以寓于情境教学法之中。而情境教学法与其他教学手段的结合,可以相得益彰,使情境教学法达到更好的教学效果。同样,情境教学法也可以为其他教学方法的运用提供必要的情境支撑,避免单一教学法的枯

---

① 朱正平、欧阳林舟:《对德育中实施体验情境教学的思考》,载《教育导刊》2003年7月号上半月。
② 李小云:《参与式发展概论》,中国农业出版社2001年版,第21—32页。
③ 张瑜、蒋黎黎、周鸣:《高校思想政治理论课"参与式"教学方法初探》,载《人类工效学》2011年第3期。

燥和无效。因此,教师在具体情境教学过程中应当明确所运用教学方法的固有操作程式,同时也应当熟悉情境教学法的具体化以及与其他教学法的结合,以使情境教学法更具操作性和实效性。

法学本科实践教学中的三大误区

殷 楠

【摘要】 法学专业本科阶段的实践教学已被纳入教育管理部门的规范对象,在经历相当一段时间的操作后,实践教学的发展中出现了一些偏离和误区。法学院系在开展实践教学时缺乏基本的理念,形式化的教学方式与法学教育的培养宗旨背道而驰。法学教育在相当程度上被视为职业教育,而法学实践教学并未有效地为毕业生提供就业支持。由于实践教学缺乏有效的考核机制且难以获得立竿见影的成果,在与传统理论教学的"竞争"中有被边缘化的趋势。

【关键词】 法学教育;培养目标;就业;理论教学

我国法学教育近二十年以来取得了长足的进步和不可否认的成就,法学研究生教育的比例也不断提高。与此同时,法学本科教育仍然占相当大的比重,在短时间内难以被研究生教育完全取代。作为既成事实,法学本科教育在整个法学教育体系中,肩负着非常重要的任务,包括但不限于:培养法学本科学生的法学兴趣和基本法学思维、传授基本的法学原理和知识体系、训练基本法律职业技能。在我国早期的法学本科教育中,传授法学原理和知识体系是重中之重,一名合格的法学本科毕业生应当系统地掌握法律的基本原则和规则框架。随着我国社会主义法治社会的不断发展,这样的教学模式显然已经很难满足国家与社会对法治人才的更高层次需求,既具有完备法学知识体系又具备法律职业技能的法学本科毕业生成为我国当今法学教育的培养目标。2018年教育部发布的《法学本科专业教学质量国家标准》强调法学类专业教育具有很强的应用性和实践性,是素质教育和专业教育基础上的职业教育,为法学本科教育从理论知识型向实践职业型的转向提供了方向。该标准同时规定,实践教学累计学分不少于总学分的15%。该标准发布后,各法学院系均努力按照其要求重新

【作者简介】 殷楠,南京审计大学法学院副教授,主要从事民商法与国际商法方向研究。

调整了人才培养方案,尤其大幅增加了实践教学的比重。尽管如此,法学本科教育中的实践教学在具体发展过程中,仍然存在一系列的问题和障碍。这些问题和障碍有的长期存在于法学教育中的,有的则是在实践教学的执行中逐步凸显出来的。实践教学的发展需要排除这些问题和障碍,但前提是对这些问题和障碍进行准确的定位与研判。经过研究,笔者发现法学本科教育阶段的实践教学发展中存在以下三大误区。

一、过度强调实践教学的形式,忽视实践教学的理念

（一）实践教学的"主战场"被放在学校而非实务部门

实践教学的目的是为法学本科生提供在实务部门学习法律职业技能、培养法律职业思维的机会,使其能在毕业后迅速地参与国家的法治建设。然而,当下诸多法学院系的实践教学课程大部分被放在了所在的院校,实务部门并未成为实践教学的"主战场"。其中原因是在学校开展实践教学对老师和学生来说比较方便,既无须远涉实务部门,也象征性地完成了实践教学任务。对于这种情况及其带来的弊端,法学院系及其指导实践教学的老师们都心知肚明,于是所谓的"模拟法庭"和"法律诊所"便成为解决方案。但在大多数情况下,学生参加模拟法庭如同参加一次已经预订好程序的"法庭走秀",模拟法庭的材料都是教师事先选择好的,有现成的答案,教师的任务就是引导学生顺着自己的思路寻找所谓的"标准"答案,这种教学方式无法真正提高学生的实践能力,难以培养学生的批判性思维;[1]法律诊所训练,只是教师带领学生参加一些简单案件的处理,主要是为教师做一些辅助性工作,学生没有真正介入到案件处理当中。[2]毫无疑问,在学校进行"实践教学"的效果明显低于在实务部门的锻炼和学习,法学院系不能为了完成实践教学任务而把学生留在学校,这样对学生和老师的时间实则构成"双重浪费"。

（二）即使进入实务部门,学生也未必得到充分的锻炼

长期以来,法学院系的学生在进入实务部门实习后,被安排的工作无非是"端茶倒水、整理案卷"。这种现象在公检法系统中尤为明显。首先,公检法系

---

[1] 张邦铺:《法学专业实践教学模式存在的问题及改进策略》,载《教育评论》2016年第7期。
[2] 房绍坤:《我国法学实践教学存在的问题及对策》,载《人民法治》2018年第16期。

统本身具有很多职能部门,而并非每个实习生都被送去了业务部门,如果被安排在事务性的部门实习,对其专业实践能力和经验的积累帮助甚微。其次,即使被安排在业务部门,实习生也不被允许参加实质性的业务活动之中。以法院的业务庭为例,不论是民事法庭、刑事法庭还是其他业务法庭,参与案件审理的主要人员为法官,法官须对自己审理的案件负责,绝无可能让大学本科生实质性地参与案件的审理和判决过程。而书记员的工作对绝大多数大学本科生而言也无法胜任。因此,在法院实习的大学本科生们最后很难避免沦为"案卷装订师"的命运。最后,由于法学本科生对于法学知识掌握的程度尚浅,即使实务部门有心让其参与实质性业务活动,大学本科生也未必具有真正深度参与的能力。

(三) 实践教学的考核形式化问题严重

实践教学的考核与理论教学的考核一样,是法学教学中不可或缺的一环。理论教学可以通过试卷等方式加以考核,而实践教学的考核则复杂得多。首先,在学校进行的实践教学,要不然是没有考核(如模拟法庭),要不然是变成案例分析等试卷考核形式(如法律诊所)。其次,在实务部门进行的实践教学,最终考核往往缺乏科学性和可信度。毕业实习、社会实践等实践环节的考核主要是依靠单位鉴定,但这种鉴定基本都是形式上的,很少有实质内容,而且可靠性也很低。[①] 即使今天的科技为毕业实习提供了诸如签到、定位等功能,但也只能提供形式上的审查,无法对实习生在实习单位的具体实习情况进行考核。最后,尽管实践教学在法学人才培养方案中是有学分安排的,但是形式化的考核方式注定使实践教学沦为学生的"刷分"工具,因为只要满足形式上的要求学生就可以轻松地获得实践教学学分。

(四) 实践教学形式化的根本原因在于法学教学理念的落后

美国密涅瓦计划在近年来的成功已经标志着高等教育正在加速转向,即从传统知识传授型教育向能力应用型的转变。法学学科作为教育部确定的应用型学科理应顺应这样的改革潮流,将法学教育中的理论型教学向实践型教学转变。早在 2006 年,哈佛大学法学院对教学计划进行了大刀阔斧的改革:一是减少了学生花在学习五种传统教义课程上的时间,这些课程是合同、侵权、财产、民事诉讼和刑法;二是将第二、第三年的教学计划改为为学生提供更多的从事

---

① 房绍坤:《我国法学实践教学存在的问题及对策》,载《人民法治》2018 年第 16 期。

律师工作、实习和出国学习的机会。哈佛大学课程的变化"反映出一种信念,即解决问题的练习应该是法学教育的重要组成部分,而动手实践培训应该是许多学生的法学院学习经历的中心"。[①] 如果我们各法学院系的教育理念还停留在知识传授上,即使教育行政部门提出更高的要求,实践教学也难以摆脱形式化的命运。

二、实践教学与就业严重脱节

(一) 作为应用型学科,法学教育的开展并未以社会需求为导向

法学学科属于应用型学科,理应比那些纯理论的学科更好就业,但事实情况并不理想。很多人认为,这是由于法学本科生的招生规模过大,且社会对于法学本科生的需求日益减少所导致的。然而,经过多年与实务界的联络和探讨,笔者发现法学本科生就业情况差的根本原因并不在于本科生层次较低,律师事务所等实务部门对于本科毕业的律师助理仍然有很强的需求,而且并未对学历提出更高的要求。问题的根本在于当下的法学本科教育并未能培养出符合社会预期的法治人才。法学教育的根本目的是培养高素质的、符合社会需要的法律人才。王利明教授就曾明确指出了我国法学教育与社会需求的不匹配问题:第一,我们的法学教育还不完全适应经济社会发展的需求,不完全适应国家和社会对法律人才培养的要求;第二,法学专业学生就业难的问题,必须以社会需求为导向来进行人才培养,即社会需要什么样的法律人才,我们就应该培养什么样的法律人才;第三,法学院校不能成为脱离社会实际的"象牙塔"。[②] 反观包括实践教学在内的法学教育现状,我们的课程安排、理念更新及实践目标均未按照社会需求导向来进行设计,实践教学中很大程度是在"闭门造车",导致法学本科毕业生无法满足用人单位的需求,进而导致用人单位不敢聘用法学本科毕业生,从而产生一种负向循环。

纵观全球法学教育,法学专业毕业生的就业问题一直是老生常谈的问题,但是西方一些法学院很早就发现了法学专业学生的培养与社会需求之前的内在联系,并不断尝试改进以匹配社会需求。艾琳娜·卡根(Elena Kagan)于

---

① Rethinking Langdell, harvard Law today 5 (December, 2006).
② 王利明:《关于法学教育教学改革的四点建议》,载《中国大学教学》2010 年第 11 期。

2003年成为哈佛大学法学院院长时任命了课程审查委员会,并责令其重新考虑在美国教授法律的方式。此后,委员会建议做出一些修改,这些修改将"促使学生从第一年开始就采取更具实践性、更能解决问题的方法学习法律……这些变化旨在为毕业生更好地为现代法律界做准备……"[①]尽管,美国与我国的法律体系不同,且法学教育的阶段也有所区别,但是法学教育的基本目标是一致的,即培养"更好地为现代法律界做准备"的法学毕业生。如果不是以社会需求为培养目标,不论是理论教学还是实践教学的开展,均不符合现代法学教育的发展规律。

(二)"法考"通过率并非法学本科毕业生就业困难的"元凶"

国家法律职业资格考试(简称"法考",原称"司法考试")合格是从事法官、检察官、律师等法律职业的必要条件。因此,有些学者便将法学本科就业困难的原因归罪于法律职业资格考试的低通过率上。诚然,法学本科毕业生由于只有少部分通过法律职业资格考试,导致大部分毕业生在毕业时无法直接从事上述需要通过法律职业资格考试的法律职业。但是,他们忽略了一个事实,即法学专业的研究生也并非100%在校期间通过法律职业资格考试,但就业率远好于本科毕业生。因此,是否通过法律职业资格考试并非法学本科生就业困难的"元凶",至少不是唯一的原因。法学本科毕业生只要能符合社会需求,未通过法律职业资格考试同样能够就业。首先,以律师事务所为例,每年律师事务所都急需法学专业的实习生和毕业生来充实各个业务团队,尤其是对律师助理的需求非常旺盛,尽管期望律师助理在成为执业律师之前能取得法律职业资格,但是寻求法学专业助手的需求更为现实和迫切。很多新进律师助理未取得法律职业资格也成为现在各大律师行的一种常态。其次,并非所有法学本科毕业生都选择法律职业作为毕业后的就业选择,很多法学本科生在毕业后的职业生涯中并未把自己的专业作为职业,因而其不必须通过法律职业资格考试;而一些企事业单位的法务部门也并未在招聘时提出对法律职业资格的硬性要求。最后,法学院系学生参加法律职业资格考试的通过率不高,其根本原因正是实践教学与社会实务脱钩的恶果,因为不论是以前的律师资格考试,还是后来的司法考试、法律职业资格考试,对解决实际问题的考核一直占据着较大的比例。

---

① Sacha Pfeiffer, the Boston Globe, Mired in Past, Law Schools in U.S. Rethink Role, International Daily Tribune (Paris), May 10, 2006, http://www.iht.com/articles/2006/05/10/business/harvard.php.

有些非法学的在职人员"法考"分数往往比法学专业的学生还高,这种现象恰恰验证了"实践出真知"的道理,进而证明了实践教学与社会需求相结合的必要性。

(三)学校缺少与实践部门互动的平台,学生缺乏进入职场的信心

在实践教学的过程中,法学院系理应与各实务部门建立起良性的互动关系,了解实务部门的切实需求,为毕业生积极创造就业机会。然而由于很多实践教学在校内开展,或者未能让学生实际参与校外实践活动,导致学校与实务部门之间的联系流于形式,无法深化。对于学校来说,与实务部门之间的深度沟通既不是高等院校考核的重点,也不能为其带来即时的成果,相关负责人缺乏进一步推进校企之间资源整合的积极性。另一方面,实务部门不能为法学院系的学生提供实质性的实习和实践机会,必然导致法学本科生无法真正掌握法律职业的技能,进而致使其在毕业后没有信心直接参与到实务活动中。由于我们的法学院系未能充分发挥和利用实践教学的优势,既不能培养学生掌握切实有用的职业技能,也不能为法科生建立今后就业的平台和通道,就业困难也就是成为必然的结果。

三、实践教学比重过小

(一)实践教学应与理论教学并重,而非理论教学的补充

如前所述,法学学科作为应用型学科,其办学目标应为国家和社会培养合格的应用型法治人才。而合格法治人才不仅需要掌握扎实的理论知识结构,还应具备基本的职业技能。映射在法律教育中,正确的做法应当是理论教学与实践教学并重。[1]

然而,长期以来,我们的法学教育始于理论教学,教学的中心也是理论教学,一直以来实践教学难以与理论教学同日而语。尽管教育部将实践教学的学分比例提高至15%,仍然没有改变法学院系对实践教学的轻视。有的学者指出,目前的法学本科实践教学无法弥补我国法学教育中职业教育的缺失,充其量也只是理论教学的补充。[2] 大多法学院系在理念上并未把法学教育视为一种

---

[1] 房绍坤:《我国法学实践教学存在的问题及对策》,载《人民法治》2018年第16期。
[2] 唐力,刘有东:《反思与改革:法学本科实践教学创新模式研究——以法律职业教育为视角的一种思考》,载《西南政法大学学报》2010第1期。

职业教育。

(二) 实践教学应是连接"象牙塔"与"真实社会"的桥梁

我们的法学本科生在刚成年的时候就进入法学院系,作为一个刚经历过人生大考的懵懂少年,正逐渐适应不以应试为中心的大学生活,对真实的社会和复杂的社会关系并没有真正开始接触。尽管校园和宿舍也包含着师生、同学间的人际关系问题,但与纷繁复杂的真实社会关系不可同日而语。然而,法学研究的对象就是法律规则背后体现的社会关系。在没有对社会关系产生清晰认识的情况下,学习法律关系无疑是需要经历痛苦和挣扎的。实践教学为法学本科生们提供了走出"象牙塔"并体会真实社会的机会,了解各种社会关系,理解身份、权利、义务、规则等法律核心词汇,进而对法律规则背后的价值和逻辑产生思考,明白"徒法不足以自行"的真正含义。只有实践教学做得好,学生才能更好地认识这个社会,法律才能活学活用。反之,没有充分的实践教学为法学本科生建立与"真实社会"的桥梁和纽带,所谓的法学理论和规则只能停留在"雾里花""水中月"的抽象阶段。大多实习、实践是在完成知识教学之后的阶段开展,这种知识教学之后再去培养学生实务能力的做法,造成了学生知识学习与实务能力培养的脱节,进而造成了人才培养与社会需求相脱节、教学内容与社会现实相脱节,这种脱节又反过来进一步加深了知识教学与实践教学的鸿沟。[①] 这样的恶性循环正在我们的法学教育中不断上演。

(三) 实践教学日渐边缘化

对于实践教学总学分,教育部有明文要求。《法学本科专业教学质量国家标准》明确要求,实践教学累计学分不少于总学分的15%。这一要求的提出,一方面为实践教学学分设置了底线,保障了实践教学不被理论教学过度侵占,但另一方面成了很多法学院系实践教学学分的上限。如前所述,实践教学应与理论教学并重,地位至少不低于理论教学。在这个问题上,国外著名法学院早已开始转换思路、调整课程中的实践比例。哈佛大学法学院于21世纪伊始课程调整时就把基本的律师技能和专业价值观的教学作为核心课程的一部分,并不断调整课程的教学内容,以确保学生获取足够的机会,发展作为21世纪的从业

---

① 于志刚:《法治人才培养中实践教学模式的中国探索:"同步实践教学"》[J]. 中国政法大学学报. 2017(5)。

者所需的技能和价值观。[1]实践学分理应也可以达到更高的学分比例,在法学这样一个应用型、职业性极强的专业课程占到50%也不会令人意外。

15%最低学分要求这一规定仅是对学分设置的要求,并不意味着实践教学的地位低于理论教学。[2] 然而,这一要求在实践中反而成为很多法学院系拒绝更高比例的合法借口。经过分析研究,法学院系拒绝高于15%实践教学学分比例的理由无非如下两点:第一,实践教学建设在前期需要的投入较大,周期较长,短时间内见不到明显的效果和成绩。反观理论教学有现成的师资团队,现成的软硬件条件,理论教学的建设和改革成果可以第一时间反映在教学工作过程中。而实践教学需要支出大量的软硬件成本,比如模拟法庭的建设、校外实践导师的遴选与沟通、学生离校实习的各项安排等等,这些成本的投入在短时间内又无法取得显性的、即时的成果和成绩,教学管理部门缺乏推进实践教学的积极性。第二,实践教学难于考核,而理论教学考核方式简单。理论教学的考核方式可以是闭卷或开卷测试,也可以是课程论文或案例分析,这些方式均可以比较客观地考查学生的理论学习情况。反观实践教学中,学生是否掌握了职业技能、职业方法,不论是校内还是校外的指导老师,无法在短时间内客观地作出评价,因为实践技能与知识点的学习不一样,实践能力是靠时间和精力逐步积累的。实践教学考核的科学性的缺乏,直接导致实践教学不能像理论教学一样提供即时的反馈,从而丧失其应有的教学地位。

四、结语

在某些情况下,发现问题比解决问题更有价值。只有精准地定位问题,才能对症下药,进而促进事物的改善。法学本科实践教学的发展和变革势在必行,也是高校法学教育自救的唯一出路。实践教学与理论教学是相互补充、相辅相成的,其中任何一项如果无法合格完成,都不会达成真正的法学教育培养目标。相较于实践教学开展的形式,实践教学的理念则需要更加深入的学习和领悟。只有在实践教学与最终的法学本科生就业形成良性互动,实践教学才可

---

[1] Margaret Martin Barry, Jon C. Dubin & Peter A. Joy, Clinical Education for this Millennium: The Third Wave, 7 clinical L. rev. 1, 72 (2000) (describing existing courses and programs that integrate instruction in doctrine, theory, and practice).

[2] 房绍坤:《我国法学实践教学存在的问题及对策》,载《人民法治》2018年第16期。

能获得价值上的认可。另外,法学院系及其所在高校应深谋远虑,"放长线、钓大鱼",切实为实践教学的开展提供充分的便利与支持,实践教学出彩的法学院系必将获得长久的吸引力和竞争力。

诊所式法律教育在我国法学实践教学中的发展与创新

——以南京审计大学《法律诊所》课程教学为例

冯 翔

【摘要】 源自美国的诊所式法律教育模式在我国的本土化发展为全方位培养高素质的法治人才发挥出了积极作用。目前诊所式法律教育在我国法学实践教学中存在着诸如课程实践性教学薄弱、师资方面实务型教师引入不够、经费保障不足、课程评价体系不够完善等问题,本文结合南京审计大学《法律诊所》课程教学的特色与创新及建设中的相关完善措施,力求为解决问题提供有效方法与途径。

【关键词】 诊所式法律教育;实践教学;创新

一、诊所式法律教育模式的本土化发展

法律诊所教育(Clinical Legal Education)又称为"临床法学教育",于20世纪60年代起源于美国法学院。作为一种新型的法学教育模式,它主要借鉴了医学院学生的临床实习方式,教师指导学生参与法律实践,通过接触真实当事人、以代理人的身份办案、为处于困境中的委托人提供咨询、"诊断"法律问题,为委托人提供法律服务。① 自1930年耶鲁大学法学院首创"法律诊所"后,"法律诊所"现已经成为全美ABA认证法学院普遍开设的实践课程,美国的法律教育重点是围绕以培养律师为目标的律师教育,该课程的目标是通过法律实践学习律师的执业技能。

【基金项目】本文系南京审计大学国家一流专业(法学)建设项目"美国诊所式法律教育在我国法学实践教学中的应用——以南京审计大学法律诊所课程建设为例"(课题编号:2020JG145)的研究成果。

【作者简介】冯翔,南京审计大学法学院副教授,主要从事商法学教学与理论研究。

① 参见龙翼飞:《课堂实录——中国诊所式法律教育》,法律出版社2019年版,序言。

传统的大陆法系国家法学教育通常的模式是以概念、原理、体系为中心进行授课,该种教育是将法官、学者、检察官、律师等在一起进行培养,若想进入实务界,则需要接受另外一种教育,即司法研修机构学习一段时间以获取职业技能与职业素养。所以,按照传统的大陆法系模式进行法学教育,就可以成功培养出满足法律职业需求的人才,本不需要对以美国为代表的诊所法律教育进行引入。但是具体到我国,无论是法学本科教育还是研究生阶段的教育,都侧重于法学理论,即传统大陆法系国家的第一阶段的教育,至于后续的教育并没有系统化,学生通过法律职业资格考试,毕业后又通过公务员等考试直接进入了法律实务领域,在实务领域中进行再学习。实践性教学的薄弱是法学教育中长期存在的问题。① 法学教育与司法实务能力培养的脱节导致了中国法学教育过于理论化,不能适应当代社会对应用型法律人才的需求,因此有必要引入既能够弥补该种缺陷又不至于增加学生法学教育成本的授课模式,法律诊所课程在国内开始应运而生。

我国自2000年起开始开设诊所式法律教育课程,当时在美国福特基金会的鼎力自助下,北京大学、清华大学、中国人民大学、武汉大学、中南财经政法大学、华东政法学院和复旦大学共7所高等院校率先开设诊所式法律教育课程。2002年7月,经中国法学会批准,"中国法学会法学教育研究会诊所法律教育专业委员会"成立。截至2022年,诊所法律教育专业委员会已经有200余位高校会员②。二十多年来,诊所式法律教育模式不断被推广,已经成为中国法学教育中不可或缺的一种模式,也成为中国实践性法学教育中非常重要的一部分。2017年5月3日习近平总书记在中国政法大学考察时强调,法学学科是实践性很强的学科,法学教育要处理好知识教学和实践教学的关系。要打破高校和社会之间的体制壁垒,将实际工作部门的优质实践教学资源引进高校,加强法学教育、法学研究工作者和法治实际工作者之间的交流。诊所式法律教育正是种融合多种资源,给予在校学生接触真实社会法律纠纷机会的一种特殊的实践性教学模式,在法科生的学习过程中,发挥着不可替代的重要作用。③

---

① 参见彭锡华、麻昌华、张红:《司法研修与诊所法律教育——兼论中国法律教育职业化之途径》,载《环球法律评论》2005年第3期。
② 中国诊所法律教育网:http://www.cliniclaw.cn/。
③ 参见翼祥德:《以诊所法律教育统领法律实践教育:可行性及制度设计》,载《山东大学学报(哲学社会科学版)》2017年第5期。

二、诊所式法律教育在我国法学实践教学中存在的问题

（一）以模拟训练的方式提高诊所课程的实践性，存在一定的局限性

美国著名首席大法官霍姆斯有句名言："法律的生命力，不在于逻辑，而在于经验。"法学本科教育以培养应用型人才为目标，但当前法学教学普遍采取"理论教学＋案例教学＋实习"模式，导致理论与实践相脱节，学生运用法律处理实践问题的机会不多，难以学以致用。诊所式法律教育是培养实用型具有操作技能的法律职业人员，是一种实践教育，其特殊性不仅仅在于它同传统的法律教育方法不同，更在于它从根本上改变了教育的模式，从单纯的由理论去指导实践的演绎式模式到通过实践获得更加全面知识和技能的归纳式模式，让学生学会从实际的个案着手探索法律的精义和对社会的意义。而目前我国高校开设的法律诊所课程依然是偏理论化，采用模拟训练的方式提高诊所课程的实践性，仍局限于课堂教学，但真实案件存在各种变化与细节，是模拟无法替代的。以美国俄亥俄州立大学为例，其法学院设置了四个不同主题的法律诊所课程，诊所接受社会案件，学生在实习指导老师的指导下参与真实案件的法律实践，让无力承担高额律师费的社会弱势群体能够得到法律援助。由于美国立法机关和司法机关为法学院实习学生委托代理案件在立法上给予了支持，美国的法律诊所学生有权代理诉讼，并且重点关注在青少年犯罪、家庭暴力等公益性质案件，帮助了大量的中低收入者，因此也获得了当地政府机构与非政府组织的合作基金。我国的现行法律框架下无法实现学生直接代理案件，虽完全照搬美国的法律实践模式不适合我国，但如何拓展合适的案源，让学生参与到真实案件的办理中，仍是各高校开设诊所课程努力探索的方向。

（二）校外法律实务型教师引进不足，无法满足诊所式法律教育的需求

诊所式法律教育与传统理论教育的区别在于诊所教育强调实践性与操作性，是去解决法律实务问题。因而，诊所的教师与传统理论教学的教师在素质上也有着差别。法律诊所的教师除了应具备扎实的理论功底外，还需要有丰富的实践经验。国内高校法学院没有足够的有法律实务经验的教师资源，即使诊所律师大多为兼职律师，其在教学与科研的双重压力，且以科研为导向的评价

机制下,无法投入更多的时间去指导学生在实务中如何运用法律知识和传授法律实操的办案技能,诊所式法律教育的课程效果并不十分理想。此外,诊所式法律教育方式对指导老师有非常高的要求,它并非以课前的充分准备就可以有较好的教学效果为前提,而是在过程中和学生一样,往往面临未知状况和未知问题,对教师的智力、精力和时间分配都有较大的压力和挑战。因此诊所式法律教育迫切需要大量引入校外法律实务型教师,而目前的引进人数远远不足以满足诊所式法律教育的需要。

(三)经费保障不到位,限制了诊所式法律教育的发展

"卓越法律人才教育培养计划"其主要目的就是要提升人才培养的质量,提高法律学生的实践能力,大力培养出应用型、复合型法律人才,而经费保证,是实现该目的的基础。诊所法律教育的实践型特征,较之传统的教育模式,需要更大的经济投入。其运行经费主要用于办案经费、办公场所及办公设施、聘请法律实务教师的薪酬等方面。关于办案经费问题,因诊所式法律教育具公益性质,学生无偿参与办案,在法律实践过程中,必然会有交通、通讯、文印等费用支出,这些经费得不到解决,会极大减少学生参与法律实践的积极性,无法发挥诊所式法律教育的应有功能。故如何解决学生参与办案等的经费尤为重要。此外,高校法学院为了解决法律教育的师资问题,让本学院的法学教师担任法律实务教师去指导学生办案,但一般情况下这些法学教师的法律实务经验较之社会法律实务工作者会明显不足,不能满足法律教育对学生的实践指导要求。这就涉及外请实务教师及其薪酬问题。目前,国内高校法学院的经费来源主要依赖于学院的支持,但是学院经费十分有限,使诊所式法律教育的实施大打折扣。最后,社会对于诊所法律教育关注度低,社会媒体宣传不够,法律诊所在社会公众中的知名度不高,也是导致经费严重不足的原因之一。

(四)课程评价体系不健全,影响诊所式法律教育的教学成效

课程评价机制,是通过评价课程活动,为课程的参与者作出正确的指导,使教师与学生共同朝着同一方向努力,进而不断地提出具有创造性的教育方式,实现课程目标。我国设立诊所式法律教育的目标就是为了培养学生法律职业的实务工作技能、法律职业价值观念以及全面综合能力的法律职业素质。诊所法律教育是根据教学目标和价值理念创造出新的评价体系,即主要侧重综合法律实践技能、反思型学习能力及综合运用的考核。因此,课程结束时往往没有书面考试,其评价方式是以学生自我评价、委托人评价、小组成员互相评价和教

师评价为基础的一种综合考核。对于学生的实务技能、实践综合能力能够科学全面考核评价却非易事。近些年来,越来越多地高校法学院学习并引进的诊所式法律教育,却忽略了建立起较为完善的评价体系,使评价机制水平不够客观全面,进而影响到诊所式法律教育的教学成效。

三、南京审计大学开设《法律诊所》课程的特色与创新

《法律诊所》课程是首批国家一流专业建设点南京审计大学法学专业限定选修课,自2014年起开设,至今学生人数达1400余名。目前课堂内教学包括了十二个专题,即走进诊所、接待当事人、案件处理方略、律师职业道德、法院调解、案件代理技巧、法律谈判、心理指导、庭前准备、法律文书、模拟法庭、诊所反馈与评估。课外实践教学包括:送法上门,为大众提供志愿法律服务,在检验知识运用能力的同时,提升基层社会法治水平;课内辩论并择优组队参加"高校法庭辩论赛",检验学生知识运用能力和辩论技能。法律诊所教师采用全方位、多角度、多层次的教学方法,丰富教学内容,充分利用、发挥南京审计大学的审计、会计、金融等特色专业的优势资源和在相关学科领域的优势地位,将这些课程有机地融入法律诊所中,实现复合型知识的拓展与运用,着力培养服务于特色专业领域的法学人才。2020年该课程获得"全国特色法律诊所称号"。

(一)注重课外实践教学与职业技能培养,为学生提供新的实习模式

传统法学教育中,学生在理论教学中平时做的案例分析均是提炼好后的"成品事实",所谓"成品事实"就是指省去了实务里法庭调查中查明事实的分析过程,直接假设所分析的案例为已经认定的事实。学生由此所得到的锻炼是提升对法律关系的分析能力,熟练各类法律法规,能够学会如何适用法律。但在实务中,法院最终认定的事实需要诉讼当事人通过各举证的证据推断,并非"成品事实"。如何做到让法院认定的事实有利于己方需要的不只是理论能力,更需要的是丰富的办案经验的积累。南京审计大学的《法律诊所》课程由课内理论教学与课外实践教学组成,课时按照1∶3设定。该课程实行多师同堂,除校内导师完成课堂理论教学外,将校外经验丰富又有理论功底的实践导师引进课内教学,使学生能够在课内获得切身的实践示范经验和技巧。课程内容选择与审计、会计、金融领域相关的典型案例让学生分小组模拟,由教师进行技巧和逻

辑思路的指导,学生演练,再由教师点评,促使学生在演练中发现不足并及时调整。南审还注重常态化实践基地建设与利用,目前通过《法律诊所》课程开发了6个定点基地和42个乡村、社区基地作为学生实践活动的场所。校外实践基地主要有团结社区、珠江社区、江浦司法所、浦口区法律援助中心等等。学生通过实践基地定点和上门法律服务相结合的形式了解到乡村、社区等基层法治状况和需求,从而认识社会、理解社会和服务社会,能够不断提升自我,激发爱国热情和民族复兴责任感。"送法上门"训练学生接待、谈判、调解、辩论等法律职业技能。其打破了主要以模拟训练的方式进行职业技能培养的局限性,以实际行动践行以人民为中心的法治思想,并且在帮助弱势群体维护自身权益的过程中获得职业的使命感和责任感。

(二)大比例引入校外法律实务型教师,满足诊所式教育对学生的实践指导要求

南京审计大学的《法律诊所》课程师资由校内、校外教师组成。目前校内教师有6名,校外教师有10名,校外教师主要包括律师、法官、检察官、政府机关人员等,其工作主要是进入课内教学、承担学生校外实践活动指导、为学生开展实践教学讲座等。其中校外教师的参与,又以律师为主。

诊所式法律教育源于美国司法体制的当事人主义理论,当事人主义诉讼模式将诉讼的主导权完全赋予双方当事人,法官只是消极、被动的裁判者,以当事人为中心推动案件的解决。但当事人未受过法律职业训练,非法律工作者,对法律不甚了解,必然需要借助于专业的人才,即必须依靠律师,进而促使美国的诊所式法律教育本质是律师教育。虽然美国以律师教育为目标的法律教育完全照搬未必适合我国,但目前我国试点推行由职权主义向控辩式主义转变的诉讼模式,进一步反映了我国在诉讼中逐渐强化律师的作用,提高律师法律地位,认可律师在法治社会建设中的重要性。相比于公检法部门的公职人员来说,专职律师在时间和精力上更适合参与到大学的诊所式法律教育课程中来,律师事务所可以根据课程选派不同专业领域的优秀律师指导和带领学生学习、进行案件研讨,大学也可以通过和律师事务所的合作减轻师资力量不足的压力,同时优秀律师带来的经验分享也偏重于实践能力,与大学老师的教学形成互补,让学生学以致用,通过实践加深学习,使诊所式法律教育课程取得更好的效果。

南京审计大学《法律诊所》课程开设以来,得到了各大律师事务所、法院、检察院的支持,实务部门面对的是真实发生的案件,所需要的是将法学理论与现

实相结合,切实解决当事人的问题。法律实践是学生在书本上难以学到的,通过实务部门校外实践教师对学生进行讲授和训练,使学生们在接待当事人、客户咨询、谈判、事实调查、证据收集、法律分析、法庭辩论、调解、法律文本撰写、辩护策略制定、团队合作、抗压能力、沟通能力和时间管理能力等诸多方面的综合能力得以提高。高质量实践师资团队的打造,可以帮助学生巩固法学基础理论知识,学会运用法律解决争议,更好地实现诊所式法律教育的目标。对法学院的学生而言,通过校外导师参与法律诊所课程指导,能够促进其初步确定未来的职业发展方向。

（三）扩大政府采购,为课程发展争取更多经费来源

南京审计大学在《法律诊所》课程中,不仅注重实践活动,还致力于打造特色实践品牌,从而获得经费,为更丰富的实践活动提供物质支持。2016 年,学校指导学生自行组建成立了浦口区润泽法律服务中心社团法人,并设置了一系列组织架构、管理制度。基于高校教师教学科研压力繁重的现实情况,同时也为了增加学生的综合管理能力,该法律服务中心是由学生自行管理。目前,该服务中心组织管理了多项法学院的社会实践项目,取得了瞩目成绩。其打造出的"送法上门"品牌活动,已形成了一套完整的法律援助体系,拥有固定的工作场所、专业的课程培训、有力的资金保障,具有专业性强、活动稳定、志愿者多、保障体系完善的四大优势。迄今为止,中心已连续五年与浦口区司法局合作开展"送法上门"法律服务,长期服务于浦口区的 48 个社区,持续开展上门为社区、乡镇居民提供免费的纠纷调解、普法宣传、法律咨询等法律服务活动,截至 2021 年 12 月底,其组织学生开展的志愿服务时长已累计达到 13086 小时,使社区居民在家就能获得专业的上门法律服务,为政府致力于法治社会构建提供一份助力,获得了学生、居民、社区、政府的一致认可。在浦口区精神文明建设指导委员会组织的优秀志愿组织评选活动中获评 2021 年度优秀志愿服务组织。获得省级公益创投优秀项目等 49 个奖项、省级以上大创 40 项,连续四年被浦口区司法局政府采购,连续三年被江苏省司法厅政府采购,获得了 23 万元左右的经费支持。品牌的建设和运用,为法律诊所的实践课程提供了物质保障,也极大提高了学生们的参与度。

（四）健全课程评价体系,评估方式自主多样化

南京审计大学开设《法律诊所》课程的目标在于培养服务于特色专业方向的复合型知识人才;提升学生法律知识运用能力,强化学生法律思维能力、法律

文书写作、法律语言表达等能力,训练学生的团队协作能力;引导学生树立正确的价值观,培养学生的家国情怀和树立服务社会的价值目标。为实现以上目标,使该课程能达到预期教学成效,南京审计大学的诊所课程形成了具有特色的课程评价体系。在该课程的学业考评方面,课程对学生完成度的考核,分为平时、期末各占50%,强调以小组互评为基础,教师评价只占30%,小组评价占70%,更注重学生的社会实践部分。平时考核包括:理论考核包括小组课内教学模拟的互评、每组成员间的互评;实践考核包括校外实践平台上实践时长评价(教师评),小组校外实践互评。期末考核包括:理论考核为小组互评类型化案例梳理。实践考核包括个人实验报告评价(教师评)和小组互评校外实践活动效果。从改革成效上来看,课程训练了学生的团队协作能力,养成了其自主学习习惯。课程注重思政引领,培养学生动手实操、创业能力。本课程获得学校教务委员会和教学督导的高度评价,于2020年获评学校24门课程思政示范课之一,获得学校十大思政优秀成果一等奖。从社会评价看,课程使学生真正接触社会、使社会享受到高校优质资源,实现了学生与社会之间的良性互动。

四、南京审计大学《法律诊所》课程建设进一步完善措施

(一)加强习近平法治思想对诊所式法律教育的指引,将思想政治教育、专业教育与社会服务紧密结合

我国的法学教育旨在培养治国理政人才,高校的实践教学不能仅仅注重法律执业技能的培养,更要在学生心中播下中国特色社会主义法治理念的星星之火,培育中华民族伟大复兴的践行者。美国诊所式法律教育的教学目标是"通过法律实践学习律师的执业技能"。任何法治文明背后都有特定的文化支撑,最具生命力的法治体系一定扎根在最深厚的文化土壤之中,我国的法律人要坚定不移走中国特色社会主义法治道路,自觉践行社会主义核心价值观。社会的复杂性在法律行业尤其突出,法律人靠着法律工作安身立命的同时必须要坚定正确的价值立场,在国家的层面要依法治国与以德治国相结合,在法律人的职业过程中也要坚持不偏法,不离德。

具体到法律诊所的课程建设,要加强习近平法治思想对诊所式法律教育的指引,将思想政治教育、专业教育与社会服务紧密结合。坚持以人民为中心,是全面推进依法治国的力量源泉,也是法律教育的指导思想。人民是依法治国的

主体，社会主义法治建设必须为了人民、依靠人民、造福人民、保护人民。诊所式法律教育正是要着重培养未来法律人才以人民为中心的坚定理想和信念，其直接体现为为弱势群体提供法律服务。进一步鼓励学生在指导老师的指导下无偿为当事人提供法律援助，参与办理人民群众生活中真实发生的案件，主观感受百姓生活，这种实践有效地将正义和公平的理念植入学生的头脑，在夯实法学专业知识的同时，又培养了学生为人民服务的职业责任心，努力践行让人民群众在每一个案件中都感受到公平正义。

（二）多渠道解决课程经费来源

美国的法学教育学费高昂，能够与法律诊所运行的成本相匹配，尽管如此，诊所式法律教育模式的成本及教育效益问题也是美国法律教育学界的争论主题。法律诊所需要常设办公场所接待当事人、需要进行案卷资料档案的打印、归档和管理，聘请校外实务专家，这都需要有经费保障。而目前高校法律诊所都是公益服务或免费代理义务，资金来源有限。志愿者项目和公益服务项目都是诊所式法律教育在资金有限的情况下展开，某种程度上限制了该课程的发展。因此有必要进一步拓展经费来源，多渠道解决经费问题。可继续加强南审诊所品牌宣传，借助企业、律所的合作平台，通过学校申请教学改革项目，进一步取得社会赞助、国内与国际基金资助、扩大政府采购，争取多元化多渠道的运作资金，以更多经费支撑高质量的实践教学。

（三）多途径开展实践教学

为进一步拓宽实践服务范围，增加实践服务方式，扩大高校资源与社会共享范围，在法律诊所课程建设中，特别是受当前疫情影响，实践教学面临全面暂停开展的情况下，需积极探索互联网＋法律服务模式来完成实践教学任务。建设智能化法律援助服务平台，可以突破时间和空间限制，既方便老百姓随时随地进行法律咨询，又能方便学生提供咨询服务。可以联合当地司法局和法律援助部门，共同建设智能化法律援助服务平台，并同步建设微信公众号等，向社会公开能够提供法律援助的诊所机构联系方式，联合相关机构，向公众推广法律援助平台功能的使用方法，为需要得到法律援助的人群提供相应的公益法律服务，同时通过平台做好法治宣传和普法工作，以此丰富实践教学内容，实现法律诊所教学目标。

五、结语

《法律诊所》课程作为一门法律实践课程,未来需要进一步将思政教育融入教学,通过实践课程建设,打造出高质量的法律实践师资团队;加强教学资源建设,引入相关实务部门合作,争取更多经费支持;加强教学管理方式更新,增加平台间师生校外实践的互动功能;扩大上门法律服务范围;让更多的人特别是社会弱势群体享受到本课程教学的成果;加强品牌宣传,打造出思想过硬的公益社团组织;完善评价与监督机制,增加实践教学网络管理平台上评价人范围,增加服务人及第三人评价与监督。

大学生校外实习基地建设研究
——以法学专业为例

何新容　马瑜彬

【摘要】 大学生校外实习基地是锻炼与培养法学专业学生实践能力的重要平台,为了解决当前法学应用复合型"卓越法律人才"的教育培养问题,必须从法律人才实践能力培养的基本规律与要求入手,系统梳理当前法学专业校外实践基地建设存在的问题,对校外法学实习基地建设模式和运行机制展开深入研究与实践,借此推进学生实践应用能力和教师实践教学能力的全面提升。

【关键词】 法学;校外实习基地;建设模式;保障机制

引言

全国现有600多所高校的法学专业进行法学专业人才培养,当前社会对法学专业大学生的实践应用能力提出了越来越高的要求,各高校法学专业也普遍认识到了在培养应用型人才方面,校外实习基地正发挥着越来越重要作用,校外实习基地正逐步成为锻炼大学生实践应用能力,提高大学教师实践教学能力,推进学校与实习基地进行产学研全面合作研究的重要场所,各高校在加强实习基地建设的同时,也纷纷针对校外实习基地建设中存在的共性问题进行了有益探索。总的说来,当前大学生实习基地建设主要存在以下共性问题:一是大学生实习基地的总数量不足,基地的覆盖面不广。目前各高校普遍存在基地数量建设不足的问题,随着高校学生的数量的逐年递增,要求实践基地的数量

【基金项目】 江苏省高等教育教研研究项目"大学生校外实习基地建设模式和运行机制的研究与实践——以法学专业为例"。南京审计大学国家级一流专业(法学)建设专项课题"思政教育引领下的《经济法》(经管类专业)线上线下混合式课程建设研究"。

【作者简介】 何新容,南京审计大学法学院副教授,法学博士,主要从事经济法教学研究。马瑜彬,南京审计大学法学院硕士研究生。

必须充足,否则必然导致每个学生能够获得的校外实践机会不足,影响人才培养的质量。另外以法学专业校外实习基地建设为例,还存在基地形式比较单一,多局限于各种法律事务机构,如公、检、法机关以及律师事务所等问题,不利于法科学生综合能力的培养。二是高校与校外实习基地合作形式单一。① 大多数校外实习基地仅具有接受大学生去短暂实习的单一职能,这一点从众多高校法学院校实践基地的挂牌也可以看出,往往都挂着"某某高校实习基地"的名称。所以导致在实践中,这些实习基地也仅成为大四学生届时短暂实习的场所,而除此项功能之外,这些高校实践基地很少再具有其他的合作教学功能。三是双师型力量培养不足,对学生的实习指导不够。目前许多高校法学专业较少设置专门的法学实践教学岗位,在学生实习老师的挑选上,有些高校采取专业教师兼任实习老师的方式,其中不少学校将毕业实习老师与毕业论文的指导老师挂钩,直接由毕业论文指导老师担任实习指导老师,甚至还有的学校让辅导员来兼任实习指导老师,总之,实习指导老师在人员数量、质量上明显不能适应法学专业学生实习的需求。第四,校外实习基地建设经费缺乏,投入不够。目前法学专业校外实习基地的建设主要投入方为高校,正是由于实习基地的功能单一,所以实习基地对此投入的积极性不高。第五,高校实习基地建设缺乏较为科学的体系设计,与其他实践教学方式的衔接机制尚未建立,影响了校外实习基地在培养应用型法律人才方面作用的发挥。当前我国有关校外实习基地建设普遍存在规范化建设不够,缺乏相应的过程控制与评价制度等问题。高校长期偏重于理论教学,忽视学生实践与创新能力的培养。实践教学基地建设缺乏相应的教学计划和体系建设,必须下力气解决上述问题,加强实习基地的建设。②

一、不断拓展校外实践基地覆盖范围,基地建设类型化

为了解决当前法学专业校外实习基地数量不足、覆盖面不广的问题,要根据法律业务实践的不同需求,依托学校特色资源,建设覆盖各类国家机关及企事业单位在内的实践教学基地,以给高校学生全面实践的机会。由于法律实务

---

① 李进平:《地方高校法学专业实践教学体系创新研究》,载《南昌师范学院学报》2017年第7期。
② 于志刚:《法治人才培养中实践教学模式的中国探索:"同步实践教学"》,载《中国政法大学学报》2017年第5期。

涉及现实社会生活的各个领域,因而能够给法学专业学生提供实习的场所也很多;主要包括法院、检察院等在内的司法机关;包括审计、财政、税务等在内的行政机关;包括会计师事务所、律师事务所等在内的中介机构;包括银行、保险等在内的企事业单位等。在实践基地的选择上应当遵循突出重点、相互衔接的原则,上述机构应当是具有为学生提供较长周期并有严格规范的实习考核机制的单位。

二、不断探索实践基地合作模式,合作手段多样化

当前实践基地的建设模式包括企业主导模式、学校主导模式、共建共享模式、创业孵化模式等类型。当前普遍存在高校与校外实习基地合作形式单一的现象,校外实习基地仅成为大学生单一的实习场所,因而也导致校外实习单位对基地建设积极性不高。为了克服这一现象,应当努力探索不同类型实践基地的合作模式,建设共建共享模式的校外实习基地,充分调动实习单位建设实习基地的积极性,确保全部实践基地真正发挥作用,达到"建以致用"的目的。举例而言,长期以来,基层法院作为实践基地,与高校一直保持了良好的合作关系,这是因为高校和基层法院均能从实习中获益。基层人民法院受理的诉讼案件数量众多,人手缺乏,而高校学生具有一定的法学理论基础,有助于缓解基层法院人手不足的问题,同时基层法院众多各种类型的案例也可给实习的高校法学专业学生提供更多的锻炼机会,有助于他们学以致用,另外基层法院所处的地域优势还可以有效地降低学生实习的经济成本。基层法院和高校在法律援助案件的合作方面、实践指导与理论供给的结合方面都有着共同的驱动力,所以我们既可以通过实践基地拓展法律诊所援助案件的范围,又可以将学生在实验室研究的项目课题与实践基地的案例数据相结合,用实证材料完成对法学知识的检验,优化学生的知识结构。

因此,建立合作共享型校外实习基地是法学专业校外实习基地应当采取的模式,高校与实习单位应当不断拓展双方之间的合作方式,具体合作方式包括以下几种。

1. 实践导师走进来。各基地实践导师通过开设微课、实践讲座、课堂授课等方式到校内指导学生实践。

2. 师生实践走出去。学生通过观摩学习、法律咨询、法律诊所、法制宣传、假期实践和毕业实习等方式深入校外基地锻炼各类实践能力;实践教师通过到

基地挂职锻炼、担任陪审员、咨审员等方式提升自身实践能力和实践教学水平。

3. 建立校内外导师常态化合作机制。通过联合申报课题、疑难案例研讨、合作撰写调研报告以及定期会商等方式加强校内外实践导师专业合作；通过建立QQ群、微信群等新媒体方式加强校内外实践导师之间的沟通交流。

4. 签订双向合作协议，改变校外实习基地单向为高校提供服务的做法。实习基地作为高校法学专业学生提供实习的重要平台，在为学生提供充分的实习指导的同时。高校应对实习基地的相应需求予以满足，如允许实习基地可以享有各种冠名与挂牌的权利，如聘请有关实习导师作为高校的客座教授，如不断输送优秀毕业生到实习基地实习及工作，给实习单位提供智力与人力支持等。

三、加强实习教师队伍建设，提升教师实践教学能力

第一，各高校要加强自身的学生实习实践导师的队伍建设，首先要在指导思想上加强重视，要像重视理论教学队伍建设一样重视实习导师的教学队伍的建设，要确保实践导师不仅是业务过硬，而且是政治思想素质过硬的专业人才，这样才能在思政上以及专业上给学生起到指导作用；其次要加大投入，出台各种奖励政策鼓励校内教师担任兼职律师、咨审员、陪审员等工作，提高他们的实践指导能力，同时还要提高实践教学的工作量计算标准、鼓励教师从事实践教学研究，提高教师投身实践教学的积极性和教学水平。

第二，要加强校外实践导师队伍建设。高校可以通过各种方式，加强校外实践导师队伍建设，除了鼓励校外实践导师加强对学生实习的指导之外，还可以通过鼓励校外导师开设实务技能课程的方法，以研讨和案例分析为主要教学形式，训练学生案例分析能力和收集、整理、分析信息与表达等方面的能力。

第三，建设校内、校外实践导师的有效互动机制，加强深层次合作交流，将理论教学前沿与最新司法动态结合，让学生能够接触到最新的司法实践和理论成果，让校内校外导师充分进行合作交流，全面提升校内教师的实践教学能力与校外实践导师的理论水平。

四、完善实践教学方法体系，建立科学的保障机制

为了强化复合应用型人才的培养，还要注意各种实践教学形式，包括校外实习方式的有机结合，要建立逐级递进的实践教学体系。当然建立该实践教学

体系的前提是要大幅度提高实践教学学分,为体系化实践教学课程的开设奠定基础。法学专业人才培养中实践教学学分应占25%左右,并与理论教学相互融合、紧密衔接。要采用"基础运用、情景模拟、实习实训"相结合的逐级递进教学方式,分阶段培养学生实践能力。在低年级主要采用基础运用型教学方法。通过刑法、民法等部门法课程内实验学分的开设,立足于案例教学强化对理论知识的理解和运用;通过"以案说法"的课前演讲方式,在基础理论课程中提升学生语言表达能力和法律思维能力。在中年级主要采用情景模拟型教学方法。通过模拟法庭、模拟选举、模拟联合国、模拟东京审判等强化学生对重要法律业务和不同法律文化传统的熟悉程度和实务操作能力。在高年级主要采用实习实训型教学方法。通过法律诊所、法制宣传、法律援助、法庭辩论、暑期社会实践、毕业实习等提升法学专业学生的综合实践技能。

　　为了确保包括校外实习在内的整个实践教学的开展,还要建立完善的实践教学保障体系完备。首先要建立完善的实践教学管理制度,包括实践教学管理制度、奖励制度、成果考评、教学质量监控等在内的完备的制度体系,确保教师投入实践教学的时间和效率。其次,要加大投入确保实践教学软硬件设施齐备。该设备包括建设法学实践教育示范中心、教学法庭、法律诊所、司法考试、校外实践基地、各类教学软件等在内的实践教学设施体系;系列法学实践教学系列教材与教学论文;包括应用型人才培养、法律诊所教学、案例库建设、校外实习基地建设在内的实践教学项目申报与立项等,并将上述成果应用于教学实践。

　　就当前实习基地建设的保障机制而言:一是全面建构各项包括实习运行机制在内的各项规章制度,确保高校法学专业实习基地运行有章可循;二是建立有关人、财、物保障机制,保证实习基地能顺利运行;三是建立全面参与的评价机制,参评主体包括高校、学生、实践导师、实习单位等在内,确保校外实习基地运行结果评价的科学性;四是通过实习单位与高校的良性互动,建立完善相关的反馈与改进机制,不断提高学生的实践能力。

如何上好《法学跨专业综合实验》实践教学课

戴继翔

【摘要】 全面深化改革的历史新时期,面对"新文科建设"时代要求,《法学跨专业综合实验》对于法学专业本科生的教育教学,具有十分重要的意义。深入探讨"如何上好《法学跨专业综合实验》课"这一教研课题,也同样具有十分重要的理论价值和现实意义。正确认识课程性质是上好《法学跨专业综合实验》课的基础、课前精心准备是上好《法学跨专业综合实验》课的关键、课后的主动性激发是上好《法学跨专业综合实验》课的保障。

【关键词】 法学;跨专业;综合实验;实践教学

法学既是理论学科、拥有丰富的专业理论底蕴,也是应用学科、具有较强的实践操作要求。全面深化改革的历史新时期,我国社会对于法学本科人才的需求,主要是既具有深厚法学理论功底、又具有较强实操能力的复合型人才。因此,在法学专业本科阶段的教学过程中,《专业实践》和《法学跨专业综合实验》等实践教学环节的实训,对于培养优秀的法学专业本科毕业人才,至关重要。尤其是针对法务会计专业方向、法务金融专业方向的法科学生,《法学跨专业综合实验》课程教学质量的高低,直接关系到该等专业方向的法科学生能否真正被塑造成为复合型、应用型人才。很显然,深入探讨"如何上好《法学跨专业综合实验》课"这一教研课题,具有十分重要的理论价值和现实意义。

一、正确认识课程性质是上好《法学跨专业综合实验》课的基础

《法学跨专业综合实验》是什么性质的课程?为什么要开设《法学跨专业综合实验》课程?通过《法学跨专业综合实验》的教学要实现什么样的目标?在开

【作者简介】戴继翔,南京审计大学法学院副教授,主要从事经济法学教学与理论研究。

展《法学跨专业综合实验》教学活动之前,必须思考与明确回答这些问题。

就课程性质而言,《法学跨专业综合实验》肯定属于实践教学课程。开设《法学跨专业综合实验》课程的现实理由和深层次意义,在于"新文科"建设的时代要求,"要高度重视文科实践课程建设,把深化实践教学改革、培养学生实践与创新能力作为文科课程建设的重点"①。

在《法学跨专业综合实验》的课程建设与实践过程中,笔者强调实践教学环节的重要性,只是为了引起所有类似课程的授课教师对其应有的重视,并不排斥理论教学环节。相反,为了组织好相关实践教学环节、取得预期教学效果,笔者还强调在教学过程中对实践教学环节与理论教学环节之间关系的科学研究与合理协调。

法学类专业开设跨专业综合实践课程,其目的应该在于通过对该课程的教学活动,使教学对象在熟知与充分理解我国有关经济、金融、会计等方面的法律、法规的基础上,具备较强的运用法律观点观察与分析经济、金融、会计等方面的问题以及运用法律方法处理经济、金融、会计等方面诸多现实问题的能力。显然,在整个法学跨专业课程建设与教学过程中,理论教学环节与实践教学环节之间存在着一种体用关系:理论教学为体,实践教学为用。忽视实践教学环节,学生们知法、懂法但不会用法,不能立足于社会、服务于社会;忽视理论教学环节,学生们对法的理解不够准确、深入,岂能切实有效地运用法律服务于社会?

辩证地认识实践教学环节与理论教学环节之间的关系,只是正确认识《法学跨专业综合实验》课程性质的开始,更重要的是要以此明确《法学跨专业综合实验》的总体教学目标。笔者认为,明确《法学跨专业综合实验》的教学目标,应该从国家(社会)层面、学生层面综合考虑。

就国家层面而言,面对世界百年未有之大变局,要在大国博弈竞争中赢得优势与主动,实现中华民族复兴大业,关键在人。高等文科教育作为培养青年人自信心、自豪感、自主性的主战场、主阵地、主渠道,坚持以文化人、以文培元,大力培养具有国际视野和国际竞争力的时代新人,新文科建设任重道远。构建具备世界水平和中国特色的文科培养体系关键在于推动文科教育创新发展,构建以育人、育才为中心的哲学社会科学发展新格局,建立健全学生、学术、学科

---

① 樊丽明:《新文科建设:走深走实 行稳致远》,https://m.gmw.cn/baijia/2021-05/10/34831619.html

一体的综合发展体系,推动形成社会科学中国学派,创造光耀时代、光耀世界的中华文化,不断增强自信心、自豪感、自主性,提升影响力、感召力、塑造力。①

就学生层面而言,学生考入学校求学的目的,在于通过正规学习掌握专业技能,以立足于社会、服务于社会;国家及社会力量兴办教育,其根本目的也在于通过院校的专业化教学,将毛坯似的初级人力资源加工成为专业化的成品人才,以供社会物质文明与精神文明的发展所需。显然,学校就是一部人才加工机器,教学过程就是人才专业化的加工过程。教学双方的目的都不仅仅止于理论知识的本身,而在于对理论知识的运用与发展。众所周知,理论源于实践、高于实践,但是理论又必须回到实践中去得到检验、服务于实践。"布丁滋味在于吃",实践教学的重要性可想而知。显然,《法学跨专业综合实验》的教学目标就是"增强学生的法学与相关应用学科的专业复合性、提升学生针对相关专业活动中的法律实务的实操能力"。

二、课前精心准备是上好《法学跨专业综合实验》课的关键

俗话说"万事开头难""良好的开头就是成功的一半",这个道理谁都懂,"课前精心准备"也是一线教师的教学习惯。但是,怎样切实有效地做到"课前精心准备"? 比如说课前精心准备什么内容、什么环节、如何准备,其实也是因人而异、因课程而异,值得深入研讨的。笔者以为,在教师层面来说,"课前精心准备"不应仅仅局限于上课之前的精心准备,而应当前出到课程设置阶段,也就是在开设该门课程之前授课教师就应该深度参与该门课程的论证,正确认识该门课程在整个人才培养方案中的性质、地位、功能,并且在此基础上确立科学而又明确的教学目标。比如说,在法务金融专业方向本科人才培养方案中,《法学跨专业综合实验》的课程性质属于实践教学环节,其基本功能在于增强学生的法学与金融学的专业复合性、提升学生针对金融活动中的法律实务的实操能力;对此,授课老师在开始"课前精心准备"之前就必须要有正确的认识、甚至是深刻的领悟。

单就上好《法学跨专业综合实验》这门课而言,课前的精心准备应该包括以下三个方面:

---

① 《新文科宣言》,2020年。

（一）精准选定教学内容

明确教学目标只是一个良好的开端,精准选定教学内容则是实现教学目标的重要基础。那么,应该怎样精选教学内容呢?基于多年来的教学实践经验,笔者认为在确定《法学跨专业综合实验》课程的教学内容时:

首先要坚持一个原则——既要紧紧围绕课程教学目标、又要牢牢抠住"跨专业"这个关键术语来确定"向哪个专业跨"。比如说,针对法务会计专业方向的学生,"跨专业"应该"向会计专业跨",而针对法务金融专业方向的学生,"跨专业"则应该"向金融专业跨"。

其次要把握好一个度——"弱水三千,我只取一瓢饮"。事实上,各个专业的领域都非常辽阔、专业知识浩瀚如海,取舍为艰。以法务金融专业方向为例,在跨专业时,面对金融学专业广袤的覆盖面和深厚的内涵,很容易在银行、证券、保险、信托、国金、金融工程等不同的区域之间走马观花又心猿意马、难以取舍。授课教师在确定教学内容时,应当有针对性地对于学生们具有相近共性的发展方向进行考察与选材,专注于某个或者某些学生们未来将步入的领域,诸如证券投资、商业银行经营管理、保险、信托等等。唯有如此,《法学跨专业综合实验》课程的教学,才能够对法务金融专业方向的学生产生更大的帮助。笔者在为法务金融专业方向的学生讲授《法学跨专业综合实践》课程时,选择了以"证券投资(股票交易)"为抓手、辅之以"商业银行经营管理(信贷与理财)"与"保险(索赔与理赔)",就是因为法务金融专业方向的学生毕业走进社会、服务社会时大多会在金融领域。就金融市场的架构而言,虽然是以银行为基础、核心,但是证券市场与相应的投资行为实可谓串联整个金融市场的纽带——商业银行自身就必须通过发行股票来融资以充实资本,在银行间债券市场发行金融债券也是商业银行负债业务中非常重要的一项内容。与之类似,保险、信托等市场的保险公司、信托投资公司、证券投资基金管理公司等相关金融市场主体,也都必须通过发行股票来融资以充实资本,其资金的运用也大多用于各种资本证券的投资交易。因此,法务金融专业方向的学生毕业后将步入的领域,也大多会与证券投资有着千丝万缕的联系。

最后还要贴近时代——充分利用人工智能和大数据的便利。人工智能和大数据作为当代人类把握世界、改造世界的先进手段,已经深深影响着当代世界和中国的经济社会发展,[①]其对高等教育的学科建设也有着深远的影响意义。《法学跨专业综合实验》课程要深入结合人工智能、大数据和学科联通的路径和方法,运用新的手段来广泛地撷取互联世界中富有及时性与可研究性的跨专业领域的鲜活案例为课程增光溢彩,同时还可以采用大数据筛选的方式,在广泛的素材当中精准把握住其中最贴切以"法学为本、以金融市场为应用"的《法学跨专业综合实践》课程的相关教学内容。

(二) 合理设计教学环节

经管类专业领域的业务活动众多,需要法律、法规进行调整规制的社会关系非常庞杂,可供实践教学的与法律专业关联的知识与技能也十分丰富。但是,不同的专业知识与技能的实训实操特色各异,要想在十分有限的课堂教学时间里,给学生留下尽可能深刻的印象、达到尽可能好的教学效果,授课教师在设计《法学跨专业综合实验》课程的教学模式与教学环节时,应当注意针对不同的教学内容的特点,设计不同的实践教学模式与教学环节。譬如说,在设计"证券投资(股票交易)"这一部分内容的实践教学时,笔者组织学生利用"大智慧"软件联网实时行情进行"模拟炒股"的实践教学模式;设计相应的教学环节时,根据本校上课时间为 8:30~11:50、证券交易所早市交易时间为 9:30~11:30 这一具体情况,将教学环节设计为三个环节:第一个环节安排在 8:30~9:30 时间段,为实际操作前的预备环节,在此环节中,主要由笔者(授课教师)为学生讲授与该次模拟炒股相关的理论知识(诸如基本面分析或者技术分析之类的证券投资专业理论)、明确该次模拟炒股的相关内容与要求(诸如运用 K 线理论或者波浪理论分析行情、制定交易策略、进行模拟交易等等);第二个环节安排在 9:30~11:30 时间段,为实际操作环节,在此环节中,纯粹由学生盯盘(观察沪深股市适时行情)、思考投资策略与计划、做出投资决定并且进行模拟交易操作;第三个环节安排在 11:30~11:50 时间段,为教学小结环节,利用证券交易所早市交易已经收盘、学校教学尚未下课之间的空当,在此环节中,主要由笔者(授课教师)分析该日行情特点、提出课后补充演练的具体要求。在设计"法务金融(上市公司年报法律意见书制作)"这一部分内容的实践教学时,笔者组织学生利用"互联网"检索资料进行"模拟法律意见书制作"的实践教学模式;设计相应的教学环节时,将教学环节设计为两个环节:第一个环节安排在 8:30~

---

① 夏文斌:《新文科建设的目标、内涵与路径》,https://news.uibe.edu.cn/info/1371/45759.htm

9:00时间段,为实际操作前的预备环节,在此环节中,主要由笔者(授课教师)为学生评析前一次实践教学、布置本次实践教学的任务(提出具体要求);第二个环节安排在9:00~11:50时间段,为实际操作环节,在此环节中,纯粹由学生利用"互联网"检索资料(上市公司年报材料)、模拟制作并提交《上市公司年报法律意见书》。

（三）切实规范教学材料

在现实教学活动中,实践教学环节的组织,常常表现出很大的随意性。有的时候,授课教师在备课不充分、上课准备不足的情况,利用实践教学的活泼性、直观性来敷衍了事;有的时候,实践教学环节又成了授课教师打破沉闷教学气氛、缓解教学双方对立情绪、为自己争取学生好评的工具。凡此等等,授课教师在组织实践教学环节时,均无充分运用实践教学手段提高教学质量之本意。究其原因,在于对实践教学环节的组织不够规范化、程式化。从实践教学与理论教学之间的辩证关系以及实践教学的必要性与重要性,我们不难看出《法学跨专业综合实践》课程教学材料规范化的重要意义。笔者认为,《法学跨专业综合实验》课程教学材料规范化最重要的是《实习日志》(教师版)的制作。现实中,实践教学都会制作、填写《实习日志》;无论教师版还是学生版,通常都是当堂填写、甚至于事后补记,颇具随意性。如果在课前准备阶段就把《教学大纲》与《教学周历》中的教学内容(目的、要求)、时间与模式等信息直接印制在《实习日志》中,授课时教师只是适时填写执行情况,学生只是填写实习心得,就可以切实有效的减少实践教学环节在组织安排上的随意性。此外,在收集教学案例时,要依据《教学大纲》要求,精心选辑实践性强、具有典型意义的实践案例,并且针对每一个具体案例明确其适用的教学模式与具体的教学要求,明确其实践教学的意义以及其对理论教学的促进作用,尽量避免在教学素材方面出现"滥竽充数"的现象。

三、课后的主动性激发是上好《法学跨专业综合实验》课的保障

对于法学跨专业学生而言,《法学跨专业综合实验》首先是一门法律专业基础课,其次才谈得上是一门关于经济、金融、会计等领域的综合课。囿于此课程性质,在总课时受到压缩而英语、计算机及政治理论等公共基础课日益重视与突出的现实状况下,该课程现有的可授课课时针对其庞杂的教学内容而言,是

非常有限的。一般来说，该课程的实授课时平均每周课时为四节课，以16周为一学期计，总授课课时亦仅止64课时。在如此紧张的课时里，要完成体用双修的教学任务，笔者认为最好将与实践教学相关的理论教学的时间从课堂内向课外挪移部分，充分利用大学生自学能力强和自学时间较充裕的特点，令其自学相当部分的理论知识，而授课教师则在有限的课堂教学课时里精讲难点、串讲要点，并以此挤占出更多的课时组织实践教学环节、进行实践指导。课后的主动性激发，可以从以下两个方面进行：

（一）从提升授课教师能力与阅历方面着手激发学生兴趣

科技飞速发展给予学术界日新月异的剧变的同时也对教师教育提出了挑战和更高的要求。特别是《法学跨专业综合实验》课程教学方向不断开阔的当下，面对经济、金融及会计法律制度新变革提出的教育适度超前的新要求，什么样的师资才是我们最佳的选择与配置呢？就合格教师的一般素质要求而言，其最少应该具备创新素质、开放素质、竞争与合作素质。因为新时代的中国是一个更加开放的社会，它要求教师立足讲坛、放眼世界，要善于吸收世界各国先进的科学技术知识，吸取人类共同创造的文明成果，特别是要吸收和借鉴世界各国教育发展和管理的成功经验，反映世界优秀文明成果以及了解当代科学技术文化最新发展的教材、教学内容和教学方法。

此外，如何培养学生的创新精神和创新能力，使之更加适应全球化背景下我们国家在世界范围内的竞争，将成为我国教育改革最为重要的内容之一。所有这些都要求我们的专业教师必须是开放型、研究型的人才，必须具有创新、竞争与合作意识。但是，仅仅具备这些素质，还不足以胜任法学跨专业综合实验教学的新要求。

"打铁还需自身硬"，《法学跨专业综合实验》教学应对当下的机遇与挑战，首先便是从事教学的教师须在教育思想与观念、专业知识与能力等方面领先时代。当然，仅仅凭前述措施远远不够，还需要我们进一步探索。但是，充分认识到前述措施的重要意义并身体力行之，这是最基本，而且最关键的一步，如果我们从提升课程吸引力的角度着手，这门课程就会更贴近中国后高等教育时代之实际，就会更受学生欢迎并且更能激发其课后实践的时间和程度。我们的教师需要预见相关经济、金融、会计领域内的法制变更，必须掌握并正确理解现行法律规定，必须对我国相关领域的实务了如指掌，这就要求我们选配专业教师时，尽可能选择那些熟悉外贸、企管、税收、金融、知识产权、劳动人事等实际业务的厚基础、宽口径人才。特别是第一学历为非法学专业的高学历人才。只有如此,他们基于各自坚实的专业知识基础对相关领域法律制度变革的前瞻才可能科学、合理,其推动的超前教育才可能适度与适当。此外,在选配专业师资力量时,我们还应该重视对"双师"型、甚至"多师"型人才资源的配置。试想,一个没有参加过注册会计师资格考试和注册律师资格考试的教师,其对该两种不同职业资格考试中法学类考试科目的不同要求之间的细微区别的认识与体会,能够比亲身经历过该两种不同职业资格考试,并顺利过关的教师更深刻、更切合实际吗?

我们在进行《法学跨专业综合实验》课程教学的过程,应该增加世界最新的信息,将学生引领到专业学术和业务实践的最前沿。这就要求我们的师资不应仅仅局限于学经济、金融等文科学科出身的法学教师,还应该重视对电子信息与计算机技术等理科学科出身的法学教师的引进与配置。当然,在复合型、应用型、高学历人才争夺战日渐白热化的现实条件下,教学单位是无力与跨国公司、大型集团公司等实力雄厚的单位竞争的,我们要到人才市场去争夺专业素质教育经历多元化、高学历的双师型人才来专门从事学科教学是不现实的。基于这种实际,我们应选择将现有师资有计划地选送出校门去,学习相关的专业知识,拓宽其专业面、提升其专业层次、丰富其素质教育经历。

(二)从提升课程形式和内容多样化的角度激发学生兴趣

当代大学生最反感的教学形式是照本宣科且言之无物、无味,而熟悉领域内新鲜事物往往能打动学生从而激发其深度探究的本能和课后检索、演练的兴趣。

在法学跨专业综合实践课上,有许多法务金融方面的学生,那么可以就其熟知的金融领域比如银行领域的新鲜话题进行一定的分享介绍,比如:以国内金融机构开展的银团贷款实务违约案例进行抛砖引玉,简要介绍银团贷款这一既为大家所耳熟能详同时又知之不深的业务是如何操作的,其关键要素有哪些,银团贷款牵头行与参贷行以及代理行的职责各有什么样的区别,然后就一个典型股份行比如招商银行的相关业务违约实例提供法院从一审到二审乃至最高法再审的裁判书,引导学生讨论其中涉及的《合同法》《公司法》《银行法》等相关法律的应用,在深度探讨解析的基础将课后问题抛给学生,可以由某一领域的银团案例比如房地产业再拓展到其他领域比如城投类企业银团贷款案例,再由国内人民币银团贷款拓展到境外美元银团,以诸如此类的方式激起学生对于相关实践活动中的法律问题的思考兴趣,在此基础上协调外部实习机会,给学生深度了解银团贷款在银行业务实操层面常见的法律文本内容,使其知识体系在兴趣的牵引下不断的立体化、丰满化。

在学生具备一定的金融领域实务知识之后,还可以进行一定的进阶,比如:以相对复杂的结构化业务作为升级讨论研究的方向,就某一类如跨境并购业务的典型案例进行分析,如招商银行旗下的"招财5号资管计划"跨境并购MPS公司与暴风集团和光大证券旗下光大资本产生的相关纠纷,在引导学生认识高级的金融领域投行业务的基础上,对其中涉及的相关法律法规进行探究,诸如招行与光大资本案所涉范围包括理财计划、资管计划、有限合伙企业(并购基金)、差额补足等非典型担保方式等等相关内容,就其合同条款设计的精妙与败笔分别作出剖析,结合最高法裁定书中的相应解释和近年来最关键的《九民纪要》和《民法典担保解释》等等法律前沿内容激发学生对于此类相对高端金融业务领域内的法律问题的课后思考以及实践动力,如此可能更有助于培养学生的能力从而达到本课程设置的目的。

法学教育校外实践基地建设的新思维
——基于新文科背景下的法学教育路径考量

胡天成

【摘要】 法学教育的精髓在于应用,实践能力的高低是衡量教学水平的重要标准,我们培养的法律人才其最终归宿也是服务于法律实务。新文科是相对于传统文科而言的,是以全球新科技革命、新经济发展、中国特色社会主义进入新时代为背景,突破传统文科的思维模式,以继承与创新、交叉与融合、协同与共享为主要途径,促进多学科交叉与深度融合,推动传统文科的更新升级,从学科导向转向以需求为导向,从专业分割转向交叉融合,从适应服务转向支撑引领。法学实践也应顺应时代潮流,努力走出一条适合时代需求的新路。

【关键词】 法学教育;实践基地;新文科建设;路径选择

序言

当前我国的法律人才培养存在结构性问题:一方面是中低水平的法律专业人才供大于求,造成法学专业毕业生就业难的情况持续存在;与此同时,高素质的法律人才非常缺乏。首先,在前沿学科领域中,优秀的法学研究人员十分稀缺。其次,在公检法系统中,能够高质量地断案、判案、侦破案件的高层次人才也比较短缺。第三,高素质的特别是能够参与国际谈判、处置突发事件谈判等方面的法律人才比较短缺,供不应求。在国际司法机构以及各种国际公共事务的管理机构中,高端法律人才更是缺乏。一个关于律师业的调查也表明,虽然地方律师人数过剩、竞争激烈,但在涉外经济领域中优秀的律师严重缺乏。世

【基金项目】本文系南京审计大学国家一流专业(法学)建设项目"法学校外实践基地研究"(课题编号:A110007001/001/026)研究成果。

【作者简介】胡天成,南京审计大学法学院副教授,主要从事民商法教学和理论研究。

界贸易组织(WTO)上诉委员会的中国委员张月姣女士曾经忧心忡忡地讲到"中国太缺乏具有国际眼光和深厚学养的法律人才"[①],与中国经济利益息息相关的各种案件很少是由中国律师担任代理人的,不得不高薪聘请外国律师。如何尽快培养一批国际化高端法律人才也是当前中国法学教育所面临的一个非常重要的课题。

一、新文科背景下法学教育展望

法学专业毕业生的就业问题一直不容乐观,每年几十万的本科、硕士研究生都面临着"毕业即失业"的可能,令人担忧。而同时,相当数量的法律工作岗位还招聘不到适合的人才,法检系统工作压力极大,这种困境亟待解决。究其原因,是由于我们高等院校培养出来的法律人才大多偏重法学理论的学习,相较之下忽略了法学实践的参与。但是,法学教育的精髓在于应用,实践能力的高低是衡量教学水平的重要标准,我们培养的法律人才其最终归宿也是服务于法律实务。因此,我校法学院在法学教育教学中始终坚持"理论与实践相结合,基础学科与应用学科相结合"的教育理念,将法学实践教育作为培养"复合型、高素质法律职业人才"的重要环节。实践教育基地是培养大学生创新精神和实践能力的重要场所,是大学生了解社会和国情、接触司法实践的桥梁,也是高等学校实现人才培养目标的重要条件保证。

新文科是相对于传统文科而言的,是以全球新科技革命、新经济发展、中国特色社会主义进入新时代为背景,突破传统文科的思维模式,以继承与创新、交叉与融合、协同与共享为主要途径,促进多学科交叉与深度融合,推动传统文科的更新升级,从学科导向转向以需求为导向,从专业分割转向交叉融合,从适应服务转向支撑引领。

新文科体现了人文社会科学的一般特征,同时又具有一些新的特征。其一,战略性。这是新文科的价值所在。新文科建设要服务国家应对当今错综复杂的国际国内形势,增强我国在国际社会的话语表达能力;服务我国经济社会领域的全面深化改革,解决与人们思想观念、精神价值等有关的重大理论和实践问题。其二,创新性。这是新文科的属性特征。新文科建设要通过新的学科增长点,对传统学科进行转型、改造和升级,寻求我国在人文社会科学领域新的

---

① 张月姣:《如何培养高端法律人才之我见》,载《南方都市报》2011年5月6日第2版。

突破，实现理论创新、机制创新、模式创新。其三，融合性。这是新文科的学科特征。新文科建设涵盖了人文社会科学领域内多个学科的交叉、融合、渗透或拓展，也可以是人文社会科学与自然科学交叉融合形成的文理交叉、文医交叉、文工交叉等新兴领域。其四，发展性。这是新文科的动态特征。人文社会科学领域研究的问题存在很多不确定性，许多新问题会随着社会发展层出不穷，且问题解决并无固定模式，需要在实践过程中不断探索调整、日臻完善。

在2019年7月举办的"新文科建设与卓越法治人才培养"高端论坛上全国人大监察和司法委员会副主任委员、教育部法学教学指导委员会主任委员、教育部新文科建设工作组副组长徐显明教授应邀做了题为《新文科建设与卓越法治人才培养》的主题报告。结合我国四十二年（1977—2019）法治建设的经验，徐显明指出，当前我们要推动新文科建设的发展，但中国法学教育的五大使命和初心不能变：一是要培养德才兼备的高素质法治人才；二是按照中国特色社会主义法治道路的要求，为法治思想、法治理论提供支撑；三是提供咨政服务；四是塑造全社会的法治文化，促使社会树立法治信仰；五是实现法治和法学的国际交流。结合新文科建设，徐显明认为要加强新法学建设，而新法学建设主要体现五个"新"：生源要新、目标要更新、教学内容要更新、师资队伍要更新、人才培养的模式要新。

二、法学教育校外实践基地建设述评

专业的校外实践基地建设是十分必要的，如何让法律知识转化为实践能力值得我们——以培养应用型人才为目标的高校进行深入研究。

以培养宽口径、厚基础、高素质、强能力，具有创新精神和能力的复合型法律专业人才为目标，建立目标清晰、课程丰富、层次鲜明、功能齐全的校外实践教学体系，不断优化实验教学内容，改进教学手段和方法，逐步提升实验教学水平，将我校法学教育实践基地建设成为具有辐射和扩散功能的人才培养实训基地、实践教学研究基地、社会服务实践基地和实践成果交流基地。

通过建设我校校外法学实践教育基地，承担高校学生的法学实践教育任务，加强与法学实践教育基地的长期有效合作，促进我校法学院和政法机关、政府部门、企事业单位、科研院所、国际组织联合培养法学人才新机制的建立。推动我校法学院转变法学教育思想观念，改革法学专业人才培养模式，加强法学实践教育环节，提高实践教育指导教师水平，实现法学实践教育培养目标。提升法科大学生的实践创新精神、司法实践能力、国际法律视野、法律职业道德、社会责任感和就业创业能力,为国家培养更多现代化的高质量的卓越法律人才。

坚持以中国特色社会主义理论体系为指导,全面贯彻科学发展观和党的教育方针,积极落实育规划纲要,以围绕组织管理机构建设、培养方案制定、校外实践课程及教材体系开发、师资队伍建设等,规划设计校外法学教育实践基地建设的具体建设项目。提高法律人才培养质量为核心,深化法学实践教学改革,强化学生法律职业伦理教育和法律实务技能培养,促进法学教育与法律职业的深度衔接。

通过加强学校与实务部门的全方位合作,充分利用法律实务部门的资源条件,共同组织实施覆盖面广、参与性高、实效性强的校外实践教育模式,切实提高学生的法律诠释能力、法律推理能力、法律论证能力以及探知法律事实的能力。形成常态化、规范化的"南京审计大学-实务部门联合培养"机制,培养和造就一批适应社会发展需求的应用型、复合型职业法律人才。

三、校外实践基地存在问题的定性分析

(一)法学实践教学的课程设置缺乏体系性

根据教育部和司法部的要求,各法学院校,法学理论教学的课程基本上已经形成了系统化的体系,核心课、限选课、任选课都已基本定型。而且一些法学院校还开设诸多特色的课程,如我校还尝试开设法律+外语、法律+金融、法律+会计等。而就法学实践教学而言,各法律院校虽然进行了多年的改革,但课程设置尚缺乏科学严谨的论证。目前,就法学实践教学的课程设置而言,各校能拿出手的主要有课堂案例讨论、模拟法庭训练、法律诊所教育、毕业实习等。由于这类课程大多处于辅助地位,学校和教师普遍对这类课程重视不够,缺乏对这些课程的研究,从而导致这类课程没有形成完整的体系。[①]

(二)实践教学形式单一

提及实践教学,即将其等同于实习,忽略了其他形式的实践教学形式。形式单一的弊端是显而易见的。大多数学生被安排在法院、检察院等司法部门实

---

① 房绍坤,吉林大学法学院教授,2015年6月在吉林大学法学院的院内发言。

习,实习地点分散，实习周期短暂,校方管理难度大,实习组织纪律性差,学生没有真正进入实习应有的工作状态,学生走过场、混学分的现象比较严重,而当学生在实习期间产生困惑时,却因沟通困难而缺乏充分及时的专业的权威指导。其次,相对于某一特定学校,校内实践教学尚未实现多样化和规模化,如案例分析、庭审观摩、模拟法庭等实践活动未被正式纳入课程体系，即便开展这些形式的活动,也是小规模、低频率地进行,绝大多数学生没有机会参与其中,整体教学效果以及学生的获得感就可想而知。

(三) 教师不能为学生提供优质的实践教学服务

我国法学教育除了专门的所谓:"五院四系"外,大多数专业性和非专业性院校都拥有法学专业,经过多年的发展,我国高校的法学师资队伍建设取得了令人瞩目的成绩,博士比、海归比都大幅提高。但不可忽视的是,法学师资队伍中普遍存在一个现象,即法学教师普遍"能力不足"。应当说,学校之所以培养不出优质法律人才,在某种程度上,不是学生出了问题,而是在教师身上;没有优质的教师,是无法培养出优质学生的。目前,法律院校的师资大多是法学博士,最起码也是法学硕士,表面上学识虽然很深,但因并没有实践经验,导致实践能力普遍缺乏,从而导致实践教学效果不佳。尽管中央政法委、教育部共同实施了法学师资的"双千计划",但效果并不理想。一方面,派出的教师参与度不高,锻炼机会有限,无法深度参与一线实践;另一方面,派入的实务人员缺乏积极性,处于被动应付的局面。再加上部分学校在教师职称晋升上没有一种变通,使得长期从事实践教学的专业教师缺乏积极性、主动性和创造性。

(四) 法学实践教学的考核机制和评价不科学

导致高等教育滑坡的重要因素在于高校对学生的考核体系,多年来,没有新的可替代的方案,因此在我国传统高等教育中,考核方式一直备受诟病,各学校也都在不断地进行改革,并取得了一定的成绩。但是,就法学实践教学而言,其考核方式并没有太大的改变,仍沿袭传统的考核方式,例如,毕业实习、社会实践等实践环节的考核主要是依靠单位鉴定,带队老师的个人评价,但这种鉴定基本都是形式上的,很少有实质内容,而且可靠性也很低;再如,实训课程因缺乏统一的考核标准,考核的内容通常也是笼而统之。正是由于法学实践教学的考核机制不健全,因此,各方参与的热情和谨慎都不足。一方面,由于实践教学需要教师投入相当大的时间、精力,而现有职称评定、津贴待遇等大多以科研成果为衡量标准,使得教师难以在此方面投入充足精力。另一方面,受应试教育的影响,特别是统一司法考试和研究生考试,具有标杆性和实用性的世俗指标影响,很多学生不愿意花费时间和精力参与实践教学,即使参与也往往是应付甚至造假蒙混过关,其结果非但未起到应有效果,反而助长学生的不良习气。作为教育的一方深感痛心但也无可奈何。

(五)法学实践基地建设布点上存在问题

不得不说,当今的法学教育的管理者为提高法学教育水平和教学质量,但苦于各项考核和繁杂的各类评估,对教学行为也只能穷于应付。本来,法学实践基地的建设相对于法学教育有一定的规律和科学性,但因为一些指标性的因素,管理者不得不迎合和敷衍。法学实践基地设立应当便于学生并方便教师管理和指导,不能贪大求洋,如有些学校热衷于在省高院设立基地,坦诚讲,这对学生实践,帮助并不大,因为,根据法律规定的诉讼管辖,高级法院一般都是复杂、疑难的案件,以学生的知识是难以搞懂和驾驭的,大多到高院实践的学生,只是帮法官助理整理卷宗而已,实践效果可想而知。而跨省、跨市的基地建设更是沽名钓誉式的花样文章,只是数字上好看而已。

四、法学教育校外实践基地建设的几点思考

(一)提高实践基地层次,发挥客座教授的作用

1. 开辟高级别法院、检察院和高水平律师事务所为实践基地,将是我院今后实践基地建设的主要目标之一。以往所建立的实践基地大多是基层人民法院和检察院,虽然案源丰富、锻炼机会较多,但存在着层次较低的问题。我们力争把这些单位和其他更高层次的单位和高水平律师事务所发展成为校外实践基地。

2. 充分发挥实践基地客座教授的作用。实践性教学的效果如何,取决于一大批具有丰富司法经验的教师队伍。随着我院实践性课程的陆续开设,教师的数量和实践经验不足日益凸现。以往客座教授来我院仅开设专题讲座,还没有承担课程。今后,我们将进一步与实践基地领导协商,让他们也承担一部分实务性课程,实现实践性课程和毕业论文的双师制,由我院专任教师和实践基地客座教授相结合,充分发挥他们的作用。

(二)创造性地设计实训项目

训练由初级到高级,由问题做牵引,以学生为中心,充分利用实践基地的教

师团队和软硬件平台,运用在教师引导下的全方位学生自主创新实践为主的教学模式或方法,改革实验教学以单一的实验室操作和实验报告考核学生的传统实验教学模式。通过设计、开发5—6个实训项目,使学生掌握审判实务的具体实施、进行法律运行结果的讨论、分析和总结,甚至包括论文撰写,以培养他们的创新意识和独立从事实践工作的能力。实训项目包括但不限于:"导诉员"实训项目、审判员助理实训项目、助理书记员实训项目、助理人民陪审员实训项目、助理调解员实训项目,以及实际参与庭前调解、案件审理、延伸帮教、案后回访等工作。

(三) 利用现代电教手段,建立虚拟实践教学平台,与基地虚实结合

为满足开放教学与示范辐射作用的需要,基地将联合校内外专家及技术人员利用现代录像、多媒体技术、计算机远程通信技术等,建立虚拟实践教学平台,开展法学实践教学。对多媒体实践教学课件和网络实践教学平台进行整体规划,并组织实施。基地拟开发2—3套虚拟实践教学平台软件,加大现代技术在实践教学中的应用力度,完善实践教学方法和手段。

(四) 优化法学实践基地,形成基地的体系化和类型化

根据法律职业业务范围并结合南京审计大学法学院教学现状,法学实践教育基地由以下五个层次多样、内容丰富的实践教学平台构成:

1. 金融法务、会计法务教学平台

该平台由省人民银行和在南京较著名的会计师事务所牵头,在全省数百家商业银行和会计师事务所中,精选30家承办高年级本科生(大四)的实践教学任务。承担教学任务的银行和事务所应为每一个实习学生配备一名职员作指导教师,法学院为每家合作行、所配备一名教师作为合作导师,实行学徒制,实际深入到具体案件中进行学习。

2. 法律援助与法律服务教学平台

由省法律援助中心、司法厅基础工作指导处、社区矫正服务管理处牵头,各基层社区法律服务所具体承办,为高年级本科生、研究生在民法、劳动法、刑法及相关领域提供践习法律实务的平台。以这些平台为依托,学生得以深入社区,接触社会基层,为弱势群体、普通百姓、帮教人员提供无偿法律服务。法律援助工作站、法律服务所以常规驻站与轮训相结合的方式,通过组织志愿者团队参与法律援助服务,在指导教师的指导下,让学生直接参与法律咨询、法律服务。

3. 司法业务(公证、司法鉴定、监看)教学平台

主要承担低年级学生的教育实践任务。通过安排学生在实习现场观摩公证、司法鉴定的流程以及监区管理和教育等活动,了解这些法律机构的实际运行状态,积累公证、法医鉴定、刑事侦查、证据检验等法律工作的直观经验,感受法律职业工作的意义。

4. 模拟法庭竞赛教学平台

法学院法学实验教育中心与江苏省政法委、南京市浦口区法院承办,每年一届。先在法学院二年级本科生中进行比赛,获胜的前五名与全省青年律师模拟法庭竞赛获胜的前五名表队进行联赛继而进行全国性比赛。通过生动、激烈的竞赛方式,将学生置于模拟真实的审判程序中,由法官、检察官、律师、学院教师现场直接辅导,围绕真实案件进行针对性训练,侧重于培养学生对法律案件的整体把握能力,包括对学生的案件事实的分析、案件争议点的提炼,诉讼策略的制定、代理意见的写作、法庭辩论的技巧等素质的训练和考查。

5. 法律诊所教学平台

在法学院及30多家作为培训基地的律师事务所和社区开办法律诊所,由在校教师和兼职律师共同主持的真实案件会诊教学平台,为三、四年级本科生开设。以律师正在承办的真实案件为教学素材,组织学生全程参与案件的研讨、诉讼策略的制订、文案准备、尽职调查、合同起草,并参加庭审、谈判、和解等活动。法律诊所与法律援助相结合,指导学生全程参与个案诉讼活动,让学生从裁判者和代理人的立场,了解诉讼流程,制订诉讼策略,制作诉辩预案,熟习诉讼文状、代理词、判决书、裁决书的写作技术,掌握证据规则、法庭诉辩及调解技巧,形成以律师业务为取向的法律实务专业结构。

把课堂当社会，把社会当课堂
——谈法律诊所实践课程的教学

胡晓涛　朱　灿

【摘要】 诊所法律教育是目前国内众多高校采取的一种较新的法学教育模式，与传统的法学教育不同，诊所教育更强调对同学职业技能、职业道德的培养，由从书面、从课堂中学转入从实践、从社会中学习，因此，也要求有不同的教学方法，教学的内容也不再是局限于某单一的法律部门的学习。但在诊所教育中也存在一些共同的问题，要解决这些问题需要有学校与社会多方面的合作，把课堂当社会，把社会当课堂，能够为法学教育带来更好的效果。

【关键词】 诊所教育；实践；特色，社会

师者，所以传道授业解惑也，面对不同的学生群体，不同年龄阶段、不同文化层次的学生，为师者，所需要解答的疑惑，自然有不同的要求，不同的内容。面对大学生，作为教师，所需要教授的不只是专业的知识本身，更重要的是要能够让学生尽可能地掌握所学专业知识在实践中的运用，能够运用所学专业与理论知识去分析、解决实践问题。正所谓，授之以鱼，不如授之以渔。法学学科是一社会性的学科，法学专业毕业的同学，在毕业以后走上的工作岗位大都为实务性的岗位，法院、检察院、律师、或其他单位的法务工作岗位是大多数同学的去向。而这样一些工作岗位，需要的不只是有扎实的理论功底，更需要有清晰的思维能力，具备较高的职业道德，掌握行之有效的专业技能。对于他们的教学活动，也必然要加强这一方面的锻炼，强化实践教学。也正是在这样的一种理念之下，国内众多高校法学院纷纷引入始自于美国法学院在借鉴医学院诊所

【基金项目】江苏省高等教育教研研究项目"大学生校外实习基地建设模式和运行机制的研究与实践——以法学专业为例"。

【作者简介】胡晓涛，南京审计大学法学院副教授，主要从事民法学教学与理论研究。朱灿，南京审计大学法学院硕士研究生。

与临床医学实践的教育模式基础上提出和广泛采用的一种法律教学模式——诊所法律教育,开设了法律诊所课程,以诊所教育的模式,对于法学专业的同学进行实务的引导,以提高在传统教学中所欠缺的职业技能的教育。

2018年4月,教育部发布《法学本科专业教学质量国家标准》,明确法学类专业教育具有很强的应用性和实践性,在国家民主法治建设中发挥着重要的基础性作用。[①] 要求各专业应注重强化实践教学。各专业应根据专业教学的实际需要,利用模拟法庭、法律诊所、专业实验室、实训基地和校外实习基地,独立设置实验、实训课程,组织专业实习,开展创新创业教育。

而我校,是从2015起始开展法律诊所教学,每学年两期三个诊所教学同时开展,分别是婚姻家庭法律诊所、金融法律诊所和综合法律诊所。本人从第一期法律诊所课程开始便参与诊所的教学工作,几年的诊所教学工作,更深刻地体会到诊所教育模式与传统的课堂教学模式有不同的要求,对待法律诊所教学,需要有不同的教学理念与教学方式,在法律诊所实践课程的教学中,始终要融入社会的观念,把课堂当社会,把社会当课堂,才能使诊所的教学生动,也才能真正使学生得到技能的提升,知识的拓展。

一、诊所教学与传统课堂教学与学习的区别

(一)教学理念差别

传统的法学课程教学,是重在对于法学专业知识的教学,而专业技能的培训与提高,往往不是学校教育的重点所在,我国是成文法国家,因此,在法学课堂教学中,教学的重点是在于让同学了解预先设定的法律规范,理解法律规范背后的原理和体系,解释立法内容,教学的模式也就很自然地讲究系统化、学理化。让学生通过课堂学习掌握系统的专业知识,对于现有的理论进行吸收、接纳。从无到有地填充学生的知识空白。但是,法律诊所的课堂,更在于提高学生的实务技能,作为合格的法律职业人,不只要具备深厚的理论功底,还要具备应对复杂法律问题的技能与素质,更需要有良好的职业道德。开设法律诊所课堂的教育目的,是为学生提供类似于医院临床实习一样的空间,实现大学法学教育从书面中学习和在课堂上学习向从生活中学习和在实践中学习的根本理

---

① 教育部《法学本科专业教学质量国家标准》http://edu.sina.com.cn/gaokao/2018-04-11/doc-ifyzeyqa3643686.

念的转变。使我们的学生在具有一定法律理论专业知识的基础上,更能提升其法律运用、法律实务操作能力,专业的法律教育,需要培养法律职业人,而不只是培养有法律知识的人。所以,法律诊所的教学,不能仅仅停留在校内的课堂,更需要走出校门,走入社会。把课堂当社会,把社会当课堂理应法律诊所教学的基本理念。

（二）法律诊所教学内容的灵活性

诊所教育的目的不是为了让学生掌握某一方面的法律知识或某一部门的法律规定,是为了提高学生将所学法律知识运用于实践的能力,提高其执业技能,某种程度上来说,本人认为甚至可以将其理解为将社会化的职业技能培养提前在同学在校学习期间进行,从而增强学生的社会竞争力,使他们不再是只能纸上谈兵的书生,而是能更早地成为能解决现实问题的法律职业人。因此,在教学内容的选取上,就不再是具体法律规范内容的理解与立法精神的把握。而是更具有现实性的处理法律问题的不同环节中所需要知晓的技能与规范的运用。

法律诊所原本是产生于美国的一种律师教育模式,从国内目前各高校诊所教育的一般模式来看,参加诊所学习及实践的内容指向大都是提供社会法律服务(法律援助、法律咨询等),我们学校的诊所课程的开设是作为学生实践性课程的选课对象,因此,在教学内容上,应该强调实践运用,而不是原理原则的理解。这些年来,我们开设的法律诊所课程教学内容的选取依争议解决程序加以明确,包括会见当事人、法律谈判、庭前的准备、代理技巧、家事案件处理中的心理问题等方面。

（三）法律诊所教学方式的多样性

互动式的教学是法律诊所教学的最突出特点所在,而角色化是教学中的特色方式。一般情况下,学生处于"律师"的角色,模拟代理、咨询,同时,强调人人参与下的课堂讨论、辩论、评价,从而体验律师职业道德的要求与执业中的技能。

把课堂当社会,需要同学们在课堂上了解社会问题的处、理方式、路径,而不仅仅是了解书面的规则、法律条文的内容。因此,我们在诊所课堂上进行大量的角色模拟、案件讨论,通过角色模拟,同学们了解不同当事人、不同环节针对不同争议内容的处理方式、技巧、要求的差别。没有统一的模式,需要灵活应对。相比较于传统教学模式下教师满堂灌,杂以提问与一定的讨论形式而言,法律诊所的学生参与模式显然更能让学生集中精力,认真思考。

把课堂当社会,更为了加强课堂教学与实践部门的联系,在诊所课程教学中,我们引入专职律师、法官进课堂,让同学们对于法律职业工作与工作要求、工作内容、工作方法有更感性的认识。

把社会当课堂,我们安排同学走出校门,走入社区和实务部门,去为当事人进行法律咨询,观摩甚至参加实务部门的工作,通过校外实践,体会社会环境与校园课堂的区别,接触社会这个大课堂提出、面临的问题,从而让同学们感受到分析、应对、探索、解决问题的能力的不足,激发同学学习动力。

(四)诊所同学学习的合作性

其他课程的学习效果,更多地取决于同学们学习的独立性与自觉性,但是,诊所课程的学习过程,更要求同学们要具有合作性、相互协调性。从首次课,我们就让同学们组成若干个小组,此后,无论是课堂学习中案件的分析讨论,还是外出的实践活动、成果的汇报都要求以小组为单位,小组同学配合完成相关任务。课堂的问题讨论中,小组同学内部讨论,总结分析,再自主选派代表陈述本组意见,在一次次的头脑风暴中,通过相互交流,相互评价,看问题的角度得到完善,思想得到充实。外出的实践,小组同学不只是在实践学习内容上相互探讨,出入往返过程的一致行动,也使同学之间更懂得相互的关爱,更明确感知团队协作的力量。

(五)评价方式的灵活性

传统法学教育对学生的评估方法比较单一,常以考试成绩进行评价,而诊所课程更需要注重的是学习成绩之外的更客观的标准,评估的内容不只是法律知识的理解能力,更包括法律运用能力、灵活应变的能力等多方面,而评估方式不是仅教师对同学们进行评估,还需要有同学相互之间进行评估,更重视的是过程的评估而不是结果的评估。而这种相对客观的评价模式也是传统教学模式中无法实施的。法学专业教育的最终目标应该是使学生这会如何去学习和运用法律解决问题,而不只是单纯地灌输某种既定的知识和理念。

(六)诊所教学对于教师提出更高的实务能力要求

诊所教学中的案例要求是真实的案例,真实案例是教学内容的载体,比较于案例教学,传统课堂上的案例分析中的案件往往是已经发生过的案件,或者有针对性设计的案件,案件结果已知,此种案例教学方式没有机会锻炼学生的应变能力,不会看到在办理真实案件中的变化情况,更无从培养学生的职业道德与责任心,并且,实务中的诸如接待当事人、咨询法律问题、进行谈判等法律实务的技能难以掌握。而诊所教育建立在真实的案件背景材料基础之上,学生参与感强,不再是被动地听和记。因此,诊所的教学对于教师也提出了更高的要求,一般而言,诊所教师都属于双师型人员,既是教师同时也具有律师身份,进行律师执业。

二、法律诊所教学中的困境

诊所课程为学生提供了一个学习平台,在社会变革中更深刻地学习法律和理解法律、运用法律。但同时,也提出了比传统法学教育更高的要求。在现实教学中,本人感觉诊所教学往往也还存在有一些困难之处。

（一）诊所学生学习内容的要求与学生身份限制了实务工作的展开

诊所教学的最理想状态是学生能够直接、完整地参与案件的处理过程,而不仅仅是为当事提供一定的咨询。但是依我国《民事诉讼法》及最高院司法解释中于诉讼代理人的资格要求的法律规定,又往往使在校的法学本科二、三年级的学生参与诉讼有现实的障碍。[①] 学生并非是取得法律职业资格的人员,这也不限制了他们作为诉讼代理人的合法资格,在完全正式的诉讼程序中,尤其是中心环节的开庭审理阶段,他们并不能亲身亲历。

（二）专业知识层次使学生处理问题的能力受限,从而难以完全取得社区民众或当事人的信任

在我们这将近十年的诊所教育开展过程中,均固定安排有同学分组进社区、到实务部门进行实践。而在此过程中,同学均能感受到明显的质疑眼光,从而积极性会受到一些打击。

一般民众很当然地会认为,矛盾如果要上升到运用法律来加以解决的话,一定是个难度很大的事情,需要有一定的城府、一定的社会经验与专业能力相结合的人才能应对,而我们诊所的同学普遍是大三的学生,应该还不具有这样的能力与认识,因此,在诊所同学进行实践活动,提供咨询服务时往往会因为学生的身份,受到当事人的质疑,不信任能从诊所学生处得到的答复与意见。因

---

① 现行《民事诉讼法》取消了公民代理,使学生代理诉讼之路被封,而 2015 年最高人民法院出台的司法解释更对社会团体推荐的公民作出详细的限定,由此将诊所学生代理民事案件的路彻底封住。

此,除非是安排在有关法律实务工作部门的实践点,否则难有真正的法律冲突问题能让同学有机会一显才能。但是,法务实务部门也并不太愿意让学生们真正介入他们的工作,更多的只是让同学们作为一个旁观者。

(三)诊所同学参与实践工作时间的没有保障使诊所同学难以接触完整的纠纷解决过程

生活中,纠纷的解决如果要依规范的法律途径来完成,往往需要有一段持续的时间,而学生学习课程的需要会使诊所同学的时间变得零碎,导致在实务中难以完整地跟随一案全过程。影响到学生诊所学习的效果。同时,也正是因为诊所同学实践工作参与的时间并无保障,导致实践单位不愿意接受诊所同学参加,即使接纳,也只是将同学作为一般旁观者来看待,同学得不到真正的锻炼。

(四)教师教学资源存在一定的不足

如前所说,诊所课程教学与普通课程教学内容与目的的不同,使得诊所课程的教师应为双师型人员,作为法学院,具备律师身份的教师并不缺乏,但诊所课程的内容是有一定针对性的,正如我校所开设的诊所课程主要是三大块:婚姻家事法律诊所、金融法律诊所、综合法律诊所。而学院的教师要分散到这三个方向来说就明显不足。

另一方面,即使诊所的教师本身具有律师执业资格,但由于其本身教学工作量的要求,使得能够从事律师实务工作的时间有限、精力有限,也就限制了自身职业技能的提高程序,因此,在实际的诊所教学中,也有必要引入校外的律师、法官等专业人员进入课堂,与诊所教师共同配合进行诊所的教学工作,但这往往是由任课教师凭个人能力解决,也导致了各不同诊所具体教学资源的不平衡。

(五)诊所同学选拔机制的缺乏,使诊所教学作用不能完全发挥

在这些年的诊所教学中,本人感觉到诊所同学的兴趣所在直接影响到诊所学习的效果。诊所的同学,如果没有一个选拔机制,往往使得法律诊所课程只是一门课程,一门普通的课程无差别,未加选拔的诊所同学的确定,必然影响到诊所教学的效果。而近几年随着诊所班级规模的扩大,更让这种选拔有了一定的难度。

三、提高诊所教学效果的构想

诊所式法律教育至今仍是一种较为新型的教育模式,在实践中依然存在一些普遍性的同时也是突出性的问题。本人认为,要真正发挥法律诊所这样一种新的法律教育模式,应该从如下方面加以关注:

(一)加强对诊所教师的培训

诊所教师,都是双师型的教师,但尽管如此,教师同时作为兼职律师,真正参加律师实务工作还是有限,甚至可能在很长时间内完全没有参与,因此,也会存在有实践经验缺乏的问题,自然无法满足诊所式法律教学的需要。而相对具备实践能力的律师执业经验丰富的教师,由于自身工作的紧张,大多无力无兴趣于法律诊所的教育。因此,要发展诊所式法律教育,必须要给予诊所教师以适当的培训,让诊所的教师产生得到提高。

(二)以模拟实践来解决案源不足和学生代理的法律障碍问题

法律诊所作为一门实践性课程,需要有课堂教学与实务操作二者的结合,而这种结果,不是仅仅依靠机器设备就能解决。但实际情况决定了诊所学生真正进入实践的案源是最大的问题,如此,不妨以模拟实践的方式来解决。可以在学校设立专门实践机构,与学校社团联动,由校内诊所来解决校内同学之间的冲突或争议。本人在课余就经常接受到校内学生的各种有关于本人家庭或者亲友间法律问题的咨询,如果学校能在校内专门设置学生法律服务处,由诊所新老同学共同参与解决学生中法律问题,也能够有效地提高同学处理法律事务的能力,尤其在近几年新冠疫情的这样的特殊情况出现时,同学不离校也能进行此类活动,应该是很妥善的一个实践途径。

(三)校方支持,拓宽诊所教学渠道

目前诊所的教堂中,校外律师、法官或其他实务人员进课堂,多是依赖于诊所老师的个人人脉资源的利用,但是仅凭诊所教师的个人资源来使有关律师或者法官进课堂会导致不同诊所课堂同学教学资源享受的不平衡,并且也不稳定。为解决这一不足,建议可以由学校与司法、妇联甚至媒体等实践部门沟通,建立实践点,寻求稳定而务实的合作,这应该是一双赢的策略。从本校与浦口区司法局多年的合作来看就是一例。本校诊所同学由于浦口司法局的支持,得以在法律援助、公证处、社区等多地设立实践点,同学定期可以到这些地方进行实践,而同时,诊所的同学利用进社区的机会进行法制宣传,也很好地帮助完成司法局的相关普法工作任务。

不过,仅限于浦口区一区范围之内,相对于我校目前诊所教育班级的规模而言,实践点总体还是较少,并不能满足诊所同学学期中的实践的需要,因为实践点相对较少,为了要机会均等而结果是所有诊所的同学在每一个实践点的时间受到限制,如果能拓宽这一范围,显然会更有利于诊所同学的学习实践效果。

而为了达到拓宽教学资源渠道的目的,增大诊所教育经费的投入是一个必需的手段。把社会当课堂,不能只是一个愿望,必须要有一定的成本投入。无论是学生走出去,还是校外导师进课堂,都需要有学校的经费的支持。此外,我们同学进入社区是为了体验社会,而学校又何尝不是一个小社会呢?因此,如前所述的建立校内学生法律服务点的设立,可以考虑学校帮助场所、设备的完善,法学院教师进行现场指导,诊所同学轮值服务,让诊所同学有更能发挥作用的平台,同时也能教学相长。

(四)加强与校外实习基地的联手,扩充案源

几乎国内所有高校的法律诊所教育中都存在有案源不多的困难,为解决这一问题,应更多地加强与法学专业的各个校外实习基地的联系,扩充案源。如与司法行政部门的法律援助的合作,诊所教育积极通过参与法律援助案件,一方面可以缓解法律援助力量的不足,也能真正为诊所法律教育的效果为社会所认同,最终为法学院同学进入职场增加一个砝码。

心理咨询技术在法学实践教学中的运用

任 凡 牛建平

【摘要】 传统视域中的法学实践能力注重将理论与法条运用于个案的能力,往往忽略了法律实务是一项与人打交道的工作。心理咨询以"会谈"的形式展开工作,这与法律实务中的接待当事人、会见犯罪嫌疑人、调解、庭审中的交叉询问、法庭情绪控制都有很多的共性,都是在建立人际关系的基础上解决社会生活中的问题,都涉及对对方心理与情绪的关照。因此,心理咨询师所秉持的工作态度以及心理咨询的"参与性技术"和"影响性技术"都能很好地为法律实务工作借鉴学习。法学实践课程应在提炼出法律实务工作所需基本心理咨询技能的基础上,形成科学的课程内容,教授给法科学生,使其在今后的实务工作中能科学化、系统化地演绎相关理论知识和技能,从而更好地开展实务工作,实现诉讼功能,提升司法公信力。

【关键词】 心理咨询;法学实践教学;心理学;调解;交叉询问

一、心理咨询技术与法学实践教学的关系

《教育部、中央政法委员会关于坚持德法兼修实施卓越法治人才教育培养计划2.0的意见》(教高〔2018〕6号)提出:"鼓励高校开发开设跨学科、跨专业新兴交叉课程、实践教学课程。""培养学生跨领域知识融通能力和实践能力。""要着力强化实践教学,进一步提高法学专业实践教学学分比例,支持学生参与法

【作者简介】 任凡,法学博士,南京审计大学法学院副教授,国家二级心理咨询师,主要从事民事诉讼法学的教学与研究。牛建平,理学硕士,南京审计大学法学院助理研究员,国家二级心理咨询师,主要从事教育心理学、法学教育方面的研究。

【基金项目】 本文系南京审计大学国家级一流专业(法学)建设专项课题"程序法与实体法衔接视角下的《民事诉讼法》案例教学方法研究"(2020JG139)、南京审计大学高教研究课题"新时代法学专业课程考核体系研究"(2021JG023)的研究成果。

律援助、自主创业等活动,积极探索实践教学的方式方法,切实提高实践教学的质量和效果。"①落实该份计划的重点在于深刻理解法科生应具有哪些"实践能力",如何围绕上述内容展开法学实践教学。

法律职业是指以律师、法官、检察官和公证员为代表的,受过专门的法律专业训练,具有娴熟的法律技能与法律伦理的法律事务岗位从业人员所构成的共同体。狭义的法律职业主要指,法官、检察官、监察官、律师、公证员、基层法律服务工作者。广义的法律职业除包含上述职业外,还包括企事业单位中从事法律事务的职业岗位,如法务专员、法务主管、法务部门的其他人员。无论是哪一种法律职业,都需要法律职业人有两大方面的能力:一方面是熟知相关法律法规并能准确运用于个案,另一方面能使法律的适用过程与结果获得适用对象的接受和认可。传统视域中的法学实践能力注重将理论与法条运用于个案的能力,往往忽略了法律实务是一项与人打交道的工作。以民事诉讼而论,诉讼程序的顺利进行以及裁判结果被当事人认可和顺利执行,很多时候和法官、诉讼代理人的工作方式、工作技巧有密切关联,这里的方式与技巧不仅指法学专业水平,更涉及是否关照到对方的心理(情绪),工作目标及方式是被对方真正接受并能更好的执行。

心理咨询是指心理咨询师在心理学的理论指导下,通过建立咨访关系、运用心理咨询技能帮助来访者改善其心理健康状态的过程。② 心理咨询以言语的和非言语的形式所共同构成的"会谈"而展开。这样的"会谈"与法律实务中的接待当事人、会见犯罪嫌疑人、调解、庭审中的交叉询问、法庭情绪控制都有很多的共性,都是在建立人际关系的基础上解决社会生活中的问题,都涉及对对方心理与情绪的关照。因此,心理咨询师所秉持的"尊重""热情""真诚""共情""积极关注"的态度以及心理咨询的"参与性技术"(倾听、提问、面质、情感反应与内容反应等)和"影响性技术"(内容表达、情感表达)都能很好地为法律实务工作借鉴学习。

如何与当事人建立可信任的关系?在案件处理过程中如何有效沟通,达成案结事了、定分止争?如何克服自身因素对案件的影响?如何做一个有温度的法官、律师或法务工作者?这些问题是新时代任何一个法律从业者应该认真思

---

① 详见《教育部、中央政法委员会关于坚持德法兼修实施卓越法治人才教育培养计划2.0的意见》(教高〔2018〕6号)。

② 参见徐光兴:《临床心理学》,上海教育出版社2001年版,第157页;郭念锋主编:《国家职业资格培训教程·心理咨询师(基础知识)》,民族出版社2015年,第424页。

考的问题,也是成长为卓越法治人才的要解决的基本问题。而要更好地解决这些问题,离不开对工作对象内心的洞察和理解,这恰恰是心理咨询技术可以有效解决的。其实,法律实务人员往往是在不自知的情况下使用着心理学知识与技能,我们的法学实践课程则应在提炼出法律实务工作所需基本心理咨询技能的基础上,形成科学的课程内容,教授给法科学生,使其在今后的实务工作能科学化、系统化地演绎相关理论知识和技能,从而更好地开展实务工作,实现诉讼功能,提升司法公信力。基于《模拟法庭》课程和《法律诊所》课程往往以"角色"代指职业,本文将心理咨询中的常见技术提炼归类,按法官角色、检察官角色、诉讼代理人(辩护律师)角色等设计案例作为实务训练内容,从而论述心理咨询技术在法学实践教学中的运用。

二、"尊重""共情"与"倾听"技术的运用

美国著名心理学家罗杰斯(C.R.Rogers)首次提出应无条件尊重来访者,并对其有真正的共情。[①] 他认为对来访者的真正尊重,为其建立安全地、可信赖的咨访关系可促使其人格转变。尊重就是法律职业人在价值、尊严、人格等方面与当事人(犯罪嫌疑人)以及其他诉讼参与人平等,把上述主体作为有思想感情、内心体验、生活追求和独特性与自主性的人去看待,这也意味着对其接纳、平等、礼貌。法律实务中,法官对当事人(犯罪嫌疑人)及其诉讼代理人(辩护人)的尊重同样也是诉讼顺利进行和裁判结果被接受的重要条件。比如在法庭上,当事人被法官频繁打断就是一种不尊重的体现,这种不被尊重的体验容易导致当事人抵触诉讼过程与结果。但是另一方面,过于冗长和重复的陈述容易使庭审拖沓,效率低下,因此恰当的做法是,当事人反复陈述相同或无法律意义的内容时,法官可通过适当的内容反应等心理咨询技术礼貌性地打断,从而在尊重当事人的基础上把控好庭审节奏。

按照罗杰斯的观点,共情是指体验来访者内心世界的能力。它包含三个方面的含义:咨询师借助来访者的言行,深入对方内心去体验他的情感、思维;借助于知识和经验,把握来访者的体验与他的经历和人格之间的联系,更好地理解问题的实质;运用咨询技巧,把自己的共情传达给对方,以影响对方并取得反馈。共情需要站在对方的立场而不是自己的框架内设身处地地理解对

---

① 参见徐光兴:《临床心理学》,上海教育出版社2001年版,第175页。

方,并适时适度表达共情。法官在办理案件时如果能设身处地地理解当事人并恰当地将之反馈给当事人,当事人会因此产生悦纳的情绪,从而信赖法官以及法官背后所代表的审判权。相反,如果法官无法共情,当事人容易感觉到没被理解甚至受伤害,从而延伸抵触与敌对情绪,抗拒裁判结果。法官表达共情既可以使用口头语言,也可以使用躯体语言,关切和理解的眼神、给哭泣的当事人递上纸巾,都是表达共情的良好方式。需要注意的是,法官的共情不能止于共情,而应紧密围绕案件的处理,在共情的同时探寻案件事实,并作出公正裁判。

作为一项心理咨询技术的"倾听"是指,在接纳的基础上,积极、认真、关注地听来访者讲述,并在倾听时适度参与。倾听既可以表达对来访者的尊重,同时也能促进来访者的表达。而在法律实务中,法官对当事人(诉讼代理人)、被告(辩护人)的耐心倾听是对其尊重的最好表达,也能促使其陈述更多的案件事实或有助于法官裁判的信息。

案例1:一起离婚诉讼的被告方(妻子,同学A扮演),一直不同意离婚,坚持夫妻感情深厚,虽有矛盾但并未破裂。开庭时,被告絮絮叨叨诉说其与原告(丈夫,同学B扮演)相识于微时,丈夫创业时自己负担全部家务,辛苦持家,如今丈夫事业有成却另觅新欢,说到动情处情绪激动,近乎歇斯底里,指责对方是现代陈世美,当庭改变答辩意见,可以离婚但要求男方将婚后所有财产包括不动产、男方名下公司的股份、个人存款等全部判给自己,未成年女儿(7岁)抚养权判给自己。

实务训练内容:法官应如何面对法庭上这一突发情况?

实务训练要点:

1. 作为被告更改答辩主张固然可以,但是将男方全部财产判给自己明显不符合法律规定,不大可能得到法律支持。

2. 被告情绪激动的原因是否可以证明原告在本案中的过错,从而在对夫妻共同财产分割时对原告方不分或者少分;如果被告仅有情绪激动的陈述而并无其他证据,则无法获得共同财产分配较多的法律支持。此时法官应如何处理?在什么样的情况下可以使用释明?

3. 为了进一步查明案件事实,以及安抚被告情绪使得庭审和诉讼顺利进行,法官应对被告保持尊重与共情的态度。技术要点包括:在对方的框架(经历背景)中理解对方的心情,同时尽可能让其把与案件事实有重要关联的内容说清楚,也允许其一定的情绪宣泄。法官眼神应注视对方,面部表情是认真和关切的,可以用点头或者"嗯"表示回应(尊重+共情);如果原告陈述过长、重复过多,情绪失控,要及时干预,语气应温和而不是暴躁不耐烦,可以请法警递纸巾过去,也可以回应"对你讲述的经历,本庭很同情,但是庭审规则和时间所限,请尽可能控制情绪,好吗? 如果实在很难受,需要休庭休息一下吗?"(尊重+共情)

三、内容反应、情感反应与具体化技术的运用

内容反应技术,也称"释义技术"或"说明",是指咨询师把来访者陈述的主要内容经过概括、综合与整理,用自己的话反馈给来访者,以达到加强理解、促进沟通的目的。内容反应技术的目的是加强理解、促进沟通。情感反应技术是指咨询师把来访者所陈述的有关情绪、情感的主要内容经过概括、综合与整理,用自己的话反馈给来访者,以达到加强对来访者情绪、情感的理解,促进沟通的目的。[①] 两项技术的区别在于,"内容反应"着重言谈内容的反馈,而"情感反应"则着重于情绪反应。一般而言,内容反应与情感反应是同时的。法律实务工作中,通过内容反应可概括、提炼当事人、被告、被害人等冗长、反复的陈述,提炼出跟诉讼相关的事实、主张、证据;通过情感反应,帮助上述主体更好地看清自己的内心需求,并有助于将想法升华至合理的法律诉求,更好地化解纷争,案结事了。

具体化技术指咨询师协助来访者清楚、准确地表述他们的观点以及他们所用的概念、所体验到的情感以及所经历的事情。来访者因为各种各样的原因,其所叙述的思想、情感、事件等常常是模糊、混乱、矛盾、不合理的,也使问题变得越来越复杂,纠缠不清,这些常常是引起来访者困扰的重要原因之一。法律的专业性也会导致当事人无法用精准的法律语言将自己的诉求表达出来,包括诉讼请求不具体不明确、于法无据不可能执行,事实陈述混乱,前后主张矛盾等等。借助于具体化这一咨询技术,澄清当事人所表达的模糊不清的主张、混乱无头绪的事实经过,以及内心深处的真实想法,有助于法官查明案件事实,掌握当事人真实心理,为诉讼顺利进行和达成调解提供帮助。

---

① 参见郭念锋主编:《国家职业资格培训教程·心理咨询师:三级》,民族出版社 2015 年,第 100—101 页。

仍然以案例1为脚本,设计以下实务训练内容:

实务训练内容:法官在休庭后对案例1中的原被告进行分别调解。由于感受到被告其实不愿意离婚,法官一方面试图印证双方感情并未完全破裂,另一方面希望查明原告在婚姻中是否有过错。

实务训练要点:

1. 按照《民法典》婚姻家庭编的规定,首先审查本案是否是第二次起诉,之前是否双方已分居满一年,如果符合条件则应准予离婚;其次,如果调解无效,应研判双方是否"感情确已破裂",确已破裂情况下应予离婚;再次,如果调解无效,还应研判是否有以下情形:"重婚或者与他人同居;实施家庭暴力或者虐待、遗弃家庭成员;有赌博、吸毒等恶习屡教不改;因感情不和分居满二年;其他导致夫妻感情破裂的情形。"如果具备其中一种,则应准予离婚。

2. 由于法律规定,离婚案件必须进行调解,同时,婚姻家庭关系牵涉感情、伦理,很难从一方的只言片语和情绪化的陈述中查明事实并作出准确判断,这就对离婚案件的调解工作提出了很高的要求。

以下是法官对原告单独进行调解的对话。法官可先由授课教师扮演作为示范,原告由助教或学委按脚本扮演,然后由其他同学扮演训练。

法官:原告,刚才的庭审你也看到了,你妻子情绪很激动,现在我想听听你的想法。

原告:我没什么可说的,我就是跟她过到头了,不可能再继续下去。

法官:具体说说,怎么就过到头呢?(**具体化技术**)

原告:就是没感情了呗。(**这里可以看到原告带有一些阻抗,需要进一步使用技术突破阻抗,探明本人真实想法**)

法官:但庭上你也是认可他所说的你们认识、恋爱和婚后经历,十几年了,你们是很不容易走到今天的。(**内容反应技术**)

原告:(沉默一会)我承认过去我很穷,她不嫌弃我,但我今天的成就都是我自己打拼来的,跟她没关系。

法官:你的意思,当初她没有因为你穷而是基于喜欢你这个人所以选择了你,你也为了她违背了父母安排的相亲,这些都是事实对吧?(**内容反应技术**)婚后也是一起克服了不少困难,过到今天对吧?(**内容反应技术**)

原告:当时结婚差不多是这样。但是后来我的钱都是我自己不分白天黑夜在商场打拼来的。

法官:(点头)嗯,确实是挺不容易的,没有依靠,挣到这么大家业。(**共情十**

情感反应技术＋内容反应技术）

（原告在短暂沉默后进行了更详细的陈述，流露出了对妻子相濡以沫的感激，阻抗突破成功，初步证明双方感情并未完全破裂）

四、开放式提问、封闭式提问与面质技术的运用

所谓开放式提问技术就是咨询师提出的问题没有预设的答案，来访者也不能简单地用一两个字，或一两句话来回答。封闭式提问技术是指咨询师提出的问题带有预设的答案，来访者的回答不需要展开，从而使咨询师可以明确某些问题。① 封闭式提问一般在明确问题时使用，用来澄清事实，获取重点，缩小讨论范围。当来访者的叙述偏离正题时，还可以用封闭式提问适当地中止其叙述，并避免会谈过分个人化。封闭式提问所提出的问题经常使用"是""不是""对不对""要不要""有没有"等词，而回答也是"是""否"式的简单答案。如："案发当天你有没有去过现场？"答案只能是去或者没去。"你欠外债的数额是多少？"答案只能是一个具体的数字。

开放式提问由于答案灵活，答话人自由选择的空间很大，因此，这样的问话对答话人的压力是比较小的，进而有可能获取到更多的信息，有助于进一步逼近事实；相反，封闭式提问已经把回答规定在了特定范围内，答话人没有选择的余地，所以这样的问话更有利于把控谈话的方向。正是由于两种问话在对答话人支配力上存在差异，庭审中就需要考虑证人的情况、问话的内容等因素以决定采取何种问话方式。对于己方证人的问话，其目的是为了向法庭呈现整个案件事实情节，因此应尽可能地采用开放性的问话，让证人自然地敞开多说，使证人自动地成为法庭的焦点。对于他方证人的反询问，则应当尽量采用封闭式的问话，尽量控制证人说话的内容，从而一步步地达到自己的目的。

面质技术又称"质疑""对质""对峙""对抗""正视现实"等，是指咨询师指出来访者身上存在的矛盾，促进来访者的探索，最终实现统一。法律实务工作中通过面质可以达到戳破谎言，证明案件事实的作用。

案例2：一间公寓楼道内发生一起故意杀人案，证人A住在斜对着楼道的同楼层房屋，她向警方声称自己看到了被告用刀刺死了被害人。

---

① 郭念锋主编：《国家职业资格培训教程·心理咨询师：三级》，民族出版社2015年，第97—98页。

实务训练内容：训练学生灵活运用开放式提问和封闭式提问的技术。

实务训练要点：作为唯一的现场目击证人，检方请证人 A 出庭作证，辩护方则认为证人不可能看清楚案发现场出现的人的样貌，其证言不可信。以下为检察官和辩护律师对该证人进行交叉询问。检察官、辩护人和证人都由同学扮演。

检察官：请问你当时看到楼道内发生了什么？（**开放式提问技术**）

证人：那天我刚准备睡觉，突然听见外面一声惨叫，声音很大，我就立刻跑到窗户口，将好看见楼道里，一个人从被害人身边拿起刀子急匆匆下楼了。

检察官：拿刀子的是不是就是坐在这里的被告人？（**封闭式提问技术**）

证人：是的。

检察官：你如何能确定你当时看见的就是被告？（**开放式提问技术**）

证人：我看见那个拿刀子的人个子很矮，胡子拉碴，身材壮壮的，走路有点一拐一拐，就跟被告非常像。

……

辩护人：你的窗户跟犯罪现场相隔多远？（**开放式提问技术**）

证人：十几米吧。

辩护人：你听见惨叫声时在干吗？（**开放式提问技术**）

证人：我躺在床上准备睡觉。

辩护人：你睡觉的地方是卧室吧？（**封闭式提问技术**）你往外看的窗户是你房屋的大门边上的，对吧？（**封闭式提问技术**）

证人：是的。

辩护人：你的视力怎么样？（**开放式提问技术**）

证人：还行。

辩护人：还行是多少？（**具体化技术**）你平时需要戴眼镜吗？（**封闭式提问技术**）

证人：我戴隐形眼镜，两百度左右。

辩护人：你在窗户往外看时戴着眼镜吗？（**封闭式提问技术**）

证人：戴着的。

辩护人：你确定吗？（**封闭式提问技术**）

证人：应该戴着的，我不太记得了。

辩护人：你当时开灯了吗？（**封闭式提问技术**）

证人：没有。

辩护人：案发当时是夜里两点多，据我调查，你们楼道的灯一直是坏的，而戴隐形眼镜的人基本上都要在睡觉前摘掉眼镜，你在不戴眼镜又不开室内灯的情况下，距离十几米，怎么可能看清楚现场离开的人的特征，又怎么能肯定就是本案被告呢？（**面质技术**）

证人：(沉默)

案例3，犯罪嫌疑人张某、李某、赵某因涉嫌盗窃罪被提起公诉。李某拒不承认犯罪事实。

实务训练内容：训练学生的讯问技术。

实务训练要点：针对同案其他犯罪嫌疑人的供述来"面质"李某不承认犯罪事实。以下是公诉人对犯罪嫌疑人的讯问。公诉人和各个被告人都由同学扮演。

公诉人：你参与盗窃是不是事实？（**封闭式提问技术**）

被告人张某：是事实。

公诉人：那李某呢？（**封闭式提问技术**）

被告人张某：偷家具这个事情首先就是李某提出的，而且还参与了抬家具。

（随后公诉人采用同样的方法对被告人赵某进行了讯问，赵某也供述了李某策划犯罪并实施了盗窃行为，最后公诉人对李某开始讯问）

公诉人：张某、赵某与你有无矛盾？（**封闭式提问技术**）

被告人李某：无矛盾。

公诉人：平常关系怎么样？（**开放式提问技术**）

被告人李某：我们长期都在一起干木匠活，关系较好。

公诉人：你究竟参与盗窃没有？（**封闭式提问技术**）

被告人李某：我没偷。

（公诉人立即申请向李某当庭宣读刚才讯问张某、赵某的供述，宣读完毕后，公诉人紧接着问李某）

公诉人：李某，你觉得张某、赵某的证言属不属实？（**面质技术**）

被告人李某：(沉默，认罪)

五、情感表达与内容表达技术的运用

情感表达技术就是咨询师将自己的情绪、情感及对来访者的情绪、情感等，告之来访者，以影响来访者。该技术的作用是通过情感的表达，促进来访者的探索和改变,促使咨询顺利进行。情感表达和情感反应完全不同,前者是咨询师表达自己及对来访者的喜怒哀乐,而后者是咨询师将来访者的情感内容整理后进行反馈。广而言之,指导、解释、自我开放、影响性概述等都是一种内容表达。内容表达技术与内容反应技术不同,前者是咨询师表达自己的意见,而后者则是咨询师反映来访者的叙述。虽然内容反应中也含有咨询师所施加的影响,但比起内容表达来,则要显得隐蔽、间接、薄弱得多。[①] 上述技术同样可以运用于法律实务工作。

案例1,继续展开调解。

实务训练内容:训练学生使用情感表达与情感反应技术进行调解。

实务训练要点:注意适时适度地进行情感表达和情感反应,可以单独或附加使用非言语行为。以下是法官继续对原告单独调解。

法官:你刚才说了,你不分白天黑夜在外面打拼,那么家里和孩子都是谁管呢?(**开放式提问技术**)

原告:(愣了一下)家务是她做,孩子我爸妈带过一阵子。

法官:你爸妈去世以后孩子的生活学习也都是她管是吗?之前听你们说,你们家女儿很优秀,会弹钢琴,会跳芭蕾,校内成绩都双百,英语也不错,真是让人羡慕。(**封闭式提问技术＋内容反应技术＋情感表达技术**)

原告:(笑了笑)女儿传我,学什么都很快,也很爱学习,老师同学都很喜欢她,特给我长脸。

法官:你平常不管孩子,女儿这么优秀,那都是他们妈妈辛苦给接送各种培训班吧?(**内容反应技术＋内容表达技术**)

原告:(低头)嗯。但是钱是我出的,她不工作。

法官:她不工作不也是为了配合你吗?否则没有老人帮忙,孩子的培养谁管呢?(**封闭式提问技术＋内容表达技术**)

原告:(沉默)

法官:如果你们离婚了,你觉得女儿会不会伤心?像我们家女儿,她爸爸去外地封闭式培训一个月,她就时常哭个不停,跟她爸视频里就会说爸爸快点回来。(**封闭式提问技术＋自我开放技术**)

---

① 郭念锋主编:《国家职业资格培训教程·心理咨询师:三级》,民族出版社 2015 年,第 111—112 页。

原告:(沉默一会)小孩子不会懂,跟我过我会给她最好的物质生活。

法官:还会有更好的妈妈照顾她吗?(**封闭式提问技术**)

原告:(不说话)

法官:(微笑)是不是有其他人可以做她妈妈?(**封闭式提问技术**)

原告:没有,就是性格不合适,跟她没有共同话题。

法官:不可能完全没有共同话题吧,你刚才还很欣慰地说孩子很优秀是传你,说明你很了解孩子的情况,不跟她妈妈交流怎么能这么了解呢?说明还是有共同话题,也是有不少交流啊。(**面质技术+内容表达技术**)

原告:(沉默)

(法官随后进一步动之以情晓之以理,从心理学角度讲述了父母离婚对儿童心理的影响,并转达了之前和孩子交流时孩子对爸爸妈妈的依恋和希望。原告眼眶湿润,表示再考虑考虑。)

不难看出,真正做到"尊重",适当"共情",认真"倾听",是法律从业者与当事人建立可信任关系的基础;合理进行内容反应、情感反应和具体化技术,掌握不同的提问方式与面质技术,正确进行情感表达与内容表达,可以促成案件处理过程中的有效沟通,真正化解纠纷、促进社会和谐,以及破除阻抗,最大限度接近案件真实情况,实现司法公正。

六、余论

心理咨询与法律实务工作都需要在一定的人际关系基础上展开,法律实务工作中很多案件涉及当事人(被告人)人际关系及心理的修复;于法律职业人而言,自己的认知与情绪对法律工作的不良影响也是时常存在的。如何在严格适用法律的同时又注重人文关怀,成为有温度的法律职业人?诸如上述这些命题,需要法律职业人在熟练掌握法学知识和技能的前提下,借鉴心理学知识和技能运用于法律实践中。因此,心理咨询技术对法律实务工作的运用场景是非常丰富的,法学实践教学对心理咨询技术借鉴使用的前景是非常开阔的。囿于篇幅,本文只能就最基本的几种心理咨询技术在法学实践教学中的运用展开论述,所设计的实训案例脚本只是一种参考,在实践教学中可以灵活使用。我们期待心理学与法学实践教学的进一步糅合,在多学科的互动下推动我国法学实践教学的进一步发展。

普通法系之案例教学法在
我国法学教育中的适用

漆鲜萍　鲍红香

【摘要】 案例教学法在法学教育中一直占据重要位置,但基于法律渊源的不同,案例教学法在普通法系国家的运用与在我国运用的侧重点不同。普通法系国家直接以判例作为教学内容,训练学生的法律逻辑思维,促使其自主探索法的内容和本质,而我国更注重理论的讲授和内容体系的完整,案例只是作为学生理解理论知识的辅助性手段。借鉴普通法系之案例教学法的优势,将其与专题教学结合起来,通过专题收纳,避免案例过于杂乱,加强法律体系和理论基础的讲授,对于课时有限的选修类法学课程尤其适用。

【关键词】 案例教学;专题教学;法学教育

一、案例教学法的运用现状

案例教学法是通过教授与学生之间苏格拉底问答式的交流形式,通过学生自己研究、分析和评论案例,从而解释案例的法律意义。兰德尔认为,这样一来学生们就像自然科学中通过做实验得到数据结果一样,通过对案件的分析、调查得到他们所期望的结论。[1] 案例教学法中,采用案件讲授法的法律教授,虽然课堂内的学生多至150或200的人,也很少正式授课。他利用试探式问答和提

【基金项目】本文系南京审计大学国家一流专业(法学)建设项目"案例导入式专题教学法在法学专业中的运用"(课题号 A110007001/001/032)、2021年南京审计大学高教研究课题"全球化背景下高校法学专业教学方法改革研究"(课题号:2021JG045)的研究成果。

【作者简介】漆鲜萍,南京审计大学法学院讲师,研究方向:劳动法,社会法。鲍红香,南京审计大学法学院讲师,研究方向:劳动法,法务会计。

[1] Bruce A. Kimball: The Inception of Modern Professional Education: C. C. Langdell, The University of North Carolina Press, 2009, pp. 1826 – 1906.

出一系列难题的方式，引导学生对当日指定的司法意见作详尽的分析。参加讨论的学生必须对每一案件的事实有一个清楚的认识，不仅须对法庭的理论了如指掌，他还须能够对它进行批判，他们必须擅长分析、比较、评论及推断。①

作为普通法系国家法学教育的主要教学方法，案例教学法始终围绕案例，分析案例、讨论案例，对案例的司法意见进行探讨。这与普通法系国家的法律渊源相关，普通法系国家以判例法作为其正式的法律渊源，因此，判例本身就是有法律效力的文件，学习判例，尤其是其中的主判决理由（ratio decidendi），就是在学习法律，而不需要将判例纳入理论框架。通过对案例的分析、追问和探讨，学生学习到法学知识。

而我国高校教育中，案例教学法是教师根据教学目标和内容需要，在讲授理论知识时选取相关案例，以更好地让学生理解和掌握理论知识，并将理论运用于实际案例的分析。案例教学法被普遍运用来对具体法律案例进行分析、讨论，以此养成学生反思实践问题的精神，发展与提高学生解决实践问题的能力。② 因此，国内高校将案例教学法作为理论讲授的辅助手法，锻炼学生理论分析实际的能力，并以此来反映学生对理论学习的成效。

全球化趋势下，两大法系业已出现了合流的趋势。就法学教育的改革而言，一方面，英美法系更加注重理论教学的比重与施教方法的革新。"无论是普通法的还是民法的法律院校，都正寻求理论与实际的更佳平衡。"③另一方面，大陆法系也早就突破了理论教学的樊篱，注重法律职业者实际能力的培养。德国学者伯恩特（Bernte）就指出："德国法学教育最出色的地方在于理论和实务的结合。"④由此可见，在教学方法上，两大法系也开始有明显的趋同之势。

二、普通法系之案例教学法的优势和弊端

案例教学法主要以美国上诉法院的判例作为教学素材，以"苏格拉底问答式"作为基本运作形式，目的在于提高法律职业者的思维能力和判断能力，是

---

① ［美］戴维·F·卡弗斯：《法学教育》，载［美］哈罗德·伯曼编，陈若桓译：《美国法律讲话》，三联书店1988年版，第173页。
② 刘天君：《法学案例教学法研究》，载《法学探索》2006年第3期。
③ ［美］格林顿等：《比较法律传统》，米健等译，中国政法大学出版社1993年版，第47页。
④ ［德］许迪曼·伯恩特：《为二十一世纪的中国提供法学教育的建议》，载《走向世界的中国法学教育论文集》，中国人民大学法学院编2001年，第273页。

法学教育史上的革命,为大多数高校法学专业所推崇。虽然两大法系对案例教学法的运用侧重点不同,但不可否认,案例教学法是法律教育的重要组成部分。甚至,有学者认为,案例教学法的运用使得他们能够在无须教授的情况下,也能依靠自身的通过法学教育培养起来的素质和基本知识迅速理解和运用新法律。①

然而,也有人指出案例教学法的弊病所在。2007 年,卡内基研究中心关于法律教育的报告指出,案例法将问题过度简单化,并去掉了很多现实场景,抑制了学生们思考公平正义的热情。它教育学生像学生一样思考,而非像律师一样思考。② 还有学者提出,兰德尔的思想的弱点在于,他在法律上的力量是将法律作为一个逻辑统一体。作为一个理论家,他很少考虑结论而是去表现来自假设的结论的相互一致性,他在表面上就像是一个黑格尔式的人物,如此热衷于事物的内在关系或逻辑,然而毕竟法律的生命不在逻辑而在经验。③ 而且,苏格拉底式讨论对学生的要求较高,甚至,还有可能导致一节课的绝大部分时间被提问所占用,而提问也只能涉及少数几个同学,其他人沦为了看客。当发现判例教学法只适用于学习能力强的学生之后,顶尖的法学院大多采取了限制招生的方法,淘汰掉了一些资质普通的学生,而处在中游的许多法学院则放弃了判例教学法而采用传统的讲授法。这种授课旷日持久却又难以穷尽全部法律知识和原理的教学方法越来越为人诟病。因此,如何更好地利用案例教学法的优势,促进法学教育的发展,需要各国法学教育工作者积极思考和探讨。

三、结合专题教学,提升普通法系之案例教学法在我国的适用性

专题教学聚焦于专题,通过打破传统的教材编写顺序,引导学生围绕专题从而获得集中而深入认识的一种课堂教学策略。专题教学的实质是具有聚合和辐射双向实施过程特点的模块教学,从纵横两方面将教学内容及学科知识点进行整理、归并、提炼与升华,强化知识的系统性和整合性,使学生形成完整的理论体系,掌握系统的法律知识,避免案例教学中的内容散乱和体系缺失的弊端。

---

① 苏力:《法学本科教育的研究和思考》,载《比较法学教育》1996 年第 2 期。
② [美]罗伯特·斯蒂文斯:《法学院:19 世纪 50 年代到 20 世纪 80 年代的美国法学教育》,阎亚林、李新成、付欣译,法律出版社 2003 年版,第 74—100 页。
③ Martin lyon Levine：*Legal education*,Dartmouth publishing Co. Ltd,1993,p.26.

(一)专题教学在法学教育中的运用

专题学习通过选择特定的专题来教授一个或多个概念。[①]美国的教育学家Patricia L. Smith的"整合专题教学方法"认为"专题是学科的中心,通过专题将学科知识重新组织起来,能够激发学生的学习兴趣。"[②]英国教育学家弗雷德·布思(Diana L.Fried-Booth)提倡的基于项目的学习,这一思想提倡教师基于某一项目设计作业引导学生实现语言的学习。[③] 关于专题(主题)教学的讨论都指向其重要的特点:选取专题,围绕专题,将与之相关的教学内容以专题的形式组织起来进行教学。专题教学是从整体出发,统筹安排,以一系列同类材料为对象,在整合单元内容的基础上,围绕一个问题、一个内容进行专门的研究。[④] 可以说,专题教学是将教学内容及学科知识点进行整理、归纳、提炼并升华,形成特定的专题来进行教学,教学内容重点突出,主次分明,系统完整。

(二)专题教学助力普通法系之案例教学法适用的优势

相比传统的教学模式,一方面,专题教学法提炼课程重点,形成专题,通过纵横深入的方式以点带面,围绕专题讲述课程内容;另一方面,以专题为纲,提纲挈领,形成系统完整的知识体系和逻辑理论结构。国际教育技术协会的戴夫·莫松(Dave Moursund)将专题教学定义为"在真实的学习环境中,在老师的指引下,学生通过合作学习和协作探究完成开放性任务的过程。"[⑤]因而,专题教学与案例教学实际上是采取同样的进路,那就是引导学生合作学习,主动探索,自我提升,自主完成学习的过程。

专题讲授的内容系统完整,体系性、逻辑性强。法学课程内容繁杂,涉及面广,而专题教学不拘囿于教材的章节划分,以专题为基础,理顺教学内容,使课程的理论知识和法律法规由点及面、由表及里延伸,使学生对课程内容有完整系统的理解和认识。而且,专题讲授的内容重点突出,主次分明。法学课程大多课时有限,课程内容上不能面面俱到,必须有所侧重,有所取舍。以专题为专题能够做到讲授切入点,可对重点内容详细讲解,深入分析,不甚重要的内容,

---

① Dr. Bindu Joseph, Dr. Alice Joseph:*Research on the Thematic Approach to Improve the Teaching Ability of Secondary Vocational School Teachers*,Journal of Educational Research and Policies,2020(2).

② PL·史密斯:《教学设计(第三版)》,庞维国等译,华东师范大学出版社2008年版,第56页。

③ Fried-Booth:*D. Project work*,New York:Oxford university Press,1986,p.385.

④ 刘宇新:《专题教学——改变从教师开始》,北京师范大学出版社2012年,第2页。

⑤ 李克东、谢幼如:《网络环境的专题教学研究》,北京师范大学出版2004年版,第49页。

简单带过。重点突出,轻重兼顾,详略得当,合理安排,利于学生全面学习知识和掌握理论要点。专题教学"教师要精心整合教材不同章节的理论知识,提高了教学内容的针对性和实效性"。①另外,专题讲授的内容深入,体现学科最新研究动态和前沿成果。传统教材的章节编撰侧重理论性和系统性,且成书后不能及时反映学科动态。专题教学围绕专题展开,层层深入,逐步递进,便于探究更深层次的问题,引入相关领域的最新研究成果,体现学科最新发展动态,激发学生的探索兴趣,拓展其思维能力,开阔其视界,与社会发展同步。专题教学整合、重组教学内容,不但提高了教学质量,而且提升了教学层次。

(三)专题项下普通法系之案例教学法的适用要点

纵观各类法学专业教学方法,都经历过其不断演变、实施和运用的过程。通过专题推动普通法系之案例教学法进阶,促使真正的案例教学法在我国法学教育中落地开花,不失为法学教学方法改革的一种有益探索。

1. 凝练焦点,形成专题,突出问题意识

专题的选择必须根据课程大纲要求和课程内容,提炼课程的教学重点和难点,设计出专题教学模块。专题是纲,以纲带目,完整覆盖课程内容,如劳动法中的劳动者专题、劳动关系专题、劳动合同专题、劳务派遣专题等。以课程热点、难点或疑点等问题为导向设计专题,重构教材章节内容,优化传统教学方法,旨在让学生深刻掌握基本原理,提升其分析、解决实际问题的能力。②

2. 紧抓专题,挑选案例,形成互动

在专题的维度内,选取适当的案例,甚至法院的判决书。法院判决书中对于案例事实的陈述有利于了解案情,而其判决理由就类似于判例法国家的主判决理由(ratio decidendi),是对现行相关法律的分析、理解和判断,是案例学习的重点。因此,案例的选择既要围绕专题,使得案例的焦点问题涵盖在专题项下,所选择的案例也要有典型性和法律探讨性,引发学生像法律职业者一样思考,讨论和分析案例及其相关法律,训练其思维能力和判断能力,案例还须具有一定的现实和普遍意义,激发学生对社会现实的关注。

3. 围绕案例,追问研讨,拓展思维

运用"苏格拉底问答式"的案例分析基本运作形式,通过学生研究、探讨、分

---

① 唐春兰:《思想道德修养与法律基础课专题式教学研究》,载《萍乡高等专科学校学报》,2014年第4期。

② 周芳检:《问题导入式专题教学法:"原理"课的优选教学方法》,载《教育教学论坛》,2020第12期。

析和思考案例,归纳得到相应的法律知识和法律要点,再将这些法律知识通过理论归纳、讲授,拓展学生法律理论知识的广度和深度,使学生对课程内容形成完整的逻辑结构和系统认识。围绕案例,多角度、多方面地深入专题,从讲授基本理论,延伸到相关知识,并深入到学科最新动态和最新前沿成果,分析和比较专题涉及的各层次法律法规及其适用,力求理论知识的系统和完整。

4. 案例分析,回归专题

专题教学推动案例教学的进阶,并非将两者简单合并,而是创新地融合两者的长处,提升真正的案例教学法在我国的适用。对专题维度内所选取案例的分析、探讨,尤其是通过主判决理由(ratio decidendi)推导出所蕴含的法的内容和本质,再结合理论知识的归纳和讲授,形成对专题的回归。从而,在发挥案例教学法优势的同时,通过专题的控制,保持较完整教学体系和教学内容,并可以进一步地拓展理论知识,延展到对前沿问题的探讨和展望,不但实现教与学的互动、还能形成学与学的相互促进。

四、结语

我国的法学教育历史悠久,源远流长,尤其是 2000 年以来高等学校大规模扩招之后,法学教育出现了速度型、规模型的发展态势。从各国高校法学教育的发展历程来看,对于学生质量的提升大多是通过相关教学方法的革新来引领人才培养的变革。因此,要发展精英化法学教育,解决我国高端法律人才稀缺的问题,我们有必要吸收和借鉴先进的教学方法,并通过创新性的运用使其符合我国法律渊源的特点,这样才能提高我国法学人才的培养质量。

法律诊所教育在《法律职业伦理》教学中的问题与对策

高伟伟

【摘要】 我国的法律诊所教育具有其独特性和优越性。将该种模式应用于法律职业伦理课程教学之中,收到了很好的教学反馈。二者在实践性、激发学生的社会责任感、能力教育与伦理教育并重上存在高度契合性。法律诊所教育之于法律职业伦理教学具有较大优势。但也存在着学生出庭严格受限、"双师型"教师配备不足、与实务部门合作深度不够、案源匮乏难以完成教学目标等问题。本文提出了加强法律援助机构和高校法律诊所教学的联系合作、强化与地方法院、和律所等实务部门的合作、设立专项资金、弥补法律诊所经费短缺、加强法律诊所师资建设的对策建议。

【关键词】 法律诊所;法律职业伦理;法学实践;双师型;道德

一、引言

中国的法律诊所教育可追溯到21世纪初,走过了20多年时间。实施该种教育模式的一个核心价值观是:法学是一种实践学问,法律是一种实践智慧。相应地,关于法律的教育也应该树立:法学教育注重培养学生的法律应用技能,以使其在实务工作中能够胜任"法律人"的重任。质言之,法学教育应该注重把握其内在的规律,以彰显"实践性"与"应用性"两大特征。[①] 越来越多的高校法

【基金项目】本文系南京审计大学国家一流专业(法学)建设项目"基于翻转课堂的法学专业课堂教学改革研究"(课题编号:2020JG135)的研究成果。
【作者简介】高伟伟,南京审计大学法学院讲师,主要从事法理学研究。
① 王泽鉴:《法学案例教学模式的探索与创新》,载《法学》2013年第4期。

学院开设法律诊所课程说明其具有不同于传统法学教学模式的独特性和优越性。[1] 总体而言,诊所法律教育一方面培养学生分析问题、解决问题的能力;另一方面也能使教师的教学更具有针对性和目标性。

在过往的教学过程中,我尝试把诊所式教育模式引入《法律职业伦理》中。收到了很好的教学反馈。很多学生反映,将法律职业伦理的规范性知识放置在具体、生动、形象的法律案例实操当中,学生更为深刻地理解和把握好相关的理论知识。同时,该种教育模式也拉进了我和学生们的师生关系,即一种以学生为主体、以教师为导师、亦师亦友、相处融洽的关系。该种教学模式的情景性使得法科生拉近了同社会、常识、良情之间的距离,为培养合格的法律职业人奠定了良好的基础。

但问题也显露清晰:比如说,该课程的师资配置严重不足;经费保障相对匮乏;案源匮乏不足以完成教学目标;部分学生投入度参与度的消极性明显。究其背后的缘由,我国的法律诊所教育较传统教学模式,时间上比较短,还不成熟;理念之间冲突较为激烈导致很多老教师或部分学生很难接受与适应该种模式。[2] 这些障碍也是可预期到的。因此,如何在《法律职业伦理》课程中更好地融入法律诊所教学模式,克服实践中的诸多问题,提出较好的改进对策,是本文的研究任务。

二、法律诊所教育的历史

(一)从美国到中国:法律诊所的域外经验

历史上第一篇论述法律诊所教育的学术文章是美国著名法学家杰罗姆·弗兰克。在《为什么不是诊所法律学院?》中,指出,诊所法律教育是作为一种向法律学生教授法律实践的手段而发展起来。[3] 法律诊所是替代了原来的学徒制度,法学教育重新回到了理论与实践相结合的模式。诊所可以被看作是应用法

---

[1] 传统法学教育模式可以概括为"学院式"。该种模式重知识传输而轻实践。根据不完全统计,全国近两百所高校成功开设了法律诊所教育课程。2002年7月28日,经中国法学会批准,成立了中国法学会法学教育研究会诊所法律教育专业委员会。参见刘晓明:《高校法律诊所课程设置问题研究》,载《贵州工程应用技术学院学报》2020年第5期。

[2] 贾蕊:《本土法治资源之下的法律诊所教育质量研究》,载《高教学刊》2020年第22期。

[3] J. Frank, "Why Not a Clinical Lawyer-School?", *University of Pennsylvania Law Review*, 1933, 81.

律的论坛。通过介绍真实的客户在现实世界中运作,并产生真实的后果,从而打破了纯粹的案例阅读的学术练习。① 也就是说,在 19 世纪 70 年代之前,大多数美国律师是通过学徒制取得资格的。后来哈佛大学法学院引入了案例教学法之后,在 20 世纪初受到了法律现实主义的批判。一批法律现实主义学者强调法律学生必须了解社会的相互作用以及法院和律师的工作,以了解法律和法律职业在社会中的实际运作。这导致了在 20 世纪 50 年代引入了模拟执业法庭的做法,并从 60 年代开始建立了法律诊所。

法律诊所教育在中国的引入课追溯到 2000 年。受到了美国福特基金会的资助,国内诸多知名学府诸如清华大学、北京大学、武汉大学等纷纷开展法律诊所教育,尝试实践性教学模式。2002 年 7 月 28 日,经中国法学会批准,成立了中国法学会法学教育研究会诊所法律教育专业委员会,指导诊所法律教育工作,组织诊所教师进行诊所教育经验交流。

(二)法律诊所教育的内涵

R. Grimes 认为,法律诊所教育是指"一个学习环境,学生在这个环境中识别、研究和应用知识,这个环境至少部分地复制了知识的实践世界……这几乎不可避免地意味着,学生承担了一个案例的某些方面,并按照……在现实世界中进行的方式进行操作"。②

南卡罗来纳大学的诊所法律教育教授 Roy Stuckey 指出,有三种类型的法律诊所课程:(a) 基于模拟的课程;(b) 内部诊所;(c) 外部实习。Stuckey 还指出,"从经验中学习"有四个阶段,即(a) 经验;(b) 反思;(c) 理论;(d) 应用。③ 临床法律教育提供了一种在任何课堂环境中都难以复制的学习经验。学生可以获取的直接利益包括:(a) 学生可以看到他们的工作如何直接惠及一个真实的人,从而从对某人的生活产生积极影响中获得个人满足感,(b) 学生可以看到他们正在开发的技能的职业意义,(c) 学生被赋予"责任和权力",并感到对客户有责任,(d) 学生发展了自信的技能,(e) 学生经常因为不参与讨论而无法实现他们在研讨会中的潜力,而诊所则要求充分参与,以及(f) 通过将法律应用于

---

① P. Kosuri,"Impact in 3D-Maximizing Impact through Transactional Clinics," *Clinical Law Review*,2012,18.

② R. Grimes,"The Theory And Practice Of Clinical Legal Education"in J. Webb and C. Maugham (eds.) *Teaching Lawyers' Skills*,1996),p.138.

③ R. Stuckey, "Can We Assess What We Purport to Teach In Clinical Law Courses?" *International Journal of Clinical Legal Education*,2006,9.

实际案例,学生理解了以前他们不太清楚的概念。① 此外,(a)学生必须参与事实分析:在学术模块中,学生会得到一组事实,这就需要应用法律,但在诊所中,学生被剥夺了一组连贯的事实,他们必须足够深入地理解法律,以确定客户的哪些要素是重要的,(b)诊所中的实际问题很少坚持整齐划一的分割,可能涉及公司、信息和侵权法,在这些不同的要素之间建立连贯的联系的能力需要"清晰的头脑"。

二、法律诊所教育与法律职业伦理:相互契合的分析

2017年5月3日,习近平总书记在中国政法大学考察时发表重要讲话,强调法学教育要坚持立德树人、德法兼修,抓好法治人才培养。至此,法科生的培养理念发生了深刻变化,即从法律工匠的塑造到法律工匠和道德的法律人相结合的塑造。法律职业伦理课程便成了如何更好造就有道德感的合格法律人的正确途径。法国著名伦理学家爱弥尔·涂尔干对职业伦理有过如下论述:"职业伦理的每个分支都是职业群体的产物,那么它们必然带有群体的性质。一般而言,所有事物都是平等的,群体的结构越牢固,适用于群体的道德规范就越多,群体统摄其成员的权威就越大。群体越紧密地凝聚在一起,个体之间的联系就越紧密、越频繁,这些联系越频繁、越亲密,观念和情感的交流就越多,舆论也越容易扩散并覆盖更多的事物。……所以我们可以说,职业伦理越发达,它们的作用越先进,职业群体自身的组织就越稳定、越合理。"②恩格斯也指出"实际上,每一个阶级,甚至每一个行业,都各有各的道德"③,其所指的各个行业的道德也就是各行业的职业伦理。法律职业伦理亦是法律这一职业与一般的伦理道德相结合的产物。简言之,法律职业伦理指从事法律职业活动的主体应该具有的道德品质和应该遵循的行为准则的总和。④ 换句话说,法律职业伦理是指法官、检察官、律师等法律职业人员在其职务活动与社会生活中所应遵循的行为规范的总和。

---

① J. Marson, A. Wilson and M. Van Hoorebeek, The Necessity of Clinical Legal Education in U-niversity Law Schools: A UK perspective,' *International Journal of Legal Education*, 2005.
② [法]爱弥尔·涂尔干:《职业道德与公民道德》,渠东,付德根译,上海人民出版社2002年版,第9—10页。
③ 《马克思恩格斯全集》(第4卷),人民出版社1965年版,第236页。
④ 朱贻庭:《伦理学小辞典》,上海辞书出版社2004年版,第292页。

法律职业伦理教育一直为我国的法律教育所忽视,我们只是依赖于一般的政治和德育教育。现阶段,我国法律职业伦理教育依然没有得到应有的重视,甚至没有一席之地。这种情形与法学知识性教育的成效相比形成极大反差。当今中国法学教育中最缺乏的不是一般法学知识的教育,而是法律职业伦理道德的教育。[①] 法律职业道德教育是法学教育中的薄弱环节,其现实表现为:第一,法学教学目标缺少职业道德要求;第二,法律职业道德学科地位不明确;第三,师资力量极度薄弱;第四,教学方法单一。有学者分析指出法律职业道德教育长期处于边缘化主要有两方面原因[②],一是法学教育与法律职业的脱节,二是法律职业道德教育作为一种态度或情感教育的独特性使得法律职业道德教育难以有效地开展。

(一)法律职业伦理与法律诊所特征的共同性

第一,二者的核心思想均为实践性。实践出真知。印度学者弗兰克·布洛克把诊所教学方法称为"通过实践学习",即在教师的指导和监督下,通过学生积极地参与法律程序的多个方面的实践来进行教学。"经院式"法律教学活动中,教师传播抽象的理论、设定假想的案例,学生被动地接受知识或者在思维中模拟法律的运用,学生对于社会现实中真实案例的运作缺乏真实感和代入感。诊所式法律教育让学生接触到、深入到各种真实的案件中,与真正的当事人面对面接触沟通,用自己的行动推动案件的进程。学生对法律的理解和运用能力在实践中得到训练。而法律职业伦理事关法律职业人的切身利益:如何在执业过程中规避不当的职业风险。而这些内容很难通过课堂上理论灌输让学生有切身的体验,更很难让学生通过抽象的法条来理解为什么该种行为在法律人职业过程中是不被允许的。所以,法律职业伦理的内容与其说是理论的抽象,倒不如说是实践关联的。

第二,二者旨在激发学生的社会责任感。法律职业伦理教育有一个很关键的特征:公益性。它强调学生们在进入法学院之后要树立法律人的社会责任感,而并非要把挣钱、为自己谋取私人利益作为第一选择。比如,律师行业要求律师均有法律援助的义务。这意味着律师职业不仅是一种"产业",更是一种"事业"。具有人民性,在维护当事人合法权益的同时,维护着法治的尊严与社会的公平正义。公益法律服务事关人民群众切身利益,基本上都是老百姓"急

---

① 牟文义,田建强:《我国法学本科教育的理论与实践》,吉林大学出版社 2010 年版,第 207 页。
② 韩慧:《高校法律职业道德教育与法学专业人才培养》,载《思想教育研究》2008 年第 9 期。

难愁盼"问题。如就学就医，又如社区服务与乡村振兴；专业领域上既涵盖民法典又涉及金融风险防范，既有关扫黑除恶又关联突发重大事件权利保障，可谓事多、面广、题难。需要律师的公益心。同样，法律诊所教育的理念是追求正义性、公益性、社会责任心。法律诊所的案件主要是法律援助案件。一般来说，法律援助的对象是急需法律服务，而又没有能力承担相关费用的当事人。对于这样的弱势群体，法律诊所为他们免费提供法律咨询、代写文书、赔偿谈判、出庭支持等服务。现实中大量的法律诊所案件是工伤赔偿、污染损害、人身伤害索赔等民事纠纷，接触到的当事人都是权利受侵害、生活受影响，万般无奈走上维权道路的人，学生通过向弱势群体提供服务，以当事人身份参与案件，得到了书本教材无法给予他们的同情、怜悯的感情共鸣，更可以让学生真切感受到法律人伸张正义的社会责任。这种通过事实教育人的方式远比任何教科书在激发学生社会责任感、培养法律职业伦理方面的作用要大得多。

第三，能力教育与伦理教育并重。在前面笔者已经讲到过，我国法学教育传统模式重在知识灌输，即使在法律诊所教育引进以后，也往往只重视职业能力而漠视职业伦理。职业能力要求和伦理要求要做到两条腿走路，不偏废其一。对于职业伦理教育，不能仅仅依靠德育教育来代替，也不能仅仅采用独立的、集中的课堂教学法来完成。要改善这种状况，就必须将能力教育与伦理教育并重，要从根本上重视伦理教育。因此，我国法律教育的价值目标和方向指引要求法律诊所教育与法律职业伦理教育相互结合，相互辅助，相互支撑。法律职业伦理内容不是虚幻的理论说教，道德修辞，而需要在实践中让学生切身感受法律人的道德魅力。让学生们体验到法律的精神面向。一言以蔽之，二者的相互结合是应时之需，有其必然性，是体现我国现阶段法律教育的规律性和科学性的，是造就知行合一、人心升华的法律人才的必经之道。[①]

（二）法律诊所教育之于法律职业伦理教育的优势

首先，"真枪实弹"地体验、理解、应用法律职业伦理的理论与规范。法律诊所教育的灵魂是实践教育。将学生放置在一个类似真实案件中的情景之中，运用其所掌握的法律知识去解决问题，切实维护当事人的合法权益，感受社会的公平正义，体验职业伦理的约束。它是真正的"真枪实弹"，可以直接培养学生分析问题、解决问题的能力，真正实现理论与实践的统一。而固有的案例教学

---

① 郭锋：《全球化背景下的法律实践教学》，知识产权出版社2008年版，第371页。

法、模拟法庭等,都是在预设的案例和预设的场景中,学生按照一定的工作程序,进行案例分析找到可适用的法律。无疑,二者在对学生能力素质培养方面的功能差异是显而易见的。①

其次,实现学生主体性地位。"以学生为中心"是现代法律教育的核心理念。打破传统教育的老师主讲,学生被动接受的模式弊端,真正实现学生是教—学关系的主体地位。法律职业伦理教育中涉及很多规范性理论知识的理解和应用,它很容易让课堂教学走向老师为中心的模式。在法律诊所教育模式中,学生是主角,教师退居次要地位。就具体案例而言,学生们可以提出对案件的分析意见、解决方案、价值判断、理论见解、诉辩策略,尤其是针对职业伦理的要求,感受法律人的执业风险,以此提出如何规避的对策。如此,能有效调动学生学习、工作的主动性、积极性,帮助学生实现从"要我学"向"我要学"的根本性转变。然而,在传统教学模式下,教师主导着法律职业伦理理论知识教育,这是一种"灌输式"教学模式,学生们只能被动接受老师的讲课。该传统模式制约着学生的主观能动性。可见,两种教学方法之优劣已凸显于外。

再次,满足人才培养目标和塑就高校办学特色。与以往各高校选择热门专业开设、学生就业容易为标准,"一窝蜂"地开设社会需求大的法学专业,导致各个高校无法区分出自身特色。在法律职业伦理的办学过程中,开设各种形式的法律诊所,可以扬长避短,凸显自身办学的优势和特色。根据 2017 年教育部高等学校法学学科教学指导委员会修订的《法学本科生指导性培养方案》的总体精神,培养德才兼备、德法兼修的法律人是我国法学教育的未来目标。而诊所法律教育,就能满足这一法律人才培养目标。一方面,法律理解和适用的各项技能能够在诊所法律中得到切身的体验和学习。它让学生在课程学习中获得法律实践经验和技能,通过真实案例训练,培养学生发现问题、思考问题、解决问题、团结协作综合性能力。这应验了美国著名法学家霍姆斯的断言:"法律的生命在于经验而不在于逻辑。"另一方面,法律诊所教育能够培养学生的职业道德感和社会责任感:"法律诊所教育就是通过教育手段把'品格'与'经验'的要求彻底地贯彻到法学教育中,既注重实务经验的积累,又注重法律职业共同体的职业道德与社会责任感的培养。"②

---

① 杨娅敏:《地方高校法学专业实施诊所法律教育路径研究》,载《大理大学学报》2020 年第 3 期。
② 王霁霞,任之初:《美国法律诊所教育的模式及实施条件研究》,载《中国法学教育研究》2015 年第 3 期。

最后，法律诊所教育助力法律职业伦理走出实践教学的困境。传统的实践教学主要是依赖教学实习、模拟法庭、案例分析等，学生们在这些环节的过程中只能是感性认识。比如说，模拟法庭，学生还是局限于将演练的剧本不断的记忆，其中包含若干法律原理和知识，仍然走不出课堂学习的短板，缺乏对本质内容的有效探知。学生参加大学阶段的实习工作，往往也只能在实习单位扮演一个"勤杂工"的身份，其原因在于他们很难被实习单位认可为是一个合格的法律职业身份者。法律诊所课程，完全打破了这一格局。从头至尾，学生一直参与到诉讼案件之中，这必将助力学生业务水平和业务能力的提升。

三、法律诊所教育在法律职业伦理课程中运行的问题

一个好的教学模式、方法在固有的教学环境中运行的效果有时候并非绝对良好。在两者磨合的过程中呈现出的问题现状也是需要各个高校在讲授法律职业伦理课程时倍加注意的方面。在笔者承担的法律职业伦理课程的教学中，总结出的问题包括了以下几点。

第一，学生出庭严格受限。"直接以委托代理人身份代理委托人的案件，是法律诊所课程提高学生学习运用判断能力、训练法律思维、理论联系实际、理清事实真相的最佳途径。"[1]我国法学教育的传统模式和诊所法律教育模式的最大区别就是，在后者中，学生们可以直接参与真实案件的办理。但我国《民事诉讼法》修改完善后，诊所学生出庭的身份问题已经成为诊所课程教学的难点。一般情况下，学生很难再以公民身份进行案件代理，如果以公民身份出庭，至少要向法庭递交以下证明文件：一是当事人的授权委托书；二是当事人所在社区的推荐信；三是南京审计大学法律援助中心函；四是法学院证明等。往往社区推荐信很难出具，学生就不能出庭。个别法庭比较宽松或与指导老师关系比较密切，学生才有机会出庭。学生出庭难减弱了诊所教学的实际效果，学生专业训练的热情也因此受到一定影响，更重要的是学生得不到实际的庭审程序训练。

第二，"双师型"教师配备不足。一般而言，法学院教师队伍中大部分都是接受过法学博士学位深造过的，换言之，从硕士到博士阶段七八年的专业学习，很多老师都是一路读书，然后毕业后直接到高校中去，很少有人能够具备充分的法律执业的经验。因此，法律职业伦理课程要求的该种"双师型"教师资源就

---

[1] 黄荣昌，叶竹梅：《法律诊所适用教程》，厦门大学出版社2010版，第16页。

很匮乏了。虽然,法学院注意到了该种遗缺,不断地聘请校外兼职导师,但是囿于他们平时身兼数职,不能时常与学生见面,很难让学生感受到与之存在的亲切感。再加上报酬的问题有时候很难协调,导致了深度合作的模式不能有效开展下去。

第三,与实务部门合作深度不够。诊所教育改革是一项综合性、全局性的工程,因此必须面向社会开放办学,要整合社会各项资源,尤其是要利用法律实务部门的力量。法学院在办学过程中思路清晰地设计出需要与之合作的外来单位,但问题是实操过程中并不能与之深度合作。比如说,外聘的导师人数多,但真正上课的却很少,只能是以开设讲座的方式,不具备实践教学的连续性。再比如,有一些外来单位筹划要通过资助的方式开展合作,但能够兑现的却不多。

第四,案源匮乏难以完成教学目标。一般而言,法律诊所教学案例资源的获取通道是来自本地发生的案件,这些案源的数量和地域都是有限的。而学生又很难去外地,实现异地案件的办理。主要是因为资金的受限。再加上,法律诊所过程中的学生因为是没有获得法律职业资格认证的,当事人很难对之产生信任。

四、诊所法律教育实现法律职业伦理功能的对策建议

(一) 加强法律援助机构和高校法律诊所教学的联系合作

李傲教授早在 2003 年的《法律援助与法律诊所之甄别与整合》一文中就强调了法律援助与法律诊所整合的可能性与必要性,并且提出了多种整合模式以供选择。"诊所的学生经过严格系统的律师技巧训练,可以弥补法律援助人力资源的不足,缓解法律援助供求关系。法律援助机构从接待、咨询、审查,到参与代理,丰富的服务形式为诊所学生提供了全方位实践的机会;充裕的、类型各异的案源,正好满足诊所选择合适案件的需要。"[①]所以,可以和南京市法律援助中心加强有效对接,如果是南京审计大学法律援助中心需要出庭的案件,可以由南京市法律援助中心提供帮助,派遣律师加以指导,并可以为学生出具需要出庭办案的协助等,解决学生出庭困难。

---

① 李傲:《法律援助与法律诊所之甄别与整合》,载《法学杂志》2003 年第 4 期。

（二）强化与地方法院、律所等实务部门的合作

地方法院和律所需要和高校开展法律合作的基地,然后由这些单位派遣专业的法官和律师为学生开展专门性的、连续性的法律课程,向合作院校提供丰富的实践教学素材。组织符合条件的在校大学生到地方法院和律所实习,指定具有较强工作经验的法官对实习学生进行指导,为实习学生提供必要的就餐、交通便利。

（三）设立专项资金,弥补法律诊所经费短缺

可以在国内建立专项法律诊所基金,通过科学的经费运作,从校外和校内两个途径筹集法律诊所需要的资金支持。校内分别由学校和学院两个层面对法律诊所课程提供支持,校外通过建立专门的法律诊所援助工作站,与司法机构、相关的行政部门及社会公益部门相合作,解决当前法律诊所教育的资金问题。在积极寻找新的法律诊所援助途径之外,还要开辟新的方式筹集资金.同时,也可以实现法律诊所与专业实习的替换与对接,把用于专业实习的相应经费划拨到诊所。通过有效利用专业实习这一环节,实现法律诊所与专业实习的替代和对接,能够对传统的专业实习注入新的活力,也能提高学生的实习动力,教学效果会大大提高。或者,法律诊所的使用费用可以从当事人处获得。比如说,交通费用、文印费用等。

（四）加强法律诊所师资建设

参照国外发达国家的相关做法,比如,美国的法律诊所教育,除了本学院的基本师资外,还有大量的公社辩护人和法律服务律师参与。所以,南审法律职业伦理课程可以大量借鉴国外较好的做法。比如,基于诊所法律教育需要指导老师的大量付出,在诊所教师的选择上应该选择具有奉献、创新精神,有事业心、公益心、包容心,坚定把诊所法律教育做好的人。其次,要加大本院法律职业伦理教师的培训力度。对于缺乏执业经历的教师每年给予经费参与定期培训,向他们传递诊所教育的基本理念和教育方法;或者由各法律院系选派诊所教师到国内诊所教育做得好的高校进行培训。或者,法学院也应该多鼓励从事法律职业伦理教学的教师在不影响正常教学的情况之下,从事法律兼职,在实战中提高实务能力。

信息技术与法学实践融合路径探索

"互联网＋"时代法学本科教学模式与方法探索

何邦武　俞陶涛

【摘要】 "互联网＋"背景下,教育方式的变革未能触及传统的法学教育模式的根本。法学教育固有的二重矛盾被现实需求所掩盖,培养目的不明使课程设置无法该当法学教育目的。以信息化手段进行教育模式改革,培养本科生的法律思维,构建法学的知识体系,完成专业人才的培养刻不容缓。在教学模式上,不可对域外经验做简单移植,而需理解"互联网＋"的技术内核实为信息要素的统合,以之形成对既成路径的"演化";在教学方法上,需要以法学方法论串联课程设置的内外部环境,防止知识与技术的"两张皮"现象。

【关键词】 法学教育改革;互联网法学教育;法学课程建设

十四五发展规划确认,"互联网＋"是我国未来经济社会重要的发展战略;2020年国务院政府工作报告也指出,要全面推进"互联网＋",打造数字经济新优势。[①] "互联网＋"是互联网与传统行业间的深度融合,以其特有的信息传导方式,形塑着社会日常生活。作为法学研究的对象,社会生活方式的改变,也反作用于法学知识体系形成发展的内生逻辑,与之伴随着的法学教育,也需要回应这一客观情势的变化。早在2011年,教育部和中央政法委已经指出,当前我

【基金项目】本文系南京审计大学国家级一流专业(法学)建设专项课题"互联网＋"法学专业创新与实践研究(项目编号:2020JG136)研究成果。

【作者简介】何邦武,南京审计大学法学院教授,南京审计大学网络法律研究中心主任,浙江大学互联网法律研究中心研究员;俞陶涛,南京审计大学法律硕士专业在读。

① 见《2020年政府工作报告》,参考网:http://www.gov.cn/zhuanti/2020lhzfgzbg/index.htm.

国法学人才培养在模式与方法上面临对法律人才市场需求回应力不足。① 尽管法学本科教育改革一直处于不断探索阶段,也取得了一些成就,然而整体上由于"路径依赖",有关理论仅将"互联网＋"业态模式作为外部对象加以观察,缺乏在概念与和功能上与法学本科教育模式的同构性分析。② 法学本科教学不仅在教学模式上未能成功将域外经验本土化,在教学方法上也日渐零散纷杂,有"越改越乱"之虞。本文试图解剖当下法学本科教育所面临的挑战,针对"互联网＋"时代本科阶段法学教育培养模式的特点和要求,探究理论与实践双重语境下法学本科教学模式的困难所在,并以"实践基础下的理论教育"这一概念,处理案例教学法与传统以本为本的理论教学法之间的关系,并尝试提出具体路径。

一、"互联网＋"时代法学本科教学的现状与问题

"互联网＋"在功能实现上,通过统合虚拟与物理空间的诸信息要素,完成相关业态升级,也改变了传统生活生产方式,包括本科教育模式与方法。如习近平主席在2015年致国际教育信息化大会的贺信中所指出,需建立网络化、数字化的教育体系,培养创新人才。③ 知乎、微博等自媒体平台的广泛应用,加速了知识共享的进程,传统的线下教育模式由此转为新型的"线上"或"线上＋线下"并行的模式。教学不再受制于物理时空的限制,可依师生双方协商的方式开展。高校及其教师也借助慕课等平台,扩大了课堂内容的传播范围,以回应"科教兴国"的要求。由此,教育方式的改变,使教学工作开展的灵活性得到了

---

① "我国高等法学教育还不能完全适应社会主义法治国家建设的需要,社会主义法治理念教育还不够深入,培养模式相对单一,学生实践能力不强,应用型、复合型法律职业人才培养不足。提高法律人才培养质量成为我国高等法学教育改革发展最核心最紧迫的任务。"见《教育部、中央政法委员会关于实施卓越法律人才教育培养计划的若干意见》,教高[2011]10号,参考网:http://old.moe.gov.cn//publicfiles/business/htmlfiles/moe/s3875/201204/134451.html.

② 教育,尤其是法学教育,非要求将知识独立于社会生活,仅在形而上层面思辨;相反,教育本就具有其自身的制度功能,需要统合研究范式知识的对象,而非做演绎推理。参见霍宪丹:《法学教育的历史使命与重新定位》,载《中国政法大学学报》2004年第4期。

③ "当今世界,科技进步日新月异,互联网、云计算、大数据等现代信息技术深刻改变着人类的思维、生产、生活、学习方式,深刻展示了世界发展的前景。因应信息技术的发展,推动教育变革和创新,构建网络化、数字化、个性化、终身化的教育体系,建设'人人皆学、处处能学、时时可学'的学习型社会,培养大批创新人才,是人类共同面临的重大课题。"参考网:http://www.xinhuanet.com/politics/2015—05／23/c_1115383959.htm.

巨大提升，教育资源获取方式多样化，内容丰富化，高等教育资源不均衡的现状得到改善，提升了高等教育的质量。高校学生采取"在线学习"的模式，可依据自身兴趣偏好，通过各类信息平台寻找所需的教育资源；也可灵活利用时间，通过反复回看课程内容以查漏补缺，达到完善自身知识结构并提升素质的双重目的。[1] 然而，知识的学习有其自身的认知规律，教学手段的多样化变化在提高教学效率之外，也对传统本科教育模式产生冲击。

　　首先，高校培养目标不明确，在课程设置时，以社会需求为导向，但也未能做到"技能化"；在考核时，偏重对分数的考核，忽视了学生的思维方式、知识体系的培养。学生在对知识缺乏体系了解的情况下，盲目选择将加剧自身的混乱。以法学教育为例，多数高校的法学院在课堂内容的设置上，偏重于对部门法理论的讲授及对法律条文的解读，对有关于法学的通识教育有所欠缺。"四重四轻"[2]的教育现状普遍存在，虽然从表现形式上有别于高中教育，但其实质仍是一种"唯分数论"的填鸭式教育。此外，为回应社会的现实需求，在对学生的培养方案中，用模拟法庭、假期实习等计划以加强学生的职业素养，但在课程内容的讲授和知识考核方面，仍是偏重于检测学生对于理论知识的掌握。基于工具主义的目的，学生在上课时，利用软件记录对自己最有价值的片段，通过反复观看达到记忆的效果[3]，以达到考试标准；基于实用主义目的或者依据个人喜好，学生借由互联网选择激发自身能动性的校外教学资源进行学习。但在这些过程中，学生将自己置于被动接受者的地位，以"听课"代替"思考"、以"记忆"代替"理解"，在无形中将知识碎片化，孤立于知识体系之外，同时将蕴含在知识内的价值从中剥离，在思维方式无法获得锻炼的同时，也使知识体系支离破碎。高校因对法学教育面向的不同选择，可能会形成不同知识体系。高校内部的专业开设、学科特色、课程设置、教材选择融贯自洽，学生在对此差异不够了解的前提下，盲目获取知识，可能无法分辨其获取的知识体系与之前所接受的教育是否存在差异；或因知识储备不足无法对不同体系的知识予以统合，而加剧自

---

[1] 王周秀、许亚锋：《维基技术应用于高校在线教学的实验研究》，载《中国电化教育》2013年第6期。

[2] 2015年，在北京举行的全国政法大学"立格联盟"第六届高峰论坛会上，西南政法大学校长付子堂指出当前我国法学教育存在四个倾向，即：重学科轻实践，重学术轻应用，重知识轻训练，重理论轻案例。

[3] 姜永伟、于宝林、冯雷：《"互联网＋"时代高校教育中的价值观塑造——以法学教育为例》，载《中国电化教育》2022年第2期。

身理论与思维的混乱。

其次,新型的教育方式仅改变传统授课形式,未改变传统法学教育授课实质,无法满足现实需求。在线教育的方式便捷了学生获取知识的同时,降低了学生的实践参与感,削弱了其对法律职业及共同体的认知。《2020年中国大学生就业报告》中指出了法学人才普遍存在就业难的现状,并连续三年将法学专业列为红牌专业。法学毕业生近年来也高居不下,社会对法律职业需求量逐年增高,但彼此之间却不相匹配。

教师视角下,对法学专业知识的讲授,无法脱离其具体产生与作用的领域独立开展。在授课时,必须借助政治、历史等人文社科的通识教育加深学生对法学知识的领会,又要结合具体的法律条文对经济运行、社会生活等外部环境的影响进行讲解,繁重的教学任务需要被压缩在较短的培养周期内。此外,由于课程设置缺乏系统性,课程内容只能服务于自身,彼此间不能融贯,故在具体教学方法只能依赖于既有路径并彼此独立,或照本宣科地讲授,或采取案例教学,难以有效统合部门法的具体知识以满足本科阶段的培养目标[①]。学生视角下,因对法学知识与法律职业认知的缺乏,无法满足社会需求。由于通识教育的缺乏,学生无法理解深刻复杂的理论,在课堂上只能被动消极接受知识,无法通过与老师的互动形成批判性思维。"思考"的缺位,使法学生于毕业时只知法律条文的规定,不理解背后的法理;"实践"的缺位,法学生对法律职业与实践操作技能缺乏具体的认知,使其在毕业后无法迅速融入工作,在面对具体问题时,无法灵活运用所学知识以解决社会生活的实际问题。"互联网+"模式的介入,原有的互动教学模式被替代,教师无法通过学生的反应判断其具体的掌握程度,无法对授课内容、进程进行及时调整,转而丰富授课课件的具体内容;学生借由物理空间的隔阂,尽可能减少对教师的回应,忙于记录具体内容,以应对考试,这使得矛盾进一步被放大。

上述现象,是教育模式未完成本土理论构建的表现,是机械照搬、融合域外经验的必然结果,是在"互联网+"背景下被凸显的部分。法学生缺乏法学知识体系、法律思考方式,对法学知识的掌握仅止步于特定领域内的模仿,无法做到对整体进行整合、运用,也无法做到运用基本法理进行延伸思考,既体现于学术论文写作的举步维艰,也体现于进入实务岗位之后的无所适从。法学教育的目

---

① 崔艳峰:《"互联网+"时代法学教育面临的挑战与变革》,载《西北成人教育学院学报》2018年第1期。

的,并非旨在让法学生比一般人更熟悉法律条文,而是在"实践导向"的共识之下,借由特定的法学方法"汇通"经验与事实。名目繁多的改革方案,若只能达到对教学方法的衍生,而不能在知识体系内使学生对知识的认知与实践相匹配,只能沦为具文。如何改造既成教学模式与方法,或许可借由"互联网＋"重新表达,使之与法学教育的目的相融贯。

二、"互联网＋"时代法学本科教学模式与方法的应然图景

自新中国成立以来,我国法学教育历经三次转折,从新中国成立初期至70年代末的重建阶段,到新世纪初的恢复发展,再到由法学教育转向法律职业教育[①]。70余年间,我国法学本科教育从虚无到重建,随着改革开放的浪潮而逐步恢复,又在发展市场经济与依法治国总目标的双重政策指引下,一边回应着外部市场的人才需求,一边在教学过程中完成本土法学内部知识增长与体系化任务。可以说,继来自德日的本科起点的现行法学本科教学模式,在"先天不足"的条件下,又长期处在动态进化的巨变之中,其道路注定是曲折的。当代中国,法学教育成为法学理论研究的独立门类大抵自20世纪90年代开始[②]。高校教育工作者的反思主要集中于讨论法学本科毕业生的法律素养与技能,同社会具体行业需求之间的适配度,并在此基础上提出"法学本科教育专业化"的改革方案。这不仅符合当代国情,也同世界主要法治成熟国家的经验相一致。进一步的,对于法学教育专业化之路,形成了以"实践导向"为主要抓手的共识。直到进入"互联网＋"时代,在方案的具体落地环节,以何种模式为推进,一直未有定论。

现有的法学教育,既要遵循自身的学术性与科学性,又无法割舍社会性放弃对职业性、实践性的培养。学者们一直有意明确法学教育的目标,但法学教育固有的二重性——是偏重理论教学以培养学者和法学家,还是偏重实践训练培养法律职业者[③]——一直困扰着法学教育的发展。大陆法系国家中,以本科为教育起点,以法学教育为主,强调基本理论、基本概念等,主要教授各学科的

---

① 易继明:《中国法学教育的三次转型》,载《环球法律评论》2011年第3期。
② 这一时期学者对中国法学教育的集中观察与历史和域外经验总结,见贺卫方主编《中国法律教育之路》(中国政法大学出版社,1997年版)与王健主编:《西法东渐——外国人与中国法的近代变革》,(中国政法大学出版社 2001年版)。
③ 周汉华:《法学教育的双重性与中国法学教育改革》,载《比较法研究》2000年第4期。

知识体系。在通过基础知识的考核(司法考试)后,由单独的部门负责组织培训法律职业所必备的技能与素养。英美法系国家以硕士教育为起点,以法律教育为主,法学院以法律职业教育与实务训练为主,人文素质不再是培训的重点,着重于"判例教学法"以体现法律的实践性。两大法系在法律人才培养体制上都有共同之处,由司法考试制度链接法学教育与法律教育,在对学生的具体培养模式上各有偏好。脱离实践的理论只能是空中楼阁,故我国的法学本科教育是在参照大陆法系的注重理论培养的模式基础上,引入英美法系的"法律诊所""模拟审判"等偏重实践教育的模式,但却因"实践导向"还是"理论导向"的意识形态对立,造成了教学模式在事实上的割裂状态,未能达到培养法律人才的目的。大多数高校在理论教学方面乏善可陈,在实践教学方面,多数实践教学项目因资金、师资的缺乏无法贯彻落实,假期实习也因时间安排不合理、岗位稀少等客观原因无法更进一步[1]。诚然,法律教育与法学教育在结束基础理论的教育之后的最终走向不同,但两者并非泾渭分明的,其共通之处是在于不可否认作为理论基石的"专业性"。且随着全球化进程的加快,法学教育与法律教育一体化已成为各国法学教育的必然选择,如何使学生形成对各部门法、领域法的自适应能力,才是法学教育的"当务之急"。

  法学在经历了本体论与认识论的争论之后,转向了对方法论的研究。不论是探究法的本体,还是探究如何认识法,都无法脱离法学特定的研究方法。借助特定的法学方法,理论得以指导实践解决具体问题,实践也得以回应理论使理论更具生命力。法律教育与法学教育间的对立也可借助法学方法论以融合,达致培育法律人才的目的。对于大部分法学生而言,相较于理论繁杂且枯燥的法理学,具体部门法更容易掌握。但在遇到疑难复杂的问题时,又不得不求助于背后的基本法理。原因在于,教义学通说经由理论竞争已由法条固定,疑难问题则需要在未达成共识的情形下,借由法哲学思考背后的价值差异[2]。法学方法论则是理论法与部门法之间的桥梁,可让学生在繁杂的部门法中回归理论原点,掌握基本法理以指导具体部门法的学习。法学生在实务操作的无法适应表现在欠缺利用本科书本所学的知识解决现实问题的能力。究其原因,是其法学方法(如法律解释、法律推理等)的欠缺,或无法将事实提炼为法律事实与条

---

[1] 邵文涛:《我国本科法学教育中实践教学体系的构建与运行》,山东师范大学硕士毕业论文,第37—38页。

[2] 张斌峰:《当代法学方法论的现代价值之阐释》,载《山东社会科学》2014年第8期。

文相匹配,或无法从法律争议中提炼争点形成文书,或在形成结论后无法论证结论的正当性。法学生有别于其他专业学生,在于其拥有独特的思维方式与知识体系,并能借助合适的方式表达。法律思维,便是依照法律特有的逻辑与价值取向,以特定的解释方式适用法律的思维。① 法律知识可以自学,但若要形成特定的知识体系,则需要借助法律思维与法学方法论。法学方法论,既是培养法律思维的工具,又是构建法学知识体系不可或缺的一部分。以法学方法论为统合"法学教育"与"法律教育"之间差异的工具,既能提高学生对理论基础知识的掌握,又能弥补学生在法律适用时的短板,以达到本科阶段教学的目的。

从农耕时代至数字信息时代,法律的变化都落后于社会外部的变化,面对纷杂的社会,法律仍能够发挥其调控机制的原因,在于自身能够以高度抽象的理论指导复杂多样的现实世界,法学教育则以其非针对特定法律职业的法学基础理论完成外部事实约束与利益冲突下的制度建设而成为可能。法学教育若要实现自身的目的,应将自身视为此时代的"引领者"与"建设者",不仅是从经验层面改变教育形式,更要从其教育模式着手,尝试提供相对独立的智识培养体系。法学本科教育实务化的实现路径并非以实践为主导,而在于通过理论教育以培养学生的问题意识与解决问题所具备的"最低限度的可靠技艺"②,进一步形成对各法律部门与领域的自适应能力。这种能力的发生,有赖于将法学方法论为核心抓手,将学科重新切割而适配于学生不同学习阶段认知能力,形成法学教育模式与方法在理论建构与实践应用双重语境下的再表达。

三、面向"互联网+"时代的法学本科教育路径

相较于传统获取信息、培养技能的方式而言,信息时代从根本上颠覆了这一点。传统的以部门法为基础进行横向区分的扁平化课程设置模式,已不足以适应信息时代的特点。因此,笔者认为,应以信息时代的特点为指导,采取横纵叠加的新型课程设置模式,以培养法学人才。

---

① 王彬:《法官职业化视角下的法律方法教学》,载《法律方法》2015年第1期。
② 见卡尔·卢埃林(Karl. N. Llewellyn)在《荆棘丛——关于法律与法学院的经典演讲》(北京大学出版社,2017年10月版)中的有关论述。值得指出的是,原文中卢埃林使用的词为"craftsmanship",不仅有"技艺"的实在含义,也特指该"技艺"必须经由时间变化和经验累积后所创造性形成。故而,这一功能主义性质的表达,不妨碍将之置于建构主义视角下理解,也即该"技艺"必须要在知识层面上拥有价值属性,而非单纯指技术本身。

首先，课程设置内部，培养法律思维与知识体系的任务是迫在眉睫的。为培养、塑造具有法律思维的法律人才，应当着重培养其掌握法学方法。法学方法有助于法学生在繁杂、抽象的理论中形成知识体系并掌握法律思维，是法学生掌握基础知识、运用思维的"渔"。因此，应在课程设置上加入"法学方法论"，在培养法学生思维、意识的同时，有助其掌握认识法学及理论的工具，为形成、运用法律思维做铺垫。此外，应当在理论课程的讲授过程中，加入介绍"法学知识谱系"的相关内容。通过对知识谱系的梳理，让学生对于法律思想的发展史有所了解，从而加深对理论的产生、发展的理解，从而掌握基本法理，以达到指导具体部门法的运用。教师在授课时，不能固守传统教学模式，应利用"互联网＋"路径重新设计教学内容，如充分利用社交平台，建立答疑、讨论机制，鼓励学生提问；利用网络资源，紧跟时事热点，提升分析法理问题的能力；在授课过程中，兼具"生动、趣味"与"专业术语"；增强与学生的互动频率，调动学生学习的积极性。同时，形成课前、课中、课后一体化的案例教学法，针对每一个现实案例，都能做到集预习、学习、复习于一体，加强学生法律适用的能力。通过教学内容的修改在潜移默化中，加强学生对于法律职业的认同感，促进法律思维的形成与知识体系的建构。

其次，就课程设置整体而言，应以基础学科为基础，采取立体化、体系化的课程设计，将课程分阶段讲授，并细化具体模块。时代的变化推动着法学部门的细化，每一部具体的部门法，需在法律思维与理论之上叠加不同学科模块的思维与知识，这必然导致基础法学理论在具体应用上的差异。① 在部门法数量较少的情况下，这种割裂并不明显，但现今社会领域不细化，法需要调控的新领域层出不穷，与之相呼应的课程也不断设立。新增课程对学生意味着需要对新的体系进行学习与建构，但实际只是新领域的知识变通性的叠加于基础知识之上。如金融法、经济法等虽以其经济学概念、思维为主导，但仍是脱胎于刑民基础体系的，是基础思维在不同领域下的不同体现。而学生在未培养成法律思维及知识体系之时，难以领会其中关联，若课程设置仍依传统教学模块的进行，而不考虑差异背后的联系进行改革，则会使学生对学科产生畏难情绪，从而陷入恶性循环。

再次，应充分利用互联网资源，加强信息互通、数据共享，丰富教学手段。

---

① 王晨光：《法学教育的宗旨——兼论案例教学模式和实践性法律教学模式 在法学教育中的地位、作用和关系》，载《法制与社会发展》2002年第6期。

目前,大多数高校的电子数据库以学术资源为主,且使用率较低。针对这一现状,高校法学院必要加强与法律职业共同体的联结,建立案例数据库。[①] 针对热点事件、疑难案件,各方可基于自身立场发表见解和看法,经过适当筛选,选择具有代表性的意见纳入其中,供授课教师上课使用。利用这种方式,可及时体现前言问题,也可提供多个视角供学生参考。高校间的资源共享,在改善资源浪费的同时,也有助于彼此间的交流;在保持自身特色发展的前提下,共同提升教育水平。就丰富教学手段方面,可在实践教学中,引入各种模拟实践的方式。如,组织学生通过庭审公开网观摩庭审,利用直播平台模拟在线庭审等,将现实真实的案例进行演绎,使学生带入不同的角色当中,以激发学习兴趣,培养多角度分析问题的能力。

最后,扩大授课教师范围,增强校外联系。法学专业的"职业性"较为突出,相较于高校内的研究型教师,实务人员有着较为丰富的职业经历,作为讲师,可为学生提供更贴合实际的经验。在实务课程授课时,应根据不同的实务方向,聘请不同的校外授课教师进行讲解。法官、检察官、律师等虽同为法律职业共同体,但因其不同的职业选择,其运用的方法和立场不同,由此而产生的职业经验也不同。就法官而言,是居于中立的裁判者,需要有提炼裁判争点、把控庭审、作出公正裁决的能力;就检察官而言,是行使检察权的公诉人,需要有归纳整理案卷、论证起诉理由的能力;就律师而言,是维护当事人合法利益的代言人,需要提炼事实争点,提出方案并针对对方的观点提出反驳。实务课程设置外,应当加强与法院、检察院、律所的联系,加强学生与校外指导老师的联系,优化实习机制。除假期实习以外,可建议学生利用课余时间,灵活、机动地实习,及时运用所学知识,以弥补实务经验缺乏的短板。

抛开法学教育固有困境不谈,法学本科的教育不应当以毕业生的具体选择为导向而忽视"专业性"这一根本属性,且即便以"职业性"为导向,仍需要以"专业性"为基础。与其纠结于导向问题,毋宁以"培养专业人才"为目标。不论是对课程设置的变革,还是对互联网资源的利用,是基于教育现状所作出的最小改变,是在尊重国情的基础上对两大法系教学特色的有机结合,是以最高效的方式培养专业人才。对学生而言,既能使其拥有自主学习、思考的能力,又能使其素质得以提升;对高校而言,这种模式是对课程与师资配比的优化,在增强实操性的同时精简成本。

[①] 彭丽明、李俊:《"互联网 + "时代法学教育教学模式改革》,载《教育文化论坛》2019 年第 3 期。

如何打造高质量法学实践课程
——以疫情期间《法务会计模拟实训》课程为例

沈 玲 鲍红香 王艳丽 秦康美

【摘要】 法学教育应理论教学与实践教学并重。如何打造一门高质量的法学实践线上课程,适应线上教学的新形态,值得探讨。为更好地进行法学专业(法务会计方向)实践类课程《法务会计模拟实训》线上教学,教学团队根据本课程教学目标,在教学设计和教学方案两方面做了以下尝试:教学设计上,坚持思政教育与专业教育结合的教学思想,填充虚实结合和理论实践结合的教学内容,采用线上线下相结合的教学形式;教学方案上,全方位、多渠道整合教学资源,全过程、多形式与学生互动,全视角、多方式进行考核。同时,授课教师对该课程教学做了一些思考。

【关键词】 实践教学;教学设计;教学方案

法律具有自身的理论体系,法律制度的构建是以该理论体系为基础的;同时,法律重在实施,需要法律人掌握法律的技能,正确适用法律。因此,在法学教育中,应理论教学与实践教学并重。

2020年上半年以来,新冠肺炎疫情对传统课堂教学造成了较大影响,根据教育部"停课不停学"总体部署和要求,全国高校积极开展线上教学。本文以疫情期间法务会计模拟实训课程为例,探讨在线上教学的新形态下如何打造一门

【基金项目】本文系南京审计大学国家一流专业(法学)建设项目"虚拟仿真实验在法学专业实践教学中的应用——以破产清算虚拟仿真实验为例"(项目编号:2020JG141)和"德法兼修的高素质法治人才培养路径研究"(项目编号:2020JG147)的研究成果。

【作者简介】沈玲,南京审计大学法学院副教授,主要从事法务会计学和审计法学教学和理论研究。鲍红香,南京审计大学讲师,主要从事法务会计学和经济法学教学和理论研究。王艳丽,南京审计大学法学院教授,主要从事经济法学和民法学教学和理论研究。秦康美,南京审计大学法学院教授,主要从事经济法学和民法学教学和理论研究。

高质量的法学实践课程。

一、课程简况

《法务会计模拟实训》课程是为国家一流专业南京审计大学法学专业（法务会计方向）的学生开设的一门实践教学类课程，旨在加深学生对法务会计相关知识的理解，强化对法务会计实务技能的掌握，培养学生运用法务会计理论知识和实践技能解决法务会计实际问题的能力。

本课程教学团队由四位教师组成，共同承担线上教学和软件开发维护，其中两位教授还对本课程进行理论指导。教师团队结构合理，素质优良，团队成员多次获得国家级、省级和校级教学奖项，为完成教学任务提供了良好的师资保证。

二、教学设计

（一）教学思想——思政教育与专业教育结合

课程教学中，特别关注将思政教育与专业教育紧密结合。第一，将党的十九届四中全会关于坚持和完善党和国家监督体系，强化对权力运行的制约和监督的精神贯穿于司法会计查账系统和法务会计案例教学的全过程，使学生认识到法务会计是强化权力监督的重要力量和手段。第二，习近平总书记在党的十九大报告中指出，"坚持全面深化改革""坚持新发展理念"。[1] 破产退出制度对贯彻习近平新时代中国特色社会主义思想，落实党的十九大到党的二十大精神，"进一步畅通市场主体退出渠道，降低市场主体退出成本，激发市场主体竞争活力，完善优胜劣汰的市场机制，推动经济高质量发展"[2]具有重要意义。将破产退出和平衡社会多方利益的精神融于破产清算虚拟仿真实验软件的教学中，引导学生主导完成一个完整的破产清算程序，以加深其对党的相关路线方针政策的理解。第三，进一步强化学生法治意识，教导学生在以后执业过程中

---

[1] 习近平：《决胜全面建成小康社会 夺取新时代中国特色社会主义伟大胜利——在中国共产党第十九次全国代表大会上的报告》，参考网：http://www.gov.cn/zhuanti/2017—10/27/content_5234876.htm。

[2] 国家发展改革委、最高人民法院、工业和信息化部等：《加快完善市场主体退出制度改革方案》，参考网：www.gov.cn/xinwen/2019—07/16/content_5410058.htm。

遵纪守法,拥护党的路线方针政策,增强职业使命感,同时指导学生进行职业规划。

(二)教学内容——两个结合

1. 虚实结合

一方面,选取两个教学软件即"天用司法会计查账系统"和本课程组主持设计开发的"破产清算虚拟仿真实验"软件,用于模拟办案环境、虚拟破产过程,此为"虚";另一方面,软件中的案例均为真实案例,相关数据、情节和具体规定直接反映现实状况,同时补充软件外的典型真实案例,此为"实"。教学中,教师指导学生利用教学软件营造出的虚环境和虚过程,解决现实中的真问题,提高学生运用法务会计知识和技能解决实际问题的能力。

2. 理论与实践结合

实践是建立在理解掌握理论知识的基础之上的。因此,实践教学类课程,既要突出实践,也不能忽略理论。因此,在软件运用和案例分析过程中,教师也注意引导学生回顾、学习和思考相关理论知识,在学生已经完成法学类和会计类先修课程的基础上,指导和启发学生对相关理论知识做进一步的归纳和升华。如,通过讲解和操作破产清算虚拟仿真实验软件中的案例,帮助学生深入理解破产法的基础理论和我国破产法中有关破产清算的具体规定。指导学生对真实案件进行实训的同时,课程还邀请实务专家针对实训案件进行分析并分

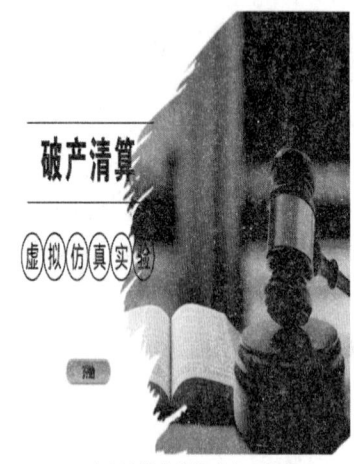

(a) 司法会计查账系统　　　　　　(b) 破产清算虚拟仿真实验软件

图 1　虚实结合、理论与实践结合的教学内容

享实践做法,引导学生对实训案件中存在的理论难点进行探讨,使学生通过实训及研讨进一步了解社会、激发学生服务社会的责任感。

(三) 教学形式——线上与线下结合

本课程采用线上与线下相结合的教学形式。线上教学方便高效,教师通过校直播平台授课,学生通过在个人电脑上安装客户端实现软件操作,通过腾讯视频会议等方式开展小组讨论,突破了传统教学的时空限制;同时,就不同情况开展有针对性的线下教学,尤其考虑到后期学生返校的情况,在继续线上教学的同时,教师到教室对返校学生进行面授和答疑。线上和线下相结合的教学形式,能够根据不同教学情况灵活调整教学手段和方法,有利于兼顾学生的差别化需求。

三、教学方案

(一) 全方位、多渠道整合教学资源

该课程整合了软件、案例、视频、论文等多种资源为教学所用。不同的教学资源在教学中的作用不同:(1) 软件资源,主要用于教师指导学生独立模拟办案,就某个问题或案例不断反复尝试直至找出解决办法,提高了学生学习的主动性和兴趣;(2) 案例资源,一方面用于学生在虚拟软件上操作,另一方面用于课后研讨,用真实案例探索其中的法律问题;(3) 视频,主要用于学生学习基础理论、了解案例背景等;(4) 论文,主要用于帮助学生研讨疑难问题。

(二) 全过程、多形式与学生互动

疫情期间,由于无法进行系统的面授教学,教师需要思考如何掌握学生学习情况以不断改进教学内容和方法。本课程采用了贯穿全程的多形式交流互动,包括:(1) 直播平台,教师利用直播平台的强大功能,将丰富的论文、文件、网站链接等素材上传至直播平台文档区供学生参考,并利用平台聊天区与学生实时及时课上交流;(2) QQ、微信、电话等即时交流工具。通过建立 QQ 班级群、微信群等,指导学生课前准备,及时回答课中提问,并随时进行课后跟踪,实现全过程的师生互动。同时,利用微信、邮箱、QQ 等强大的文件传输功能,教师布置作业,要求学生就某一问题搜集相关资料并作答上传,教师及时批改反馈。

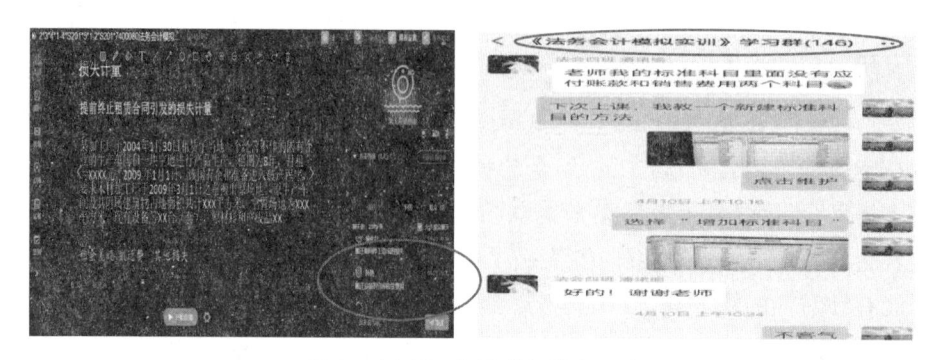

图 2　全过程、多形式与学生互动

(三) 全视角、多方式考核机制

本课程成绩考核由两部分组成,各占 50%:一是平时成绩,由平时作业、课堂讨论、软件平台的操作记录、教学平台的后台数据等构成;二是实践综合,通过实训日志考察。平时作业主要考核学生对理论知识的掌握情况和案例分析的正确率;课堂讨论主要考察讨论过程和结果的反馈;软件平台的操作记录可以反映学生对软件操作的熟练程度以及对案例分析的正确率;教学平台的后台数据可以统计学生在线学习情况。该种综合考核机制既反映了学生的课堂表现,又考察出学生课后运用所学知识技能解决问题的能力,能够全面地反映学生学习总体情况。

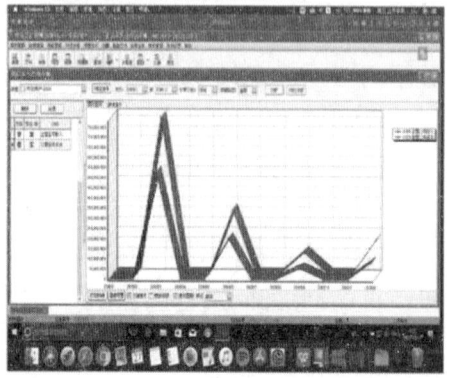

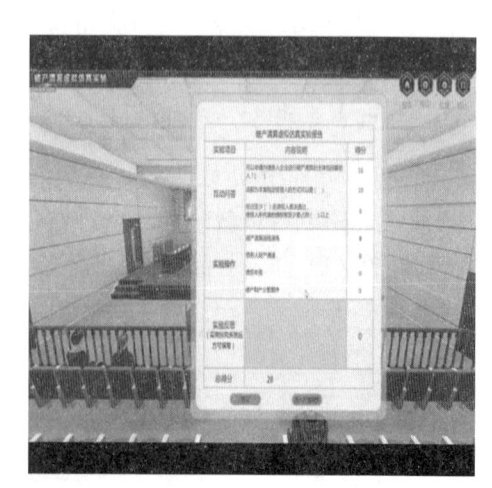

图 3　平时作业和软件平台操作记录

四、教学思考

经过以上尝试,课程教学取得了成效,授课教师也做了一些思考。上好实践类课程的重点亦难点在于如何"实践"。"实"意味着真,从过程、数据到案例要保真,此为"践"的基础;"践"要求学生真正参与和主导教学过程,运用理论知识和教学软件深入分析数据、处理案例、思考问题。"实"和"践"均对授课教师提出了较高要求。

首先,教师需精心选择、准备、利用能够还原真实过程的教学软件、数据、案例和问题。该课程选择的两个教学软件能够达到保真的要求。软件之外的数据、案例和问题,需要授课教师在课外做大量的准备工作,选择能够反映实际情况并有理论价值的素材并对其进行加工,形成高质量的实践课教学资料。

其次,较面授,线上教学在抓住学生注意力方面有更大难度。线上教学,学生的注意力受到环境、工具、学习伙伴等多种因素影响,更需要授课教师通过各种方式调动学生积极性,指导学生真正参与和主导软件的使用及对数据、案例和问题的分析解决。除了用课程分数激励学生主动认真实践和充分利用各种线上点名、连麦等技术手段外,在内容上下足功夫才是根本解决之道,如优化教学节奏、提高案例的可读性、增加讨论问题的趣味性和使授课内容更紧贴实务和前沿等等。

模拟法庭课程的一些问题及其改进

施卫忠　辛　灵

【摘要】 模拟法庭课程能够克服传统法学教育的弊端,促进职业素质教育,巩固学生的理论知识,拓展法学基本技能。但当下模拟法庭课程普遍存在程式化、表演化趋势,而且课程设置单一,难于提高学生积极性。改进模拟法庭课程的教学效果应在优化课程设置、重视案例的选取和改编以及丰富模拟法庭教学组织形式、优化师资结构、加强与校外实习基地的配合等方面下功夫。

【关键词】 模拟法庭;课程设置;案例教学

法学作为一门极端强调实践的学科,实践性教学环节理应在本科教学过程中占有相当的地位,但令人遗憾的是长期以来我国法学教育一直是理论教学占据绝对重要的地位,在整个教学过程中,理论讲授相对于实践教学而言处于压倒性优势地位,而实践性教学充其量也只起到一些点缀作用而已。虽然各个学校和有关主管部门一直在强调实践教学的重要性,但从实际效果上来看,实践教学无论是从教学效果还是学生的学习兴趣上来看都不能说是成功的。本文拟以模拟法庭为例,对法学专业的实践性教学环节进行存在的问题进行一定的梳理,并有针对性地提出一些改进的建议。

一、模拟法庭的意义及其功能

相对于英美法系的教学传统,大陆法系法学院的一般都更重理论的学习,

【基金项目】南京审计大学国家级一流专业(法学)建设项目"法学专业青年教师教学能力发展体系研究"(课题编号 2020JG154);江苏省高等教育教研研究项目"大学生校外实习基地建设模式和运行机制的研究与实践——以法学专业为例"。

【作者简介】施卫忠,南京审计大学法学院副教授,主要从事刑法学教学与理论研究。辛灵,南京审计大学法学院硕士研究生。

而对实践技能的习得重视不够。这当然有其深刻的制度背景,英美法当事人主义的传统,对抗式的诉讼模式,必然会重视法学教育中的以案例教学、法律诊所、模拟法庭等为主要内容的实践性教学手段。近些年来,随着对实践性教学的重视,我国在高等法学教育过程中尤其是在本科教学阶段也开始越来越重视模拟法庭课程。模拟法庭教学一般均具备如下特征,即以庭审为核心,以学生为主角,通过真实或虚拟的案例,对刑、民诉讼进行模拟演练,在整个教学过程中,虽然也有老师的参与,更起决定性作用的还是学生,一般来说,从案件的选定、庭审的推进、文书的制作等核心环节均注重发挥学生的主观能动性。就现阶段而言,在当前法学本科教学的背景下,开展模拟法庭有如下两个重大意义:

第一、克服传统法学教育弊端,促进职业素质教育。由于大陆法国家的法律传统十分注重法律知识的体系性和逻辑性,因此,大陆法国家的法律教育更重理论知识的传授,我国高校的传统法学教育也是如此,长期以来,课堂教学是法学教育的重点,教育过程相对封闭,学生面对现实案例和真实司法场境的机会并不多,导致在毕业后很难直接进入各自的工作角色,法学教育与社会需求之间存在较大的鸿沟。模拟法庭有助于解决这一问题,通过对司法现实的模拟,使学生以法律人的视角去处理案例,克服自己的好恶与偏见,进入律师、法官、检察官的立场,对案件进行理解,这对于有效提升学生的职业素养,增进对各法律职业的专业特点都有一定帮助,为学生将来尽快适应法律职业奠定一定的基础。

第二、巩固学生的理论知识,拓展法学基本技能。学生在本科阶段要学习大量的实体法和程序法知识,但所有的这些知识基本上对于学生而言都只是考试内容而已,司法实践不是案例分析。模拟法庭课程的开设,不仅要求学生了解基本的诉讼流程,更需要他们投入到诉讼中去,去领悟法律理性、平等的精神,去用口头表述的方式与他人沟通,尝试用证据、逻辑、观点去说服他人。而且,与理论讲授不同的是,模拟法庭更能充分发挥学生的主动性,因为庭审本质上也是一种竞赛,为了赢得"诉讼",模拟法庭的参与者必须尽自己所能去主动搜寻支持自己观点的各种法律法规、判例、学说观点等。通常而言,由于课时的限制,在课堂讲授中教师一般只能讲授最核心的内容,大量的司法解释、案例以及学说在课堂教学的过程中只能略有涉猎。而模拟法庭给了学生聚焦某一专业领域的机会,学生通过自主学习,可以全方位地了解某一问题的全貌,并由其自己进行发掘、整理、表达,此外,模拟法庭的事实虽然多数是给定的事实,但这些事实也需要进行法律裁剪、加工,而这些找法、用法以及整理事实和运用证据的能力都是理论教学所不能提供的,也正是模拟法庭的主要功能之所在。

二、当下模拟法庭教学的几点不足

近几年来,为克服传统法学教育模式的不足,各高校在充分借鉴国外法律职业教育经验的基础上,结合各自的实际,不仅在课堂讲授中要求教师注重案例教学法等,还开设了诸多实践性教育课程,如"模拟法庭""法律实务""诊所式课程"等以技能训练为目标的课程。就模拟法庭而言,一般来说,各学校要么专门设立模拟法庭课程,要么在诉讼法学大纲中加入模拟法庭的教学内容,而且多数学校两者兼而有之。随着各校办学条件的不断完善,多数学校的法学院都修建了富丽堂皇的法庭,配备了各种专业的法庭设备,还与各实务部门建立了长期的合作机制,应该说,这几年来模拟法庭的大发展是本科法学教育的一大特色。但在各种热闹表象的背后,各地的模拟法庭教学环节也存在着一些普遍性的问题。

第一、模拟法庭程式化、表演化趋势严重。虽然庭审有严格的程序,禁止专门机关及诉讼参与人在庭审阶段在诉讼基本流程上进行自由发挥。但真实的庭审过程中,由于当事人之间的立场相对、利益相悖,这就决定了庭审不可能是一团和气,庭审过程充满了不可知甚至戏剧化的因素,这正是庭审的魅力所在。反观我们的模拟法庭,多数学校为了再现所谓的真实性,常选取一些真实的案例,而且经常会选取一些具有轰动效应的所谓大案要案。而这些案件已被媒体详细报道,案件事实细节和双方的攻防策略已被充分讨论,甚至诸多专家学者对法律适用问题发表了不少专业意见,有的甚至判决书都已充分公开。对于这些案例,无论在事实还是法律上,学生基本已无挖掘空间,如此,模拟法庭就往往演变成双方读"剧本"的过程。这样的模拟法庭可能是进行普法宣传的好形式,但显然已经背离了模拟法庭的课程目的。

第二、课程设置单一,难于提高学生积极性。目前多数学校关于模拟法庭设置主要分成两个部分,一是专门的模拟法庭课程,一般都是三个学分,每周一次,二是在诉讼法教学大纲中,留出一定的课时进行模拟法庭。就前者而言,横跨整个学期,战线拉得太长,无论是学生还是教师都难免产生疲劳感,教学效果通常不太不理想,而且很多案例又是众所周知的所谓"经典案例",对学生的吸引力也不够。就后者而言,诉讼法课程的课时本来就不多,最后匆匆为完全教学任务而进行的模拟法庭效果也可想而知,基本上就是走过场的形式。而且,临近期末,学生的考试压力比较大,也不可能投入足够的时间和精力。此外,模拟法庭课程的考核缺乏一个客观的标准,学生的"投入与产出"可能不成比例。所有的这些原因都可以影响学生对这门课的积极性。

第三、师资配备不尽合理。一般来说,模拟法庭都是由诉讼法老师兼任,相对而言,长期从事诉讼法课程教学和研究的老师对于实体法内容多少存在一些隔膜,而模拟法庭显然不能仅仅是程序的演练,更应该是程序与实体深度融合的过程,这就要求教师不仅要在程序上对学生进行深入的指导,同时还应在实体上能够有深刻的认识。这种实体上的指导不仅是在庭审过程中,更应该贯彻到庭前的准备阶段,要提醒学生案例的一些法律争议焦点,以及理论和实务上的分歧,等等。显然,诉讼法教师在某些具体问题上的知识储备可能不够充分。

为解决以上问题,应对模拟法庭课程进行如下改进。

第一、优化课程设置。虽然我国法学教育与美国法学教育存在本质的区别,但在实践性教学目标的设定上,我国可以借鉴他们的一些做法。美国高校法学院特别重视学生司法实践能力的训练,其所设的课程中有大约将近20%左右的课程与律师执业技能和实务性法律教育相关。[1] 我们应该从全面培养学生的实践能力的高度上去设置模拟法庭课程,具体而言,一方面要改进我们单独设置的模拟法庭课程,要改变一个学期从头到尾的课程设置模式,模拟法庭应集中在开学之初或期中,在这些时间段内,学生有相对较为充裕的时间和精力去投入到模拟法庭中去,但战线不宜拉得过长,大量的工作应该由学生课下进行,模拟法庭主要是集中起来进行庭审。庭审要加强对抗性,要分胜负。另一方面,在诉讼法教学大纲中,适当增加一些课时,不仅要在期末进行集中的模拟训练,还要在各个重要的章节进行一定的实训,以巩固课堂教学的内容。此外,一定要重视法庭辩论的专门训练,必要时可以专门开设辩论性的课程。只有经过高强度的法庭辩论训练,才能有效提高学生的逻辑思维和语言表达能力。

第二、要特别重视案例的选取和改编。真实案例固然重要,但模拟法庭不是简单地对现实的模仿和再现。在当今资讯爆炸的环境下,经过大量报道和讨论的真实案例不仅对学生的吸引力不够,而且,大大压缩了学生的"创作"空间。比如我们以前以"于欢案""快播案"等现实中引起公众足够关注的案例作为模拟法庭的素材,但由于这些案例的基本事实和法律观点媒体上都有充分的报道,所以学生只满足于摘录各个报道内容,模拟法庭的实际效果并不能令满意。

---

[1] 参见韩俊英、沈慧:《模拟法庭实践教学存在的问题及其对策》,载《高等教育》2018年第1期。

相反,我们对"北京动物园老虎伤人案""复旦投毒案"一些案例进行了适当的改编,为增强庭审的对抗性,对案件事实作了有针对性的增删,教学效果十分理想,庭审的冲突性、戏剧性大大增强,不仅有利于提高学生的兴趣,而锻炼了学生应对法庭突发情况的能力。在案例选取时,还可以充分利用法学专业广泛的校外实习基地资源,从法院、检察院等部门收集典型性案例用于模拟法庭演练,增强对学生的吸引力。

第三、丰富模拟法庭教学组织形式。以往的模拟法庭一般都是在学校专门的教学法庭或者教室里进行,教学组织形式一般是由专业课教师布置任务,学生按给定的案例和角色来准备。这种单一的形式在今天的条件下有必要进行一定的改变。比如,在地点的选取上,完全可以走出去。现在各法学院都有数量不等校外实习基地,通常是律师事务所、法院、检察院等。我们可以与这些实务部门充分合作,走出学校,到实务部门去演练。还可以邀请法官、检察官、律师等作为指导老师,甚至可以直接充当模拟法庭中法官的角色。事实上,这种做法我国早在民国时期的模拟法庭上就已经出现过。当时苏州的东吴大学法学院在模拟法庭教学中,证人、陪审员以及律师是由学生来担任的,而法官则是由法官和职业律师来充当。[①] 当下我们虽然也有一些模拟法庭课程邀请校外专家来指导,但还未形成制度性做法,这理应成为以后模拟法庭课程的常规性措施。

第四、优化师资结构,尽量配备"双师型"教师。一直以来,法学教学中重理论轻实践的倾向十分严重,模拟法庭通常不是法学院的核心课程,不仅没有专任教师,而且教师本身也不太重视模拟法庭,总以为模拟法庭是以学生为主角的可有可无的课程。模拟法庭的教学过程教师的投入少,介入程度不高。所以要想提升模拟法庭的教学效果,有效训练学生的实务技能,必须要在制度上重视这一课程的重要性,在选取教师时,一定要以兼具理论与实务经验的"双师型"教师为主。此外,还可以选派优秀教师去实务部门挂职锻炼,以丰富专任教师的实务经验。

第五、加强院校之间的合作,定期举办模拟法庭专门性比赛。模拟法庭是对抗性实践性教学环节,学生在庭外的一切准备活动都是为了模拟庭审服务的,因此,模拟法庭一定要分出"胜负",否则不仅学生没有积极性,而且也不符合庭审的定纷止争的基本功能定位。因此,为增强对抗性,可以定期举办校际

---

① 宋立新:《论中国法科生教育中的模拟法庭与法律思维》,载《学理论》2010年第5期。

模拟法庭比赛,以加强各学校之间以及学校与实务部门之间的合作,同时还可以使学生经过高强度的训练来进一步锻炼其逻辑思维、口头表达、文书写作等各种实务技能。以南京审计大学举办的全国高校法庭辩论赛为例,自 2012 年起,南京审计大学与浦口区人民法院每年举办高校法庭辩论赛,从最初南京高校参与,发展至 2018 年全国范围内 51 所高校参加,比赛不仅全面锻炼了学生的实务技能,而且还极大地提高了学生对模拟法庭的兴趣,同时,对各个学校模拟法庭课程的教学效果进行了全方位的检阅。通过比赛,各高校还可以对模拟法庭课程的各种经验教训进行交流,因此,举办校际比赛是提升模拟法庭教学效果难得的渠道。

第六、模拟法庭与其他实践教学手段相结合。要加强模拟法庭这种实践教学方式与其他实践教学手段的配合。第一,加强模拟法庭与其他情景模拟型教学手段的配合。通过模拟法庭、模拟选举、模拟联合国等强化学生对法律业务熟悉程度和操作能力。第二,加强模拟法庭与实习实训型实践教学手段的配合。如与法律诊所、法制宣传、法律援助、法庭辩论的配合。

第七、加强与法学校外实习基地的联系。要积极加强与各个校外实习基地的联系,为模拟法庭教学积累充分的案源素材。法学专业基于人才培养的需要,往往都建有大量的校外实习基地,要充分利用法学专业的各个校外实习基地,收集各种典型案例用于模拟法庭演练等,选取真实的案例一方面可以提升学生的兴趣,另一方面可以充分提升法学专业学生的综合实践技能。

"互联网+"背景下的诊所式法律教育改革探索
——以南京审计大学《法律诊所》课程为例

靳 宁

【摘要】 诊所式的法学课程是法学教育中的新兴领域,"互联网+"时代为诊所式法律教育的改革提供了启示与机遇。"互联网+"思维可以实现"学生为主"的教学模式转变;可以实现"超市型"教育、"订单式"教育的教学组织转变;还可以实现从法学知识教育、法律技能教育向法学思维教育的教学理念转变。"互联网+"丰富了教学资源,优化了师资结构,拓宽了课程内容的体量,能够实现法学与其他相关专业的深度融合。

【关键词】 互联网+;诊所式法律教育;法律诊所

现今,互联网技术已经广泛嵌入到我们生活的方方面面,深刻地改变着人类社会的面貌。在"互联网+"的背景下,法学教育同样面临着探索如何顺势而上,与互联网深度融合,促进自身变革的问题。本文结合南京审计大学法学院开展诊所式法律教育的实践,以《法律诊所》课程为例,对"互联网+"背景下的诊所式法律教育改革问题进行探索,以求对法学人才的培养有所裨益。

一、"互联网+"背景下诊所式法律教育的改革需求

长期以来,我国法学本科教育被法学课程"分割化"的教学理念统治着。[①]

【基金项目】本文系南京审计大学国家一流专业(法学)建设项目"从案例教学到技能教学——法学专业案例教学建设研究"(课题编号:2020JG148)、江苏省高校人文社会科学研究项目(2018SJA0330)的研究成果。

【作者简介】靳宁,南京审计大学法学院讲师,法学博士,研究方向:中国刑法学。

① 陈银珠、石经海:《法学本科多学科课程交叉渗透的基础及其启示》,载《中国法学教育研究》2015年第1期。

这种教学理念割裂了法学理论与法律实务之间的关系,使法学毕业生难以满足司法实践的需要。为了改变这一困境,自 2011 年起,教育部和中央政法委员会共同提出了"卓越法律人才教育培养计划",重点培养具有解决实际法律问题能力的应用型、复合型卓越法律职业人才。2018 年《普通高校法学本科专业教学质量国家标准》指出:"法学类专业教育具有很强的应用性和实践性,在国家民主法治建设中发挥着重要的基础性作用。"同年,教育部与中央政法委联合发布的"卓越法治人才教育培养计划 2.0",也以"强化法学实践教育"为重点。诊所式法律教育突出地反映了法学专业教育的应用性与实践性的特点,自 21 世纪初引入我国以来推广迅速,现已成为我国法学院校普遍采用教育模式,各种类型的《法律诊所》课程也受到普遍的欢迎。

肇始于 20 世纪 60 年代美国的诊所法律教育把医学院学生临床实习中的诊所式教育模式引入法学教育。"让学生在教师的指导下,在真实的或者虚拟的'法律诊所'中,通过代理真实的案件,亲自参与诉讼或者仲裁来学习法律知识,并为委托人提供法律咨询和服务,从而诊断法律问题、开出法律处方。"[①]诊所式法律教育的目的主要有两个方面:一是学习律师执业技能;二是培养学生法律信仰。

2000 年,在美国福特基金会的资助下,北京大学、清华大学等 7 所高校的法学院、系开始开设诊所法律教育课程,此后,诊所法律教育逐步在我国推广,截至 2020 年,我国已有 200 余所高校成为"中国诊所法律教育委员会"会员单位。南京审计大学早在 2010 年就开展了法学"模拟诊所"教育,通过"法律诊所"软件模拟诊所环境让学生熟悉法律服务过程;2014 年开始筹备"外设式"诊所法律教育,2015 年春季校外诊所建成,正式开展诊所法律教育。自此以后,每学期均开设《法律诊所》选修课,课程为 2 学分,64 学时,理论占 16 学时,实践为 48 学时。课程教学团队由校内和校外两大团队构成。其中课内有 8 位专职教师(其中 4 位是双师型教师),1 位法官,1—2 名律师以及 1 名专业的心理老师,校外有 6 个定点基地,49 个服务的社区构成日常实践基地,定点基地方都配备了校外导师。

诊所式法律教育是为了有效沟通法学理论与法律实践而创设的教育理念与教学模式,"诊所教育的天然本质是实践性"。[②] 因此,诊所式法律教育应紧跟

---

① 甄贞:《一种新的教学方式:诊所式法律教育》,载《中国高等教育》2002 年第 8 期。
② 王晨光、陈建民:《实践性法律教学与法学教育的改革》,载《法学》2001 年第 7 期。

法律实践发展的前沿，及时反映法律职业的要求，在一个迅速变革的社会里尤当如此。互联网技术的发展深刻改变了法律实践的面貌，对应用型的法律人才培养模式提出了新的更高的要求。一方面，在"互联网＋"的时代，法学专业之间、法学与其他学科之间的融合进一步加深，复合型法律人才的市场需求进一步扩大。例如，在法务会计领域，由于"互联网＋"带来了数据规模的爆炸性增长，大数据价值的发掘与利用，为法务会计职业的整合和细化创造了更多需求。可以预见，大数据的处理能力已不再仅仅是法务会计的辅助手段，而将作为一种基本技能吸收进法务会计职业中去，独立的 IT 法务会计师很可能将成为未来法务会计市场上的中坚力量。[1] 另一方面，在"互联网＋"背景下，法律实务工作所面临的问题呈现出规模化、数据化和一体化的特征，凸显了学科交叉的背景知识与职业技能的重要性。例如，借助互联网金融的发展繁荣中的监管不完善之机，利用 P2P、众筹、微信等各类互联网平台进行的非法集资、金融诈骗、非法传销等犯罪活动愈演愈烈，这类犯罪活动一般规模大、职业化程度高、涉案资金密集、资金流动快而且隐蔽。[2] 在对这些新类型案件进行侦查时，侦查模式必然要结合"互联网＋"的时代要求进行根本性的变革。[3] 不难看出，如果法律实务类课程内容不吸收大数据调查方法，如果不对课程内容的广度和体量进行延展，那么将难以满足"互联网＋"时代下的新要求。总之，"互联网＋"的时代背景为法律职业与法律实务抹上了复合型、规模化、数据化的底色，包括诊所式教学在内的法学实践教学应当与时俱进，探索适应时代发展要求的变革之道。

二、"互联网＋"思维对诊所式法律教育课程建设的启迪

"互联网＋"并非仅指以互联网手段服务于传统领域或者现有机制，"互联网＋"更多地反映了一种在互联网技术影响下形成的现代社会思维方式。在教育领域，"互联网＋"理念的指导意义更加突出，正如习近平主席在致国际教育信息化大会的贺信中所指出的那样，"因应信息技术的发展，推动教育变革和创新，构建网络化、数字化、个性化、终身化的教育体系，建设'人人皆学、处处能学、时时可学'的学习型社会，培养大批创新人才，是人类共同面临的重

---

[1] 张文宗、谢慕廷、彭拥军：《大数据背景下的国家审计发展路径》，载《审计月刊》2014 年第 9 期。
[2] 任怡：《论大数据背景下涉众型经济犯罪侦查工作机制》，载《中国人民公安大学学报（社会科学版）》2016 年 2 期。
[3] 何军：《大数据与侦查模式变革研究》，载《中国人民公安大学学报（社会科学版）》2015 年第 1 期。

大课题"。① 如果仍将"互联网＋教育"简单地理解为网络授课、远程教学、多媒体课件等教学方法的应用，那么教育事业就无法在"互联网＋"时代下完成其变革使命，这样的教育仍然只是传统教育的"新瓶旧酒"，与"互联网＋"思维的要求相去甚远。

"互联网＋"的思维，就是以互联网技术特征为基础，以开放、平等、共享的互联网精神为内核，富有颠覆性、创造性、包容性的思维。② "互联网＋"思维是由互联网技术集中体现的一类思维，并不是只能适用于互联网领域的思维，"互联网＋"通过新的技术手段的普及实现了新的思维方式对其他领域的改造。"互联网＋教育"的实质是建立在新生代群体的教育消费需求，依据互联网的本质属性，充分发挥互联网在生产要素配置中的优化和集成作用，创造新的教育形态和生态。③ 具体到诊所式法律教育课程中，"互联网＋"思维的意义主要表现在以下三个方面：

（一）在教育模式上，实现从教师为主、师生互动向学生为主的转变

开设诊所式法律教育课程的初衷就是培养法科生法律实务技能，在理念上就与传统的法学教育模式有所不同，如果说传统法学课程是教师一方主导的"供给侧"，那么诊所式法律教育课程就是以学生为重心的"需求侧"，这种教育理念的转换在"互联网＋"的背景下更显得急迫。受"互联网＋"时代"以用户为中心"的思维方式启发，在法学教育中也应当构建以"以学习者为中心"的教育理念和模式。教育要真正把学习者作为服务对象，有效捕捉和满足他们个性化和多样的学习需求。④ 在"互联网＋"的影响下，教学生态更加开放融合，师生之间"点对点"的互动将成为常态，学生从课前预习，到课堂学习，再到课后复习、实习，乃至就业及就业后的继续深造等一整套受教育流程都完全可以借助互联网手段而在教师的指导、服务下完成，教师真正成为学生的人生导师。

（二）在教育组织上，实现从课堂教育、课堂内外结合向"超市型"教育、"订单式"教育的转变

互联网具有广域、跨界等特点，可以将人类最先进最丰富的知识传播到世

---

① 《习近平致国际教育信息化大会的贺信》，参考网：http://www.gov.cn/xinwen/2015-05/23/content_2867645.htm.
② 李碧武：《"互联网＋教育"的冷思考》，载《中国信息技术教育》2015年第17期。
③ 曲大为、赵福政：《"互联网＋"对高等院校教育改革刍议》，载《高教研究与实践》2015年第3期。
④ 张岩：《"互联网＋教育"理念及模式探析》，载《中国高教研究》2016年第2期。

界的每一个角落,为教育资源的整合与分享提供了前所未有的便利。伴随着慕课、开放课件等互联网教育资源的日渐丰富和集约化,全球范围内的优质教育资源已初步形成了一个庞大的线上"教育资源超市",学生可以根据自己的需要自主地选择学习课程、安排学习进度。① 由于互联网已成为信息与知识的主要载体,以往只能通过诊所式法律教育课程进行讲授的内容,现今学生完全可以通过自主选择互联网教育资源而实现。互联网"教育资源超市"的形成打破了校园、课堂、课时等空间和时间的限制,不可否认,这势必将会对课堂教育产生颠覆性的影响。在"互联网+"的大趋势下,以引入《法律诊所》为典型课程的应用型法律人才培养模式,将会因学生对互联网优质教育资源的自主整合而成为教育的常态,以课堂讲授为主要方法的诊所式法律教育课程如不自我更新,将势必失去其特色,进而淹没在互联网教育资源中。为避免这种危机,教师在讲授诊所式法律教育课程时,一方面要建设好自己课程的线上资源;另一方面,根据学生的个性化需求,为其提供"订单式"的教育服务。

(三)在教育内容上,实现从知识教育、技能教育向思维教育的转变

在"互联网+"的时代,学校教育在学生获取知识和技能方面的重要性程度在削弱,面对这一冲击,学校教育应当及时转变思路,将教育资源的供给着眼于互联网教育资源所不能提供,但又对学生发展极为重要的方面。学校教育与学校以外的教育应该有明显的分工,学校教育更多地承担起"授人以渔"的责任。而要想实现这一目标,学校教育就得在知识内容上删繁就简,将教育的核心从知识为主的教育向思维为主的教育转变。② 在某种意义上,"互联网+"促使教育回到了她的本源,也就是像德国教育家斯普朗格所说的:"教育的最终目的不是传授已有的东西,而是要把人的创造力量诱导出来,将生命感、价值感唤醒。"

法学教育归根结底是对法科生法学思维能力的培养,而法学思维是一种体系性的思维,"发现个别法规范、规章之间,及其与法秩序主导原则间的意义脉络,并以概观的方式,即以体系的形式将之表现出来,乃是法学最重要的任务之一"。③ 现在社会中,法律问题的解决,已不再是仅凭某一部门法即可完成的,而需要从整个法律体系寻找应对待决事实的法律规范并进行综合运用才可。诊所式法律教育课程的开设有助于打通部门法之间的藩篱,培养体系性的思维能

---

① 平和光、杜亚丽:《"互联网+教育":机遇、挑战与对策》,载《现代教育管理》2016年第1期。
② 赵国庆:《"互联网+教育":机遇、挑战与应对》,载《光明日报》2015年6月9日第14版。
③ [德]卡尔·拉伦茨:《法学方法论》,陈爱娥译,商务印书馆2003年版,第316页。

力,使学生能够从更广的视野、更高的层次认识、解决法律问题,在"互联网＋"的时代,思维教育将在诊所式法律教育课程中获得更多的资源与机会。

（四）在课程体系上,实现从知识教学与实践教学"两课相加"向知识教学与实践教学"合二为一"的转变

长期以来,为解决法学教育中,理论与实践的脱节问题,我国高等院校的主要做法是开设法学实践类课程,增加课外实践活动等,将实践类课程作为法学专业本科生人才培养方案中的重要内容,要求学生必须修满相应的实践类课程的学分才可毕业。诊所式教育就是典型的法学实践类课程。这种方式虽然丰富了法学课程体系,拓宽了学生视野,但增加实践课程能否就能等同于提升实践教学效果,尚需进一步考察。正如有学者所指出的那样:"传统的实践教学定位过窄,只是理论知识学习后验证、检验知识的环节或者手段,处于人才培养的末端环节,是法学人才培养中的形式性环节。实践教学长期以来一直和课堂教学对立,甚至很大程度上被错误地等同于专业实习。"[①]这就是说,实践教学如果仅仅定位为理论知识传授的补充、验证,那注定实践课也仅仅是理论课的补充、验证,法学实践能力的训练实际上就成为法学知识理解应用能力的补充训练、强化训练。形式上看学生在实践类课程中学到了"书本以外"的能力,但实质上学生充其量只是在重复、加深"书本以内"的知识的理解应用。现今,包括诊所式教育在内的法学实践类课程面临的实务训练流于形式、训练内容与理论课逐渐趋同等困境,就与课程体系中知识教学与实践教学仅仅是机械的"两课相加",而未做进一步的有机整合有密切关系。"课程建设高校一般将知识教学与实践教学定位为阶段化的、先后相继的关系,从而造成实践教学割裂于知识教学,在很大程度上成为一种符号化和形式化的'点缀',导致法治人才需求和法治人才培养之间出现脱节。"[②]

"互联网＋"有助于整合法学高等教育中的理论教学与实践教学。在技术层面,"互联网＋"使线上线下同步直播学习成为常态,即时学习、学用结合等理论与实践相结合的训练愈发成为现实,理论与实务之间的界限逐渐模糊。另外,在理念层面,如前所述,"互联网＋"思维是一种系统思维,其本身就具有整

[①] 黄进、张桂林、李树忠、于志刚:《创新同步实践教学模式培养卓越法律人才》,载《中国高等教育》2014年第171期。

[②] 蒋银华:《多元一体化:法治人才培养的实现机制——基于改革开放40年法学教育的经验总结》,载《广州大学学报（社会科学版）》2020年第1期。

合教育要素,创造新的教育形态和生态的作用。着眼于传统法学教育中"两课相加"的弊端,"互联网＋"思维有助于将理论讲授融入个案分析,同时也以个案分析承载理论讲授,全景式、一体化展现法学理论与法律实践的交互关系,在注重案例检验理论的同时,更加注重从案例提炼理论、建构理论。

三、"互联网＋"实践对诊所式法律教育质量的提升

对于传统的社会生活领域而言,互联网技术的应用,已不仅仅是数量增长或者力量增强那么简单,而是互联网所蕴含的互联、互通、共享、共治理念对传统领域的改造,其结果必然导致内部结构的变革和发展轨迹的转变。诊所式法律教育课程原本就是法学教育中的新兴领域,"互联网＋"在教学资源、师资力量、授课内容等多个方面的扩展保证了诊所式法律教育课程的可持续发展。

(一)"互联网＋"丰富了教学资源,保证了教学内容紧跟理论与实务的前沿

现今,诊所式法律教育的开发主要以《法律诊所》课程的设置,相关诊所式法律教学讲义、教材的编写等方式来进行,在教学资源的获取上仍未能摆脱传统法学教育以书本讲授为主、以课堂教育为主的模式。但在"互联网＋"的时代,教育资源和学习工具得到广泛普及,每个个体都是互联网上的一个"端",既是资源的提供者,又是资源的需求者。曾经孤立排他性的学习行为,因为数据流通分享,变得可量化分析,教育工具更加规模化。[①] 以《法律诊所》课程为例,现今可供利用的互联网教学资源已蔚为大观,以法律实务所涉及的部门为根据,大体可将互联网教学资源分为以下四类:1. 行政机关对案件的调查案例,例如海关查处的走私案件案例、工商行政管理部门查处的商业案件案例等;2. 司法机关对案件的判决书、裁定书等。2013 年,最高人民法院决定全国各级人民法院在互联网上全面公开审判流程、审判文书和执行信息,案件相关法律文书的上网公开,为实践类课程提供了大量真实的教学素材;3. 立法机关关于案件的法律法规;4. 相关机构就案件所发布的统计信息等。除了上述法律实务资料以外,通过微信公众平台、大学开放课件、慕课、微课等形式还可获取大量法律实务方面的资料。

网上相关资料除了数量庞大之外,还具有更新快、集聚性、多视角等特点,

---

① 曲大为、赵福政:《"互联网＋"对高等院校教育改革刍议》,载《高教研究与实践》2015 年第 3 期。

往往是社会上出现某一热点问题,相关资料将会在短时间内集聚,并迅速形成观点交锋,在这一过程中,理论界、实务界、传媒界等各个相关方都会表达自己的立场。这种"热点聚焦"似的互联网信息既可以及时反映理论与实践中的前沿问题,又契合学科交叉的要求,加以整理后就可成为极富价值的教学资料。

(二)"互联网+"丰富了师资结构,利于实现"双师"教学

实践教学的效果优化,离不开合理的师资结构。这不仅要使某个课程的师资能够基于个案实践需要,具备相应的交叉渗透知识,而且还要求这个师资在结构上能够满足个案实践的理论与实践融合的需要。① 在诊所式法律教育课程中,传统上一般采取"双师同堂"的方式进行授课,由不同专业背景的教师共同完成课堂教学。"互联网+"使得"双师"教学更加便利,甚至完全可能打破时空的限制,实现"三师""多师"教学,或者通过微课、慕课等方式实现"多师同教但不同堂"的教学模式。例如,南京审计大学在《法律诊所》课程中,就探索建设了"法官微课""检察官微课""审计师微课"等实务专家的课程资源,也就是就特定教学专题,录制法官、检察官、审计师等实务专家的微课视频,并定期更新,日积月累,最终建成实务专家的开放课程平台,供学生在线学习。相比于传统的约请校外专家来校授课、讲座等方式,校外专家微课的授课方式在时间安排上更加灵活,授课的效率更高,讲授的题目更广,实现了师资结构的多元化。

(三)"互联网+"将大数据引入教学,拓宽了课程内容的体量

"互联网+"时代是一个万物互联的大数据时代,相比于过去的数据收集与分析,大数据更能准确完整地反映事物的全貌和真相,在大数据时代,人们可以通过找到一个事物的良好相关关系,帮助其捕捉到事物的现在和预测未来。② 传统上来看,法学并非一门研究实然世界的学问,法学的视角主要在法规范的应然世界中,但随着"互联网+"时代的到来,通过法律实现社会治理已具备了坚实的大数据资料作为支撑。法律的工具性、政策性和前瞻性成为当今社会的普遍需求,也理应成为法学教育关注的重点。

以刑事案件的侦查为例,大数据已使犯罪侦查和控制模式发生根本性变革,利用大数据提升犯罪侦查和控制能力成为未来的发展方向。大数据既可以帮助警察分析历史案件、发现犯罪趋势和犯罪模式;还可以通过分析城市数据

---

① "法学本科专业多学科课程间交叉渗透的研究与实践"课题组:《法学专业课程交叉渗透的教学模式探究——以刑法课程为例》,载《海峡法学》2015年第4期。
② 秦荣生:《大数据、云计算技术对审计的影响研究》,载《审计研究》2014年第6期。

源和社交网络数据,预测犯罪;同时,利用大数据,还能实现优化警力资源分配,提高社会安全水平。[①] 由此可以看出,大数据强化了法律手段对社会治理的有效性,极大拓展了传统法律部门的应用空间。在《法律诊所》的课程内容上,也应当及时引入大数据的思维和视角,通过大数据来说明现实,以避免纸上谈兵的缺陷,同时也可以通过大数据来分析法律职业市场的变化规律,实现对实务发展方向的预判,以扩充本课程的体量。

四、结语

必须承认,相比于商务、政务等其他领域,法学教育,尤其是契合社会需求的诊所式法律教育在"互联网+"的征程上仍落后较远,主要表现在互联网教学资源仍较为缺乏,法学各高等院校的精品课程也大都未开放至互联网,全国范围内统一的法学教育线上资源库还未成型等方面。诊所式法律教育理应搭上"互联网+"迅猛发展的便车,在互联、互通、开放、共享的"互联网"精神指引下,各法学院校、各法学专业之间应大力协同合作,共同推动法学教育与互联网的深度融合。

《法律诊所》是实践教学的重要组成部分,将这门课程建设好,对于法学本科生就业渠道的拓展和就业技能的提升具有重要意义。南京审计大学法学院结合"互联网+"的时代背景,积极探索《法律诊所》课程在"互联网+"时代的建设方向,已在教学资源、师资结构、授课方式等多方面取得了初步的成果。南京审计大学法学院的这些相关探索,势必会对推进"互联网+"时代下诊所式法律教育课程的建设提供诸多启示。

---

① 刘朝阳:《警务 2.0:用大数据预测犯罪》,参考网:http://www.ctocio.com/ccnews/10940.html

高校网络在线课程的兴起与规范

苏海雨

【摘要】 近年来,我国大部分高校采用网络在线课程的方式实现"停课不停学",保障学生学习任务的完成。高校网络在线课程发展进入"快车道",但仍需要从内容审核、信息审核等方面加以规制。同时,要明确高校网络在线课程的著作权。最终,高校通过采取多种在线教学方式,依法保障学生受教育权的实现。

【关键词】 网络在线课程;法律规范;高校

一、高校网络在线课程的兴起

近些年来,随着网络信息技术的高速发展,尤其是新冠疫情带来的影响,高校课程已经逐渐地从线下走向了线上教学。线上教学突破了传统线下教学对地域空间的限制,网络线上课程为授课者和听课者提供了便利空间。网络在线课程是基于网络传输,以手机、平板、电脑等电子设备为终端设备,授课者将课程内容以视频或者语音的方式直播或者发布在网络上。直播课程的教学形式给了授课人和学习参与者更多的选择空间,将互联网教学的优势发挥到最大化。[①]

网络在线课程并不是新鲜事物,我们在网络上检索,就会发现很多"铺天盖

【基金项目】本文系江苏省教育科学"十三五"规划2020年度重点资助项目"新时代高校师生交往的软法规范研究"(课题编号:C-a/2020/01/06)、南京审计大学国家级一流专业(法学)建设专项课题项目"'法学+方向'行业复合型法治人才培养研究"(课题编号:2020JG155)、南京审计大学校级高教研究课题"大学生入学即指导的导师制度构建研究"(课题编号:2021JG051)的研究成果。

【作者简介】苏海雨,南京审计大学法学院讲师,主要从事宪法学与行政法学、党内法规教学与理论研究。

① 参见董向平:《疫情之下高校思政课在线教学探析》,载《黑龙江教育(理论与实践)》,2021年第4期。

地"的课程,有的是网络上付费学习,有的也是公益性免费课程。例如,中国大学慕课就是免费公开课程。我国不少高校纷纷采取线上教学形式。2020年2月,教育部印发《关于在疫情防控期间做好普通高等学校在线教学组织与管理工作的指导意见》,要求采取政府主导、高校主体、社会参与的方式,共同实施并保障高校在疫情防控期间的在线教学,实现"停课不停教、停课不停学"。本文中的高校在线课程主要是指全国高校面向大学或者社会免费开放的在线课程以及相关教学资源,并不是一些商业性教育培训机构提供的在线付费课程资源。

二、高校在线课程教学的过程

当前,我国高校网络在线课程具有实时性、互动性、范围广等特征。首先是实时性,这里的实时性是指高校线课程主要采用的是腾讯会议、网络直播平台等方式,教师实时地向学生讲授课程,学生登录账号观看或者听取课程。其次是互动性。因为高校在线课程一般是实时性的,那么学生则可以跟教师进行互动。教师与学生进行连麦,或者学生在直播互动区提出问题,授课者或其他参与者一一解答。再次是在线课程范围较为广,由于在线课程采取网络方式,不受地域空间的限制。只要有网络就可以实现线上授课。因此,全国各地的大学生课程教学并未受到影响,"停课不停学"。

根据我们的教学经验认为,开展高校网络在线课程主要包括以下几个阶段:首先是课前的准备阶段。该阶段的任务主要是教师的备课。由于线上授课跟线下课程存在一定的差异性。老师们会首先建立班级教学群,将授课情况与材料先发给学生,学生可以提前进行预习。然后教师们要熟悉平台设备,将授课材料提前传到平台,或者通过网络提前发给学生。在正式授课前,教师还需要调试好平台设备,跟学生进行简短的交流,看是否存在视频或者语音看不清、听不清的情况。经过这些调试之后,就可以上课了。其次是线上教学阶段。这个阶段是主要的内容,教师讲授教学内容,学生则认真听讲,师生之间也会开展互动连麦或者互动留言。有的教师则会使用类似"黑板"的白板手写,有的教师会共享自己电脑屏幕,有的教师会播放相关的授课视频,等等。这些教学方式是多样的,都是为了提高教学的效果,提高学生学习的积极性。尤其是,授课课件内容需要增加丰富的现实案例与情景图片,能够吸引学生们的注意力,引发学生的兴趣和思考。同时,坚持"露脸"授课,让同学们更加专注线上课程;让同学们通过线上聊天窗口回答课堂提问等,这样可以做到大家一起思考、一起回答问题。当然,线上教学的顺利开展离不开网络环境的支持,直播间需要稳定的网速与配置。最后是课后互动阶段。该阶段主要是针对线上教学后的互动交流,由于线上上课过程中,教师看不到每个学生,也并未知晓学生的学习状态,那么课后也就需要开展线上答疑,让学生更能理解知识点的含义。

三、高校网络在线课程的审核规制

随着高校网络在线课程的兴起与发展,已经形成了体系化、制度化的在线教育制度,但与此同时仍需要加强在线课程的管理与规制。这里的规制主要包括了内容审核规制和信息审核规制。首先,是内容审核规制。全国多数高校陆续采取了网络在线直播形式的线上教学。当然,也有高校采取的是慕课平台推播的方式,主要是通过推荐优秀高校教师进行视频录课,经过制作发布到网络平台。高校网络在线课程给高校师生带来了便捷,同时也应当加强对用户信息发布的审核管理,防止出现违法违规的信息与视频发布。所以,高校在线课程平台也必须加强直播内容审核制与问责制,杜绝违法违规内容发布。高校也应当加强教师网络素养的培训与授课内容的规范培训,选拔优秀的教师录制课程、发布课程。此外,高校在线课程平台也应当利用先进的大数据技术加强信息内容的监管。

其次是,信息审核规制。高校网络在线课程的学生参与者数量庞大,这对高校与平台对用户账户审核提出了较高的要求。我国《互联网信息服务管理办法》规定如果发现违法违规的内容,应当立即停止传输,保存有关记录,并向国家有关机关报告。同时,《网络安全法》规定应当要求用户提供真实身份信息。因此,对于学生身份认证核对也是在线课程审核内容之一。在线课程一般是实名制的认证,这些账号并不是学生申请,而是高校主动将学生信息传送给平台,与直播平台进行对接,给每一位学生发布一个登录账号,开展线上学习。

四、高校网络在线课程的法律问题

(一)直播视频的著作权归属

高校网络在线课程的授课主体是高校老师。教师们根据自己的专业性知识,开展独特的授课,还在直播间讲授了自己的个性化认知,甚至还有的是"露脸"的视频。有些教师会按照当前比较前沿的知识授课,这增加了自己的授课特色,帮助了学生更加全面的学习相关专业知识。不可否认的是,这些课程是有著作权的。那么这些教学材料和授课视频的著作权应当归属谁呢?但是由于高校网络在线课程的确具有一定模糊性和复杂性的特征,这些网络课程的著作权是归属于教师,还是属于职务作品呢?根据我国《著作权法》第16条规定,职务作品是公民为了完成法人或其他组织工作任务所创作的作品。[①] 实际上,教师如果应用高校直播间开展授课,这部分是应该属于职务作品,当然也要区分情况。高校在线课程是教师在高校组织中的应当履行的教学职责,并且有的是利用了一定的直播平台,那么这种情况是职务作品。当然,有些授课视频可能是委托作品,是教师跟一些教育机构签署的委托合同,教育机构支付给教师一定费用。所以,现实中往往很容易产生著作权归属争议。即使是被认定为是职务作品,也不是意味着高校就完全占有教学视频音频,部分著作权仍是授课人所享有,只是高校具有一定期限的优先使用权。同时,未经高校单位同意,教师也不得许可第三人以与单位使用的相同方式使用该作品。

(二)高校学生的受教育权保障

我国《宪法》第四十六条规定了公民享有受教育的权利和义务。现代的教育系统变得多元化,不仅教学模式变得多元,教学平台也体现了多元化趋势。[②] 为了保障高校学生在线课程,很多高校借助于互联网技术,比如钉钉、超星学习通、MOOC、直播间等软件,开展线上教学,实现"停课不停学"。尤其是通过直播方式的教学,还可以通过设置一定互动区,及时解答学生提出的问题,还有教师建立了专门QQ或者微信群,进行线上答疑。高校网络在线课程作为一种新兴的教育方式,一方面丰富了教学方法,实现传统教学与互联网教学的创新结合;另一方面互联网教学还可以应用网络技术的便捷性,实现学生海量知识的获取。这都为学生提供了便捷化、体系化、海量化的教育资源,最终保障学生受教育权的实现。

[①] 《著作权法实施条例》第11条规定,著作权法第十六条第一款关于职务作品的规定中的"工作任务",是指公民在该法人或者该组织中应当履行的职责。著作权法第十六条第二款关于职务作品的规定中的"物质技术条件",是指该法人或者该组织为公民完成创作专门提供的资金、设备或者资料。

[②] 参见魏文松:《新中国成立七十年来我国公民受教育权保障的历史逻辑与前景展望》,载《理论月刊》2020年第2期。

新冠背景下在线远程教育的机遇与挑战

倪蕴帷

【摘要】 新冠疫情以来,"教育数字化"已成为一个突出问题,要求教师和学生在在线教学中使用数字工具来应对疫情隔离的问题。信息和通信技术(ICT)提供了独特的教育和培训机会,以计算机技术和互联网应用为基础,围绕线上教学构造教育环境和教育方法,是应对新冠疫情隔离的有效途径。相比于传统线下教学,远程在线学习具有诸多优势,如灵活性、交互性和自定进度等。但另一方面,在线学习也存在许多挑战,包括技术、社会经济因素、教学评估和监督、工作量、兼容性等。为解决这一问题,需要教育系统的深度"数字化",不仅是方式方法和理念的数字化,也包括教育结构、教育模式和教育框架的数字化。同时,教师和学生都有必要进一步提高自身的数字技能,掌握适当的技术手段,以实现线上教学的最佳效用。

【关键词】 在线教学;新冠疫情;远程教学;教育数字化

2020 年,当超过 191 个国家的学校因新冠疫情而关闭时,在线远程教育逐渐成为"新常态"。[1] 教师在适应在线教学、与学生保持最低限度的沟通以及支持学生的学习和发展方面面临着重大挑战。然而,当前的在线教育在多大程度上成功地应对了这些挑战仍然未知。

广泛的学校停课发生在一个普遍受到技术创新和数字化快速转型影响的时代,尤其是在教育环境中。[2] 因此,"教育数字化"已成为一个突出问题,独立于新冠疫情之前。但在许多国家和地区——学校在信息和通信技术(ICT)转

【作者简介】倪蕴帷,南京审计大学法学院讲师,主要从事民法学教学与理论研究。

[1] UNESCO. 2020. COVID-19 Educational Disruption and Response. UNESCO. Accessed 1 February 2022. https://en.unesco.org/covid19/educationresponse.

[2] McFarlane, A. E. 2019. "Devices and Desires: Competing Visions of a Good Education in the Digital Age." British Journal of Educational Technology 50 (3): 1125–1136.

型方面进展落后。[1] 因此,不仅出现了是否可以通过教师和学生在在线教学中使用数字工具来应对疫情隔离的问题,而教师如何提升在线远程教学能力,以及如何解决和应对特定在线教学状况的挑战也应运而生。

一、教育系统的数字化转型

数字化转型并不是一个新现象,它已经伴随高等教育机构多年。[2] 高等教育机构的数字化转型可以被视为完成转型过程所需的所有数字化过程的总和,从而使高等教育机构有机会以最佳方式积极应用数字技术。这个过程还包括充分的战略准备、建立信任、过程中的思考、所有相关方的合并和强化、独立、协作和组织知识等。

在评估围绕高等教育机构数字化转型的假设时,Kopp 等人给出了五个常见假设,这些假设被认为是高等教育机构数字化转型的障碍,这些假设包括(1)变化、(2)步骤、(3)技术、(4)能力和(5)融资。[3] 自 21 世纪以来,技术创新和互联网可访问性的持续增长增加了在线学习的动力,但 Joshi 等人得出的结论是,在线学习的教学成就值得商榷,因为它导致学习者、学习者和教师之间缺乏面对面的关系。[4] 也有学者将充分规划的在线学习体验与在线提供的应对危机的课程区分开来。这些研究人员进一步将这次新冠疫情期间的在线教育称为"紧急远程教学",因为后者与高质量或有效的在线学习形成对比。[5] 因此,尽管在线教育对教学和学习有潜在的影响,计算机技术硬件的存在并不一

---

[1] Fraillon, J., J. Ainley, W. Schulz, T. Friedman, and D. Duckworth. 2019. Preparing for Life in a Digital World: The IEA International Computer and Information Literacy Study 2018 International Report. New York: Springer.

[2] Leszczyński, P., Charuta, A., Łaziuk, B., Gałązkowski, R., Wejnarski, A., Roszak, M., & Kołodziejczak, B. (2018). Multimedia and interactivity in distance learning of resuscitation guidelines: A randomised controlled trial. Interactive Learning Environments, 26(2), 151 - 162.

[3] Kopp, M., Gröblinger, O., & Adams, S. (2019, March 11 - 13). Five common assumptions that prevent digital transformation at higher education institutions. INTED2019 Proceedings (pp. 1448 - 1457).

[4] Joshi, O., Chapagain, B., Kharel, G., Poudyal, N. C., Murray, B. D., & Mehmood, S. R. (2020). Benefits and challenges of online instruction in agriculture and natural resource education. Interactive Learning Environments, 1 - 12.

[5] Hodges, C., Moore, S., Lockee, B., Trust, T., & Bond, A. (2020). The difference between emergency remote teaching and online learning. Educause Review,(March 27, 2020).

定会导致教学效果的提升,或学生水平的进步。

数字技术被认为是影响当今教育的主要因素。数字技术的运用可加强教育的方式和手段,但同时也面临着技术使用上的各类挑战。[1] 首先是教师以外的因素,例如设备的可用性、资源的获取、培训和支持。如果学生和教师无法使用计算机和快速地进行互联网连接,那么实施在线教学是不可行的。其次是教师的内在因素,例如对技术使用、技能和知识的态度和信念。如果教师没有接受过足够的技术培训,那么他们就缺乏必要的技能。Ertmer 将这些因素描述为"一阶和二阶障碍",其中任何一个都可能限制整合技术的努力。需要有效的战略来解决这两个问题。[2]

新冠疫情期间的防疫要求导致许多学校关闭。这使得教师有必要在线工作,且面临着设计适合在线学习的课程、家庭作业、课后反馈等诸多问题。几乎在一夜之间,教师工作的性质发生了根本性的转变,它进入了一个没有指导方针的未知领域。这一"紧急远程教学"不仅对教师影响甚巨,对学生而言,亦存在学习损失等相关问题。与学习损失相关联的因素包括学生压力、缺乏动力和学习时间减少。这种损失将更多地影响处境不利的学生,因为他们可能无法使用计算机、互联网和其他必要的技术。这就是 Ertmer 所说的"一阶障碍"。更复杂的是,一些学生可能在家中没有合适的学习空间。根据 TALIS 的调查结果,在经合组织国家中,9% 的学生在家无处可学习。[3] 也可能缺乏父母的直接和间接支持。[4] 成功的在线学习者必须纪律严明、积极主动、自我导向并善于时间管理。[5] 对于在家进行远程在线学习且缺乏支持的学生来说,这可能更具挑战性。虽然所有学生都会受到影响,但那些在教育上处于不利地位的学生将遭受更多的学习损失。

---

[1] Johnson, A. M., M. E. Jacovina, P. G. Russell, and C. M. Soto. 2016. "Challenges and Solutions When Using Technologies in the Classroom." In Adaptive Educational Technologies for Literacy Instruction, edited by S. A. Crossley and D. S. McNamara, 13–29. New York: Taylor and Francis.

[2] Ertmer, P. A. 1999. "Addressing First-and Second-Order Barriers to Change: Strategies for Technology Integration." Educational Technology Research and Development 47 (4): 47–61.

[3] TALIS. 2018. Teaching and Learning International Survey (Vol. 1). Teachers as Lifelong Learners. Paris: OECD Publishing.

[4] Di Pietro, G., F. Biagi, P. Costa, Z. Kapinski, and J. Mazza. 2020. The Likely Impact of Covid-19 on Education: Reflections Based on the Existing Literature and Recent International Datasets. The European Commission's Science and Knowledge Service. Joint Research Centre Brussels.

[5] Brown, R. 2019. 13 Differences Between Online and Face to Face Courses. Miami Regional. E-Campus News. Miami, FL.

因此,新冠疫情期间教学的紧急数字化不仅对教师的教学工作提出了更高的要求,对学生而言,也构成了新情事下的新挑战。

二、教师与学生的数字能力培养

数字能力是使用信息通信技术和数字设备履行职责所需的一组技能、知识和态度,例如解决问题、信息管理、在有效性、效率和道德方面的协作等。在远程线上教育逐渐成为疫情时代的教学常态时,培养学生和教师使用数字设备与技术的能力便成为重要议题。

在当前的实证教育研究中,教师能力被理解为"在功能上对特定领域的情况和需求做出反应的认知表现倾向"。其中教育能力知识又被进一步区分为教师的内容知识(CK)、教学内容知识(PCK)和一般教学知识(GPK)。[1] 教师必须利用这一范围的专业知识,并将其编织成连贯的理解和技能,以掌握教学的核心挑战。

在关注远程教学作为学生学习工具的整体有效性时,有观点认为,远程学习方法在教学时可能不太有用,因为它在互动方面不够充分。另一方面,与参加传统课程相比,远程学习者在提问方面准备得更好,也更积极。远程学习的学生还认为小组工作更令人满意,并认为相关的沟通和决策过程更有效。[2] 研究发现,远程学习者在自主学习中拥有更多自主权,并且对学习过程更加负责。[3] 因此,远程学习方法提倡以学生为中心的教学法,让学生为持续的自学做好准备,这对于职业发展和劳动力市场的流动性很重要。

在新冠疫情之前,大多数教学课程都包含协作元素,并且自采用远程学习方法以来一直如此。通过远程学习训练协作的方法之一是通过同步通信(在线聊天、消息平台、虚拟教室等),所有参与者都可以从不同的地理位置积极参与

---

[1] Guerriero, S., ed. 2017. Pedagogical Knowledge and the Changing Nature of the Teaching Profession. Paris: OECD.

[2] Jones, K. T., & Chen, C. C. (2008). Blended-learning in a graduate accounting course: Student satisfaction and course design issues. The Accounting Educators' Journal, 18, 15 – 28.

[3] Abraham, A. (2007). Student-centred teaching of accounting to engineering students: Comparing blended learning and traditional approaches. Faculty of Commerce-Papers, University of Wollongong, 1 – 20.

课堂交流。① 视频会议和屏幕共享等多种选项可以帮助小组的所有成员进行协作,而学习过程可以由老师通过在线测验、演示或其他活动鼓励学习来激发。这种远程学习交流方式在全世界越来越流行,并且可以以非常低的成本在跨国环境中使用。远程学习中使用的另一种方法是异步通信,它为学生提供了更大的灵活性,并且可以教给他们其他软技能,例如时间和工作量管理。学生通过不同任务的委派学习协作,并学会在项目最终合并和完成之前对项目的各个部分负责。② 鼓励学生一起完成特定任务在现代教育过程中至关重要,因为他们可以培养许多工作场所所需的许多软技能。在在线平台上的专门论坛上进行小组讨论,分享和讨论学生的想法,可以对项目合作产生积极影响,培养学生的参与度并提高他们的学业成绩。③

尽管有明显的好处,但远程学习面临着大量的技术和社会挑战。一些研究人员认为,教育机构和教育工作者仍然面临着如何以远程格式设计学习内容以培养学生技能,并让他们参与课程的挑战。④ 此外,在线交流和协作在需要即时讨论和沟通的场合,在某些情况下可能会花费更多时间并且效率较低。这通常比口头对话花费更多时间,沟通者在表达自己的想法时应该非常小心,以免面对线上沟通的意外后果。最后,可能会出现合作和沟通倾向的代际差异。

三、数字远程教学的挑战与机遇

基于网络的教育、数字学习、互动学习、计算机辅助教学和基于互联网的学习被称为电子学习或在线学习。在疫情背景下,转入在线学习的教育系统更容易受到外部风险的影响,包括技术、社会经济因素、教学评估和监督、工作量、兼容性等。

---

① Duncan, K., Kenworthy, A., & McNamara, R. (2012). The effect of synchronous and asynchronous participation on students' performance in online accounting courses. Accounting Education, 21(4), 431–449.

② Sangster, A., Stoner, G., & Flood, B. (2020). Insights into accounting education in a COVID-19 world. Accounting Education, 29(5), 431–562.

③ Chan, C. K. K., & Chan, Y. Y. (2011). Students' views of collaboration and online participation in Knowledge Forum. Computers & Education, 57(1), 1445–1457.

④ Kaliisa, R., Palmer, E., & Miller, J. (2019). Mobile learning in higher education: A comparative analysis of developed and developing country contexts. British Journal of Educational Technology, 50(2), 546–561.

在线学习完全依赖于技术设备和互联网,互联网连接不良的教师和学生在教学过程中会受到很大影响,在线学习对技术设备的依赖和对机构、教师和学习者来说是一个巨大的挑战。例如,使用与所需浏览器不兼容的设备会影响教学或学习效果,网络连接的不稳定也可能限制教学直播的进行,这都属于在线教育中的技术性问题。

由于学生社会经济地位的不一致,一些学生在学校依赖计算机和免费互联网,当学校关闭时,这些学生的教育迁移过程就可能受到影响。研究人员关于在新冠疫情间无法上网的学生的研究结果表明,随着社区贫困程度的增加,互联网接入率迅速下降。由此产生的影响是,没有社会经济能力或能力较低下的学生,负担宽带连接的经济实力最容易落后或遇到额外的挑战。[1]

教学评估和监督是指,教师通过测试、测验和考试来衡量学习活动以确定教学目标。存在大量关于测试、测验理论和分析的文献,但很少有关于教师编写的计划、开发和测试项目的详细信息。在在线学习中,评估通常在网上进行,教师仅限于对学习者的代理监督,因此无法规范和控制作弊行为。[2] 为了在远程教育中发挥测试和评估的有效作用,不仅需要从技术手段上重新设计测试、测验的方式方法,还需要教师配合进行相应的计划编写。

大学快速而突然的数字化转型过程给机构的ICT部门构建电子平台、将现有的外部应用程序集成到其系统中以及完全迁移到外部应用程序中带来了巨大的工作量。教师也需要分担部分工作量,因为他们负责将课程内容转变为对学习者友好的电子内容,这种繁重的工作量可能会导致极高的财务和时间成本。

在线学习与社会科学和人文科学的兼容性已被证明是有效的,但研究人员也质疑其与体育科学、工程和医学科学的兼容性,因为这些科学需要动手实践经验作为教学活动的一部分。[3] 在法学实践教学中,由于需要线下实践与协作,

---

[1] Fishbane, L., & Tomer, A. (2020, March 20). As classes move online during COVID-19, what are disconnected students to do? Brookings. https://www.brookings.edu/blog/the-avenue/2020/03/20/as-classes-move-online-during-covid-19-what-are-disconnected-students-to-do/

[2] Arkorful, V., & Abaidoo, N. (2015). The role of e-learning, advantages and disadvantages of its adoption in higher education. International Journal of Instructional Technology and Distance Learning, 12(1), 29–42.

[3] Leszczyński, P., Charuta, A., Łaziuk, B., Gałązkowski, R., Wejnarski, A., Roszak, M., & Kołodziejczak, B. (2018). Multimedia and interactivity in distance learning of resuscitation guidelines: A randomised controlled trial. Interactive Learning Environments, 26(2), 151–162.

在线学习也有可能降低课程的有效性。远程实验室被用作在线学习的替代实验室,而在线学习提供的这种虚拟实验室只能填补理论到实践的空白。在线学习无法有效和高效地应用于某些学科,而且这种兼容性差距还有待进一步的填补。[①]

通常认为,在线教学是一种有效的学习工具。然而,由于非语言交流有限,在线学习对学生来说可能具有挑战性。在其他方面,例如学生和教授的互动、材料的可访问性和时间管理,也会影响在线学习参与者的最终成效。为了评估学生在在线课程中的表现,应将一组具有代表性的线下课程与一组类似的在线课程进行比较。一项研究采用了这一策略,该研究涉及美国弗吉尼亚州社区学院系统的 23 所学院,包括其正在教授的数百门课程。研究人员发现,在线课程中学生在课程持久性和课程结束成绩方面的表现更差。[②] 这意味着为实现与线下课程相同或更好的效果,需要对线上远程教学进行深入的研究和优化。

另一方面,在线学习本身具有灵活性、交互性、自定进度等优势,大学和其他教育平台已通过对其教育活动的快速数字化转型来应对新冠疫情所导致社会生活形态的转变。[③] 在线学习提供了一个清晰的路线图,教育工作者需要利用并让主要相关者参与教育和学习,以创造新的教学模式和教学方法。

基于技术的电子学习需要使用互联网和其他基本工具来生成教育材料、教育学习者和管理组织中的课程。在考虑时间、地点和健康问题时,电子学习是灵活的。它通过允许访问大量数据来提高知识和技能的有效性,增强协作,并加强学习维持关系。在线学习使学生成为自主学习者,随时同步和异步学习,并显著减少了行政工作、准备记录、出勤和相关费用等。

与线下学习相比,线上教学还具有时间管理方面的优势。学生可以利用最新的教育技术,通过高效自主的线上学习方法来满足不同学习者的个性化要求。这种教学方法帮助学习者建设性地控制他们的教育需求,并为他们提供结

---

① Iqbal, S., Zang, X., Zhu, Y., Hussain, D., Zhao, J., Gulzar, M. M., & Rasheed, S. (2015, November 13 - 15). Towards moocs and their role in engineering education. 2015 7th International conference on information technology in medicine and education (ITME) (pp. 705 - 709). IEEE.

② Xu D, Jaggars SS. The effectiveness of distance education across Virginia's community colleges: evidence from introductory college-level math and English courses. Educ Eval Policy Anal. 2011;33(3): 360 - 77.

③ Smedley, J. (2010). Modelling the impact of knowledge management using technology. OR Insight, 23(4), 233 - 250.

构化的自主学习指导。① 最终,这使学生能够有效地利用他们的时间来实现他们的个人目标。

教学技术作为一个具有多个细分领域的研究部门,涵盖教学设计、测试和评估为一体的平台,在缓解疫情对教育活动的影响方面发挥了重要作用。对教学技术和线上学习的探索,也在同一时间推进了在线教育方面的研究。就当前的在线教育来看,更多的是处于疫情防控背景下的应急方法,实践上也仅限于数字媒体和数字交流模式的应用,而缺乏更进一步的在线教育理论和整体框架的探讨。为解决这一问题,也有观点认为教育机构不必为线上学习设计单独的平台,而应将其嵌入到所有学科的教与学过程中。

在线学习是技术驱动的,并依赖于互联网基础设施。教育机构可以与电信行业合作,以补贴互联网订阅成本或向学生和教师提供免费浏览数据,作为其企业社会责任的一部分。对于教育工作者来说,远程教学还需要开发一个统一的在线学习模型,该模型将适用于所有学科,以解决兼容性问题。当代在线学习(即紧急远程教学)的全球接受和体验,正如一些人所说的,会导致学生和教师习惯于使用技术设备和工具进行教学和学习,而这种使用将进一步推进在线学习和传统面对面学习的优势整合。

四、结论

信息和通信技术(ICT)提供了独特的教育和培训机会,以计算机技术和互联网应用为基础,围绕线上教学构造教育环境和教育方法,是应对新冠疫情隔离的有效途径。相比于传统线下教学,远程在线学习具有诸多优势,如灵活性、交互性和自定进度等。但另一方面,在线学习也存在许多挑战,包括技术、社会经济因素、教学评估和监督、工作量、兼容性等。为解决这一问题,需要教育系统的深度"数字化",不仅是方式方法和理念的数字化,也包括教育结构、教育模式和教育框架的数字化。同时,教师和学生都有必要进一步提高自身的数字技能,掌握适当的技术手段,以实现线上教学的最佳效用。

---

① Candler C. Effective use of educational technology in medical education. In Colloquium on educational technology: recommendations and guidelines for medical educators. Washington: AAMC Institute for Improving Medical Education; 2007.

法学第二学历线上教学效果提升之道

陆海波

【摘要】 因新冠肺炎疫情的影响,线上教学成为当前教育的重要方式,法学第二学历的教学亦是如此。但法学第二学历的线上教学存在到课率低、互动程度低、学生对知识的掌握程度低等问题,造成线上教学的教学效果不如线下的困境。线上教学效果不佳的原因包括学生对学习存在功利性、法学课程设置不合理、内容枯燥、线上学习存在匿名性以及缺乏竞争氛围等因素。若要提升法学第二学历线上教学的效果,教师及教务人员可以从合理设计法学课程、选择合适的线上教学平台、结合时事热点案件进行教学以及加强与学生之间的线上沟通等方面来实现。

【关键词】 法学第二学历;线下教学;线上教学;教学效果

自学考试经过三十多年的发展,为我国提供了众多的人才。随着高等教育的普及程度越来越高,自学考试的存在受到了一些质疑,而第二学历教育作为自学考试中的一种重要方式,使该项制度再度发挥了在教育体系中的重要作用。越来越多的普通高校本科生报名了第二学历的学习,且最终的考试通过率也比较高,以江苏省为例,"从 2014 年开始,课程考试通过率超过 90%。根据对'自考本科二学历'2011—2014 年按专业进行的课程通过率统计,法学、经济学、理学、教育学专业的课程通过率较高,超过 90%"。[①] 但教育不能仅将目光聚焦到应试教育的通过率上,否则死记硬背同样有助于提高考试通过率,真正的教学效果如何,还需落脚于第二学历学生对知识的掌握及灵活运用程度。然而,目前的法学第二学历线上教学不仅存在线下教学的各种问题,还因线上教学方

【作者简介】陆海波,南京审计大学法学院讲师,主要从事行政法学与卫生法学研究。

① 张斓:《对江苏省普通本科院校开展自学考试第二学历教育的调查研究》,载《中国考试》2015 年第 9 期。

式的出现,导致了新的问题出现。

一、法学第二学历线上教学的问题

因为疫情的原因,目前有很多的法学第二学历课程均通过线上教学完成。虽然线上教学具有诸多的优势,比如促进学习方式多样化、避免因疫情等突发事件而导致的学习过程中断等。但线上教学仍然在"学生保持率、课程合格率、学位授予率等质量成效层面遭遇质疑"。[1] 以笔者的教学经验来看,线上的教学效果与线下的教学效果无法比拟。邬大光和李文通过对教师、学生以及教务人员的调查发现,教师比较认可线上教学的效果,而学生群体中,认为线上教学效果不如线下教学的学生比例较认为线上教学效果比线下教学效果好的学生比例更高。[2] 基于目前的教学现状来说,法学第二学历的线上教学还存在以下问题。

(一) 到课率偏低

线下教学是师生之间面对面进行的授课,因而教师与学生之间更为熟悉,其课上的互动过程也比较多。基于双方之间的熟悉,学生即使存在一定的惰性,也较能克服,因而线下的到课率能够得到保证。线上教学属于疫情之后才普遍发展起来的,在此之前,教师与学生均未过多接触过线上教学,因此,"广大师生对于线上教学的规律与特点还处于一种熟悉、摸索状态。"[3]而且,线上教学导致师生之间的互动减少,双方也无法熟悉彼此,很难保证到课率。以笔者2022年的教学来看,到课率最高时也仅有66.7%左右,完全与线下课程的到课率无法比拟。

(二) 互动程度低

线下课程是师生处于同一空间环境下的教学活动,教师不仅会向学生展示授课内容的课件,还会配以板书、肢体语言的行为进行教学。也会对全班学生在课堂上的学习状态有所了解,进而调整授课的方案,增强学生之间的参与性

---

[1] 鲍威、陈得春、王婧:《后疫情时代线上线下学习范式和教学成效的研究——基于线上线下高校学生调查数据的对比分析》,载《中国电化教育》2021年第6期。

[2] 邬大光、李文:《我国高校大规模线上教学的阶段性特征——基于对学生、教师、教务人员问卷调查的实证研究》,载《华东师范大学学报(教育科学版)》2020年第7期。

[3] 邬大光、李文:《我国高校大规模线上教学的阶段性特征——基于对学生、教师、教务人员问卷调查的实证研究》,载《华东师范大学学报(教育科学版)》2020年第7期。

与互动性。而线上课程是师生处于不同的物理空间下的教学活动,而学生在线上上课时,也缺乏与教师进行互动的积极性,导致教师无法及时、准确获知第二学历学生上课的状态,故而只能按照事先准备好的课件按部就班地进行教学,最终导致师生之间在线上进行的第二学历教学活动的互动性降低。

(三)学生对课程内容的掌握程度不高

周冬梅与李烨琳在对高校师范生的调查中发现,进行第二学历学习的学生"对待第二学历的态度不如第一学历那么认真。在第二学历的学习投入上与第一学历存在很大差别,且学习内容深度不够,因而师范生无法进行深度学习,学习效果不佳"[1]。以笔者自身教学经历为例,在法学第二学历的线上教学过程中,一位在线上课程中交流互动较多,学习甚为认真的学生,在课后进行提问时,发现其对第一节课上最为基本的一些概念都未能完全理解,甚至在笔者回答某一问题,提醒对方在第几节课的课堂上讲过时,该学生都表示非常惊讶。该学生随后翻看自己上课做的笔记时,发现其在相关内容上已经做过了详细的记录与解读,即使如此,还是未能记得课堂上曾经讲过该内容。

同样,在课堂上的每个知识点讲完之后,笔者都会向法学第二学历的同学展示该知识点的历年法律职业资格考试的真题,以加深学生们对该知识点的印象及该知识点如何运用。而予以回应的同学中,仍有较多的人不能给出正确答案。在刚讲完之后都能如此,可想而知,按照人类大脑对新事物遗忘的规律来看的话,经过一段时间之后,第二学历学生对法学相关知识点的掌握程度将进一步下降。

二、法学第二学历线上教学效果不足的原因

为了提升法学第二学历的线上教学效果,必须对其号准脉搏,准确找出导致线上教学效果不佳的原因,唯有如此,才能有针对性地实现教学效果的提升。

(一)学生学习存在功利性

莫顿曾指出,学生的逃课行为是受"市场取向的理性选择和功利性选择"。[2] 张子凤经过调查发现,第二学历学生的"学习动机不同,或是为了满足自己的兴

---

[1] 周冬梅、李烨琳:《高校师范生第二学历学习现状、存在的问题及优化策略——以C校为例》,载《教育观察》2021年第21期。

[2] 姚利民、朱黎旻、胡杰丽:《大学生到课率的调研与分析》,载《江苏高教》2015年第3期。

趣爱好而学习,或是为就业做准备,随着市场经济的进一步发展,学生日益感到优胜劣汰是很残酷的现实,希望通过参加自学考试取得第二学历,目的是使自己在就业道路上走得更顺利些"①。"凭借双学历就业的毕业生就业质量明显高于只凭借一个专业就业的毕业生。最突出的表现是薪酬待遇的增加,其他方面,如工作环境、工作时间、其他福利待遇、五险一金的缴纳情况、晋升机制等也好于只凭借一个专业就业的毕业生。"②

鉴于新冠肺炎疫情的影响,导致全球经济形势较为严峻,进而导致当前环境下就业形势严峻。很多学生为了能够在就业上有更多的选择,或者较他人在同一岗位的竞争中脱颖而出,纷纷选择多获得一个学历与学位。其中法学作为在公务员考试上较为有优势的专业,更加获得了其他学科专业学生的青睐。正因为部分法学第二学历的学生是为了能够更好地就业,而不是基于对法学知识的兴趣进行的学习,他们对正式的线上教学并不会付出太多。而且,第二学历的上课时间通常是设置于周末,第二学历学生在周一至周五本就有第一学历的课程学习或者工作任务,长期下来会导致其对周末的课程不再重视。在考试的内容上,作为第二学历的法学不如作为第一学历的法学灵活,在秉持着应试教育的心态时,他们可能更倾向于考试前的集中突击,这样既能大概率通过考试,又能获得难得的周末放松时刻。

(二)法学课程设置不合理及其内容的枯燥

鉴于目前的第二学历大多由各大高校的继续教育学院组织,而继续教育学院与法学院之间的沟通若不充分的话,将会导致其在课程安排上可能存在一定的不合理之处。对于法学的核心课程而言,继续教育学院一般都会予以安排,但有时候可能又会结合学校的学科特色而做出一定的调整,导致部分重要课程的课时不够。此外,由于缺乏对法学学科内部各个专业之间关系的清楚认识,也会导致课程安排得不合理。尤其是法学基础理论的课程并未安排在其他课程之前,导致其他课程中谈到的一些基础理论方面延伸出来的问题时,第二学历的学生无法理解。

除了课程安排不合理之外,课程内容的枯燥亦是导致教学效果不佳的重要原因。以笔者的经历为例,曾经自考处在线上查看课程教学情况,发现学生的

---

① 张子凤:《浅论普通高校自学考试第二学历教育的发展》,载《当代教育论坛(管理版)》2010年第3期。

② 胡晋波:《自考"助学二学历"毕业生就业质量调查研究》,载《中国成人教育》2019年第3期。

到课率较低，便向相关学生进行了询问，其中大多数同学回答的均是课堂上讲的理论问题实在太枯燥难懂了，所以才会选择逃课。

（三）线上学习具有匿名性

线上学习的匿名性亦是导致教学效果不佳的重要原因。就线下教学而言，教师与学生之间是面对面的授课方式，即使教师最初无法将每一位学生的姓名与样貌对应，也会对每一位在课堂上出现过的学生样貌有印象，进而在其不来上课时有所知晓。而且，学生在课堂上的一举一动都处于教师的视野之下，进而限制学生的随意性，使其能够将更多精力置于学习之上。

高校第二学历的线上教学与中小学的线上教学不同，授课老师一般不会强制学生将线上课堂中各自的昵称改为真实姓名，是否使用真名全凭学生自愿。在授课老师并不点名的情况下，哪些学生在课堂上，哪些学生没来上课没有线下上课那么清楚，这便会使得逃课的学生没有心理压力。此外，由于第二学历的学生数量较多，线上课程一般并不会要求学生将摄像头打开，即使全部打开了，授课老师也无法像线下课堂一样，能够一眼扫过去便基本判断出学生上课的状态。这便导致部分学生可能仅仅将账号挂在课堂上，而实质上并未听课，或在各种不适合学习的环境状态下上课。

（四）线上学习缺乏竞争氛围

因为法学第二学历课程的学生来自其他各种专业或职业，他们大部分在上第二学历课程之前处于互相不认识的状态，或者仅一小部分第一学历是同专业的同学之间相互认识。若是线下上课，便会在特定时间将各位同学聚集到一起，在学习之余，学生之间还有很多其他的交流，甚至会成为朋友。他们会在交流过程中了解各自对法学第二学历课程的学习情况，进而激发部分同学的竞争性与好胜心，或者朋友间会相互鼓励，一同进步，促使其认真掌握相关知识，进而形成一种良性竞争或学习的氛围。

而线上教学虽然将各位同学在特定时间聚集到了线上课堂中，但第二学历的学生在这一虚拟空间除了听取老师的授课内容之外，基本与其他同学之间再无任何的交流与互动。因此，在线上教学环境下，他们难以有更多的交集，亦无法知晓其他同学的学习情况，无法形成参照对比，故而难以形成相互之间的良性竞争氛围。而竞争氛围的缺乏，会导致部分学生选择"躺平"。

三、法学第二学历线上教学效果提升的路径

基于上文对法学第二学历线上教学的问题及其教学效果不佳的原因分析，为提升法学第二学历的线上教学效果，需要提高学生的到课率、增强学生对课堂内容的理解、促进竞争性学习氛围的形成，具体而言可以从课程设计、教学方式及师生之间的沟通等方面展开。

（一）合理设计课程体系

课程的合理设计是提升法学第二学历线上教学效果的首要前提。任何一门学科，其内部的各种专业知识都存在相互的关联性，只有按照一定的顺序学习才能促进学生对相关知识的理解。以数学这一学科为例，任何人想跳过最基础的加减乘除知识，直接学习高中甚至大学课程的内容，只会适得其反，导致无法掌握真正的数学知识，甚至因难以理解而对其产生厌恶的情绪。

法学亦是如此，如果连最基本的法学导论的内容都未曾学过便开始其他的法学课程学习，或者民法的课程不先学的话，其他部门法中借鉴自民法而形成的理论便会成为学生们难以理解的内容。法学第二学历的授课老师是由继续教育学院联系沟通的，一般情况下都是法学院的老师，他们很难参与到课程设计中，在线上教学缺乏与学生沟通的情况下，也很难发现课程设计安排的不合理之处。因此，需要继续教育学院在设计安排法学课程之前，充分与法学院或授课教师进行沟通，遵循法学知识体系内部之间的关联性，合理设计法学第二学历的课程体系。

（二）选择合适的线上教学平台

平台作为线上教学的媒介，是保证教学效果的重要工具。受疫情影响，且为了响应国家"停课不停学"的号召，各种社会平台及高校平台纷纷推出。有学者通过调查发现，"教师使用教学平台非常多样，呈分散状态……97所高校一共使用了66种在线教学平台……平均每校使用平台为6.9个。"[1]法学第二学历课程的授课老师一般情况下使用学校规定的教学平台，或者使用自己选择的教学平台，这便导致教师或学生在各种平台之间不断变换，无法完全熟悉相应的

---

[1] 邬大光、李文：《我国高校大规模线上教学的阶段性特征——基于对学生、教师、教务人员问卷调查的实证研究》，载《华东师范大学学报（教育科学版）》2020年第7期。

平台,进而无法发挥平台对教学的促进作用。因此,只有选择适合法学学科授课需求的线上教学平台,且让教师与学生提前适应,才能够避免线上教学过程中各种问题的出现,保证教学效果。

(三)结合时事热点案件进行教学

《论语·雍也》中提到"知之者不如好之者,好之者不如乐之者",因此,在法学第二学历的教学过程中,充分引起学生的兴趣是非常重要的一环,因为兴趣是学生最好的老师。部分课程内容的枯燥成为第二学历学生不愿意学或难以理解相关知识点的重要障碍,成为教学效果难以提升的"拦路虎"。若仅对照教材进行理论的讲解,长此以往便会使第二学历学生的学习热情与兴趣消散。

为了能够提升学生学习的兴趣,可结合时事热点事件,将同学们普遍关注的案例与所要教授的知识点结合起来,让同学们对此发表自己的意见。除此之外,还可以为同学们展示经法院判决生效的类似案件,将法官在类似案件中的价值选择及其理论运用一一呈现,使这些同案类案与当下的时事热点案件进行比较,使学生们能够将自身带入到法官或律师的角色中进行思考,为该时事热点案件提供自己的法律意见。如此,才能使第二学历的学生在线上教学中获得参与感与成就感,进而充分调动起他们的学习热情。

(四)加强师生之间以及学生相互之间的沟通

线上教学虽然受限于空间因素,师生们不能在同一教室内学习,但并不意味着线上教学只是老师讲解知识,学生听课做笔记。这种单向的教学活动缺乏沟通与互动,导致学生与老师之间一直保持着无形的距离感。学生无法表达自己,老师亦无法知晓学生的学习情况及诉求,因而无法知晓教学的效果。

只有双向的沟通,才能解决线上教学匿名性所带来的各种问题。在每次课间休息时,可以邀请几位同学进行自我介绍、发表对课程学习的建议以及学习法学第二学历的目的及其职业规划。教师可以在课间及课堂上穿插式地给同学们讲解各种法律职业的就业情形、工作重点及其必须具备的专业技能,以此消解同学们带着功利性目的学习第二学历所带来的教学效果不佳的问题。在不断沟通的过程中,拉近学生与教师之间的距离,便于教师及时知晓学生学习过程中的痛点与难点,针对学生提出的课程教学建议进行及时的吸收,并对教学内容及方式作出合适的调整,进而提升教学质量。

课程教学改革

行政法案例教学中的规范思维
——以"袁裕来购书案"为例

何永红

【摘要】 行政法律纠纷应围绕案件争议焦点与其法律规范要件,对该行为的合法性进行分析。行政法的规范思维训练是行政法案例教学的重要方法,其意义在于:一来通过法律规范性思维来透视典型个案,形成以法律为基础的社会共识;二来对今后同类型案件发出警示,有助于理清行为界限,为行政执法的规范化和法治化指出方向。本文透过备受社会关注的袁裕来购书案,循着规范思维的路线,先锁定请求权利,再固定请求权利的规范基础,继而从体系的角度分析法律规范要件,认定具有法律意义的事实构成,最后将认定的事实归入法律要件之中,进行法律判断。

【关键词】 行政法;规范思维;案例教学;购书案

一、案情梗概[①]

2016年3月4日11时许,被告(宁波市江东区文化广播新闻出版局)偕同公安民警共计5人,未经原告准许,忽然进入原告(袁裕来)办公室。5人之中只有一位佩戴着江东区文化广电新闻出版局工作牌,其余几位未出示执法证和相关证据。4人中一位系公安局民警,原告曾经有过工作上的接触,其余的人员不明身份。被告执法人员称在联合执法中,拿来一个包裹要求当场拆封检查,遭到原告严词拒绝,原告要求被告出具法律依据。最后,在原告的抗议声中,同行的公安民警还是强行拆开了包裹(办公室有录像)。随后,被告在制作笔录后,

---

【作者简介】何永红,南京审计大学法学院,教授;主要从事宪法、行政法教学与理论研究。

① 铁瑾:《律师起诉文化局非法扣押网购港台书籍获立案》,参考网:http://news.sohu.com/20160316/n440646942.shtml。

出具了(甬东)文广新证通字(2016)第 01 号先行登记保存证据通知书和先行登记保存证据清单,扣押了包裹内的 14 本书。原告起诉状称,在原告袁裕来包裹尚未打开之前,被告宁波市江东区文化广播新闻出版局称发现其中是非法出版物没有事实依据,即使涉案书籍是非法出版物,因本案不具备强行检查、搜查原告包裹的条件,原告并无危害国家安全也未涉嫌刑事犯罪,被告或公安民警非法检查、强行拆封原告包裹取得的证据,也不能用来证明所诉行政行为的合法性。另外,原告称登记保存登记书中仅写了涉嫌贮存非法出版物,没有明确相关的法律依据。因此,被告查扣原告书籍行为没有事实和法律依据,严重侵犯了原告的权利,便提起行政诉讼。

二、业界反应

本案件在法律界引起巨大的反响,两种观点针锋相对:一是反袁派,二是挺袁派。反袁派认为对于查封非法出版物应是相关执法人员的职责,并且无须经过当事人的许可,可以采取强制措施,如一篇文章《驳一驳袁裕来律师在淘宝网购买港台图书被查扣事件的行政起诉状》中举了查酒驾的例子来反驳袁律师的起诉理由,认为正如查酒驾时不必有确凿的证据一样,在没有拆开包裹前提下,执法人员可以通过强行拆开包裹对出版物的合法性作出认定。[①] 宁波市北仑法院(2016)浙 0206 行初第 9 号行政裁定书,驳回袁的起诉。法院经查证后认为,被告接到举报后在案件调查的起始阶段,实施的是先行登记保存行为;该行为是为了查明案件事实而采取的一种调查取证手段,对原告的合法权益不产生实际影响,不属于行政诉讼受理范围,故驳回起诉。

而挺袁派则认为酒驾的例子与查封非法出版物属于完全不同的情况,没有类比性。相关执法人员没有法律依据和权限,执法程序不当,其强制措施行为不合法,应当予以撤销。[②] 另外,多数学者对于法院的判决理由表示不解,认为其手段的强制性已经影响到原告的物权,显然已经侵害其权益。

[①] 来源微信公众号《警事网语》:《驳一驳袁裕来律师在淘宝网购买港台图书被查扣事件的行政起诉状》,2016 年 3 月 6 日。

[②] 来源微信公众号《碧剑说法》吴有水:《法律不是用来这样曲解的——谈谈袁裕来被查的那些事》,2016 年 3 月 7 日。

三、思维路线

(一) 固定权利请求

本案为形成之诉,其权利请求为请求撤销违法行政行为,具体到本案即为撤销被告2016年3月4日作出的(甬东)文广新证通字(2016)第01号先行登记保存证据通知书。

(二) 寻找请求权的基础规范

1. 检索原告请求权的基础规范

《中华人民共和国宪法》第40条规定:"中华人民共和国的通信自由和通信秘密受法律保护。除因国家安全或者追查刑事犯罪的需要,由公安或检察机关依照法定程序对通信进行检查外,任何组织或个人都不得以任何理由侵犯公民的通信自由和通信秘密。"

《行政强制法》第18条:行政机关实施行政强制措施应当遵守下列规定:……(三)出示执法身份证件;……(五)当场告知当事人采取行政强制措施的理由、依据以及当事人依法享有的权利、救济途径;(六)听取当事人的陈述和申辩;

2. 检索被告抗辩权的基础规范

《行政处罚法》第37条第2款规定:"在证据可能灭失或者以后难以取得的情况下,经行政机关负责人批准,可以先行登记保存,并应当在七日内及时作出处理决定,在此期间,当事人或者有关人员不得销毁或者转移证据。"

《出版管理条例》第7条规定:"出版行政主管部门根据已经取得的违法嫌疑证据或者举报,对涉嫌违法从事出版物出版、印刷或者复制、进口、发行等活动的行为进行查处时,可以检查与涉嫌违法活动有关的物品和经营场所;对有证据证明是与违法活动有关的物品,可以查封或者扣押。"

(三) 法律规范要件的分析

1. 原告起诉的宪法依据是禁止性条款。构成侵犯公民宪法上的通信自由的逻辑条件有三:首先,针对的对象是"通信自由";其次,若被告的行为对象属于"通信自由",被告行为的目的并非"因国家安全或者追查刑事犯罪的需要"[①];

---

① 国家安全局享有国家安全有关的职权,公安享有刑事侦查的职权。

最后,被告行为侵害了原告的利益,造成了损害。

作为原告起诉的另一规范依据为《行政强制法》18 条。该条为行政强制措施的程序性规定,六个执法步骤缺一不可。本条第五款规定了当事人的知情权,要求知情权的实现为"当场",告知的内容须全面。本条第六款规定了当事人的申辩权,申辩与陈述为必要条件,不得省略。

2. 被告抗辩的依据首先是《行政处罚法》37 条第二款关于先行登记保存的规定,其逻辑条件有四:第一,其适用的前提条件为"在证据可能灭失或者以后难以取得的情况下"以及"经过行政负责人批准";第二,适用的对象是"证据",并非一定是当事人的"财物";第三,该手段适用期限为 7 天;第四,其适用的后果为当事人 7 天内不得转移或销毁证据。

另外,其抗辩依据还包括《出版管理条例》第 7 条,结合《行政强制法》的有关规定,分别剖析行政检查和查封扣押两种行为的构成要件。首先,这两种行为共同的要件为:其一都必须遵守执法主体法定,法律没有明确规定实施行政强制措施的适格主体的,行政法规可以规定出版行政主管部门检查和扣押的有关职权;其二都必须满足法定程序,即上述《行政强制法》18 条的中有关亮证、告知和听取意见的程序。

再分析行政强制检查这一行为,其独立要件有两个:第一,以"已经取得的违法嫌疑证据或者举报"为条件;第二,检查的对象为"与涉嫌违法从事出版物出版、印刷或者复制、进口、发行有关的物品或经营场所",由"从事"二字可知一般为经营机构(除非个人进行复制、进口等非法活动)。

查封或扣押的独立要件有:第一,须以"有证据证明存在违法出版物"为前提;第二,查封扣押的对象为"与违法活动有关的物品",其对象包括个人购买、经营等一切违法活动。

(四) 案件事实要件的认定

1. 与原告请求权基础相关的事实要素:a. 网上淘宝网上购书,以快递包裹寄送。b. 行政执法人员强拆包裹检查。c. 快递包裹被强制打开,书籍被扣押。

2. 与被告抗辩权基础相关的事实要素:a. 文化局称接到举报且受公安指示前来,但执法人员没有出示相关证据。b. 原告为个人购买者,包裹未拆封就被有关人员截留,之后未经原告同意,包裹被强行拆开。c. 被告出具先行登记保存通知书后,以"异地原物"方式保管。d. 7 天后执法机关并未作出返还书籍的举动。e. 书籍从名字和部分内容来看均合法,书籍是从淘宝合法出版的正规商家购买。f. 相关执法人员仅一人出示相关执法证件,并未说明理由、出示依据。

(五)法律涵摄事实

1. 原告依据《中华人民共和国宪法》第 40 条称被告侵害其通信自由权。该法条针对的对象是"通信行为"。网购的快递包裹寄送属于"传信"的范畴,而非"通信",不符合"通信自由"的大前提,因此被告并未侵犯原告的通信自由权。

2.《行政处罚法》第 37 条要求实行先行登记行为以"有证据灭失的可能性"和"行政机关负责人的审批"为前提。首先,本案中的执法人员是接到公安局的指示予以执法,符合"行政机关负责人审批"这一要件。根据《行政处罚法》规定,实行先行登记保存 7 天后就没作处理的就该归回物主,但该案并没有如期返还书本,侵害了原告对书本物权的行使,从实际上影响到原告的权益。

《出版管理条例》第 7 条中对强制检查行为和查封扣押两种行政强制措施采取不同程度的限制。首先,行政检查行为适用的前提条件是"具有证据或线索",本案文化局接到举报以及公安指示,符合检查的前提条件。其次,结合《行政强制法》规定,文化局为法定的执法主体,具有相关的职权。然而,检查人员检查并未符合法定程序,即未出示相关的身份证件、相关证据等。另外,本案中行政检查行为与查扣行为针对的对象是不同的,检查的对象为"与从事相关违法活动有关的物品和场所",一般为经营机构(除非个人从事复印、进口等非法活动),个人购买不属于该范畴。因此,本案并不符合行政检查行为的构成要件,执法人员无权检查包裹。而作为查封、扣押这种行政强制措施采取的条件更为严苛,实行的前提条件要求有"明确的证据",本案中执法人员只是接到举报而非有明确证据,因此执法人员无权对原告的书本予以查封扣押。

四、学理分析

(一)是否侵害到通信自由?

原告在起诉状中依据宪法 40 条以被告侵犯"通信自由"的权利请求法院判决撤销违法行政行为,部分学者也纷纷呼吁"保障公民通信自由的基本权利"。笔者认为原告适用法律错误,本案中的"传递包裹"与"通信"的含义大相径庭,不属于原告"通信自由"的范畴。

首先,回归到宪法第 40 条,分析其法律要件。逻辑条件有两点,首先该条适用的对象是"侵害通信的行为"。若行为针对的是"通信",则须再分析被告行为是否逾越界限侵害到原告的"自由"。也就是说我们必须先对"通信"和"自由"两者作明确界定,最后才能确定是否侵害到"通信自由"。

1."通信"还是"传信"?

通观学者对"通信"概念的界定,主要表述有三种。

第一种认为通信指利用书信互通消息,反映情况等;通讯指利用电信设备传递消息。①

第二种认为通信是相互之间交换信件,用书信反映情况。通讯是利用电讯设备传递消息或音讯,有时指来回地传递。②

第三种认为通信是通过媒体将信息由一点传至另一点的过程。③

无论学者对通信如何定义,这些解释都有其共性。因此应回归到词语中最原始的含义,"通信"中的"通"为畅通之意,"信"是指传送的手段。有学者将"通"解释为附着信息的传播载体的物理渠道或法律途径通顺、通畅④,其实"通"字强调了两者之间的传达无阻碍,其包含的信息有四点:一是主体有两方;二是两方都可以独立表达意思;三是表达没有阻碍即一方的意思被另一方理解并做出相应的回应;四是一方表达,另一方回应,通常是一个往返往复的过程。

由此可见,"通信"特点有三:其一通常具有交互性,强调双方都存在沟通交流,互相有信件来往,相互反馈和作出回应;其二是具有意志的独立表达性,强调每一方都可以独立表达情感、意志,并将这种独立情感和意志发射给对方;其三是具有传递性,是一种动态移动的过程,运动轨迹为一个点到另一个点。我们判断行为是否为通信可以从上述三个特性综合考量,作出判断。

上述"交互性"和"意志的独立表达性"体现的是"通"的特征,而"直接传递性"体现的则是"信"的特征。如果没有"通"而只有"信"的特征,这种行为只能称为"传信"。"传信"就是传信者将他人意志内容传递或物件传递,一般是单向的传递运动。"传信"不存在两方情感意志的独立表达和相互交流,传递信息或物件后,另一方作单纯接收或拒绝该信息、物件,不再作出新的独立意志和情感表达。

本案中的包裹书籍快递行为显然不属于"通信"的范围。本案中袁裕来律

---

① 中国社会科学院语言研究所词典编辑室编《现代汉语词典》,商务印书馆 1989 年版,第 1149—1150 页。
② 王同亿主编:《现代汉语大词典》,海南出版社 1992 年版,第 1373 页。
③ 辞海委员会编:《辞海》(中册),上海辞书出版社 1999 年版,第 2994 页。
④ 刘素华:《论通信的宪法保护》,载《法学家》2005 年第 3 期。

师的包裹书籍是他通过淘宝网上购买的物品,淘宝网的购买流程分为以下几个步骤:浏览物品及相关信息、评价——询问淘宝卖家相关问题——选择物品属性、数量——下订单并核对物品信息和寄送地址信息——付款并等待卖家发货——发货——确认收货。本案中书籍包裹即存在于卖家发货与买家收货程序之间的快递一环,那么"寄送快递"到底属于何种性质的行为有待作出进一步的界定。

快递行为是卖家将交易的物件投放于快递公司,快递员将物件转移到买家手中的行为,其显著特征是具有单方性,即卖家只是单纯将交易的物品寄送,而非作出独立的意志表达(意志表述已经在先前的交易过程中,即在下订单、确认订单的过程中明确),寄送快递只是卖方将双方确定的意思内容付诸实践。

可见,寄送包裹行为不是通信,而是一种单纯的"传信"行为。

2. 是否逾越界限侵犯到"自由"?

即使本案事实符合"通信"的特征,也断不意味着这种自由不容做任何限制。个人享有的"通信自由"权利,在与公共安全、社会利益的价值冲突时,如"因国家安全或者追查刑事犯罪的需要"须作合理退让。当然,本案中的包裹寄送行为根本不属于"通信"范围,故其不符合适用宪法第 40 条的大前提,也无须判断行政行为是否逾越界限而侵犯原告的"自由"的法律问题。

鉴于以上分析,袁裕来律师起诉状中主张通信自由受侵犯是不成立的。原告虽援引宪法第 40 条错误,但是原告的财产权益确实受到侵害,应援引其他法律依据予以抗辩被告。

(二) 一审判决中的误区和疑问

一审判决在阐述理由部分指出被告实行的先行登记保存行为是为了调查案件(袁裕来贮藏非法出版物一案)的需要,该行为是在案件的最初阶段而采取的一种必要手段,这一行为并非侵害原告的实质性权益,因此对这种行为不予审查,驳回原告起诉。大多数学者对此觉得荒谬,认为被告行为很明显已经影响了原告的"物权"行使,怎么会没有侵害原告权益;还有一部分学者认为这种先行登记保存行为实质上已经转化为扣押行为,属于行政强制措施应予以审查。笔者认为法院的一审判决理由漏洞百出,难以令人信服。

1. 先行登记保存的前提——"证据灭失的可能性"

先行登记保存其适用的条件有二:其一具有"行政机关负责人审批",其二存在"证据灭失的可能性"。本案行政执法人员接到公安的指示而采取执法行为,具备第一个条件。而第二个要件存在"证据灭失的可能性",该要件具有一定司法裁量性,实践中很难准确把握。

笔者认为"证据灭失的可能性"中的"证据"不应片面考虑,而应当统筹考量。涉案物品作为"物证"时可以成为先行登记保存的对象,但将大量的涉案物品作为"物证"进行先行登记保存过于牵强,因为先行登记保存针对的是证据而不是财物。对于作为物证的物品可以采取如现场笔录、视听资料、登记造册并经当事人确认等多种方式进行固定。① 执法人员应当根据案情作出裁量,当涉案物品作为财物的价值大于作为证据的价值,或者可以通过其他方式补强该证据时,就不能以"证据"的名义行查封、扣押之实,否则有滥用行政权力之嫌。

本案中的证据不仅仅包括书本原物这一物证,还应当考虑书本的复写本、书本的照片、淘宝交易信息、淘宝聊天信息、快递单上的信息等。如果执法人员能够证明书本原物是证明原告贮藏非法出版物的唯一、不可替代的证据,那么才可能会存在"证据灭失"的情况。另外,原告在先前并未拿到过快递,快递被执法人员半路拦截后被强行拆开,原告尚不存在转移和毁损证据的可能。因此,本案不符合实行"先行登记保存"的前提条件,因此执法人员无权对书本原物"先行登记保存"。

2. 先行登记保存的对象——"异地原物"是否必然合法?

先行登记保存的是有关证据,并非一定指原物,只要符合相应证明力的任何"证据"都可以作为先行保存的对象。其实,按照《行政处罚法》"当事人或者有关人员不得销毁或者转移证据"的规定,先行登记保存时作为证据的物品、材料等并未发生物权的转移,仅是对其处分权进行限制,即禁止"销毁""转移"。根据对文义的理解,先行登记保存的证据并不由行政机关保管,原则上应由当事人保管,当该证据被其他有关人员占有时由该占有人保管。也就是说,在7日期间内无论是由谁占有的该证据,都应当使该证据保持先行登记保存时的状态,不得使该证据发生占有的转移或灭失。② 若该证据由行政机关或者委托第三人予以保管,实际上该证据的占有发生了转移,该证据从当事人私有财产变为公共财产,从先行登记保存变为查封、扣押。

本案中书本原物的证据可以由书本复印本、照片等替代,实际上先行登记

---

① 《先行登记保存的性质及与行政强制措施的区别》,2013 年 5 月乐山市食品药品监督管理局政策法规科。

② 《先行登记保存的性质及与行政强制措施的区别》,2013 年 5 月乐山市食品药品监督管理局政策法规科。

保存可以以保存原书的复印本、扫描本、照片等实现。原则上原告的书籍原物应当由原告自行保管,在登记保存期间不得外借、复印或拍照后上传网页等。而执法人员可以对书本的复印件、扫描版进行保管,做进一步的调查。但是,本案中比较棘手的问题是书本原物尚在包裹中,难以取证进行登记保存。若强行拆开包裹又有违背《出版管理条例》第 7 条之嫌(后文将进行详细阐述)。因此,被告可以向原告说明情况,在征得原告同意后拆开包裹进行复印、拍照取证。若原告不同意,此时公共利益大于私人利益,可以将整个包裹予以先行登记保存(7 天后若有其他明确证据显示包裹内为非法出版物,则可以直接予以扣押)。而本案中执法人员在原告拒绝拆封包裹后,直接强拆包裹,"异地原物"方式保存书籍的做法有失妥当。

3. 先行登记保存超期的后果

《行政处罚法》第三十七条"应当在七日内及时作出处理决定"的规定,但未进一步对"处理决定"的后处理情况进行明确,导致实践中出现不同的理解。有观点认为立案调查即是行政机关作出的"处理决定",一旦作出此种决定后就万事大吉、符合了《行政处罚法》的规定。实际上,此种观点认为行政机关只要履行了"作出处理决定"的形式就可以无限期限制当事人的物权,实则无视了"处理决定"应有的实质内容。

对"处理决定"的理解,应从调查程序及涉案物品两方面入手。调查程序分为应当立案、不予立案两种,对物品的处理,可以参照《行政强制法》第二十七条"对违法事实清楚,依法应当没收的非法财物予以没收;法律、行政法规规定应当销毁的,依法销毁;应当解除查封、扣押的,作出解除查封、扣押的决定"的规定进行体系解释:对违法事实清楚,需要立案调查并且需要对先行登记保存的证据继续掌控的,应当采取行政强制措施,依法将先行登记保存的证据转为查封或者扣押;对不需要立案调查,或者不需要继续控制该证据的,应当在七日期限内及时解除先行登记保存,超过期限的,应视为自行解除先行登记保存,即当事人可以随意处分先行登记保存的证据即可以"转移"和"灭失"先前被登记保存的证据。

本案先行登记保存的法定期限为 7 天。执法机关若有明确证据证明原告贮藏非法出版物的,超出 7 天后,视为自动立案,先行登记保存行为转化为合法扣押。然而直至一审判决作出(已经远远超过 7 天期限),执法机关仍然没有给出任何处理决定,也无明确证据说明原告贮藏非法出版物,因此先前的登记保存效力自行解除,那么原告有权向被告返还书籍,若被告仍然保存该书籍,属于非法扣押,其行为性质从不可诉的案件调查手段转化为可诉的行政强制措施行为。由此可见,一审判决称本案执法人员的行为是不可诉的案件调查手段驳回原告起诉,有失偏颇。

(三) 被告是否有权采取行政强制措施?

前文所述属于案件调查初期采取的必要手段,针对先行登记保存证据是密封在包裹中的情况,那么被告能否直接对原告采取行政强制措施强制拆封包裹,这成为本案中的最重要的争议点。维袁派认为被告无权直接对密封书籍包裹予以强行检查以及扣押,违背《出版管理条例》,被告的行为于法无据。而支持被告的一方则以对"酒驾"人的强制酒精检测为例类推检查和扣押非法出版物的行为是合法的以此反驳原告。因此,被告是否享有强制检查和扣押非法出版物的职权,两种行政强制措施适用的条件、对象、程序是我们首要解决的问题。

强制检查、扣押等行为属于行政强制措施,只能由法律、行政法规设定,《出版管理条例》第 7 条规定了有关文化出版局的两项职权,一是强制检查,二是查封扣押。因此,该执法人员有对出版物行政管理的权限,符合相关法律依据。但是,该职权的行使须满足几个特定的要件,否则就是越权执法。首先,最重要的是正确理解该规定的前提条件。《出版管理条例》第 7 条包含两种行政强制措施,其一为检查,另一种为查扣,这两种行政强制措施实施具有不同的前提条件。行政检查行为适用的前提条件是"具有证据或线索"。相比较而言,查封扣押的前提条件更为严格,须要求"有明确的证据"。要想准确判断是否满足查处或查扣的条件,还须结合"证据"的证明标准才能准确予以认定。

1. 证据的认定标准

证据的证明标准可以分为合理根据标准、优势证据标准和确凿证据标准。[①]"证据"因不同程度的行政强制措施而采取不同等级的认定标准。

本案《出版管理条例》第 7 条中实行行政检查的前提条件是"合理根据标准",其要求行政机关的行为基于一定的事实根据,而不是凭空想象、完全恣意性。[②]"合理根据"标准要求比较低,一般适用于公安、海关等部门的拦截检查,酒精检测就适用这一标准,根据《道路交通安全法实施条例》第 105 条规定,"机

---

① [美]迈克尔·贝勒斯:《法律的原则:一个规范的分析》,张文显等译,中国大百科全书出版社 1996 年版,第 67 页;李浩:《证明标准新探》,载《中国法学》2002 年第 4 期。

② 何海波:《行政诉讼法》,2011 年法律出版社版,第 389 页。

动车驾驶人有饮酒、醉酒、服用国家管制的精神药品或者麻醉药品嫌疑的,应当接受测试、检验。"因此,交警只要通过观察驾驶员的外观如脸红、语言含糊不清、举止怪异、神色紧张等,从而判断驾驶员是否有酒驾嫌疑,选择性地对驾驶员进行酒精检测。反观本案,根据《出版管理条例》第 7 条规定,行政执法人员实行查处(检查)的前提是"收到嫌疑证据或者举报",是典型的合理根据标准。但是与酒精检测不同的是,该包裹为密封状态,无法像酒精检测一样具有很多外观特征,因此不能仅仅依靠外观推测(不能凭对当事人神色慌张直接推断),而需要更多的客观线索和证据,比如多人举报,淘宝卖家资质认证不合格,交易聊天记录等。

"合理根据"在理论界尚存在很大争议。尽管理论上众说纷纭,但是其基本含义一致,法律意义上的合理根据指作为一个理性人,法律执法官员必须有正当理由,有足够的信息,凭借日常生活经验和专业经验对案件事实产生的疑虑或者疑惑。[1] 由此合理根据具有主观性[2]、抽象性[3]、经验性[4]等特征,这种不可预测的随意性容易导致"合理根据"转化为"不合理的根据"。合理根据而非随意的主观臆想,因此其合理性应当限定在一个范围内。

首先,这种根据是具备可查性即有客观的证据表明,"合理根据"应当是在对获得信息进行慎重、细致分析推理的基础上产生的,有具体、客观且具有实质意义的证据事实为依据,同时"合理根据"必须是符合经验与逻辑的根据,而不是毫无根据的主观臆测。[5] 可查性的标准可以借鉴美国阿贵拉案确立的双叉标准,即满足两个要求:其一是符合关于消息来源的要求,其二是关于线人诚信性的要求。首先,消息来源要具备"自我印证的细节",即"'诚实的'线人提供的线报包含足够的细节,该细节将会在实际效果上自我印证该线报的可靠性",也就是线索消息必须能够展现细节,这些细节串联起来都能说得通。另外,线人的诚信性可以通过"(先前线报的)表现记录"或者"(先前线报的)平均成功率得以

---

[1] 胡广政、王丹丹:《我国刑事诉讼中的排除合理怀疑》,载《人民检察》2016 年 3 月第 714 期。

[2] 例如,美国《加利福尼亚刑法典》认为,合理怀疑是"在经过所有证据的总的比较和考虑之后,陪审员的心理所处于的状态"。1953 年霍兰诉美国政府案件中,合理怀疑被界定为"导致人们在行动上产生犹豫的怀疑"。

[3] 无论是"道德上的确信"还是"行动上的怀疑",都是对事实模糊性的主观描述。

[4] 在英美法系国家实行陪审团制度,由于每个陪审员的社会经历,受教育程度相差较大,对合理怀疑的理解因人而异。

[5] 胡广政、王丹丹:《我国刑事诉讼中的排除合理怀疑》,载《人民检察》2016 年 3 月第 714 期。

证实",线人的诚信性也可以通过信息可靠性指标加以证明。①

本案中案件的举报来源离奇,线索内容拼拼凑凑,缺乏连贯性和相互印证性或者举报的人具有谎报历史,那么这种根据即无客观依据,不是"合理根据"。

其次,要求根据的合理性能受公众评判,获得说服力。② 法律的威信来源于对社会共同价值的强调,社会底线的坚守,只有具备公众说服力的根据才构成合理根据。具备公众说服力须满足社会共同价值,社会共同价值往往反映的是社会公共利益。早期美国"凯默若原则"③称:"合理根据"具有可变性,应通过权衡处于竞争中的公共利益和个人利益来加以确定。④ 这两者之间若缺乏协调和平衡,则会降低线索根据的公服性,进而线索根据缺乏合理性。合理根据的标准应当是流动具体的标准,应根据个案涉及的法益作不同的解释。上述提及的酒驾行为涉及关于公众生命健康权的保护,其法益价值远远高个人行为自由,为了最大程度上维护公众生命健康价值,因此酒精检测需要严格把关,只要求执法人员通过驾驶人员的外部特征(如脸红、酒气、行车路线怪异等)推测存在酒驾可能性。反观本案,虽非法出版物查处涉及社会主义市场秩序,具有追求公共秩序的行政目的,但与私人购买行为中所隐含的人性尊严相比,其价值仅居次要地位。正因如此,对查处非法出版物时,执法人员的查处行为要求更多客观的"线索或嫌疑证据"(如收到多名淘宝用户对此商家举报,出版物的许可证且信用资质较低等)以增强线索的公服力,而不是像酒精检测通过简单的外观判断即可。

最后,"合理根据"是具有足以能够动摇裁判者对案件认定的实质性根据。本案中若执法人员仅从快递外观破旧就认为该商家存在销售非法出版物的嫌疑,这种根据不能从根本上动摇对案件事实的认定,不是"合理根据"。

《出版管理条例》第 7 条规定的另一行政强制措施即查扣行为所要求的前提为有"明确证据"即优势证据标准。优势证据标准是指行政机关对事实所作的认定,凭现有证据并结合生活常理具有占优势的盖然性,因而比较可信。⑤ 优势证据标准是比合理根据标准更严格,最后,当这种盖然性的优势扩大到一定

---

① 吴宏耀:《美国刑事诉讼法精解(第一卷)》,北京大学出版社 2009 年版,第 131—132 页。
② 胡广政、王丹丹:《我国刑事诉讼中的排除合理怀疑》,载《人民检察》2016 年 3 月第 714 期。
③ 吴宏耀译:《美国刑事诉讼法精解(第一卷)》,北京大学出版社 2009 年版,第 137—139 页。
④ 吴宏耀:《美国刑事诉讼法精解(第一卷)》,北京大学出版社 2009 年版,第 139 页。
⑤ 何海波:《行政诉讼法》,法律出版社 2011 年版,第 391 页。

程度,完全还原事实真相,则为确凿证据。

本案中的证据如淘宝用户的交易聊天记录、淘宝网上关于图书内容简介、商家资质评分、出版物许可证等一系列的证据,都有可能说明原告可能购买非法出版物。但是仅凭单一的证据无法作案件事实的认定,即证据不具有优势盖然性,另外,缺乏针对性和实质性的模糊证据也不具有优势盖然性。例如,交易聊天记录只是简单陈述说商品可能有瑕疵,仅凭这一模糊的证据无法认定原告购买非法出版物这一事实,因为除了书本是非法出版物,还存在多种其他的可能性(瑕疵可能是书本质量瑕疵或延后发货的瑕疵),该单一模糊的证据不具有证明的优势盖然性,因此不是"明确证据"。由此可见,若想达到"明确证据"即优势证据标准,执法人员认定非法出版物的证据应当比其他可能的证据更有可信性,更具有说服力和高度盖然性。本案中执法人员只有收集到相关证据(如交易聊天记录确认双方明知是违法出版物而予以交易,商家缺少出版资质,或收到的书本名称、目录等有违法内容),这一系列的证据可充分说明是"非法出版物"的可能性很大,才能予以查扣书籍。因此,本案中执法人员没有出示任何证据,仅仅称"接到举报和公安指示",这种举报真实性有待考证,线索是存在多种可能性,证据不具有优势盖然性,因此不满足"有明确证据"这一前提条件,执法人员无权对书籍进行直接查扣。

2. 个人购买者是否成为检查和查扣对象?

《出版管理条例》第7条对于检查行为和查扣行为的对象具有不同的规定。首先,检查的对象为"与违法从事出版物出版、印刷或者复制、进口、发行等活动有关的物品和场所"。由"从事"二字可知,这一系列的违法活动具有经营性、长期性,一般指经营机构,若个人从事则限定在印刷、复制、进口等活动,但是很明显,这些活动中并不包含购买非法出版物。因此,个人购买非法出版物不是出版管理局检查的对象,除非个人购买出版物后又从事复印出版物或者属于个人大批进口出版物,才可以对个人购买的书籍强制拆封检查。本案中原告购买的14本书均是从淘宝合法网店购买,快递包裹还在半路便被执法人员拦截,由执法人员携包裹至原告处,原告在之前从未碰过这14本书,不具有复制可能性,也不存在大量进口出版物可能性。因此,即使本书内容违法,但是原告只是作为购买出版物的个人购买者,尚不具有散播非法出版物的危险性,执法人员无权直接强拆包裹予以检查。那么,难道个人购买非法出版物就无从管理吗?非也,一方面,虽然对个人购买者不能强制进行检查,但是对于卖家即非法出版机构却可以强制检查相关物品和场所。另一方面,《出版管理条例》第 7 条中对查扣行为的对象又予以放宽,"与违法活动相关的物品"只要满足"有明确证据"的前提条件,无论是个人购买的非法出版物,还是出版商印刷、发行、复制或进口的非法出版物,在满足法定程序下,执法人员都有权予以查扣。

论复合型法学(法务金融方向)专业人才培养

秦康美

【摘要】 法学专业培养的人才是治国理政的专业人才,各行业、各领域应该都需要法学专业人才,但是目前高校法学专业培养的人才却是一个不太受社会欢迎的人才,据麦可思报告显示,法学专业是近几年红线专业,说明传统法学人才已经不为社会所需。法学培养应该创新专业方向,结合行业设置不同行业所需要的法学人才。作为国家经济命脉的金融业,需要专业的法律人才为其提供法律服务,但当前金融业的立法和司法都跟不上金融业发展需要,究其原因是因为法学院校培养的传统法学人才不了解金融行业,跟不上金融创新发展步伐,导致培养的人才不能为金融业所需。金融业发展影响到国家的宏观调控,也影响到为实体经济服务。有鉴于金融业发展会影响社会其他行业,法学院校可以设置专门为金融业发展所需要的专业方向,培养熟悉金融行业知识与业务,能够将法学专业知识熟练应用于金融业的复合型法学(法务金融)专业人才。新型的法学(法务金融)专业设置需要从目标设置、能力要求、课程体系设置进行研究。

【关键词】 法学创新人才;法学(法务金融方向)专业;复合型人才;应用型人才

为深入贯彻落实习近平总书记关于教育的重要论述和全国教育大会、新时代全国高等学校本科教育工作会议精神,全面落实《教育部关于加快建设高水平本科教育 全面提高人才培养能力的意见》(教高〔2018〕2号)、《教育部关于深化本科教育教学改革全面提高人才培养质量的意见》(教高〔2019〕6号)、教育部

【基金项目】本文系南京审计大学国家一流专业(法学)建设项目"法学学生创新与实践能力提升研究"(课题编号:2020JG143)的研究成果。

【作者简介】秦康美,南京审计大学法学院教授,主要从事民法学教学与理论研究。

《高等学校课程思政建设指导纲要》(教高〔2020〕3 号)等文件精神,适应经济社会发展对高等教育人才培养的新要求,2020 年 7 月 9 日,学校教务委员会启动新一轮本科人才培养方案修订工作。法学院法务金融系按照学校要求迅速启动法学专业人才培养方案修订工作,紧密结合经济社会发展对人才培养的新需求,积极组织用人单位反馈对本专业人才培养方案的意见,充分调研国内高校有关复合型人才培养先进做法,系统总结近十余年人才培养的成绩和不足,经过多次研讨、论证和修订,最终完成法学(法务金融方向)专业人才培养方案。现将人才培养方案的制定背景、拟解决的问题、基本理念及思路、依据及过程、主要修改的内容、可行性及预期成效,简要说明如下。

一、人才培养方案制定的背景及解决的主要问题

(一)制定背景

1. 习近平法治思想为德法兼修高素质法治人才培养指明了方向

习近平法治思想系统阐述新时代中国特色社会主义法治思想,深刻回答了新时代为什么实行全面依法治国、怎样实行全面依法治国等一系列重大问题。习近平法治思想是马克思主义法治理论中国化的最新成果,是习近平新时代中国特色社会主义思想的重要组成部分,是全面依法治国的根本遵循和行动指南,为推动法学教育高质量发展、培养德才兼备的高素质法治人才指明了前进方向、提供了根本遵循。

2021 年 5 月 19 日,教育部发布《关于推进习近平法治思想纳入高校法治理论教学体系的通知》提出:将习近平法治思想进行科学有机的学理转化,将其核心要义、精神实质、丰富内涵、实践要求贯穿于法学类各专业各课程,将社会主义法治建设的成就经验转化为优质教学资源,更新教学内容、完善知识体系、改进教学方法、提高教学水平,帮助学生学深悟透做实,增强政治认同、思想认同、理论认同、情感认同,引导学生进一步坚定中国特色社会主义法治的道路自信、理论自信、制度自信、文化自信。

2."立德树人"根本任务对法学专业人才的思政教育提出了更高要求

教育是培养人的事业。培养什么样的人是开展教育工作之前必须解决的问题。党的十八大报告明确提出要将"立德树人"作为教育的根本任务。落实

"立德树人"根本任务,要求在进行专业教育的同时积极开展思政教育。法治人才的思想政治素质状况直接决定着国家和社会法治建设的成败。以往的法学教育过多地讲授西方的个人主义的法律理论和思想,过于注重专业技能的传授,对学生思想政治教育有所忽视,结果培养了不少"精致的利己主义者"。这一局面亟须扭转。为此,2018年9月17日,教育部联合中央政法委发布《关于坚持德法兼修实施卓越法治人才教育培养计划2.0的意见》,提出了培养德法兼修的卓越法治人才的新要求。法学专业应当把"立德树人"放在首位,贯彻课程思政精神,完善课程思政体系,培养"德法兼修"的法治人才。

3. 经济社会发展亟须培养多元知识背景的复合型法治人才

当前,我国经济社会高速发展,传统的行业壁垒逐步被打破,新兴产业不断涌现。社会关系日益复杂,每个个体都被编织进同一个大网络,相互渗透,彼此交织。随着新全球化的到来,我国正处于一个全新的国际语境和国家发展的特定的环境中。经济社会问题的解决需要多学科、跨专业的知识,尤其作为决定经济发展走向的金融业需要更多懂金融的法学人才为其提供服务。2020年11月3日发布的《新文科建设宣言》指出:新科技和产业革命浪潮奔腾而至,社会问题日益综合化复杂化,应对新变化、解决复杂问题亟须跨学科专业的知识整合,推动融合发展是新文科建设的必然选择。这也对法学专业人才的复合型知识结构提出了新要求。法学专业需要进一步转型升级,调整人才培养目标,完善人才培养方案,优化特色课程体系,加强复合型师资队伍建设,致力于培养"法学+"复合、应用、创新型法治人才,为国家经济监督和法治建设服务。

4. 数字信息时代要求着力提升法学专业人才的信息技术素养

随着数字经济时代的到来,数据权利归属、个人信息保护、平台法律监管、国家网络安全等各种新型法律问题不断产生,对传统法学理论及法律制度造成了极大冲击,要求法学专业课程的教学内容及时进行适应性拓展与更新。学界关于互联网法学、计算法学、大数据法学、人工智能法学的研究方兴未艾,我们应当紧跟学术研究前沿,将最新的研究成果及时转化为教学内容,在相关课程中增加有关互联网法学、计算法学、大数据法学、人工智能法学的前沿内容。

数字信息时代要求培养能够运用大数据、人工智能等技术解决法律纠纷的高端法治人才。数字信息时代的案件处理需要全新的信息工具设备和技术手段。面对"智能化司法"的新形势,我们应通过增加类案技术的习得、人工智能理论与技术知识的获取、职业伦理和技术伦理的养成等内容,结合智能化司法实训,教会学生使用案件追踪系统、案件计划系统、视频会议系统、文件获取系统等智能化系统;要培养学生运用现代信息技术的能力,让学生学会利用信息技术搜集资料,进行数据梳理、处理以及数据挖掘、分析、建模,并将相关数据可视化,通过模型呈现出来。

(二) 解决的主要问题

1. 传统法学人才不能服务于当前行业需要

据麦可思研究院发布的《2020年中国大学生就业报告》[①]显示,法学专业自2018—2020年连续三年被评为"红牌专业",法学专业如何培养为社会所需的专业人才是法学院校急需要解决的问题,作为国家经济命脉的金融业需要专业人才为其服务,法学院校应该创新专业方向,结合金融业发展培养服务于金融业的法学复合型人才。复合型的专业方向如何创新,如何设置合理的目标和能力要求,这些需要进行研究。

2. 人才培养理念相对滞后

第一,重专业知识,轻思政教育。传统法学(法务金融方向)专业教育注重专业知识的传授,忽视了对学生的思想品德教育;教学内容大量充斥着西方的名词概念、理论学说和话语体系,将"西化"等同于"国际化","本土化"理念缺失,学生缺乏家国情怀,容易培养"精致的利己主义者",背离了立德树人的人才培养根本任务,无法完成培养合格的社会主义建设者与接班人这一教育根本目标。

第二,以进程为导向而非以结果为导向。既有的人才培养方案为追求所谓的课程"齐全",设置了一些非必要的课程。在教学内容设计上,以一般学生的接受能力为基准,没有考虑不同学生学习能力的差异,没有设置弹性教学内容,无法做到"因材施教"。课程体系与学生的能力结构不相匹配。以课堂教师教学为主进行人才培养方案设计,没有以学生为中心。

3. 课程体系不够完善

第一,思政课程体系不完备。既有人才培养方案将学生的思政教育任务完全交由思政课程来完成,没有设置相应的法学(法务金融方向)专业思政课程。

第二,实践课程不完善。原有的实践类课程学分较低,课程类型单一,创新创业类实践课程没有得到应有重视。

---

① 麦可思研究院:《2021年中国大学生就业报告》,https://www.sohu.com/a/452016152_120968537,2022年4月2日访问。

二、人才培养方案制定的基本理念及思路

（一）基本理念

1."立德树人"

"立德树人"，以德为先，立德方能成人，成人方能成才。"立德树人"，以人为本，树人、成人是教育的最终目标。"立德树人"就是要培养道德品质良好、价值观念正确的社会主义建设者和接班人。在法学（法务金融方向）专业人才培养中，应当坚持社会主义办学方向，落实立德树人根本任务。为此，我们围绕德法兼修法治人才培养目标，打造契合专业特点的全方位、立体化法学专业思政教育体系；深入挖掘提炼法学专业知识体系中所蕴含的思想价值和精神内涵，开设法学专业思政课程，统筹协调安排"一二三"课堂思政教育，构建全面覆盖、类型丰富、层次递进、思政教育与专业教育相互支撑、有机融合的课程思政体系，将社会主义法治理念、宪法意识和中华优秀传统法律文化教育贯穿于法学（法务金融方向）专业人才培养全过程，帮助学生塑造正确的世界观、人生观、价值观，培养德法兼修的高素质社会主义法治人才。

2."复合创新"

围绕全面依法治国国家战略以及法律行业和长三角区域经济社会高质量发展需要，紧扣"六卓越一拔尖"计划2.0、新文科等建设要求，适应数字信息技术、网络平台经济等对新时代法治人才培养的新要求，依托我校审计、会计、金融等优势办学资源，开设跨学科、跨专业的新兴交叉课程、实践教学课程；改变课程以学科为中心的知识分割、简单拼凑的状况，从人才培养的全局观点出发，对各教学环节进行整体优化，形成知识复合、功能互补、交叉融合的多元课程模块，供学生选择性修读，丰富学生的跨专业知识，培养学生跨领域知识融通能力和实践能力，培养学生综合运用多学科专业知识分析问题、解决问题的能力。

3."成果导向"

贯彻"成果导向"理念，聚焦学生的成人成才，遵循外部需求、学校办学定位—专业定位—培养目标—毕业要求—课程体系—教学内容—教学方法—教学资源的内在逻辑关系，科学设计专业培养体系。坚持以学生为中心，尊重学生的个性化需求，在进行课程设置和教学安排时，给学生创造更大的自主学习空间，按照完全学分制的要求让学生在学习过程中握有更大的主动权、选择权，

注重课程设置的多样化、差别化,使学生的个性得到充分的尊重和最大的发展。包括设置研究类课程,资格考试类课程及专业方向类课程。

4."特色发展"

特色是一个主体有别于其他主体的独有特征。从某种意义上讲,特色就是主体之所以是其自身的根本所在,没有特色就没有主体自我。因此,特色是生命,是灵魂,是根本。我校一直秉持"特色、质量、国际化"的办学方向,打造了一系列特色专业,培养了大批特色人才,获得了社会的广泛认可,取得了特色化发展的丰硕成果。法学(法务金融方向)专业人才培养始终坚持走"特色"法治人才培养之路,确立特色人才培养目标,设置特色课程,打造特色师资团队,为学生赋予鲜明独特的法学+金融的法务金融方向"南审"特色。

(二)基本思路

1.充分调研,确定法学(法务金融方向)专业人才培养目标

根据国家战略、经济社会需求和学校办学定位,在充分调研专家学者、兄弟院校、用人单位和毕业生的基础上,准确把握法学(法务金融方向)专业定位和服务面向,据此确定法学(法务金融方向)专业人才培养目标。2021年3月至2021年6月,法学(法务金融方向)专业教师先后到江苏省高级人民法院、江苏省人民检察院、江苏省司法局、南京市中级人民法院、江北新区人民检察院、江北新区综合治理局、南京市浦口区司法局、南京银行、江苏江都农村商业银行、江苏盱眙农村商业银行、江苏海安农村商业银行、江苏赣榆农村商业银行等单位开展调研,全面深入地了解了实务部门对法学(法务金融方向)专业人才的需求;组织院领导及系主任到南京大学、南京师范大学等兄弟院校深入调研,并对北京大学、中国人民大学、中国政法大学、上海财经大学等学校的人才培养方案进行分析,听取了相关专家、学者对法学专业人才的培养意见及建议,了解并学习了相关院校在人才培养上的先进做法。

2.围绕法学专业人才培养目标,确定课程体系

根据法学专业人才培养目标,确定本专业方向毕业生应当具备的知识、能力和素质,据此确定毕业要求、课程体系。在课程体系设置时,要求每门课程都要与培养目标与毕业要求相关,并制作每门课程与毕业要求的知识、能力和素质的相关矩阵图,充分优化现有课程结构体系。

3.遵循教学基本规律,科学设置课程学分、学时、时序

本专业方向核心课程体系按照教育部《普通高等学校法学类本科专业教学

质量国家标准》设置；同时，结合特色法治人才培养目标和要求，设置特色核心课程及复合型课程。专业课程的学分、学时设置，主要根据课程教学内容与人才培养目标的相关度设置。专业课程遵循"从法学基本原理课程到部门法理论与制度课程，从实体法课程到程序法课程，从专业基础课程到专业特色课程，从金融专业课程到法学专业课程相匹配"的内在逻辑设置。先修课程与后续课程之间遵循从一般到特殊、从基础到特色、从实体到程序、从理论到应用的次序设置，使学生能够循序渐进地提升法律基本素养、特色专业理论水平和应用能力。

三、人才培养方案制定的主要依据和过程

（一）主要依据

1. 契合学校特色办学宗旨

秉持学校"特色、质量、国际化"的办学理念，根据学校以金融为特色，以经济监督人才培养为内在逻辑构建的专业生态体系，准确定位本专业方向的功能。紧扣学校"培养品格与学养并蓄、知识与能力并重、国际与本土并举的复合式、应用型、创新创业性人才"的目标定位，通过专业调研，依据专业人才的社会需求和岗位需求，优化专业人才培养方案。推进"学科交叉、专业交融"的"新法科"建设，加快推进内涵建设和特色发展，积极应对现代信息技术发展和全球产业变革，构建德、智、体、美、劳全面发展的人才培养体系，培养立大志、明大德、成大才、担大任，堪当民族复兴重任的时代新人，提高法学（法务金融方向）专业人才培养与国家金融、经济社会发展的契合度。

2. 以高校发展的政策文件为依据

本专业方向人才培养方案所依据的主要文件包括：

（1）《教育部关于加快建设高水平本科教育 全面提高人才培养能力的意见》（教高〔2018〕2号）；

（2）《教育部关于深化本科教育教学改革全面提高人才培养质量的意见》（教高〔2019〕6号）；

（3）教育部《高等学校课程思政建设指导纲要》（教高〔2020〕3号）；

（4）教育部发布《关于推进习近平法治思想纳入高校法治理论教学体系的通知》（教高厅函〔2021〕17号）；

（5）教育部中央政法委《关于坚持德法兼修实施卓越法治人才教育培养计

划 2.0 的意见》；

(6)《法学类教学质量国家标准(2021 版)》；

(7)《新文科建设宣言》；

(8)《南京审计大学 2021 版本科人才培养方案修订指导意见》；

(9)《南京审计大学"十四五"教育事业发展规划纲要及专项规划》；

(10)《南京审计大学法学院"十四五"事业发展规划》。

（二）制定过程

本专业方向人才培养方案制定的程序是：

(1)学校确定人才培养方案制定的基本原则，教务处负责人才培养方案制定工作的组织、部署；

(2)本专业方向根据国家和学校有关政策、文件精神，广泛调研经济社会发展对法治人才的新要求，认真听取主管部门、兄弟院校、专家学者、用人单位、毕业校友等各方面意见，由专业负责人起草人才培养方案；

(3)学院教学委员会组织校内外专家审议人才培养方案，经学院教学委员会讨论通过之后，报学校教务处审核；

(4)学校教务处对本专业方向人才培养方案审核后，提交学校教学委员会审议，审议通过后批准执行。

四、本专业方向人才培养方案的修改思路和能力要求

（一）修改思路

本次人才培养方案修订牢牢贯彻"通、实、精、活"基本思路，具体修订的基本理念如下：

1. 增加通识类课程

本专业在原有的通识课基础上增加了国本与校本通识类选修课，目的是提高学生自身素质修养及拓宽学生的视野。

2. 夯实学科基础课

本专业将基础课学分统一调高，在学分大幅下降情形下，提高基础课学分目的是为了培养厚基础的专业人才。

3. 精选专业主干课和专业课

本专业坚持精选专业主干课和专业必修课，使其能真正代表专业特色；降

低专业主干课和专业必修课学分,减少相关课程,增加专业选修课课程,使学生在强专业同时能根据自身钻研方向及兴趣爱好多选择自己感兴趣的课程。

4. 提供资格类及考研类模块课程供学生选择

本专业由于是复合型专业,学生对于是否需要国家法考考试有不同需求,本专业方向人才培养方案提供了法考考试模块课程供学生选择,如果不需要法考考试就选择其他课程学习。同时为提高学生学历层次,本专业方向人才培养方案非常重视学生的考研状况,强调研究类课程开设,供有考研意愿的学生选择。

(二) 人才培养能力要求

1. 思政政治素养培养

法学学生需要思想理念定位准确。本专业方向培养学生热爱社会主义祖国,拥护中国共产党领导,掌握马列主义、毛泽东思想和中国特色社会主义的基本原理;愿为社会主义现代化建设服务,为人民服务;有为国家富强、民族复兴而奋斗的志向和责任感;具有良好的思想品德、社会公德、职业道德以及社会责任感。

2. 复合型知识运用能力

本专业方向学生需要有复合型的扎实理论与实践知识,同时需要有知识运用能力。因此,本专业方向培养学生具有一定的人文社会科学和自然科学基本理论知识,具有独立获取法学及金融知识能力,熟练运用知识来发现问题、分析问题和解决问题的能力及开拓创新精神。

3. 研究与创新能力

本专业方向服务于金融业为宗旨,金融业创新速度快,需要本专业方向学生具有研究与创新精神。因此,本专业方向注重激发学生对于专业问题的研究兴趣,学生在掌握专业基本理论、基本知识后,需要具有一定的科学研究能力。同时,学生需要具有运用专业知识进行创新发展的动力,激发学生的创新能力

4. 团队协作能力

本专业方向注重学生团队协作能力培养,强调学生在课内及课外实践活动中以小组团队协作完成学习任务,强化学生在团队中的角色定位,学生在团队中的协作能力培养。

五、本专业人才培养方案的创新及预期效果

从上面的论述可以看出,2021版法学(法务金融方向)专业的人才培养方案从以下几个方面进行了创新并取得如下预期效果:

(一)人才培养方案创新之处

1.理念创新

本专业方向人才培养强调思想政治领域教育和职业素养培养。法学专业培养的是治国理政之人才,这些人才需要在思想上充分理解与配合国家大政方针政策推行。本专业方向强调以习近平法治思想为依据来培养学生的法治理念。同时,学生专业素养培养也是本专业人才培养目标之一,学生需要有职业伦理素养训练,培养学生敬业、客观、公正的职业素养。

2.坚持素质教育和复合专业教育相结合模式创新

法学(法务金融方向)专业人才培养强调素质教育和职业教育相结合,培养宽学生宽口径、厚基础,注重理论联系实际,提高学生分析问题解决问题的能力。本专业方向培养学生强化对于人文素养通识知识的学习。同时,强调学生对于经济、管理类专业知识的掌握,包括学生要了解经济学、金融学、会计学、审计学领域的基础知识。另外,本专业方向培养学生通金融领域知识,运用法学专业知识服务于金融领域。培养学生适应企事业单位和政府、司法机关对于法务金融人才的需要。

3.内容创新

本专业方向增设了《习近平法治思想概论》。将实践课程进行体系化安排,按照竞赛、模拟、实践三种模式设置实践课程与内容安排,打造实践品牌项目。

(二)预期效果

1.学生思政素养得到更好提升

通过思想法律课程及职业伦理课程设置,以及课程思政的培养,培养学生形成体系化的思政知识体系,养成良好的思想政治素养。培养学生拥有坚定的爱国信念,承担民族复兴大业的民族感,专业服务社会的责任感,培养德法兼修的法学人才。

2.复合型人才适应领域范围更广

本专业方向培养服务于金融领域的法学人才,金融领域不仅仅指金融界的

领域,还包括企、事业单位中对于金融的运用,政府机关及司法机关对于金融的运用。本专业方向培养学生服务于所有领域需要金融法律知识的部门,为这些单位、部门提供专业的金融加法律服务。

3. 应用型人才实践能力更强

本专业方向强化实践体系化安排,将竞赛、模拟、实践递进式推进,强化学生临场应变能力,对于角色理解能力以及真实法律服务时的知识运用能力提升。目前本专业方向实践品牌已经成效显著,形成了全国高校法庭辩论赛、模拟东京审判、送法上门三大品牌实践项目。品牌实践项目打造成功又能够推动本专业方向实践课程更好地推行,培养更好的应用型法学人才。

(三) 新的人才培养目标与要求

1. 培养目标

本专业方向培养适应适应中国特色社会主义法治体系和市场经济建设需要,德智体美全面发展的"法学+金融学"的复合型、应用型法治人才及后备力量。培养立德树人,德法兼修为的优质复合型法学人才。学生首先要有良好的职业素养,能够爱国、敬业。其次,学生需系统掌握法学、金融学等学科的基本理论知识。熟知经济活动中的证据规则和法定程序,熟悉国内外金融业务、金融政策、法律法规以及相应的国际惯例,并通过法律、金融以及两者结合部分的实务训练,能够综合运用法律、金融领域的知识、方法和技能。最后,学生需要具有良好的专业应用能力。具有较强的语言和文字表达、人际沟通、信息获取与分析以及解决法务金融问题的能力。本专业方向培养的人才,能适应国家立法、行政、司法机关、各类金融机构及企事业单位等行业和部门的需求。本专业学生在毕业时,可达到以下职业及专业成就。

目标1:热爱祖国,忠于人民,政治信仰坚定,忠于法律,追求正义,廉洁自律,勇于担当,成长为合格的社会主义法治建设者。

目标2:法学知识扎实,通过法律职业资格考试,成为素质优良、业务精湛的金融法院或金融法庭的法官、检察官、监察官、警察等公职人员,或律师、仲裁员、法律顾问等复合型法律服务人员。

目标3:具有扎实的金融知识,熟悉金融业务,能够扎实运用法律知识服务于金融领域,成为金融领域有话语权的法律服务人员或金融监管人员,能够把控金融风险,指导金融领域合规管理,对于金融创新有能力运用法律知识进行规范。

目标4:法律理论素养深厚,紧跟金融领域中法学前沿问题,掌握法学研究方法,遵守学术道德规范,富有创新精神,成为法学领域的科研骨干或学术后备人才。

2. 毕业要求

学生通过四年的通识教育与法学专业教育,在"知识、能力、素质"方面应当达到以下要求。

(1) 思想政治素质

第一,坚决拥护中国共产党领导,掌握马列主义、毛泽东思想、邓小平理论、"三个代表"重要思想、科学发展观、习近平新时代中国特色社会主义思想。

第二,热爱社会主义祖国,树立对中国特色社会主义法治建设的道路自信、理论自信、制度自信和文化自信,志愿为社会主义现代化建设服务,具有为国家富强、民族复兴、人民幸福而奋斗的志向和责任感。

第三,牢固树立社会主义核心价值观,具有良好的思想品德、社会公德。

第四,认同法律职业,具备优良的法律职业道德,恪守法律职业伦理,忠于社会主义法治。

(2) 身体心理素质

第一,掌握一定的军事基本知识,受过必要的军事训练,符合国家规定的大学生军事训练合格标准,能够履行保卫祖国的神圣义务。

第二,具有一定的体育基本知识,掌握科学锻炼身体的基本技能,养成良好的体育锻炼和生活习惯,符合国家规定的大学生体育训练合格标准,能以健康的体魄投身祖国建设。

第三,了解基本的心理学知识,具有健全的心理和人格,人际关系和谐。

(3) 科学人文素质

第一,了解自然科学基础知识,掌握科学研究的基本方法,能够客观、理性地认识、分析自然现象,具有探索创新的科学精神。

第二,精读人文经典著作,富有人文关怀精神,具有一定的审美能力以及良好的文字表达能力。

第三,熟悉中华优秀传统文化,树立起对本国文化的自信,并能够身体力行,传承光大中华优秀传统文化。

第四,广泛阅读社会科学著作,了解基本的社会科学知识,掌握社会调查方法,能够运用社会科学理论分析、解决社会问题。

(3) 法学专业知识

第一,系统掌握法学基础理论知识,明晰人类历史上的主要法律流派的法律思想,了解世界法制及中国法制发展历程及基本内容。

第二,牢固掌握宪法、行政法、民法、刑法、行政诉讼法、民事诉讼法、行政诉讼法、经济法等部门法律知识,熟悉我国现行主要法律规定。

第三,掌握一定的法律逻辑推理知识,形成法律思维方式,能够熟练运用法学理论和法律条文分析、解决相关案例。

第四,了解本学科的理论前沿和发展动态,掌握基本的法学研究方法,具有一定的科学研究能力。

(5) 复合专业知识

第一,了解基本的审计学、会计学、经济学、金融学基础知识。

第二,系统掌握金融学领域基础知识,掌握银行、证券、保险、信托业及地方金融业的基础理论和业务知识。

第三,综合运用多学科专业知识分析问题、解决问题。能够熟悉金融业发展中典型法律问题,相关法律理论和金融理论。

(6) 法律应用能力

第一,具备较强的法律应用能力,熟悉民事、刑事、行政诉讼以及非诉讼等各类法律事务处理的基本流程和技巧。

第二,掌握审判、检察、仲裁、法律咨询等法律实务工作技能

第三,掌握起诉书、代理词、判决书等基本法律文书的写作格式、技巧。

第四,掌握金融业各类合同的特点、相关法律知识运用于金融合同的流程、各环节法律知识的具体运用。

第五,掌握金融业风险与合规管理或监管的流程、法律知识的运用。

第六,能够运用所学法律理论和知识解决金融领域的案件纠纷。

(7) 信息技术能力

第一,具备一定的信息技术素养,掌握文献检索、信息搜集、数据处理等法律相关信息处理方法,达到或相当于江苏省普通高等学校计算机等级考试二级水平。

第二,掌握案件追踪系统、案件计划系统、视频会议系统、文件获取系统等智能化司法系统的使用方法。

第三,熟悉金融领域的大数据及人工智能的运用情形。

(8) 国际交流能力

第一,具有宽阔的国际视野,了解大陆法系、英美法系等主要国家的法律历

史及法律状况,系统掌握国际法学知识。

第二,掌握一门外语,具有听、说、读、写、译的基本能力,能够熟练运用外语开展国际交流,从事涉外法律事务工作。

第三,能够熟练阅读并理解外语专业文献,能够运用外语开展比较金融法研究。

(9) 沟通表达能力

第一,掌握一定的社会人际交往技巧,能够与当事人、服务对象等进行正常、有效的沟通交流。

第二,能够使用规范准确的语言文字,逻辑清晰地表达自己的观点,具有较强的传播和宣传能力。

第三,掌握一定的辩论技巧,具有对辩论和论证进行批判性评估的能力。

第四,掌握较好的写作能力,熟悉金融单位对外宣传所需要的各类写作要求,具有较好的写作表达能力。

(10) 创新创业能力

第一,富有创新精神,至少参加一项创新创业竞赛或大学生创新创业项目。

第二,了解本专业的职业面向,发展前景,做好个人职业发展规划。

六、结语

法学人才培养应该顺应时代变化,当前国际关系复杂、多变,国内行业更替变化较快,法学人才培养需要能够适应社会需要,既要关注国际形势变化,也要关注国内经济发展,有鉴于此,法学人才培养应该强调复合型、应用型的人才培养为主要目标。国际关系发展需要围绕一国国内经济发展来安排外交政策,一国国内经济发展良好也能提高该国在国际上的政治话语权,作为经济发展不可缺少的金融业重要性不需过分强调,服务于金融业的法律人才培养也是法学教育界需要重点关注的话题。

"互联网＋"时代下《网络法学》的课程建设

何邦武　王子轩

【摘要】 新文科建设是推动我国高等教育发展的重大战略举措,在信息技术高度发展的"互联网＋"时代,我国法学本科知识背景单一,学科思维狭隘,很难满足未来社会的知识需求。与此同时,我国既有的法学学科缺少本土化的个性,亟待通过网络法学学科的建设,因应新文科建设的教育发展战略,建构具有中国话语权的学科体系、教材体系;而网络法学实践知识的极大增长,使得高校可以通过借助互联网技术以及丰富的网络法学案例经验,使法学本科毕业生不仅掌握传统的部门法学学科,同时深度学习互联网时代背景下衍生的网络法学科。

【关键词】 互联网＋;新文科;网络法学;法学教育

一、"互联网＋"时代对法学教育的新挑战

当今社会,信息技术的发展日新月异,"互联网＋"模式已逐步成为社会运转的基本发展趋势,除"互联网＋"在个人日常生活中成为一种选择外,"互联网＋"衍生了新的商业模式以及产业体系。随着5G时代紧接而来,新事物与新科技的不断发展,给传统的法律制度带来了一系列的冲击和挑战,相关制度的建设也务必跟上技术发展的步伐。

2019年,政府工作报告中多次重点提到互联网人工智能、电子商务等发展政策。十九届五中全会也做出建设网络强国,数字中国的重要部署,数字化成为构建现代化社会的基础性力量。2021年中共中央印发《法治中国建设规划

【基金项目】本文系南京审计大学国家级一流专业(法学)建设专项课题"互联网＋"法学专业创新与实践研究(项目编号:2020JG136)研究成果。

【作者简介】何邦武,南京审计大学法学院教授,主要从事网络法学、证据法教学与理论研究;王子轩,南京审计大学法学院硕士研究生。

(2020—2025年)》文件中提到加强信息技术领域立法,推进网络法学领域法律制度建设,抓紧补齐短板。

信息技术的蓬勃发展,衍生了国家信息安全、网络经济安全、网络个人信息安全等纷繁复杂的问题,国家和社会的稳定发展产生了新的潜在问题,从国家法治建设规划来看,已将网络安全列为未来五年的重点立法领域,关于网络法治的顶层设计的完善迫在眉睫,而对于为社会主义网络法治建设输送人才的各大高校法学院而言,互联网法治人才培养工作的建设和完善也应当提上日程。沃伦·宾福德提出,从事法学教育的工作者应当要提供领导力与远见,与多方合作来确保法学院的学生可以接受数字时代背景下最好的法学教育,否则法学院就存在被淘汰的风险。[①] 约翰·麦金尼斯指出,法学院在法学相关的课程设置方面,不应当局限于传统法学,应当对准短时间不会被机器所代替的领域,积极适应互联网信息技术的变革。[②]

因此,在"互联网+"时代背景下,我国的网络法学法治体系亟待不断推进,满足经济社会发展的需求,各大高校法学院的法学生也应当积极跟进"互联网+"时代的步伐,响应新时代下对法学生的新要求。这便要求高等院校法学学科教育应当立足于时代背景,贴合"互联网+"时代的发展需求,开展关于网络法学的学科建设工作,推动高等院校网络法学教育的有序开展。

二、网络法学课程设置的必要性

(一)新文科背景下的法学教育需求

2017年,美国希拉姆学院首先提出"新文科"这一概念,他们所提出的"新文科"主要是指将不同的专业进行重新组合,打破专业课程局限,推动跨学科的复合性学习。[③] 新文科本质上是学科之间渐进式的融合,是对知识精细且专业化、学科化趋势的反正,在无法全面认识事物的情况下,为了达到深入研究不同的事物的目的,因此将大的"学科"概念人为的切割成不同的、精细化的专业学科

---

① W. Warren H. Binford,"Envisioning a Twenty-First Century Legal Education", Washington University Journal of Law & Policy,43,2014,157 – 186.

② John O. McGinnis,"Law Schools Must Respond to Technological Change", Accessed June 19, 2015,https://lawliberty.org/law-schools-must-respond-to-technological-change/.

③ 樊丽明,杨灿明,马骁,刘小兵,杜泽逊:《新文科建设的内涵与发展路径(笔谈)》,载中国高教研究2019年第10期。

科目。这样的专业细分在一定程度上提高了学科的研究效率,但也使得不同之间学科间产生了相互隔离的局面,使得学术发展和人才培养质量的提升受到了较大的制约,而新文科的建设就是要打破这样的专业壁垒,促进不同学科间的交融。①

我国教育部在 2018 年 10 月计划开始实施"六卓越一拔尖计划 2.0",中国教育立足新时代,回应社会新需求,开始了新文科的发展,服务于社会主义现代化中关于人的现代化建设目标的实现。新科技革命已经来临,并正在改革我们的生产模式和生活方式,在这场革命之后,很多简单劳动都逐渐被软件抑或是机器所取代,正是如此,给了新文科背景下的法学教育即法治人才培养带来了一些新的需求,正所谓,社会越发展,现实问题就会越来越复杂,单一专业的知识背景和狭隘的学科思维很难解决繁杂的现实问题,过于精细化的人才培养是难以跟上复杂社会对人才的需求的。而新文科的提出,正是希望打破传统专业设置的陈旧和不合理,通过文理交叉,以及文科自身内部的融通来认识、研究人和社会中的复杂问题。传统法学教育中,网络主权、数据主权以及算法规范等基本知识内容在当前的传统部门法教学当中没有相关的延伸性内容,传统部门法教育中存在较大的法学教育真空地带,在这样的法学教育背景下,高校有必要设置《网络法学》学科,学生只有把握《网络法学》的基本理念和逻辑,打通学科间相互隔离的知识点,才能系统地、体系化地理解部门法中涉及网络法学地相关知识点,满足在新文科背景下对法学学科深入地学习。

(二)经济社会发展对法学专业提出的新需求

全国目前大约 700 多所高校开设了法学专业,然而数量的扩张并不代表法学本科教育质量的提升,近些年来,法学毕业生的本科就业率一直较低,因此已经出现在红牌专业榜单之上。法学本科教育改革是以满足社会发展的需求为基本目的,然而,现在的法学教育出现了很大的问题,法学专业毕业生的总体能力素质及知识结构与当今的司法实践需求不相匹配,经过全流程法学本科教育培养出的法律人才,已经无法契合互联网时代下的网络社会环境需求,当前中国社会正在快速进入网络社会的过程,工业机器也在向网络化、智能化快速变革,传统工厂的流水线式重复性工作岗位也因此而快速减少,社会愈发需要创新型人才将各类的社会需求开发、设计成能够由互联网自动化完成的程序工

---

① 冯果:《新理念与法学教育创新》,载《中国大学教学》2019 年第 10 期。

作，因此，在这样的背景之下，法律人的工作能力同步也受到了整个互联网改革背景下的严峻挑战。①

传统部门法的教学中，知识点分布较广，涉及面较宽，对于网络法学相关问题难以专题化展开教学，详细剖析其深层次里网络法学与信息技术方面的基础理论。实质上，网络立法自身具有一定的滞后性，在司法实践中常常出现首例判决，使得案件陷入一种无法可依的尴尬处境，高校毕业生在进入社会从事法律工作时，难免会遇到诸如此类的首例判决，或是各种各样的设计互联网的网络法学案件，那么如何在现有的传统部门法法律体系中，对其司法定性进行合理化论证，使得学生在毕业时能够具有网络法学的基本知识和逻辑体系，从而有足够的知识储备来应对实务中的难题，也是开设《网络法学》课程的必要性。

通过在本科期间开设《网络法学》基础课程，法学在校生能够在本科期间，不仅掌握传统的部门法学学科，同时也可以深度学习互联网时代背景下衍生的网络法学学科，可以在步入社会时提高自身的核心竞争力，契合互联网时代背景下对法学生基本知识结构的新需求。

（三）提升中国法学学科话语权

网络法学是当前世界各个国家都在不断探索的新法律领域，例如科技立法和数据立法，对于相关新型概念的界定和判断仍然处于理论探讨阶段，还没有定论式界定。因为，对于网络法学的立法也是处于滞后状态，在全球范围内，网络法学相关的法律问题都处于困惑和探索阶段，还没有成熟的理论可以借鉴，因此网络法学不能像传统部门法一样法律移植。

我国既有的社会科学一直都有一个较为突出的问题，即过度西化，推崇西方理论的正确，尤其在做比较研究时，用西方理论与中国现行框架做对比，而后提出批判性建议。我国文科中的很多概念都来自西方，无论法学还是社会学、经济学、政治学等学科，对于西方的学术已经有了一定的依赖性，如果从理论到参考文献都是西方内容，就很值得我们反思乃至忧虑了

世界在互联网时代的到来后，正在发生着非常大的变化和调整，全球治理和国际秩序的变革正在加速推进，中国法学也应当逐步走向世界舞台的中央，提出有中国先进理念的主张。中国自1994年连入国际互联网以来，已经历经26年，我国当年的网络法制建设已经从传统的集中管控转向现代治理模式，形

---

① 黄进，付子堂，何勤华，杨灿明，贾宇，李玉基:《中国法学教育向何处去》，载《中国法律评论》2014年第3期。

成了有中国特色的网络法治体系,为国际网络空间治理提供典型的中国样本、中国方案,贡献出独特的中国智慧。①因此,在这样的背景下,我们更应当总结前几十年学科发展的经验,结合中国特色社会主义的实践,在"互联网+"时代,通过网络法学的学科建设,建设出具有中国话语权的学科体系、教材体系等。

三、网络法学课程设置的可行性

(一)网络法学法制体系的逐步建立

关于网络法律的建设方面,我国已有网络法律相关的基本法律,司法解释,行政法规及条例等规范性文件,同时,我国正在稳步推进网络安全与信息化建设的法治探索工作。目前《网络安全法》以及《电子商务法》已经生效并实施,《个人信息保护法(草案)》以及《数据安全法(草案)》等也已开始在中国人大网公开征求意见;除此之外,《区块链服务管理规定》《儿童个人信息网络保护规定》等部门规章也相继颁布,虽然同国外部分国家相比,我国的网络法律体系尚未完整且系统化的构建起来,同时对于流量经济,数据权利等新兴概念没有明确的定性或定量标准,立法上存在一定的滞后性,但是正因如此,我国的网络法律体系正在不断完善,仍有很大的研究与探讨的空间。从各大高校的本科学科建设而言,《网络法学》学科建设方兴未艾,仍然需要各大法学院对学科发展深入研究探讨,设立《网络法学》课程并不断完善课程建设,共同推进学科发展。

(二)网络及人工智能领域法律实践将提供案例支撑

2017年8月,杭州互联网法院作为全国首家互联网法院已经正式成立,随后,北京、广州等地也相继设立互联网法院。根据《关于互联网法院审理案件若干问题的规定》,互联网法院除了专注于处理互联网上的各种争议纠纷,还可以在线上完成审理案件,其中包括案件的受理、送达、调解、证据交换、庭前准备、庭审、宣判等几乎全部诉讼步骤。所以,目前在互联网法院受理了大量互联网典型案例的情况下,积极探索在智能合约、大数据、人工智能在司法领域的应用,并逐步开展互联网司法裁判规则和体系的建设。在互联网法院诞生的同时,互联网律所这一概念也被提出,对于互联网律师事务所的定位就在于互联网法律服务,通过以律所为单位,以互联网为平台提供法律服务的可能性的

---

① 徐汉明:《我国网络法治的经验与启示》,载《中国法学》2018年第3期。

探索。

互联网促进法律不断更新自我面貌,互联网上的新型纠纷与法律中新设的互联网条款也越来越繁杂,新型的法律关系及新型法律主、客体也应运而生,这些是最为直接的改变。而在互联网对传统法律服务的改变相比而言则更加深远。实务中随着互联网法院、互联网律所等创新机构的出现,以应对"互联网+"时代的法律问题,随之也为互联网法学的教学提供了大量的案例支撑。

四、网络法学的课程建设

(一)《网络法学》的学科定位

广义上的《网络法学》,不仅包括传统的信息法学,还包括了人工智能,自动驾驶,大数据法学,物联网,区块链等新兴科技立法,在大数据时代,智能设备被海量数据驱动运作的同时,也在源源不断地生成数据,同时,科技设备地运行,也需要网络数据联通服务,必然需要信息技术地支持,因此,科技立法中的相关问题也属于网络法学的研究范畴。学界对网络法的部门法归属仍没有定论,传统部门法的分类准则难以对网络法准确定性,网络法与其他传统部门法不存在并列关系也不需要进行横向比较,实质上,网络法是随着经济社会的发展新趋势而出现的边缘法学,与文化法、卫生法、航空法等类似,涉及交叉学科问题,按照传统部门法的分类标准,很难准确的将其划分到传统法学的某一部门法中。[1] 由此,领域法学的概念为上述学科的发展提供了新思路,领域法学是指以问题为导向,以特定经济社会领域全部与法律有关现象为研究对象,融社会、经济等领域学科的多种研究范式于一体的新型法学理论体系、学科体系和话语体系,具有研究目标的综合性、研究对象的特定性以及研究领域的复杂性等特征。[2]

从网络法学立法模式上来看,网络相关立法存在两种主要的立法模式,专门性立法以及延伸性立法,针对网络行为和网络空间中的社会关系,专门性立法出台网络基本法和其他相关法律法规,例如上文提到已生效实施的《网络安全法》以及《电子商务法》等,包括已公示征求意见的《个人信息保护法》和《数据安全法》等。而延伸立法则是传统法律部门法在其部门立法中对其部门相关的网络法律问题做出立法规定,例如《民法典》《刑法》《消费者权益保护法》《广告

---

[1] 商希雪:《〈网络法学〉课程定位与教学设计研究》,载《中国法学教育研究》2019 年第 2 期。
[2] 刘剑文:《论领域法学:一种立足新兴交叉领域的法学研究范式》,载《政法论丛》2016 第 5 期。

法》等都在其中规定了与部门法相关的网络法律方面的法律规定。然而,虽然延伸性立法十分便捷迅速地解决了首发的一些网络法律问题,但是与之而来的是新规定与传统立法之间的一些冲突性规定,以及立法重复或立法分散等立法技术层面的问题,都不可避免。

因此,《网络法学》虽然具有传统法学学科的基本术语和理论模式,但是也具有其独特的研究对象和理论框架,《网络法学》应当作为法学专业的二级学科,通过研究网络法现象和网络法律关系,揭示网络法规律,其具有独特的法学学科地位。

(二)《网络法学》的人才培养目标

网络法学课程培养适应市场经济建设需求的"法学+互联网"的复合型法治人才。通过科学有效的方向化课程设置,引导学生系统掌握法学、计算机等学科的基本理论知识,熟知经济活动中的证据规则和法定程序,熟悉国内外互联网领域的相关政策、法律法规以及相应的国际惯例,并通过法律、互联网知识以及两者结合部分的实务训练,能够综合运用法律、互联网的知识、方法和技能,具有较强的语言和文字表达、人际沟通、信息获取与分析以及解决网络法律问题的能力,具备职业技能,能适应国家立法、行政、司法机关、社会中介组织及大型互联网企事业单位等行业和部门的需求,为其提供专业化的专家诉讼支持服务。

(三)《网络法学》的创新教学

基于"互联网+"时代背景下的需求,法学教学课程体系改革也迫在眉睫,法学学科也应当利用新的科技成果和教学手段,开展以问题为导向,同时以学习效果为导向的课程体系重构和教学内容更新,培养学生形成独特的跨越学科界限的知识视野和思维方案,塑造有广阔知识面,又要知识深度的创新型人才,充分利用大数据技术和网络教学资源及时剔除过于陈旧和杂乱的知识,定期根据数据资源更新知识库,实现教学内容传统基础和"互联网+"时代法学教育的有机结合。

1. 课程教学安排

在校内教学方式安排上,学生可以采用以下方式深入学习网络法学的课程:第一,同步网络远程学习授课,此种授课为传统课堂授课的网络化版,师生通过网络空间,实现时间同步,空间不同步的方式,通过即时通信,完成授课过程和双向的沟通交互;第二,非同步网络远程学习授课,任课教师组将授课内容录制成网课形式,在校学校可以在不限定的学期内学习该课程,学生可以不受时间和空间的约束,便捷的观看网络法学授课,不受次数的限制;第三,翻转课堂也被称为混合式学习,此种方式结合了面授指导,即在线授课与面授相结合,学生可以先通过网络课程的学习,掌握网络法学的基础知识和概念,然后带着学习中发现的问题和思考,在后续的课堂教学中和授课老师展开进一步的探讨交流。通过上述的创新方法使用,可以使得教学不再拘泥于课堂之中,延伸法学教育的时空场域,学生可以通过网络平台获取自己想要学习的资源,教师由知识的灌输者逐渐变为学生在"互联网＋"时代背景下对新文科法学进行思考的指引者。

2. 校内及校外实践平台创新

在实践教学上,法学院可以充分利用互联网技术,开展场景模拟课程,对学生进行虚拟仿真的法律实训教学,进行创新式体验式教学,以此可以提升法学院学生的实践创新能力。

同时,校外平台搭建是教学改革中不可或缺的一部分,新文科建设也应当搭建校内外交叉融合平台,有助于突破法学学科内部和外部学科的壁垒。在2019年1月,北京互联网法院与人大、北大、清华、法大等数十所高校开展了共建活动,高校与互联网法院进行资源共享,互联网法院向各大高校法学院提供平台技术支撑,为法学院建立远程案例教学,并就典型性案件进行远程庭审学习,并且在庭后进行案例深入探讨。同时,各大高校法学院在数字图书馆、社会资源等层面与互联网法院共建共享,通过学术探讨以及高校授课等方式,提升互联网法院法官能力,同时也可以为对互联网法学感兴趣的在校学生提供实习,其中实习课时也可以折算成网络法学的课程学分。这种双向交流机制,是网络法学课程建设中所不可或缺的一部分。

五、结语

法学教育是专业教育,而不是通识教育,但法学教育不仅仅是专业教育,而且是专门职业教育,法学教育是大众化教育时代的精英教育,要培养卓越法律人才,必须坚持"全人全程培养"理念,在培养过程中,要做到"德才兼修、教学互动、通专并举、虚实结合、内外结合",不能仅仅局限在专业教育,要坚持通识教育与专业教育教育并重。[①]《网络法学》专业的法治人才培养,正是在互联网产

---

① 见注3,黄进,付子堂,何勤华,杨灿明,贾宇,李玉基文。

业经济飞速发展下网络法学实务工作的社会要求,为贴合社会需求的人才培养导向,应当增强法学课程建设中《网络法学》的学科地位,从而完善法学教育人才培养体系。立足于《网络法学》的学科发展特色,结合网络法实务案例以及法律适用问题分析,不断完善《网络法学》的课程设置,最终可以使得法学本科生可以系统地掌握网络法学的知识体系,具有运用传统的法学理论知识解决"互联网＋"时代背景下的网络法学实务案例的能力。

审计法学的学科定位与实践教学
——理念、方法与路径

苏欣　周华鑫

【摘要】 审计法学作为一门新兴交叉学科,其学科定位的厘清和研究范式的确立是研究和教学的前提。以问题为导向,集合法律规范并融合审计、会计等相关学科知识是审计法学教研的一大特色。在实践教学中,应秉持审计法学作为领域法学的教学理念;通过建设"双师"课程体系、设立校内培养平台和校外实践基地,以探索并不断完善跨学科和多元化的审计法学人才培养模式。

【关键词】 审计法学;领域法学;实践教学

2019年4月29日,教育部、中央政法委、科技部等13个部门在天津联合启动"六卓越一拔尖"计划2.0,全面推进新工科、新医科、新农科、新文科建设。2020年11月3日,教育部发布了《新文科建设宣言》,宣言强调通过学科交叉和科际整合推动学科建设。新文科代表着一种学科融合的趋势,是对长期以来的知识精细化、专业化和学科化分布的一次反正。[①] 在新文科建设背景下,审计法学作为一门新兴交叉专业,确有必要革新教育理念和创新培养方案,以利其建设发展。不同于传统部门法体系课程,其教学体系已相对完备,教学方案亦趋固化,审计法学因其教义体系的缺乏,在理论研究和实证调研层面都面临着因循何种研究范式的拷问,进而影响教学方法与培养路径的选择。审计法学的研究不应当是"新瓶装旧酒"式的学科间知识的简单叠加,其实践教学也并非只是在课堂上进行"个案"式的对策分析,研究与教学首先需要清晰的教学理念和创新理论的指引。因此在探究审计法学实践教学的路径之前,审计法学的学科定

【作者简介】 苏欣,南京审计大学法学院副教授,主要从事审计法学、法务会计教学与理论研究;周华鑫,南京审计大学法学院硕士生。

① 冯果:《新理念与法学教育创新》,载《中国大学教学》2019年第10期。

位与研究方法成为必须厘清的前置性问题。

一、审计法学的学科定位与理念更新

起源于德国"洪堡教育模式"的近代学科划分制度,是工业时代社会分工精细化的产物。然而单一学科的知识在解释、应对现代社会问题的复杂性上已显得力不从心,问题研究是按照社会现实的要求设定的,它既不以学科的先验划分为依据,也不可能恰好对应于一个或几个学科的范围,这是不同于学科研究的一个方面。[①] 现代社会问题的解决通常需要跨学科的研究与科际知识的综合应用。审计法学是调整审计领域的规范集合,而新时代背景下党和国家对审计提出了更高的要求,[②]审计的定位已不能停留在一套关于技术、方法、程序的学科认识上。相应地,部门法的视域和范式亦无法满足审计法对审计领域的规范调整,而学科交叉理论为法律与审计的融合提供了契机。

(一)新兴交叉学科理论视域中的审计法学

我国交叉学科的建设起步较晚、基础薄弱,且学科融合、跨部门式的法学研究从提出之日起就面临着"合法性"以及"如何可能"的质疑,这种质疑可追溯至法教义学和社科法学的范式论争。即便坚持教义立场的传统民刑等部门法学者主导话语权,也无法否认现代社会越来越多的重大领域(例如审计、财税、环境、网络等领域)问题亟须得到法律的回应,以及部门法在应对领域问题时的解释乏力。究其原因,这些新兴领域对应的部门法本来就无固定、封闭的教义体系,因而单一部门法的制定、解释对领域问题的解决通常只是部分的、甚至是片面的。

审计法学作为规范审计领域事项的主干法律,其定位应当是新兴交叉法学学科方向,而无法简单归属于行政法或者经济法。目前我国法学研究的一个特点是凡言及某一部法律,必先论证其"独立部门法属性",或至少确定其是公法还是私法,似乎只有具备独立地位,该法才有开展研究的意义。然而法律是以社会为基础而设立的,社会制度的变化和规则的实施效果影响着法律的走向,部门法的划分和独立也不是固定不变的。以审计法学为例,在审计领域中,最

---

① 顾海良:《人文社会科学跨学科研究的路径及其实现条件》,载《高校理论战线》2011年第1期。
② 总的来说新时代审计的定位是党和国家监督体系的重要组成部分,详情参见十八届四中全会颁布的《中共中央关于全面推进依法治国若干重大问题的决定》、国务院发布的《关于加强审计工作的意见》和中共中央办公厅、国务院办公厅印发的《关于完善审计制度若干重大问题的框架意见》等文件。

经典的类型划分是国家审计(或称政府审计)、社会审计(或称民间审计)和内部审计,这三种审计类型对应的主干法律是《审计法》《会计法》《注册会计师法》和内部自治规则。显然国家审计法律因其对审计权行使的规范性质当属公法;注册会计师审计的权源基础为私人委托合同,内部审计是法人团体内部监督的规则自治,后两者在性质上当属私法。涉及审计领域的法律规范众多,横跨公法和私法,审计法自然也就谈不上独立部门法地位,但这并不影响审计法学研究的日益重要性,表现为新时代审计领域的诸多重大改革问题需要审计法律的及时跟进。最新修订的《审计法》于2022年1月1日生效,对新法案及其配套规则的研究正当其时。党的十八届四中全会《决定》中提出"加强重点领域立法",近年来党和国家对审计领域的一些重大改革足以说明,审计法学是位列重点领域的法律。在重点领域法律需求和部门法研究供给不足这一矛盾下,学科交叉、知识融合的理论研究为审计法学的学科定位提供了强有力的支撑。新兴交叉学科是在特定时代或特定时期以问题为导向,综合运用学科部门和学科之间的知识来追求对社会重大问题的整体性解决,因此交叉学科的属性呈现开放性的特点。审计法学解决了学科定位问题只是学科使命的第一步,对如何综合运用各部门法知识、各学科间知识来良好解决当下社会重大领域的问题,则涉及学科使命的第二步,即审计法学与相关交叉学科专业的关系以及审计法学研究范式的问题。

(二)审计法学与法务会计的学科交叉

法律与会计、审计学科的早期交叉研究是基于舞弊审计、法务会计的理论与实践发展,法务会计是基于舞弊审计发展而来。经济全球化和社会发展使得经济领域的财务舞弊、白领犯罪现象日益严重,也催生了相应的解决方案和人才培养需求,法务会计因结合了会计鉴定、审计调查和诉讼支持的特色而备受青睐,南京审计大学的法务会计专业在实践教学和人才培养方面积累了较为丰富的经验。[①]但法务会计的概念内涵始终争议不断,其学科归属更是无从界定,

---

[①] 例如在本科阶段设立法务会计和法务金融特色班,由法学专业和财会审计专业的教师联合培养;在教学成果上亦贡献颇多,详情参见苏欣:《试论法务会计专业课程体系的设置及教学方法的定位》,载《兰州教育学院学报》2010年第6期;齐兴利:《法务会计:基于人才培养方案的实践探索》,载《商业会计》2015年第8期;程乃胜:《法务会计专业人才培养规格与课程体系建构探析》,载《南京审计学院学报》2010年第1期;靳宁、王艳丽:《"互联网+"背景下的交叉型法学课程改革探索——以南京审计大学〈经济犯罪调查〉课程为例》,载《浙江警察学院学报》2016年第6期;刘爱龙:《关于财经类高校法务会计专业人才培养方案的思考——以南京审计学院为例》,载《常熟理工学院学报》2010年第12期。

归纳起来无非就是以会计为重心,还是以法律为落脚点,①这决定了法务会计由专业上升到学科后应归于法学还是会计学的问题,进而影响学科教育资源的分配。

审计法学则是审计、会计、法务会计等相关专业深化发展的必然结果,不仅实现了由专业到学科的蜕变,在学科归属上应坚持法学的立场,并且在研究对象和内容上更为丰富。法务会计聚焦经济纠纷和经济犯罪的预防、应对,在分类上侧重于社会审计,而审计法学不限于此,审计法学不仅关注社会审计,也关注国家审计和内部审计,更注重三种审计类型的协同合力如何在国家治理中发挥更大作用。故此,审计法学的研究教学背负着更大的学科建设使命。当然,从法务会计到审计法学,不变的是研究方法上的一脉相承,即以实践问题为导向的实用主义原则。

二、领域法学研究范式与审计法学发展

(一)部门法学与领域法学联系与区别

传统部门法调整的是较为稳定、长远的社会关系,在实施、适用的过程中也不断修复完善自身的教义法体系,可以说部门法的研究教学对我国社会法制的建设作出了巨大贡献。然而现代社会的逐渐领域化,以及领域问题的解决方案走向跨部门、跨学科化,倒逼部门法的研究范式开始反思,尤其在对形式理性的过度崇拜上,从文献到文献,从思想到思想,从概念到概念,②导致部门法研究和现实问题渐行渐远,实不可取。法学作为社会科学之一种,其理论和实践应该以我们正在做的事情为中心,从我国改革发展的实践中挖掘新材料、发现新问题、提出新观点、构建新理论,③产出更多关于知识融合、学科交叉的成果。领域法学研究范式的提出,则为新兴交叉法学学科提供了有力的分析工具,弥补了部门法研究范式的不足。尽管领域法学最初由财税法学者研究提出并使用,④但该研究范式已基本通用于重大领域对应的各部门法研究,例如环境法、知识

---

① 齐兴利,王静:《法务会计:基于人才培养方案的实践探索》,载《商业会计》2015年第8期。
② 方军:《发展无愧于新时代的中国理论》,载《中国社会科学》2022年第1期。
③ 《习近平在哲学社会科学工作座谈会上的讲话》,载《人民日报》2016年5月19日第2版。
④ "领域法学"概念最早由财税法学界提出,源于税法在现行法律体系中是一个特殊领域的思考,后来经过总结、提炼和推广,发展成为新的研究范式。详情参见刘剑文:《论领域法学:一种立足新兴交叉领域的法学研究范式》,载《政法论丛》2016年第5期。

产权法、网络法、体育法等,当然,也适用于审计法学。

按照通说定义,领域法学是以问题为导向,以特定经济社会领域全部与法律有关的现象为研究对象,融经济学、政治学和社会学等多种研究范式于一体的交叉性、开放性、应用性和整合性的新型法学学科体系、学术体系和话语体系。①在分类标准上,如果说部门法学规范是按其性质集合,而领域法学则是按其事务性质集成。领域法学强调全局意识、整体视域,但并不意味着是对部门法范式的否定和颠覆,其集合的法律规范仍然分别具有各个部门法的属性,其制定、解释和适用需要遵循各个部门法的规律。领域法学秉持实定法规范和实定法秩序的实用主义研究立场,主张打破部门法桎梏,以问题意识为关怀起点,以经验研究为理论来源,综合借鉴与运用其他社会科学学科的成熟方法进行研究。②在此意义上,不同于传统部门法研究采取的理性建构主义,审计法学的研究采取实用主义立场,注重实证分析。

(二) 领域法学范式促进三种审计类型研究的融合

全面依法治国和国家治理现代化要求建设完善的中国特色社会主义监督制度,③领域法学范式能够为三种审计类型在审计法律框架中的相互贯通提供理论上的解释力,并以范畴作为起点展开。

审计法学既是监督权力运行之法,也是私人权利保障之法,其兼顾公法和私法的属性蕴含了可同时运用公法的权力规制和私法的请求权基础两种分析方法,这种双重属性亦是由其范畴决定的。审计法学的基石范畴是"审计权",审计的权源、分析、规范、救济等均围绕审计权展开。核心范畴是"审计权力"和"审计权利"。其中,审计权力对应国家审计,审计权利对应社会审计和内部审计,分别代表了公共资源受托责任和私人受托经济责任。人民作为国家的主人委托审计机关对公共资源的获取、使用、收益、处分进行专门监督。社会审计源于所有权和经营权的分离,内部审计更多取决于法人自治,社会审计通常是对法人临时性的外部监督,内部审计则是对法人日常性的内部监督。审计作为一

---

① 刘剑文:《领域法学:社会科学的新思维与法学共同体的新融合》,北京大学出版社2019年版,第69页。

② 刘剑文:《领域法学:社会科学的新思维与法学共同体的新融合》,北京大学出版社2019年版,第73页。

③ 十九届中央纪委六次全会的工作报告,提出要按照党统一领导、全面覆盖、权威高效要求,在党内监督主导下做实专责监督、贯通各类监督。可见构建大监督体系是国家治理监督系统的发展趋势。

套专业、有力、高效的技术发现手段,自然被吸收进审计法学,成为国家审计权有效运行、充分保护私人权利的不可或缺部分。正如权力和权利不可分割,三种审计类型之间也并非彼此独立、"井水不犯河水"。但现有研究和教学通常仅将视域局限于其中一种审计类型,而少有延伸至三种审计类型协同的整体研究,局部研究显然已无法满足审计全覆盖要求。若运用领域法学的基本方法,以问题界定范围,整合、提炼规范,最后调整适用,或可找到出路。权力和权利交融视角下,尽管审计权力和审计权利在主体和客体方面差异较大,但在审计内容上有诸多重叠之处,这源于三种审计类型共用一套基础原理和技术方法,也正是这种术语体系的一致性,使得融通三种审计类型成为可能。审计法学则是为这种对话搭建一个平台和法律框架,无论是政府审计购买社会审计服务,社会审计参与内部审计的合规体系建设,还是国家审计对内部审计的指导,都在这个框架内完成三种审计类型协同推进审计全覆盖。

总之,领域法范式在审计法学的运用,可概括为综合运用公法和私法、演绎和归纳的分析方法,宏观上搭建贯通三种审计类型的法律框架,微观上找寻三种审计类型联结的规范基点。在领域法学研究范式的视域中,审计法学和其他部门法是同构互补、审计法学和其他学科是交互借鉴之关系。

三、领域法视域下的审计法学实践教学方法与路径

实践教学是沟通理论和实践的桥梁。法律和审计都是专业技术门槛高、实践操作性很强的学科,在有限学习时间内,要求学习审计法学专业的学生同时熟练掌握法律和审计两个专业的知识显然不现实,这就需要摸索清楚学生要重点习得哪些审计、会计的知识以及掌握的程度,才足以解决实践中的审计法学问题。

(一)设立"务实、高效、理论实践融合促进"的实践教学理念

领域法范式所提倡的实用主义和问题导向,为审计法学教学指明了一条"培养理念回归务虚,方向个性彰显务实"的道路。于校内,创新课程体系,注重基础教学;设立模拟基地,打造实践平台。于校外,与实务部门广泛合作,成立专业实践基地,搜集原生、典型的实践案例用于教师和学生开展课程实操研讨,形成知识生产与实务反哺、理论研究与实践印证的循环教学体系。最终目的是

夯实学生法学和审计的跨学科基础,增强其实战能力,达到融会贯通、学以致用的培养效果。

(二)建设"双师型"教学模式下的课程体系

不同于传统部门法学的课堂教学模式,审计法学实践教学首先需要对课程体系进行创新。通过整合多学科的教学资源,由法学、审计、财会、经济、管理等专业背景的教师开展通识教育式授课,同时邀请注册会计师、审计师和律师到课堂上分享最新的实践案例,由灵活互动的"双师型"教学替代传统上只由法学院教师按部就班式的专业教学。目前,南京审计大学开设了审计法学原理专题、审计程序法、比较审计法学等基础理论课程,同时将理论课程与实务课程进一步结合,例如,经济犯罪调查是遵循经济犯罪案件调查的实践规律,将其所涉及的刑事法、证据法、行政法以及审计、会计的基本知识和基本技能进行了体系化整合而形成的一门新课程,①如何提炼经济犯罪领域的审计法学理论将是今后的一个课程探索方向。

(三)打造校内综合模拟实践平台

许多高校都会设立校内培养基地,供学生体验情景模拟和实务操作,作为踏入社会工作前的过渡时期,例如仿真实验室、模拟实习中心、模拟法庭等。南京审计大学的审计法学实践教学正在探索联通各学院的培养基地(包括实验室),将大数据审计实验室、工程审计研究中心在实验中遇到的法律问题、案例送往模拟法庭,由具有审计师背景的教师带领学生分析财务资料内容、关联性信息,由具有律师背景的教师引导学生判断证据资料来源、真伪,深入探讨论辩,在不同学科思维、实践经验的对话中碰撞出实践创新的思想火花。

(四)发展校外产学研合作实践基地

与实务部门广泛开展产学研合作,发展校外实践基地是审计法学实践教学的关键一环。如前述学科定位和研究方法所论,审计法学有着鲜明的实践品格,因而审计法学的教学成果离不开实践案例的哺育。目前南京审计大学在校外多地设立了产学研合作实践基地,不仅得到地方政府的支持,还吸引了越来越多的审计机关、会计师事务所、律师事务所、各类企业加入产学研合作中来,或为审计法学的研究教学提供科研基金,或者开办讲座建言献策,或者提供大

---

① 卢小毛,施卫忠主编:《经济犯罪调查》,中国财政经济出版社2011年版,第465页。

量实践案例,可以说产学研合作实践基地有力支持了三种审计类型的融通协力。由教师带队审计法学专业的学生参与各种实证调研、案例分析、专家访谈,搜集一线案例,并类型化整理成编,反馈至课堂教学,助力课程体系建设,以及将案例改编或重作设计,应用于校内综合模拟培养基地的实操,最终实现理论指导实践,实践印证、修正、深化理论的实践教学深层次目标。

《知识产权法》课程落实习近平总书记保护知识产权思想的几点做法

王晨雁

【摘要】 本文旨在探讨如何更好地在知识产权法课程教学过程中落实习近平总书记关于保护知识产权的思想,培养学生植根国家发展大局,把个人前途与国家发展结合在一起,掌握应用知识产权法律知识解决问题的能力,成为担当民族复兴大任的时代新人。本文作者在知识产权法课程教学过程中,围绕落实习近平总书记保护知识产权思想采用了三个做法:一是归纳总结并重点介绍习近平总书记关于保护知识产权的相关论述和核心思想;二是系统介绍国家层面落实习近平总书记保护知识产权思想的知识产权强国路线图;三是以习近平总书记保护知识产权思想为引领,提升学生保护知识产权的能力和讲好中国保护知识产权故事的能力。

【关键词】 习近平思想;知识产权;应用能力

知识产权法这门课不仅是法学专业学生的必修课,而且也是许多非法学专业,尤其是理工科院校和经济类院校学生的专业基础课。如何在知识产权法课程教学过程中落实习近平总书记保护知识产权的思想,如何培养学生以习近平总书记保护知识产权思想为引领,提升应用知识产权法学知识的能力,为讲好中国保护知识产权的故事,提供中国解决知识产权保护问题的方案,培养学生成为担当中华民族伟大复兴大任的时代新人,是笔者一直在思考的问题。本文认为,在知识产权法课程教学过程中,围绕落实习近平总书记保护知识产权思想可以采用三个做法。

【作者简介】 王晨雁,南京审计大学法学院副教授,主要从事知识产权法研究。

一、知识产权法课堂必须完整准确地介绍习近平总书记关于保护知识产权的相关论述和核心思想

（一）习近平总书记对保护知识产权问题非常重视并多次发表论述

习近平总书记对保护知识产权问题十分重视,先后发表过多次论述。2017年11月20日,习近平总书记主持召开十九届中央全面深化改革领导小组第一次会议。会议强调,要树立保护知识产权就是保护创新的理念;2018年4月10日,习近平总书记在博鳌亚洲论坛2018年年会开幕式上表示,加强知识产权保护,是中国在扩大开放方面将采取的四项重大举措之一。他说:"这是完善产权保护制度最重要的内容,也是提高中国经济竞争力最大的激励。"2020年11月30日,习近平总书记主持中央政治局第二十五次集体学习并发表题为"全面加强知识产权保护工作,激发创新活力推动构建新发展格局"的重要讲话,习近平总书记的讲话为我国知识产权事业发展提供了根本遵循和行动指南。

（二）知识产权法课程需要通过教学使学生掌握习近平总书记关于保护知识产权思想的主要内容

习近平总书记关于保护知识产权的思想集中反映在2020年11月30日习近平总书记主持中央政治局第二十五次集体学习并发表的重要讲话中。习近平总书记在讲话中深刻阐述了知识产权保护的"五大关系""两个转变"和"六项重点",为知识产权事业发展提供了根本遵循和行动指南,具有重大政治意义、时代意义、理论意义、战略意义和实践意义。习近平总书记关于保护知识产权的论述必然成为知识产权法课程教学的重点和学生学习的关键点。

1.习近平总书记通过"两个转变"和"五个关系"强调了保护知识产权的重要性和必要性

习近平总书记指出:"我国正在从知识产权引进大国向知识产权创造大国转变;知识产权保护工作正也从追求数量向提高质量转变。我们必须从国家战略高度和进入新发展阶段要求出发,全面加强知识产权保护工作,促进建设现代化经济体系,激发全社会创新活力,推动构建新发展格局。"[①]面对百年未有之变局,强调对知识产权的保护工作不仅必要,而且还非常重要。

---

① 习近平总书记主持中央政治局第二十五次集体学习并发表《全面加强知识产权保护工作,激发创新活力推动构建新发展格局》。

习近平总书记指出:"知识产权保护工作关系国家治理体系和治理能力现代化,只有严格保护知识产权,才能完善现代产权制度、深化要素市场化改革,促进市场在资源配置中起决定性作用、更好发挥政府作用。知识产权保护工作关系高质量发展,只有严格保护知识产权,依法对侵权假冒的市场主体、不法分子予以严厉打击,才能提升供给体系质量、有力推动高质量发展。知识产权保护工作关系人民生活幸福,只有严格保护知识产权,净化消费市场、维护广大消费者权益,才能实现让人民群众买得放心、吃得安心、用得舒心。知识产权保护工作关系国家对外开放大局,只有严格保护知识产权,才能优化营商环境、建设更高水平开放型经济新体制。知识产权保护工作关系国家安全,只有严格保护知识产权,才能有效保护我国自主研发的关键核心技术、防范化解重大风险。"①

2. 习近平总书记通过强调六项重点工作指出了保护知识产权的路径

习近平总书记指出,必须从国家战略高度和进入新发展阶段要求出发,全面加强知识产权保护工作。为此,必须做好以下六个方面的工作:

第一、加强知识产权保护工作顶层设计。抓紧制定知识产权强国战略,抓紧制定"十四五"时期国家知识产权保护和运用规划,明确目标、任务、举措和实施蓝图。

第二、提高知识产权保护工作法治化水平。严格执行民法典相关规定的同时,完善相关法律法规,统筹推进专利法、商标法、著作权法、反垄断法、科学技术进步法等修订工作,增强法律之间的一致性。要加强地理标志、商业秘密等领域立法。提高知识产权审判质量和效率,提升公信力。促进知识产权行政执法标准和司法裁判标准统一,完善行政执法和司法衔接机制。

第三、强化知识产权全链条保护。要打通知识产权创造、运用、保护、管理、服务全链条,健全知识产权综合管理体制,增强系统保护能力。形成便民利民的知识产权公共服务体系,构建国家知识产权大数据中心和公共服务平台,及时传播知识产权信息,让创新成果更好惠及人民。推动知识产权保护线上线下融合发展。

第四、深化知识产权保护工作体制机制改革。完善知识产权审查制度。健全大数据、人工智能、基因技术等新领域新业态知识产权保护制度,及时研究制定传统文化、传统知识等领域保护办法。落实知识产权侵权惩罚性赔偿制度。

---

① 习近平总书记主持中央政治局第二十五次集体学习并发表《全面加强知识产权保护工作,激发创新活力推动构建新发展格局》。

健全知识产权评估体系,改进知识产权归属制度,研究制定防止知识产权滥用相关制度。

第五、统筹推进知识产权领域国际合作和竞争。秉持人类命运共同体理念,坚持开放包容、平衡普惠的原则,深度参与世界知识产权组织框架下的全球知识产权治理,推动完善知识产权及相关国际贸易、国际投资等国际规则和标准,推动全球知识产权治理体制向着更加公正合理方向发展。要深化同共建"一带一路"沿线国家和地区知识产权合作,倡导知识共享。

第六、维护知识产权领域的国家安全。知识产权对外转让要坚持总体国家安全观。加强事关国家安全的关键核心技术的自主研发和保护,依法管理涉及国家安全的知识产权对外转让行为。完善知识产权反垄断、公平竞争相关法律法规和政策措施,形成正当有力的制约手段。推进我国知识产权有关法律规定域外适用,完善跨境司法协作安排。建设知识产权涉外风险防控体系,加大对我国企业海外知识产权维权援助。

二、知识产权法课堂必须完整准确地介绍国家层面落实习近平总书记保护知识产权思想的知识产权强国路线图

2021年9月,中共中央、国务院印发了《知识产权强国建设纲要(2021—2035年)》(以下简称《纲要》);2021年10月国务院印发了《"十四五"国家知识产权保护和运用规划》(以下简称十四五《知识产权规划》)。两份文件旨在充分发挥知识产权制度在社会主义现代化建设中的重要作用,为建设创新型国家和社会主义现代化强国提供坚实保障,是落实习近平总书记保护知识产权思想的知识产权强国络线图。

(一)知识产权强国建设的基本思路

《知识产权强国纲要》的基本思路包括以下几个方面。

第一、配合新时代国家发展目标,推动知识产权融入经济社会发展的各方面,进而促进国家强大和国际竞争力大幅度提升;

第二、以法治化和国际化为基本取向,发挥市场和政府两方面的作用,使市场在资源配置中起决定性作用和更好发挥政府作用,提升知识产权质量,加强知识产权保护;

第三、以知识产权治理现代化为出发点,通过制度现代化建设,在知识产权

领域构建完备的保护体系、畅通的运行机制、便捷的公共服务体系和良好的人文社会环境,并深度参与全球知识产权治理;

第四、主要任务与重点建设工程相结合,阶段性目标与远景规划相承继,通过监测、评价、督查、考核和奖励等手段的综合运用,以点带面,步步为营,促进我国知识产权事业全面发展[①]。

（二）知识产权强国建设的主要任务

第一、构建面向社会主义现代化的知识产权制度,实现知识产权法治现代化。确立知识产权领域基本方针、基本原则、治理结构及其基本架构,并解决单行法缺乏系统性、协调性和延展性问题。

第二、从司法保护体制、行政保护体系、协同保护格局三个方面构建支撑国际一流营商环境的知识产权保护体系。

第三、从创造、运用和运营三个方面对知识产权市场运行机制进行部署安排,构建激励创新发展的知识产权市场运行机制。

第四、从创新主体、市场主体和社会公众的利益和意愿出发,从扩大服务范围和提高服务能力两个维度展开,建设便民利民知识产权公共服务体系。

第五、从文化养成、文化传播和人才发展三个方面,促进知识产权高质量发展的人文社会环境。

第六、立足于我国国际地位,既要维护现有知识产权国际体系和基本秩序又要深度参与全球知识产权治理,引领知识产权国际规则向平衡普惠的方向发展。

三、以习近平总书记保护知识产权思想为引领,提升学生保护知识产权的能力和讲好中国保护知识产权故事的能力

根据习近平总书记保护知识产权思想,结合国务院十四五《国家保护知识产权运用和规划》,本文认为,要想提升学生保护知识产权的能力和讲好中国知识产权故事的能力,需要从以下两个方面着手：

（一）要求学生全面了解和掌握我国的知识产权法律政策体系

第一、通过教学使学生了解和掌握我国保护知识产权的法律法规。这些法

---

① 中共中央国务院《知识产权强国建设纲要(2021—2035年)》。

律法规包括已经修改完善的专利法、商标法、著作权法、反垄断法、科学技术进步法、电子商务法、集成电路布图设计保护条例、植物新品种保护条例。同时，学生们还应该了解我国正在制定中医药传统知识产权保护条例、正在完善与国防建设相衔接的知识产权制定。另外，学生们还需要了解我国已经全面建立并实施知识产权侵权惩罚性赔偿制度，加大损害赔偿力度。正在研究建立健全符合知识产权审判规律的特别程序法律制度，以便适应科技进步和经济社会发展需要。

第二、通过教学引导学生们关注我国需要进一步完善的知识产权保护政策。这些需要完善的知识产权保护政策包括：健全大数据、人工智能、基因技术等新领域新业态知识产权保护制度；构建数据知识产权保护规则；完善开源知识产权和法律体系；规范电子商务领域知识产权保护机制；健全遗传资源获取和惠益分享制度，建立跨部门生物遗传资源获取和惠益分享信息共享制度；制定传统文化、民间文艺、传统知识等领域保护办法；建立与非物质文化遗产相关的知识产权保护制度；完善体育赛事节目、综艺节目、网络直播等领域著作权保护制度；完善红色经典等优秀舞台艺术作品的版权保护措施；完善服装设计等时尚产业知识产权保护政策；健全药品专利纠纷早期解决机制，制定相关配套措施。完善中医药领域发明专利审查和保护机制；健全绿色技术知识产权保护制度；完善高校知识产权保护管理规定；建立知识产权侵权损害评估制度。

第三、通过教学使学生了解和掌握维护国家安全的知识产权政策。这些内容包括事关国家安全的关键核心技术知识产权保护规则；涉及国家安全的知识产权对外转让行为，完善知识产权对外转让审查制度。完善知识产权反垄断、公平竞争相关法律法规和政策措施。推进我国知识产权有关法律规定域外适用。研究建立针对进口贸易的知识产权境内保护制度。完善跨境电商知识产权保护规则[①]。

（二）提升学生应用知识产权法学知识的能力

提升学生应用知识产权法学知识的能力，才能讲好中国保护知识产权的故事，才能更好地发出中国保护知识产权的声音，才能有助于提供中国保护知识产权的方案，才能为贡献中国智慧提供法律人才方面的保障。本文认为，提升学生应用知识产权法能力的方法有两个：

---

① 国务院《十四五国家知识产权保护和运用和规划》。

第一、教师本身需要主动地、不断地提升应用知识产权法律解决实际问题的能力。

师者、传道受业解惑也。从事知识产权法课程教学的教师需要通过投身到知识产权法的司法实践中,提高自身运用知识产权法解决实际问题的能力。并且不断地通过司法实践经验的积累,反射到知识产权法课程的教学中,达到对学生解决问题能力的培养。同时,知识产权法司法实践中存在的问题,也为知识产权法课程提供了丰富的素材,促使教师引导学生思考如何完善现行的知识产权法律法规。

第二、知识产权法课程需要强化案例教学,提升学生应用知识产权法律解决实际问题的能力。

以案说法,可以使抽象的知识产权法律条文变得具体;以案说法,有助于引导学生学会思考;以案说法,更是应用知识产权法律知识解决具体的知识产权问题的过程。以案说法过程的完成,可以较好地解决学以致用的问题,实现对学生解决问题能力的培养;以案说法,有利于激发学生利用课余时间,积极参与应用知识产权法的兴趣。

总之,知识产权法课程必须以习近平新时代中国特色社会主义思想为指导,在具体的教学内容上必须贯彻习近平总书记2020年11月30日在中央政治局第二十五次集体学习时的重要讲话精神。通过系统的教学活动,把建设"知识产权强国"的理念灌输给学生,增强学生的责任感和使命感。通过案例教学,培养学生运用知识产权法律法规解决问题的能力。通过教学活动,讲好知识产权法的中国故事。为运用知识产权促进经济社会全面进步与高质量发展,为我国建设成为社会主义现代化强国,实现中华民族的伟大复兴贡献一份力量。

高校法律职业伦理课程建设探究

毕少斌

【摘要】 法律职业伦理是法学教育十门Ａ类必修课程,在培养德法兼修的法治人才过程中起重要作用。法律职业伦理是法律人必备素质,是实现德润人心、法治天下的重要环节。但法律职业伦理课程目前存在课程定位不明确、课程设置不合理、学生主体参与性不够等问题。需要从强化课程的重要地位、坚持课程的基本原则、明确本课程的教学目标等方面厘清法律职业伦理课程建设的内在逻辑。从优化课程体系设置、完善课程理论体系、加强课程师资建设及灵活运用多种教学方法等方面,拓展高校法律职业伦理课程建设的路径。

【关键词】 法律职业伦理;课程建设

党的十九大报告指出,全面推进依法治国总目标是建设中国特色社会主义法治体系、建设社会主义法治国家。实现依法治国总目标需要高素质的法治人才,法治人才不仅高超的法律实务技能,还要具备高水平的法律职业伦理素养。习近平总书记指出,中国特色社会主义法治道路的一个鲜明特点,就是坚持依法治国和以德治国相结合,强调法治和德治两手抓、两手都要硬。高校法学教育要坚持立德树人,不仅要提高学生的法学知识水平,而且要培养学生的思想道德素养。长期以来,法学教育关注的重点都是法学理论知识和法律实务能力,对法科生法律职业伦理的培养仍未得到应有的重视,高校法律职业课程建设仍有进一步提升的空间,应进一步提高认识、统一思想,认识到法律职业伦理课程建设的时代意义和历史使命,为新时代法治建设培养德法兼修的法治人才。

【基金项目】本文系2019年教育部人文社会科学研究项目"国家监察法治秩序问题研究"(课题编号:19YJA820001),南京审计大学一流专业(法学)建设项目"法律职业伦理秩序研究"(课题编号:2020JG134)的研究成果。

【作者简介】毕少斌,南京审计大学法学院副教授,主要从事理论法学与监察法学研究。

一、加强法律职业伦理教育的重要性

（一）法律职业伦理是法律职业成熟的重要标志

恩格斯指出："实际上，每一个阶级，甚至第一个行业，都各有各的道德。"①职业伦理是一种社会历史现象，它以社会分工为前提，以职业生活实践为依托。社会分工催生新的职业，职业关系也日益复杂。各种职业都需要调整内外部关系，除了法律规范以外，规范职业活动和职业行为的职业伦理也相伴而生。一定的行业经过实践会形成该行业特定的道德心理和品质，进而形成本行业特定的职业伦理。大部分成熟的职业经过长时间的历史传承，会形成自己稳定的职业伦理意识和伦理规则。法律职业是一个神圣而成熟的社会职业，肩负着维护社会公平正义的职业担当。法律职业伦理具有悠久的历史，也是法律人普遍的共识。在新时代，法律职业者不仅实际操作法律机器，保障社会机制的有效运转，而且被当作法律秩序和社会正义的守护神。高校加强法律职业伦理系统教育是推动法律职业走向成熟的重要环节。

（二）法律职业伦理是法律职业人员的必备素质

徒法无以自行，任何的法律最终还是要由人来制订、执行、遵守。法律专业知识和法律职业伦理，是法律人的"才"和"德"，两者对于法律职业者来说同样重要。法律职业的伦理性要求是法律伦理性的自然延伸，法律职业作为一门基于公平、公正的立场将法律运用到具体的事和人的行业，从追求公平正义的角度出发，必须需要它的成员坚决维护人权和百姓的合法权益，并注意将自身的活动与追逐私利的商业区别开来。②著名法学教育家孙晓楼先生，在20世纪30年代出版的《法律教育》就提及"法律伦理学"是法律学校里不可缺少的一门课程。他认为法律的学问、法律的道德及社会的常识是法律人才应具备的三方面知识。其中所谓法律的道德，不仅是研究法律人在职业行为中应当遵守的，而且是在平时也要保持的道德修养。法律教育是人文教育和信仰教育的培养结构，必须相互协调和相统一，才能培养出德才兼备、富有正义感和责任感的法律人才。

---

① 《马克思恩格斯全集》（第4卷），人民出版社1965年版，第236页。
② 参见孙笑侠主编：《法理学》，浙江大学出版社2011年版，第373页。

（三）法律职业伦理是克服道德困境的良方

法律职业活动是一种重要的社会活动，法律职业人员的不可避免受到社会环境的诸多影响。现代法律职业由于技术化与合规则性而陷入伦理困境。在商业主义浪潮的席卷下，有些法律职业者唯利是图，将法律知识和专业技能视作生财的工具，至于当事人的合法权益，甚至国家法律在金钱利益面前退居次席。随着信息技术的日益发展，法律职业者面临从公众的角度来讲，传统文化的影响仍然是根深蒂固的，对实质结果正义性的关注远远超过了对程序的重视。比如对律师的认知尚且存在与古代中国的讼棍混淆，特别是个别律师呈现的道德责任感缺失，更加引起公众的误解与反感。面对这些道德困境，法律职业除了要加强其专业技能学习外，还需要职业伦理来保障其职业技术理性中的道义性成分发挥到最高限度。

（四）法律职业伦理是达成职业使命的保障

法律工作性质决定法律职业的伦理要求比一般工作要高。法律职业者面对的纠纷当事人常常在社会道德上有欠缺，法律人的工作就是要解纷止争，必须具备比一般人更高的道德水准。法律职业者接触的事务往往涉及社会公众的生命财产安全，职业行为所产生的社会影响明显高于其他行业，需要更高的职业伦理规范进行约束。法律职业者更易接触到各类秘密，保密义务的履行需要更加严格的伦理规范来保障。法律服务具有很高的专业性，对于其服务的品质的评价，往往只有同行的专业人员才能评判，非标准化的评价需要伦理规范来确保。法律职业人员更易获得民众的信赖，如果法律人破坏这种信赖感，没有秉持其职业伦理以及承担社会责任，反而玩弄法律的话，那么法律原本要用来维持社会、支撑社会的功能就会遭到破坏，法律的社会公信力就会受损。

二、高校法律职业伦理课程建设存在的问题

（一）法律职业伦理课程定位不明确

对于法律职业伦理的培养，是最近几年才开始慢慢重视，学界对于这方面的研究还较少，成果理论深度较浅，因此在具体的教学实践过程中仍然存在很多的问题。法律职业伦理教育是将法律的信仰内化于心的过程，是一个长期培养的过程，而受商业主义浪潮的影响，人们更倾向于追求短期利益，而不愿意培

养变现能力低的伦理道德。从教育者方面来看,学校对法律职业伦理教育的重视度还是不够的,存在多种疑问仍未彻底解决,如法律职业伦理是否可教？法律职业伦理教学的目标是政治宣传或是道德说教吗？法律职业伦理课程与法学专业课程之间的关系等。从学生方面来看,法律职业伦理课程的教学效果无法像其他课程一样通过简单的考试来衡量和判断。法律职业伦理课程教学效果往往体现在学生就业后的职业行为中,具有明显的滞后性。部分法科学生仍然把法律职业伦理课程当作思想道德教育课来学习,不能理解本课程性质及其对法律职业的重要性。

（二）对法律职业伦理课程设置不合理

高校课程体系的设置是专业教育的基础,法学专业课程设置直接影响到法学生法律职业伦理的培养。在高等教育界,"课比天大"也成了一个共识性的基本认知。当前法学教育教学指导委员会已将法律职业伦理课程列为法学教育十门Ａ类必修课程。但仍然存在职业伦理课程教学目标不明确、课程教学课时较少、开设课程比例偏低、开课阶段不合理等问题。在课程教学方法方面,限于课时,仍以传统课堂教学为主,其他诸如诊所式教学、模拟教学、公益实践等实践教学方法没有拓展的空间。法律职业伦理的学科性质为交叉学科,应当构建一整套以法律职业伦理课程为核心的课程体系,但目前尚未形成成熟完备的课程体系,导致本门课程的教学效果无法持续,不符合本课程的实践属性。

（三）教学过程中忽视了学生的主体性

法律职业伦理教育是一种价值观的培育,培养学生对法治精神的认同感和归依感,以及由此产生的强烈的责任感,最终形成对法律的信仰,这是一种基于理性的精神信仰,需要长期的培养和感化,与主要基于大脑的记忆的法学理论知识的学习有明显不同,学生对于课程的主动参与互动,对于法律职业伦理课程十分重要。目前法律职业伦理的教学场景过于单一依托课堂,这种职业伦理的涵养是一个复杂的过程,应当体现在法科生培养的各个环节所有场景。学生不应是教育的客体或配角,而是作为主角进行浸入式学习。落实在高校法科学生的日常管理中,比如班级管理,党团组织建设工作中。在其他法学专业课程中教学中,也需要融入法律职业伦理的教学内容,构建以主角为法律职业伦理教育的立体框架。

三、厘清高校法律职业伦理课程建设的内在逻辑

（一）强化法律职业伦理课程的重要地位。

关于法学教育的目标一直有精英说、职业教育说和通识说三种不同的观点，但对于要重视法律职业伦理的培养，却有着普遍的共识，那就是法律职业伦理的教育在法学教育中起着举足轻重的作用。关于法律职业者美德的重要性，柏拉图在《法律篇》中提道："每个立法者除了最高的美德外，决不考虑其他，这种美德就是决定时刻的忠诚，人们称之为最后的正义。"[①]亚里士多德提出公正是法官的最高职业伦理，他说："法官盖公平之保护者也……法官断一事之为公正也，无所取益其间，本分之外，其余事之善者固不能多所取，鞠躬尽瘁，都为他人。"[②]都是关于法律人的职业伦理的写照。法学教育作为法律职业伦理塑造的必由之路，在法律职业伦理塑造过程中起着基础性作用。正确的法律职业伦理信念和良好的法律职业伦理品质是法学专业人才必备素质。法律职业伦理教育为法律知识提供生命和活力，使法律职业技能有了灵魂和方向。法律院校肩负着培养德才兼备的法治人才的使命，其中"德"是指良好的职业伦理修养。法律职业伦理课程对法科生法律职业伦理的养成显然是至关重要的，必须进一步强化法律职业伦理课程的重要地位。

（二）坚持法律职业伦理课程的基本原则。

完善法律职业伦理教育要遵循职业伦理学教育的规律，结合法律职业的特点，形成独具特色的基本原则。一是坚持以职业性特征为主导。法律职业特点决定了法律职业伦理是一种技术理性伦理，这种理性强调中立性和程序性。中立性要求将情感判断置于规则之下，程序性体现为以程序正义的制约价值判断。教育过程中要强调法律职业伦理的职业特征，关注法律职业伦理的核心价值。二是坚持以伦理认同为目的。法律职业伦理属于知识范畴，有着自己独特的体系、逻辑和评价标准，法律职业伦理课程应当定位于提高法科生的伦理认知能力，培养伦理问题意识、伦理推理能力、伦理选择能力。最终实现伦理认同。三是坚持以法律信仰为核心。法律信仰是超越规则信仰的一种价值信仰，

---

① 柏拉图：《法律篇》，张智仁、何勤华译，上海人民出版社2001年版，第10页。
② 亚里士多德：《伦理学》，载《西方法律思想史资料选编》，北京大学出版社1983年版，第35页。

即忠诚于法律的价值而非法律的形式。法律职业伦理教育的核心在于形成对法律的确认、信服和忠诚意识,树立法律至上的信念。四是坚持以责任伦理为基础。法律职业伦理是一种责任伦理,其主体内容是法律职业人员通过遵循职业伦理规范和准则来分辨责任。并通过法律职业人员履行职责来检验。因此,法律职业伦理特定身份的职业责任为核心,这种责任更多来源于职业伦理规范的要求。

(三)明确法律职业伦理课程的教学目标。

一是促进法科学生法律职业伦理的内化。法律职业是一种强调道德意义上自治的职业。通过法律职业伦理课程的教育反复体验和强化认识法律职业伦理的重要性,将法律职业伦理内化为法律职业人员的品德,内化为自觉意识,实现对法律职业伦理从认知到认同的跨越。二是强化法律职业伦理对法律专业技能的约束。职业伦理有助于法律专业知识和技能发挥服务社会的功能,伦理判断水平的高低对法律职业行为的选择有重要制约作用。法律职业伦理课程旨在培养学生的职业伦理意识、职业伦理推理技能和职业伦理选择能力。三是培养法科学生的法治观念和正义观念。法律职业人员的活动具有较强的独立性和自治性,相对外部的监督制约,职业伦理和行业自律能更为长效地防控司法腐败。通过法律职业伦理教育培养法科学生的依法治国观念、公平正义观念,在将来的法律职业中真正做到维护社会公平正义,树立法律职业的良好社会形象。

四、拓展高校法律职业伦理课程建设的实施路径

(一)完善法律职业伦理学理论体系

法律职业伦理长期以来没有受到应有的重视。在法学理论界,法学家关注法律制度的正当性和合法性问题,关注法的实体正义与程序正义等核心范畴,而较少涉及法律职业的伦理问题,认为这属于伦理学研究范畴。法律实务界则认为法律职业伦理属于法律职业人员的思想政治教育和自我约束的范畴。完善法律职业伦理理论体系要求研究法律职业伦理的一般性问题,从规范伦理学和元伦理学的角度出发,研究法律职业伦理中最核心、最基本的规范和原则。构建法律职业主体的伦理规则,分析法律职业责任的内涵和特征。研究法律职业伦理教育的任务、方法和规律。以法学与伦理学的基础理论为主要构成基

石,拓宽法律职业伦理的理论研究空间,形成法律职业伦理独具特色的知识谱系。

（二）优化法律职业伦理课程体系设置

法律职业伦理课程是一门法学与伦理学交叉学科型课程,对于法科学生而言,伦理学的相关知识是本门课程的前置课程,应合理安排相关课程。民法、刑法、诉讼法等部门法学中也存在许多属于伦理范畴的问题,应认识到与法律职业伦理课程具有高度相关性,在教学过程应融入法律职业伦理的教育。在教材建设方面,编写反映法律职业伦理最新理论成果以及实践经验的优秀教材,邀请法律实务部门专家编写法律职业伦理实务案例汇编作为教学辅助材料。教学课时上目前法律职业伦理课程通常只有2个学分,由于教学课时量的限制,在教学内容上无法有效展开,不利于对各具体法律职业的职业伦理内容的充分讨论,应设计3个学分的教学安排。法律职业伦理意识也离不开实践性活动,因此安排课程的时候要注重法律职业伦理课程的实践性,设置专门实践教学课时,如旁听庭审、模拟法庭、实务专家专题报告。

（三）加强法律职业伦理课程师资建设

优秀的师资队伍是法律职业伦理课程良好教学效果的保障。高校法学教师是法律职业共同体一员,应不断提升自身的法律职业伦理素养,体现对法律的信仰和尊重,对公平正义的追求,以自己的行为做示范感染学生,使学生内心产生认同,躬身示范远比言语宣教更有效。法律职业伦理课程的任课老师还需要具备一定的法治实践经验和较为丰富的法律职业经历,能够感知各种法律实践中的伦理问题,经历过处理法律职业伦理冲突的体验,从而使学校的教育与法律职业实践相联系。教师应当具有灵活运用现代多媒体教学手段的能力,借助互联网技术,不断拓展法律职业伦理课程的教学方法。法律职业伦理的内涵是发展变化的,老师要不断充实知识储备,优化知识结构,敏锐把握社会热点法律事件中的伦理问题。强化法律职业伦理的师资建设,还要为教师营造一个良好的教育环境,提高教师的社会地位和经济收入,避免法学教师丧失职业荣誉感和产生职业挫败感。

（四）灵活运用多种类型的教学方法

法律职业伦理课程的教学包括两个维度,一是关于法律职业伦理知识体系的认知,包括对法律职业伦理的内涵、原则、内容等的系统学习;二是法律职业伦理要求的内化为法科生的伦理准则和行为标准。前者完成从"不知"到"知"

的进程,后者实现从"知"到"信"的跨越。因此,单一的教学方法和职业伦理规范条文的宣讲,不能满足法科生对职业伦理理论逻辑与实践价值的理解。法律职业伦理课程教学过程中必须展开多元化的教育方式。除了已经成熟的法律诊所式教学方法和模拟法庭等形式,案例教学法贯穿教学全过程,开展分角色案例辩论,培养学生的反射思维和发散式思维。还要积极发动校外法律实务界资源,结合具体案例与学生一起完成法律职业伦理的实践教学环节。以案说法,请法官参与讲授法官职业伦理,执业律师讲授律师职业伦理,利用网络直播、视频会议等技术手段,将法律诊所及模拟课程等体验式的教学方式纳入教学中。及时组织讨论热点法律事件,在潜移默化中实现法科学生的价值观、伦理观塑造。

五、结语

爱因斯坦说:"只用专业知识教育人是不够的……他必须对美和道德上善有鲜明的辨别力。否则,他连同他的专业知识就更像一只受过很好训练的狗,而不像一个和谐发展的人。"[1]高品质的法律职业伦理素养与高水平的法律专业实务能力都是法律职业人必备的基本素质。习近平总书记强调,全面推进依法治国是一项长期而重大的历史任务。法治建设的可持续发展很大程度上取决于法学教育培养的法律职业人员的道德素养。高校法律职业伦理课程建设要以习近平新时代中国特色社会主义理论为根本遵循,以习近平法治思想为指引。坚持中国特色社会主义法治道路,坚持立德树人,为中国法治建设培养一大批德法兼修的高素质法治人才。

---

[1] 许良英、范岱年编译:《爱因斯坦文集》(第3卷),商务印书馆1979年版,第310页。

法学专业人才培养方案的思索与完善

王　刚

【摘要】　为适应新时代经济社会发展对高等教育法学专业人才培养的新要求,南京审计大学法学院法学系于2020年7月启动新一轮法学专业人才培养方案修订工作。本次人才培养方案修订以习近平法治思想及习近平关于高等教育的重要论述为指导,以全国性教育会议精神和教育部相关文件为依据,针对上一版人才培养方案存在的滞后性问题,通过明确培养理念、优化课程设置、增设相关课程、强化实践教学等方式完善法学专业人才培养方案,致力于培养德才兼备、全面发展的法学专业学生。

【关键词】　习近平法治思想;制定背景;核心理念;课程设置;预期效果

为深入贯彻习近平总书记关于教育的重要论述和全国教育大会、新时代全国高等学校本科教育工作会议精神,全面落实《教育部关于加快建设高水平本科教育　全面提高人才培养能力的意见》(教高〔2018〕2号)、《教育部关于深化本科教育教学改革全面提高人才培养质量的意见》(教高〔2019〕6号)、教育部《高等学校课程思政建设指导纲要》(教高〔2020〕3号)等文件精神,适应新时代经济社会发展对高等教育人才培养的新要求,2020年7月9日,南京审计大学启动新一轮本科人才培养方案修订工作。法学院法学系按照学校和学院要求迅速启动法学专业人才培养方案修订工作,紧密结合经济社会发展对人才培养的新需求,充分调研国内高校人才培养先进做法,广泛调研毕业生和用人单位意见,系统总结二十余年人才培养的成绩和不足,经过多次研讨、论证和修改,充分征求全体教师、学生和校友代表、理论与实务专家的建议,最终完成2021级法学专业人才培养方案。现将人才培养方案的制定背景、拟解决的问题、核心理念及基本思路、制定依据及过程、主要修改内容及预期成效等问题阐述如下。

【作者简介】王刚,南京审计大学法学院副教授,硕士生导师,法学博士。

一、人才培养方案制定的背景及解决的主要问题

(一) 制定背景

1. 习近平法治思想为德才兼备高素质法治人才培养指明了方向

习近平法治思想是马克思主义法治理论中国化的最新成果,是全面依法治国的根本遵循和行动指南,系统阐述了新时代中国特色社会主义法治核心要旨,深刻回答了新时代为什么实行全面依法治国、怎样实行全面依法治国等一系列重大问题。习近平法治思想为推动法学教育高质量发展、培养德才兼备的高素质法治人才明确了方向,高等教育法学人才培养应当以习近平法治思想为指导,围绕全面实行依法治国重大问题进行系统修订和完善。

2021年5月19日,教育部《关于推进习近平法治思想纳入高校法治理论教学体系的通知》指出:将习近平法治思想进行科学有机的学理转化,将其核心要义、精神实质、丰富内涵、实践要求贯穿于法学类各专业各课程,将社会主义法治建设的成就经验转化为优质教学资源,更新教学内容、完善知识体系、改进教学方法、提高教学水平,帮助学生学深悟透做实,增强政治认同、思想认同、理论认同、情感认同,引导学生进一步坚定中国特色社会主义法治的道路自信、理论自信、制度自信、文化自信。教育部发布的《法学类教学质量国家标准(2021年版)》,也明确要求将《习近平法治思想概论》列入法学专业课程。教育部的上述文件,对法学人才培养方案如何贯彻习近平法治思想作出了重要指导。

2. "立德树人"根本任务对法学专业人才的思政教育提出了更高要求

教育是培养人的事业,培养什么样的人是开展高等教育工作必须解决的基础问题。党的十八大报告明确提出,要将"立德树人"作为教育的根本任务。落实"立德树人"根本任务,要求在进行专业教育的同时积极开展思政教育。法治人才的思想政治素质状况直接决定着国家和社会法治建设的成败。以往的法学教育过多地讲授西方的个人主义的法律理论和思想,过于注重专业技能的传授,对学生思想政治教育有所忽视,培养了不少"精致的利己主义者"。针对这些不足,2018年9月17日,教育部联合中央政法委发布了《关于坚持德法兼修实施卓越法治人才教育培养计划2.0的意见》,提出培养德法兼修的卓越法治人才的新要求。法学专业应当把"立德树人"放在首位,贯彻课程思政精神,完善课程思政体系,培养"德法兼修"的卓越法治人才。

3. 经济社会发展亟须培养多元知识背景的复合型法治人才

当前,我国经济社会高速发展,传统的行业壁垒逐步被打破,新兴产业不断涌现。社会关系日益复杂,每个个体都被编织进同一个大网络,相互渗透,彼此交织。随着新全球化的到来,我国正处于一个全新的国际语境和国家发展的特定的环境中。经济社会问题的解决需要多学科、跨专业知识。2020 年 11 月 3 日发布的《新文科建设宣言》指出:新科技和产业革命浪潮奔腾而至,社会问题日益综合化复杂化,应对新变化、解决复杂问题亟须跨学科专业的知识整合,推动融合发展是新文科建设的必然选择。这也对法学专业人才的复合型知识结构提出了新要求。法学专业需要进一步转型升级,调整人才培养目标,完善人才培养方案,优化特色课程体系,加强复合型师资队伍建设,致力于培养"法学＋"复合、应用、创新型法治人才,为国家经济监管和法治建设服务。

4. 数字信息时代要求提升法学专业人才的信息技术素养

随着数字经济时代的到来,数据权利归属、个人信息保护、平台法律监管、国家网络安全等各种新型法律问题不断产生,对传统法学理论及法律制度造成了极大冲击,亟须法学专业课程的教学内容及时进行适应性拓展与更新。理论界关于互联网法学、计算法学、大数据法学、人工智能法学的研究方兴未艾,我们应当紧跟学术研究前沿,将最新的研究成果及时转化为教学内容,在相关课程中增加有关互联网法学、计算法学、大数据法学、人工智能法学的前沿内容。

在司法实践中,数字信息时代要求培养能够运用大数据、人工智能等技术解决法律纠纷的高端法治人才。面对"智能化司法"的新形势,应通过增加类案技术的习得、人工智能理论与技术知识的获取、职业伦理和技术伦理的养成等内容,结合智能化司法实训,教会学生使用案件追踪系统、案件计划系统、视频会议系统、文件获取系统等智能化系统;要培养学生运用现代信息技术的能力,让学生学会利用信息技术搜集资料,进行数据梳理、处理以及数据挖掘、分析、建模,并将相关数据可视化,通过模型呈现出来。

5. 国家级一流本科专业建设对人才培养提出了新标准

为了深入落实全国教育大会和《加快推进教育现代化实施方案(2018—2022 年)》精神,贯彻落实新时代全国高校本科教育工作会议和《教育部关于加快建设高水平本科教育全面提高人才培养能力的意见》"六卓越一拔尖"计划 2.0 系列文件要求,推动新工科、新医科、新农科、新文科建设,做强一流本科、建设一流专业、培养一流人才,全面振兴本科教育,提高高校人才培养能力,实现高等教育内涵式发展,经研究,教育部决定全面实施"六卓越一拔尖"计划 2.0,

启动一流本科专业建设"双万计划"。2019年,我院法学专业获批为首批国家级一流本科专业建设点。这既是对本专业前期办学的肯定,也对本专业人才培养设定了新目标,提出了更高的培养质量标准。本专业人才培养方案亟需按照国家级一流本科专业建设标准进行修订。

(二)拟解决的主要问题

1. 人才培养理念相对滞后

我国传统法学专业人才培养理念相对滞后于前述特定时代背景,我院过去的法学专业人才培养方案也存在类似问题,这主要表现在两方面。

第一,重知识讲授、轻思政教育的问题。传统法学专业教育注重专业知识的传授,忽视了对学生的思想品德教育;教学内容有较多西方的名词概念、理论学说和话语体系,将"西化"等同于"国际化","本土化"理念缺失,学生缺乏家国情怀,容易培养"精致的利己主义者",背离了立德树人的人才培养根本任务,无法完成培养合格的社会主义建设者与接班人这一教育根本目标。新的人才培养方案全面贯彻习近平法治思想,将《习近平法治思想概论》设置为必修课,并在所有法学专业课程中增加课程思政知识点。

第二,以进程为导向、非以目标为导向的问题。既有的人才培养方案为追求课程"齐全",设置了一些非必要的课程。在教学内容设计上,以一般学生的接受能力为基准,没有考虑不同学生学习能力的差异,没有设置弹性教学内容,无法做到"因材施教"。课程体系与学生的能力结构不相匹配,以课堂教师教学为主进行人才培养方案设计,而非以学生为中心开展有针对性的培养。新的人才培养方案密切关注国际国内环境和经济社会发展需要,调整教学体系、增设新的课程,为学生根据自身兴趣和职业规划学习提供了更多的选择。

2. 人才培养质量不能完全满足社会需求

现代经济社会发展需要具备复合知识背景的法治人才。在数字信息时代,法治人才必须具备一定的信息技术素养。但现有的法学专业人才培养体系较为传统,法学课程往往仅关注某一部门法领域知识的传授,并未对新生事物、新型纠纷作出理论说明,更没有提出相应的解决之道。这种人才培养模式之下所培养出来的人才缺少必要的复合知识,综合运用多学科知识分析、解决问题的能力不足,应对数字信息时代新型纠纷的能力不足。新的人才培养方案根据数字信息时代的发展需求,增设了相应的课程,有助于提高学生适应当前时代发展需要的能力。

3. 课程体系不够完善

传统法学专业人才培养方案的课程体系不完善,主要存在以下问题。

第一,思政课程体系不完备。既有人才培养方案将学生的思政教育任务完全交由思政课程来完成,没有设置相应的法学专业思政课程。

第二,复合型课程不充足。既有人才培养方案中的课程多为单一法学专业领域的课程,缺少专业交叉复合型课程。

第三,实践课程不完善。既有人才培养方案中的实践类课程学分较低,课程类型单一,创新创业类实践课程没有得到应有重视。

第四,科学信息类课程不丰富。既有人才培养方案中,法学专业学生不必学习数学类课程,信息技术类课程类型单一,高阶性不够。

二、人才培养方案制定的核心理念及基本思路

(一) 核心理念

培养理念是制定方案的先导,本法学专业人才培养方案以下述理念为指引。

1."立德树人"理念

"立德树人",以德为先,立德方能成人,成人方能成才。"立德树人",以人为本,树人、成人是教育的最终目标。"立德树人"就是要培养道德品质良好、价值观念正确的社会主义建设者和接班人。在法学专业人才培养中,应当坚持社会主义办学方向,落实立德树人根本任务。为此,我们围绕德法兼修法治人才培养目标,打造契合专业特点的全方位、立体化法学专业思政教育体系;深入挖掘提炼法学专业知识体系中所蕴含的思想价值和精神内涵,开设法学专业思政课程,统筹协调安排"一二三"课堂思政教育,构建全面覆盖、类型丰富、层次递进、思政教育与专业教育相互支撑、有机融合的课程思政体系,将社会主义法治理念、宪法意识和中华优秀传统法律文化贯穿于法学专业人才培养全过程,帮助学生塑造正确的世界观、人生观、价值观,培养德法兼修的高素质社会主义法治人才。

2."复合创新"理念

围绕全面依法治国战略以及法律行业和长三角区域经济社会高质量发展需要,紧扣"六卓越一拔尖"计划2.0、新文科等建设要求,适应数字信息技术、网

络平台经济等对新时代法治人才培养的新要求,依托我校审计、会计、金融等优势办学资源,开设跨学科、跨专业的新兴交叉课程、实践教学课程;改变课程以学科为中心的知识分割、简单拼凑的状况,从人才培养的全局观出发,对各教学环节进行整体优化,形成知识复合、功能互补、交叉融合的多元课程模块,供学生选择修读,丰富学生的跨专业知识,培养学生跨领域知识融通能力和实践能力,培养学生综合运用多学科专业知识分析问题、解决问题的能力。

3. "目标导向"理念

为贯彻"目标导向"理念,聚焦学生的成人成才,遵循外部需求——学校办学定位——专业定位——培养目标——毕业要求——课程体系——教学内容——教学方法——教学资源的内在逻辑,科学设计专业培养体系。根据经济社会发展对人才的需求,明确本专业培养的人才应具备的核心能力,并对该核心能力作出明确要求,从而根据每个要求设计详细的对应课程。针对不同类型人才培养需要,设置模块化课程体系,注重课程设置的针对性和差别化,使学生能够具备从事某一行业或专注某一领域的特定知识储备和发展潜能。

4. "特色发展"理念

特色是一个主体有别于其他主体的独有特征,特色是主体之所以是其自身的根本所在,没有特色就没有主体自我。因此,特色是生命,是灵魂,是根本。我校一直秉持"特色、质量、国际化"的办学方向,打造了一系列特色专业,培养了大批特色人才,获得了社会的广泛认可,取得了特色化发展的丰硕成果。法学专业人才培养始终坚持走"特色"法治人才培养之路,确立特色人才培养目标,设置特色课程,打造特色师资团队,为学生赋予独特鲜明的"南审"特色,提升学生的就业竞争力。坚持以学生为中心,尊重学生的特色化发展需求,在进行课程设置和教学安排时,给学生创造更大的自主学习空间,按照完全学分制的要求让学生在学习过程中掌握更大的主动权、选择权。

(二)基本思路

1. 充分调研经济社会发展需要,确定法学专业人才培养目标

根据国家战略、经济社会需求和学校办学定位,在充分调研专家学者、兄弟院校、用人单位和毕业生的基础上,准确把握法学专业定位和服务面向,据此确定法学专业人才培养目标。2021年3月至2021年6月,法学专业教师先后到江苏省高级人民法院、江苏省人民检察院、江苏省司法厅、南京市中级人民法院、江北新区人民检察院、江北新区综合治理局、扬州市纪委监委、南京市浦口

区司法局等单位开展调研,全面深入地了解了实务部门对法学专业人才的需求;组织院领导及系主任到河海大学、江苏大学等兄弟院校深入调研,并对北京大学、中国人民大学、中国政法大学、华东政法大学、南京大学、南京师范大学、上海财经大学、江西财经大学等学校的人才培养方案进行分析,学习、借鉴了相关院校在人才培养上的先进做法;听取了南京大学、东南大学、重庆大学等高校法学学者以及来自审判、检察、监察、律师事务所等实务部门专家对法学专业人才的培养意见;征询了来自法院、检察院、律师事务所等单位的我院优秀毕业生对法学专业人才培养方案的意见。

除了实地调研和座谈,本专业教师还制作了内容丰富的调查问卷,使用微信的问卷调查小程序,向法学院毕业生和相关用人单位发放调查问卷,形成具有重要参考价值的调查结果,部分调查结果如下。

(1) 毕业生调查问卷情况

第1题:您认为,您所从事的职业需要哪些方面的知识?

选项	小计	比例
法学专业知识	102	89.47%
复合专业知识(包括会计、金融等知识)	68	59.65%
法学应用和实践知识	90	78.95%
数理基础	9	7.89%
计算机技能	47	41.23%
外语知识	46	40.35%
人文社科知识	46	40.35%
其他	4	3.51%
本题有效填写人次	114	

第2题:您认为您现在的工作最需要哪方面的素质和能力?

选项	小计	比例
政治思想素质	52	45.61%
身体心理素质	82	71.93%
科学人文素质	51	44.74%

续 表

选项	小计	比例
法律应用能力	100	87.72%
沟通表达能力	102	89.47%
国际交流能力	29	25.44%
本题有效填写人次	114	

第3题：您认为新的人才培养方案应当多设置哪方面的课程？

选项	小计	比例
法学专业类课程	69	60.53%
复合专业类课程（包括会计、金融等知识）	54	47.37%
通识类课程	28	24.56%
实践类课程	78	68.42%
其他	2	1.75%
本题有效填写人次	114	

第4题：您认为如何分配大学四年的课程学分比较合理

选项	小计	比例
四年平均分配	0	0%
大一、大二、大三多一些，大四要少一些	98	85.96%
大一上学期和大四下学期可以少一些	16	14.04%
本题有效填写人次	114	

第5题：您认为本次修订的《人才培养方案（征求意见稿）》专业复合类课程对所从事职业帮助有多大？

选项	小计	比例
非常大	19	16.67%
很大	64	56.14%
一般	29	25.44%

续 表

选项	小计	比例
不大或基本没用帮助	2	1.75%
本题有效填写人次	114	

第6题：本次修订的《人才培养方案（征求意见稿）》在四个专业方向，设置理论探索、涉外法治、法律应用三大课程模块；同时在法学专业设置经济监督模块、监察方向设置纪检监察模块、法务会计方向设置公司治理模块、法务金融方向设置风险管理模块。您认为四大模块的设计是否合理？

选项	小计	比例
合理	104	91.23%
不够合理	10	8.77%
本题有效填写人次	114	

第7题：您认为，本次修订的《人才培养方案（征求意见稿）》的培养目标和毕业要求是否符合社会需求？

选项	小计	比例
非常符合	27	23.68%
比较符合	78	68.42%
基本符合	8	7.02%
不符合	1	0.88%
本题有效填写人次	114	

(2) 用人单位调查问卷情况

第1题：您认为我院法学专业本科人才培养目标应是_____型的法治人才？

选项	小计	比例
通才	4	6.67%
专才	15	25%
复合型	22	36.67%

续 表

选项	小计	比例
应用型	18	30%
其他	1	1.67%
本题有效填写人次	60	

第2题：您认为我院法学专业本科生除了掌握法学专业知识和技能外，还应掌握的其他相关学科知识依次为_____？

选项	平均综合得分
经济学知识	5.05
社会学知识	4.12
管理学知识	2.62
政治学知识	2.4
哲学知识	1.77
自然科学知识	1.15
文学知识	0.9

第3题：您认为如下法学核心课程中，对法学专业本科生最重要的专业课程依次是_____？

题目\选项	不重要	比较不重要	一般	比较重要	非常重要	平均分
习近平法治思想概论	0(0%)	5(8.33%)	5(8.33%)	12(20%)	38(63.33%)	4.38
法理学	0(0%)	0(0%)	1(1.67%)	12(20%)	47(78.33%)	4.77
宪法学	1(1.67%)	1(1.67%)	12(20%)	13(21.67%)	33(55%)	4.27
中国法律史	2(3.33%)	4(6.67%)	15(25%)	18(30%)	21(35%)	3.87
行政法与行政诉讼法	0(0%)	0(0%)	6(10%)	22(36.67%)	32(53.33%)	4.43
民法与民诉法	0(0%)	0(0%)	0(0%)	7(11.67%)	53(88.33%)	4.88
刑法与刑诉法	0(0%)	0(0%)	0(0%)	14(23.33%)	46(76.67%)	4.77
国际法	3(5%)	2(3.33%)	22(36.67%)	19(31.67%)	14(23.33%)	3.65

续　表

题目\选项	不重要	比较不重要	一般	比较重要	非常重要	平均分
经济法	0(0%)	0(0%)	4(6.67%)	20(33.33%)	36(60%)	4.53
商法	0(0%)	0(0%)	0(0%)	20(33.33%)	40(66.67%)	4.67
知识产权法	0(0%)	0(0%)	4(6.67%)	22(36.67%)	34(56.67%)	4.5
劳动与社会保障法	0(0%)	1(1.67%)	0(0%)	22(36.67%)	37(61.67%)	4.58
环境与资源保护法	0(0%)	4(6.67%)	11(18.33%)	23(38.33%)	22(36.67%)	4.05
合同法	1(1.67%)	0(0%)	0(0%)	7(11.67%)	52(86.67%)	4.82
法律职业伦理	0(0%)	1(1.67%)	7(11.67%)	23(38.33%)	29(48.33%)	4.33
小计	7(0.78%)	18(2%)	87(9.67%)	254(28.22%)	534(59.33%)	4.43

第4题：您认为我院法学专业本科生课程设置，除了法学专业课程外，还应设置的课程依次为＿＿＿＿＿＿？

选项	平均综合得分
法律实务相关课程	4.38
经济学相关课程	4.22
审计学相关课程	2.7
管理学相关课程	2.58
犯罪学相关课程	1.98
网络信息相关课程	1.65

第5题：根据南京审计大学的办学性质，您认为我院法学专业本科教学，应该注重加强哪方面经济监督内容的学习＿＿＿＿＿＿？

选项	小计	比例
经济犯罪监督	21	35%
职务犯罪监督	9	15%
市场经济行为监督	15	25%
国家审计监督	15	25%
本题有效填写人次	60	

第 6 题：您认为目前我院法学专业课程设置与国家法治实践需求的契合程度为（课程体系详见附件：南京审计大学法学专业课程体系设置）_____？

选项	小计	比例
非常契合	15	25%
基本契合	42	70%
不太契合	3	5%
很不契合	0	0%
本题有效填写人次	60	

2. 围绕法学专业人才培养目标，确定课程体系

根据本专业的特色人才培养目标，确定本专业毕业生经过四年学习后应当具备的知识、能力和素质，形成体系化的毕业要求，并将毕业要求逐一细化，明确毕业要求对人才培养目标的支撑关系。根据培养目标和毕业要求，确定课程体系。在课程体系设置时，要求每门课程都要与培养目标与毕业要求相关，并制作每门课程与毕业要求的知识、能力和素质的相关矩阵图，充分优化现有课程结构体系。

3. 遵循教学基本规律，科学设置课程学分、学时、时序

本专业核心课程体系按照教育部《普通高等学校法学类本科专业教学质量国家标准（2021 年版）》设置；同时，结合特色法治人才培养目标和要求，设置特色核心课程及复合型课程。专业课程的学分、学时设置，主要根据课程教学内容与人才培养目标的相关度设置。专业课程遵循"从法学基本原理课程到部门法理论与制度课程，从实体法课程到程序法课程，从专业基础课程到专业特色课程"的内在逻辑设置。先修课程与后续课程之间遵循从一般到特殊、从基础到特色、从实体到程序、从理论到应用的次序设置，使学生能够循序渐进地提升法律基本素养、特色专业理论水平和应用能力。

4. 尊重学生个性化发展需求，提供可选择性课程模块

以学生为中心，因材施教，充分尊重学生的个性化发展需求，设置可供学生自由选择的多个选修课程模块。在学生必须完成的专业基础课程之外，开设大量的选修课程。而且，依据课程内容、培养目标，将这些选修课程划分为不同模块。学生可以根据自己的兴趣爱好、自我定位和发展规划，自由选择适合自己需求的课程模块，进行有针对性的集中学习，以更深入地了解某一领域的知识，

养成特定的能力、素质。

三、人才培养方案制定的主要依据和过程

（一）主要依据

秉持学校"特色、质量、国际化"的办学理念，根据学校以审计为引领和特色，以培养经济监督人才为内在逻辑构建的专业生态体系，准确定位本专业的功能。紧扣学校"培养品格与学养并蓄、知识与能力并重、国际与本土并举的复合式、应用型、创新创业性人才"的目标定位，通过专业调研，依据专业人才的社会需求和岗位需求，优化专业人才培养方案。推进"学科交叉、专业交融"的"新法科"建设，加快推进内涵建设和特色发展，积极应对现代信息技术发展和全球产业变革，构建德、智、体、美、劳全面发展的人才培养体系，培养立大志、明大德、成大才、担大任，堪当民族复兴重任的时代新人，提高法学专业人才培养与国家审计事业和经济社会发展的契合度。

本专业人才培养方案所依据的主要文件包括：

1.《教育部关于加快建设高水平本科教育全面提高人才培养能力的意见》（教高〔2018〕2号）；

2.《教育部关于深化本科教育教学改革全面提高人才培养质量的意见》（教高〔2019〕6号）；

3. 教育部《高等学校课程思政建设指导纲要》（教高〔2020〕3号）；

4. 教育部发布《关于推进习近平法治思想纳入高校法治理论教学体系的通知》（教高厅函〔2021〕17号）；

5. 教育部、中央政法委《关于坚持德法兼修实施卓越法治人才教育培养计划2.0的意见》；

6. 教育部《法学类教学质量国家标准（2021年版）》；

7.《法治中国建设规划（2020—2025年）》；

8.《新文科建设宣言》；

9.《南京审计大学2021版本科人才培养方案修订指导意见》；

10.《南京审计大学"十四五"教育事业发展规划纲要及专项规划》；

11.《南京审计大学法学院"十四五"事业发展规划》。

（二）制定过程

本专业人才培养方案制定的程序是：

1. 学校确定人才培养方案制定的基本原则，教务处负责人才培养方案制定工作的组织、部署工作；

2. 本专业根据国家和学校有关政策、文件精神，广泛调研经济社会发展对法治人才的新要求，认真听取主管部门、兄弟院校、专家学者、用人单位、毕业校友等各方面意见，系统总结前期人才培养的经验和不足，由专业负责人起草人才培养方案；

3. 学院教学委员会组织校内外专家审议人才培养方案，经学院教学委员会讨论通过之后，报学校教务处审核；

4. 学校教务处对本专业人才培养方案审核后，提交学校教学委员会审议，审议通过后批准执行。

四、关于人才培养方案的课程设置

根据《法学类教学质量国家标准（2021年版）》对法学专业人才培养目标的总体要求，结合教育部、中央政法委《关于坚持德法兼修实施卓越法治人才教育培养计划2.0的意见》对卓越法治人才的素质要求，在充分调研法律实务部门意见并参考优秀兄弟院校经验的基础上，确定本专业的人才培养目标如下：

本专业旨在培养具备坚定政治信念、现代法治精神和优良法律职业道德素养，系统掌握法学基本理论，熟悉国家法律法规和相关政策，具有较强的法律应用能力，形成法律思维方式，兼通审计、会计、监察、金融等知识，熟练运用现代信息技术，富有创新精神，国际视野开阔，服务于国家经济监督的复合、应用、创新型法治人才。

为有效支撑人才培养目标的实现，学生通过四年的通识教育与法学专业教育，在"知识、能力、素质"方面应当达到相应要求。鉴于篇幅所限，本文对此内容予以省略。本部分重点介绍人才培养方案的课程设置。本专业课程主要包括通识教育（国本必修课、校本必修课、通识选修课）、专业教育（学科基础课、专业课、专业复合课、专业实践）两大板块、七个模块课程。核心课程基本按照《法学类教学质量国家标准（2021年版）》所要求的"1＋10＋X"设置，具体包括习近平法治思想概论、法理学、中国法律史、宪法学、民法总论、民法分论、刑法总论、刑法分论、行政法与行政诉讼法、商法、知识产权法、经济法、民事诉讼法、刑事诉讼法、国际法、国际私法、国际经济法、环境与资源保护法、劳动与社会保障法等。

与之前人才培养方案相比,在课程设置上主要有以下变化:

(一)开设"习近平法治思想概论"课程

根据教育部发布《关于推进习近平法治思想纳入高校法治理论教学体系的通知》(教高厅函〔2021〕17号)以及《法学类教学质量国家标准(2021年版)》的要求,将"习近平法治思想概论"列入法学专业核心必修课,并于2021年秋季学期面向法学专业本科生开设"习近平法治思想概论"课程,将习近平法治思想的核心要义、精神实质、丰富内涵、实践要求及时地教授给学生,增强学生对中国特色社会主义法治的认同,成长为合格的社会主义法治建设者和接班人。

(二)增设"审计法""监察法"等复合型课程

围绕经济监督法治人才培养目标,适应国家审计、监察事业发展需要,同时呼应学生对学习审计、监察知识的需求,增设"审计法""监察法"等复合型课程,旨在使学生理解审计法、监察法的基本理论,熟悉审计法、监察法的基本要素,掌握主要的审计、监察法律制度,为学生今后从事政府审计、监察相关工作打下法学理论基础和培养法治思维,为社会培养既精通法学知识,又兼通审计、监察的复合型经济监督法治人才。同时,在专业选修课中,增设《法务会计》《经济犯罪调查》等复合型课程,为学生完善自身知识结构、提升综合素质提供了较大的选择空间。

(三)完善"进阶式、行业化"实践课程体系

根据学生学习进度、能力发展有针对性地开设相应的实践课程,设置了课程内实践、暑期社会实践、法学专业综合实践、跨专业综合实验、创新创业实践、毕业实习等实践课程,形成循序渐进的实践课程体系。注重培养学生的法律实际应用能力,定期派遣学生赴实务部门参加实习实训,所有学生在整个培养周期都能接受至少三个月的行业训练,为以后从事法律职业积累经验。同时,开展实践课程思政教育,通过实践课程培养学生的法律职业道德,提升学生服务社会意识。本专业在实践教学环节专门增加社会公益活动实践课程,要求学生深入社会,利用自己的专业知识,为社会提供专业的法律应用服务。

(四)增加数学类、信息技术类、审计类通识课程

为提升学生的基本知识素养,提高学生考研、就业层次,增强学生就业竞争力,增加数学类、信息技术类、审计类通识课程。将"简明微积分"列为通识教育的校本必修课,培养学生的数学思维,增强学生的数理分析能力,提高学生的数

学文化素养；开设"现代信息技术前沿概论""数据分析与可视化"课程，培养学生的信息技术运用能力；开设"审计学通论"课程，让学生了解基本的审计知识，并为"审计法"的学习打下基础。

（五）设置模块化选修课程群

围绕人才培养目标，设置"理论探索模块""经济监督模块""涉外法治模块""法律应用模块"四大选修课程群。"理论探索模块"旨在提升学生的法学基础理论素养；"经济监督模块"主要是与经济监管相关的课程，为培养经济监督特色法治人才服务；"涉外法治模块"课程的设置主要是为开阔学生的国际视野；"法律应用模块"开设一系列案例课程、实务课程，提高学生的法律应用能力。学生在第5学期可以根据自己的兴趣爱好、发展方向选修某一模块或者某几个模块的课程。

五、本专业人才培养方案的预期效果

通过前述修改，本人才培养方案预计可取得以下教学效果。

（一）人才培养目标紧密契合经济社会发展需求

党的十八大以来，以习近平同志为核心的党中央将全面依法治国纳入"四个全面"战略布局，开创了全面依法治国新局面，提出了建设法治中国的新目标。为法治国家建设培养高素质法治人才是本专业人才培养的首要目标。2018年3月，中央审计委员会成立。党中央关于审计管理体制改革的决策部署对审计法治人才培养提出了新要求。2018年以来，我国的监察体制改革全面展开，设立了自中央到地方的各级纪检监察机关，对监察法治人才的需求日益增多。本专业及时调整人才培养目标，紧密围绕国家审计、监察事业发展需要，培养服务于经济监督的法治人才。

（二）注重学生思想政治素质与专业技能的全面培养

在法学专业人才培养中，将"立德树人"置于首位，注重学生思想政治素质的培养。在课程设置上，开设"习近平法治思想概论""法律职业伦理"等专业思政课程；在课程内容上，着重介绍中国特色社会主义法治理论、法治实践以及法治建设成就，增强学生的理论自信、制度自信、道路自信、文化自信；在实践课程上，通过"法律诊所"的"送法上门"活动，开展思政教育，培养学生服务社会的意识。课程思政与思政课程同向同行，致力于培养德法兼修的高素质法治人才。

（三）完善学生的复合性知识结构

适应社会对具有多元专业知识、多种能力的复合型人才的需求，将法学专业与经济、管理、金融等专业进行"嫁接"，开设复合型"法学＋"课程，培养学生综合运用经管法等多学科知识分析问题、解决问题的能力；开设数学类、信息技术类等通识课程，增强学生的数学文化及信息技术素养，让学生具备复合性知识结构，解决传统法学教育培养口径偏窄、培养的人才知识结构单一等问题。

（四）着力提升学生创新创业能力

大学生是国家建设、发展的生力军，加强大学生创新创业能力的培养，提升其创新意识和创业能力，不仅能够帮助他们更好地走向社会，还可以为社会和经济的持续稳定发展提供良好的人才保障。本培养方案制定过程中，始终聚焦学生成人成才，注重培养学生的创新创业能力。为此，开设了创业基础课、创新创业实践课以及创新创业任选课；在法学专业课程中，增加了"方法类""案例类""实务类"课程。通过各类创新创业课程的设置，激励学生投身创新创业浪潮，激发学生的创新创业潜能，帮助学生通过创新创业创造更大的社会价值。

中国问题视角下的国际私法实践教学

吴一鸣

【摘要】 国际私法的实践教学应当体现习近平总书记所提出的哲学社会科学研究中的中国问题和中国意识。应当在大历史观下认识我国的国际私法,了解其发展历史,并把握当下国际私法所面临的国内和国外形势,发现存在的问题。通过选取适当的案例,国际私法的实践教学应当引导学生理解国际私法所处的时代特征;应当了解当下国际私法的司法实践并发现司法中的问题;应当发现国际私法的现有立法问题及立法需求。

【关键词】 中国问题;国际私法;实践教学

一、哲学科学研究中的中国问题和大历史观

2016年5月17日,习近平总书记在哲学社会科学工作座谈会上指出:"要按照立足中国、借鉴外国、挖掘历史、把握当代、关怀人类、面向未来的思路,着力构建中国特色哲学社会科学,在指导思想、学科体系、学术体系、话语体系等方面充分体现中国特色、中国风格、中国气派。"这一讲话指出了哲学社会科学研究中的中国问题和中国意识。捕捉中国问题,聚焦中国问题,深入探讨和解答中国问题,这构成了习近平治国理政思想的一种基本范式,是新时代中国特色社会主义思想的存在方式。面向中国问题的研究和解答成为习近平新时代中国特色社会主义思想的逻辑起点。[①]

习近平总书记的大历史观为研究中国问题提供了新的思维、视野和方法。[②] 中国问题的研究并非仅仅局限于中国本身的研究,而是从不同维度进行历史

【作者简介】吴一鸣,南京审计大学法学院副教授,主要从事国际私法学教学与理论研究。
① 赵金霞:《习近平治国理政思想中"面向中国问题"的范式探索》,《新西部》2019年第11期(下)。
② 路宽:《习近平大历史观视野中的中国问题》,载《理论学刊》2021年第1期。

的、比较的、发展的研究。具体而言,既要从横向的空间维度出发,比较事物在不同国家与民族间的特点,审视事物的普遍性与特殊性;也要从纵向的时间维度出发,审视事物在历史发展进程中的位置,探究过去、把握现在并预测未来。[1] 作为法学学科中的重要组成部分,国际私法的实践教学中也应当体现中国特色,具备中国意识,解决中国问题。

二、大历史观下的中国国际私法

国际私法肇始于14世纪意大利的法则区别说,后传入法国、荷兰,继而进一步影响到美国和英国。20世纪中叶,国际私法在美国大放异彩。植根于大陆法系的《第一次冲突法重述》遭到猛烈的抨击,以柯里、卡弗斯、莱费拉尔等为代表的学者提出了政府利益分析说、公正论、法律选择五点考虑等新的理论,在此基础上,里斯任报告员以体现各种新理论的最密切联系说为理论基础编纂了《第二次冲突法重述》。尽管后来《第二次冲突法重述》在实践中又备遭诟病,但美国冲突法革命中所体现的从"冲突正义"("形式正义")向"实体正义"("实质正义")以及从"规则"向"方法"的转变对国际私法的发展产生了重大的影响,也在一定程度上影响了欧洲的国际私法。

回观我国的国际私法,尽管有学者认为"诸化外人,同类自相犯者,各依本俗法;异类相犯者,以法律论"这一唐朝《永徽律(名例章)》中的规定被认为是世界上最早的国际私法规范的萌芽,但在之后很长的一段历史时期,国际私法在我国未有实质性发展。这与我国长期的闭关自守、封建锁国以及一段时期司法裁判权的丧失有关。缺少国际民商事交往,无法产生国际民商事法律冲突,自然也就没有对国际私法的需求。直至1918年,北洋军阀政府颁布了中国历史上第一部国际私法立法——《法律适用条例》,全文共7章27条。1927年南京国民政府命令暂准援用该条例。[2] 中华人民共和国成立后,国际私法的立法已是20世纪80年代的事情,彼时国际私法的规定主要见于《民法通则》《海商法》《民用航空法》《票据法》等。这一立法状态延续了二十余年后,《涉外民事关系法律适用法》于2010年颁布,这是新中国历史上第一部国际私法的单行法规,是我国国际私法立法史上的一个重要的里程碑。

---

[1] 路宽:《习近平大历史观视野中的中国问题》,载《理论学刊》2021年第1期。
[2] 李双元、欧福永主编:《国际私法(第五版)》,北京大学出版社,2018年版,第70页。

从国际私法的发展史来看,我国国际私法的理论与立法落后西方主要国家几百年。当新中国国际私法立法刚刚开始的时候,西方主要国家已经完成了20世纪国际私法非常重要的变革与转型,这一状况由我国的国情所致。1978年,中国开始实行改革开放的政策,国际民商事交往从此开始逐渐增多,相应地解决法律冲突的需求也开始增加。此外,国内各项实体法律制度仍有欠缺,有关法律适用的规定自然不够完善。后随着我国国际民商事交往的日益增长及各项实体法律制度的健全完善,国际私法的立法得到了迅速的发展并日渐完善。

从世界范围来看,近年来国际形势错综复杂、风云变幻,不稳定、不确定的因素日益增多。一方面,新冠疫情、自然灾害、贸易战、局部冲突使人们越来越切身感受到构建"人类命运共同体"的必要性,另一方面,世界经济格局复杂曲折,逆全球化思潮抬头,对立封闭的"以邻为壑"的做法成为一些国家应对国际国内危机的"紧缩"选项。① 世界多极化深入发展,老牌资本主义国家的引领和重塑力量减弱,但其并不愿意交出全球治理和国际规则制定的主导权,新兴市场国家和发展中国家逆势发展,群体性崛起进程加快,重塑了权力和利益再分配规则,国际力量对比趋向平衡。② 这其中,中国与西方发达国家经济规模的差距不断缩小,其作为新兴经济体的代表引领着世界经济的增长,其所拥有的综合国力和掌握的巨大资源让我国成为解决全球问题不可或缺、不可替代的一方力量。从国内来看,我国经济发展进入新常态,由于美国为首的部分西方国家在技术方面的垄断、遏制和制裁,迫使中国在内的国家转向技术创新和技术自强。与此同时,在国内推动由商品和要素流动型开放向规则等制度型开放转变,以高水平开放带动改革全面深化,在继续推进"一带一路"倡议的同时设立多个自由贸易区(以下简称自贸区)。

由此,国际私法的实践教学应当立足于当下中国的国情,适应国内外社会的发展需求。在国际上,我国应当积极参与国际规则的制定,争取主导权,并继续推动"一带一路"沿线国家间的贸易与投资合作。在国内,既要在自贸区内积极创新,采用多元化纠纷解决模式创造良好的营商环境,又要完善立法,采取相应的措施对美国为代表的部分西方国家的霸权主义、法律域外适用的扩张予以反制借鉴国际先进经贸规则,建设具有国际竞争力的规则体系。就绝大部分高校的法学专业而言,国际私法课程并不会专门配备实践课程,其实践教学内容

---

① 参见速继明:《把握新的历史背景下的重要战略机遇》,载《国家治理》2021年8月第2期。
② 速继明:《把握新的历史背景下的重要战略机遇》,载《国家治理》2021年8月第2期。

包含在基本的教学内容中。对于此,案例教学就成为国际私法实践教学的关键内容与方式。案例式教学由美国学者于19世纪70年代予以倡导并推广,其主张以学习法院的判例为重心,着重培养学生像"律师"一样思考,培养独立思考、分析问题和解决问题的能力。① 在教学案例的选择上应当能够体现当下我国国际私法发展所存在的及面临的问题,引导学生通过案例的学习理解当下中国国际私法所处的国内环境,发现国际私法实践中存在的问题,并试图提出相应解决办法,预测国际私法未来的发展方向。

三、通过实践教学理解中国国际私法所处的时代背景与特征

当前,中国正稳步进入贯彻落实党的十九大精神、推进全面深化改革开放,建设中国特色社会主义法治国家和实现中华民族伟大复兴的重要历史阶段,正处在深入推进"一带一路"建设与倡导建构新型国际关系和人类命运共同体的新时代。② 对于此,可以选择如下案例予以讨论,引导学生对于相关问题的了解。③

一是西门子诉黄金置地公司案。④ 该案是最高院发布的第二批涉"一带一路"建设的典型案例,案涉主要的争议焦点是涉外民事关系的界定。在该案中,法院依据《关于适用〈涉外民事关系法律适用法〉若干问题的解释》第1条第5款的规定,将西门子公司和黄金置地公司间的纠纷界定为涉外民事纠纷。其主要理由在于双方是自由贸易试验区的外商投资企业,有关货物的流转具备国际货物流转的特征等。对于这一判决,学者们有着不同的观点。但是最高院推荐的理由在于该案由点及面推动了自贸试验区内企业选择境外仲裁的突破性改革,是自贸试验区可复制可推广司法经验的一宗成功范例。自由贸易试验区是深入贯彻党的十八大精神,在新形势下推进改革开放的重大举措,对加快政府职能转变、积极探索管理模式、促进贸易和投资便利化,为全面深化改革和扩大

---

① 朱鹤群:《基于法律思维能力培养之案例教学法探讨——以〈国际私法〉案例教学为例》,《巢湖学院学报》2016年第1期。
② 徐冬根:《论国际私法案例研习的正当性》,载《中国国际私法与比较法年刊》(2018·第二十二卷),法律出版社2019年版。
③ 在国际私法教学中,可供选择的案例数量众多,本文仅以其中若干为例说明相关问题。
④ 〔2013〕沪一中民认(外仲)字第2号。

开放探索新途径、积累新经验,具有重要意义。① 同时,自贸试验区又是中国推进"一带一路"建设的基础平台和重要节点。因此,该案的判决迎合了时代特征,体现了相关政策。

二是近年来有关外国法院判决承认与执行的系列案例。这些案件包括高尔集团申请南京市中院承认与执行新加坡法院判决案②、波兰弗里古波尔股份有限公司申请承认和执行波兰共和国法院判决案③以及申请人刘利与被申请人陶莉、童武申请承认和执行外国法院民事判决案④等。这其中,高尔集团案是我国法院首次承认与执行新加坡法院商事判决的案件。在我国与新加坡间并未缔结或者共同参加关于相互承认与执行生效民商事裁判文书的国际条约的情形下,由于对方法院曾对我国法院商事判决予以承认与执行,根据互惠原则我国法院也对符合条件的商事判决予以承认和执行。这一案件对于中新两国间商事判决的相互承认与执行具有里程碑式的意义。此外,也可以选择一些外国法院承认与执行中国法院判决的案例进行对比,如以色列最高法院维持特拉维夫地区法院对江苏海外集团企业有限公司申请承认和执行江苏省南通中院的(2009)通中民三初字第 0010 号判决。⑤ 上述案例反映了现阶段我国对于互惠原则态度与立场的重要转变。长期以来,我国法院遵循早期五味晃申请承认和执行日本法院判决案件中严格遵守事实互惠的立场,对于没有条约关系的外国法院的判决除了对方存在承认与执行我国法院判决的事实外,均以不存在互惠关系为由予以拒绝。但随着我国提出"一带一路"的倡议之后,我国外国法院判决承认与执行的司法实践指导精神也发生了变化。在最高院 2015 年颁布的《关于人民法院为"一带一路"建设提供司法服务和保障的若干意见》第 6 条中明确提出,要在沿线一些国家尚未与我国缔结司法协助协定的情况下,根据国际司法合作交流意向、对方国家承诺将给予我国司法互惠等情况,可以考虑由我国法院先行给予对方国家当事人司法协助,积极促成形成互惠关系,积极倡导并逐步扩大国际司法协助范围。在 2017 年第二届中国——东盟大法官论坛通过的《南宁声明》中也表达了类似精神,其第 7 项规定:尚未缔结有关外国民

---

① 国务院关于印发中国(上海)自由贸易试验区总体方案的通知(国发[2013]38 号)。
② (2016)苏 01 协外认第 3 号。
③ (2013)浙甬民确字第 1 号。
④ (2015)鄂武汉中民商外初字第 00026 号。
⑤ 具体案情参见陈洁、肖冰:《"一带一路"背景下承认与执行外国判决中互惠原则适用的变革及建议——以以色列最高法院首次承认和执行我国民商事判决为视角》,载《江苏社会科学》2018 年第 2 期。

商事判决承认和执行国际条约的国家,在承认与执行对方国家民商事判决的司法程序中,如对方国家的法院不存在以互惠为理由拒绝承认和执行本国民商事判决的先例,在本国国内法允许的范围内,即可推定与对方国家之间存在互惠关系。这些正是新的历史时期里我国在外国法院判决承认与执行中的新变化。

四、通过实践教学了解国际私法的司法实践并发现司法中的问题

在国际私法过去四十余年的发展过程中,对于国际私法的研究,占据主导地位的是"立法中心主义",这对于中国国际私法法律制度的建立及发展做出了巨大的贡献。然而,该研究范式的不足在于其关注的是法条,是规则体系的合理性和逻辑自恰,但会忽略法官的司法实践和当事人的实际行为,因此,当下研究范式应当转变为"司法中心主义"为主导,关注"活"的法律,检测已有法律的社会效果。①

近年来,我国国际私法学者较为热衷于对司法判例进行实证研究。在国际私法的案例教学中,也可以选择系列案例以了解立法在司法实践中的运用。例如最密切联系原则,它是国际私法中最为重要的法律适用原则之一,在司法实践中采用的广泛程度仅次于意思自治原则,占比达 21.43%。② 然而,相关案例存在的问题也较为明显。法官在适用的过程中过于随意,缺少逻辑推理和法律支持。有学者质疑:"最密切联系原则软化冲突规范的价值功能是否已经沦为法官属地主义的工具?"③因此,选择适当案例并加以探讨,探讨"最密切联系原则"应当如何选择、如何判断? 如何实现国际私法的实质正义或实体正义? 当然,在此基础上,也可以通过一些涉外侵权案件,探讨在国际国内新形势下,在倡导构建人类命运共同体理念的时代下,对于国际私法的实质正义或实体正义如何理解与解读。

在公共秩序保留方面,可以选择徐文与胡贵生确认合同效力纠纷案④和宋

---

① 参见何其生:《中国国际私法学的危机与变革》,载《政法论坛》2018 年第 5 期。
② 许庆坤:《我国〈涉外民事关系法律适用法〉司法实践之检视》,载《国际法研究》2018 年第 2 期。
③ 田洪、李芳:《多维视角下最密切联系原则在中国国际私法实践中的运用》,载《中国国际私法与比较法年刊》(第 18 卷),法律出版社 2016 年版。
④ (2015)黔高民三终字第 7 号。

恺与李世隆股权转让纠纷案①两个案例进行对比研究。同样涉及的是澳门赌债问题,但是贵州省高院和最高院的认定却大相径庭,前者认为违反了内地的公共秩序保留制度,而后者却未认定其违反内地的公共秩序保留制度。这两个案例除了反映公共秩序这一概念本身所具有的抽象性、概括性以及对于它认定的灵活性之外,也反映了在我国存在区际法律冲突的情形下,公共秩序保留运用的复杂性。此外,这一案件也反映了目前司法过程中所存在的司法裁判的不统一现象,尤其是根据法律规定要由法官行使自由裁量权时,由于法官的个性特征和价值取向的不同,会在类似案件中做出完全不同的判决结果。事实上,对于前文涉及的"涉外民事法律关系"认定的案例,由于《司法解释》中"其他情形"这一兜底条款的存在,实践中也出现了类似案件不同判决的情形。在对这些案例的探讨中,可以进一步引导学生深入探讨指导性案例在国际私法司法实践中的地位和作用问题。

五、通过实践教学发现国际私法的现有立法问题及立法需求

尽管当下国际私法的研究应当从"立法中心主义"转变为"司法中心主义",但这并不是说立法不再具有重要性。由于我国国际私法的立法完善之路尚远,因此通过案例教学让学生切身感受立法中的问题仍是非常重要的事情。同时,国际社会和国内社会在发展,在国际民事交往中出现了新的问题,原有立法无法解决,需要制定新的立法。

在此方面,可以选择探讨的案件如石梅湾公司、海南麟和公司诉卢胜苏及卢胜苏提起上诉及再审系列案件。②该案涉及夫妻财产关系的法律适用,一审被告卢胜苏因不服判决,提起上诉。二审法院维持原判后卢胜苏又提请再审,再审法院认为二审判决并无不当并驳回卢胜苏的再审请求。三份判决书存在较多问题,值得研究。表面来看,各判决书都存在说理不充分、适用法律错误、对当事人主张及理由未予充分回应、对于法律适用的过程及理由缺乏重视等问题,无法令人信服。但若深究下去,其根本原因在于《涉外民事关系法律适用法》有关夫妻财产关系的法律适用的规定存在漏洞,未考虑共同面对债权人时

---

① (2016)最高法民终 152 号。
② 一审、二审及再审的案号分别是:(2011)海中法民三初字第 169 号、(2013)琼民三终字第 75 号、(2014)琼民申字第 295 号。

夫妻财产制的法律适用情形,也即忽略了对于善意第三人权利的保护。[①] 因此,在对于这一案例的教学中,除了让学生了解司法判决中常见的代表性问题,更重要的是通过案例深入挖掘仅凭法条的阅读与学习无法发现的立法漏洞。

除了研习中国法院的判决外,还可以选择外国法院涉及中国当事人的案件,如近年来美国当事人针对中国及中国当事人提起的有关新冠疫情的案件[②]、利用长臂管辖权对中国当事人提起诉讼以及针对中国当事人发布禁诉令和反禁诉令的案件。[③] 这些都是近年来在新的国际形势下出现的新案件,通过此类案件的探讨,一方面可以了解在当前的国际民商事交往中中国当事人在国际上所面临的法律风险,另一方面可以审视现行立法对于我国当事人权益的保护是否存在不够完善和全面之处。对于这些新问题,除了对原本存在的法律予以完善之外,还要制订新的立法以满足和适应国际民事交往的新发展。

六、结论

法学的理论,近代以来几乎全部来源于西方,没有这些理论我们无法观察中国自身已经改变的事物,而直接套用这些理论有时又会误读中国的经验,这是一个无法绕过的悖论。[④] 因此,应当在大历史观下研究中国法学,发现当代中国建设中的法治新问题并解决问题,从而构建中国法治话语体系。对于中国的国际私法学教育与研究而言,也应该站在国际社会秩序规则体系和国内社会秩序规则体系创新建构的双重视角,以中国意识为指导,发现中国问题并解决之。

---

① 参见吴一鸣:《〈法律适用法〉涉外夫妻财产关系法律适用的立法漏洞——对海南省高级人民法院一起二审案件的评析》,载《黑龙江政法管理干部学院学报》2018年第6期。
② 相关案例如 BUZZ PHOTOS v. THE PEOPLE'S REPUBLIC OF CHINA(Case No. 3:20-cv-656-K-BN);John Philip Stirling v. China(Case No. 3:20-cv-00713-SB)。
③ 相关案例如 Monolithic Power Sys., Inc. v. Meraki Integrated Cir. (Shenzhen) Tech., Ltd., (Case No. 6:20-CV-008876-ADA)。
④ 郑永流:《"中国问题"及其法学辨析》,载《清华法学》2016年第2期。

"金课"建设视域下经济法线上线下混合教学改革探析

朱 娟

【摘要】 线上线下混合课程由教师"教"为中心转变为以学生"学"为中心,由以教材为中心转变为以问题为中心,由标准化教学转变为个性化教学,由学生被动吸收转变为学生主动建构,充分融合了传统的单纯线上或线下教学的优势,更有利于充分激发学生学习的主观能动性,也更有利于培养学生的探究能力和创造性。在混合教学改革中,要科学确定教学内容、学习过程、考核方法及实践教学。同时,对线下课程进行精准定位,做好线上资源的建设,有机衔接线上线下两个部分,合理安排教学过程,并细化考核标准。

【关键词】 金课;线上线下;混合教学;经济法

教学活动若以完成教学的场域来划分,可分为线下教学与线上教学。传统教学主要采取线下课堂的模式,教师和学生在实体的教室当中完成教学活动。随着互联网技术在教学活动中的充分运用,线上教学活动也逐渐被应用,包括网络直播、录播、语音、图文等方式。但线上教学虽然教学场域和教学手段较之传统教学发生了一定变化,教学活动的组织仍然呈现出教师主体化的传统特质,而且因为师与生并不在同一个空间,教师与学生之间、学生与学生相互之间的交流较之传统的课堂教学甚至还要弱化。可以说,无论是传统线下课堂授课,还是现代线上授课,我们长期以来所实行的都是以教师为中心的教学模式,教师是教学活动中的主体,教师主导整个教学活动全程;学生在教学活动处于从属地位,学生的学习主动性与创造性难以得到激发,这在很大程度上降低了授课与学习的效果。2018 年 8 月,教育部专门印发通知,提出各高校要全面梳

【作者简介】朱娟,南京审计大学法学院副教授,主要从事经济法教学与理论研究。本文系南京审计大学经济法教学研究中心"《经济法》(法学专业)线上线下混合式金课"建设项目的研究成果。

理各门课程的教学内容,淘汰"水课"、打造"金课"。这是教育部文件中第一次使用"金课"概念。教育部高等教育司负责人认为,"金课"具有高阶性、创新性和挑战度的特点。作为法学本科教育中的核心课程之一,经济法课程建设如何摆脱传统教学的弊端,真正打造具有"高阶性、创新性和挑战度"的金课,让学生成为教学活动的主体,提升教学质量和效果,是本文将要着力分析的内容。

一、为什么采用线上线下混合教学

"以教师为中心"的表述最早可以追溯到赫尔巴特的"四段教学法",即首先由教师讲述新教材,再通过师生谈话将新旧观念和内容联系起来,然后在教师指导下寻找结论和规则,最后在教师指导下通过练习将所学的知识加以运用和巩固。赫尔巴特认为,"以教师为中心"的模式下,教师在课堂中具有绝对主导和权威地位,学生在整个教学活动中则处于被动状态。[①] 如前所述,无论是单纯的线下课堂教学还是线上教学,均采取"以教师为中心"的教学模式,教师依然是整个教学活动的主角,在整个教学过程中占有主导地位;学生在教学活动中则处于被动地位,尤其是线上教学,由于缺少与授课教师的当面互动,学习过程难以观测,且课后的复习巩固效果也难以把握,导致"以教师为中心"的模式中,学习效果不尽如人意。而采用线上线下混合模式则改变之前对线上或线下模式的单纯使用,将两者结合起来,可以由学生自行完成的学习由学生在线上课堂中通过观看教学视频及参与课后练习来完成,需要进行讨论交流的部分则由教师在线下课堂中组织学生共同进行,在最大程度上发挥学生的主观能动性。具体来说,包括以下几个方面:

(一) 由以教师"教"为中心转变为以学生"学"为中心

传统模式下,无论是单纯线上还是线下,教师都是课堂的主角,整个教学活动体现为教师的单向输出,而学生则以被动吸收为主。学生能够学到多少取决于教师的输出有多少,学生能够学到什么也取决于教师输出什么。在这个过程中,学生并没有任何主动性可言。但是转变为线上线下混合教学之后,两个场域的教学活动各自有不同的功能定位。其中,线上部分主要适用于各个分散的知识点,线下部分则主要适用于研讨环节。对于各个知识点,学生可以自行上

[①] 参见梁函、吴文胜:《"以教师为中心"教学方式的中美比较研究——基于中美 PISA 数据的分析》,载《上海教育评估研究》2022 年第 1 期。

线学习,在学习的过程中,由于并无教师主导,所以学生要更多地发挥主观能动性,根据自身的需求进行"个人定制"式的学习。而在线下环节,教师将根据线上内容设置各种研讨以进一步深化线上内容。教师只担任研讨环节的组织者,学生才是研讨环节的主体,他们根据对线上内容的主动学习和理解来参与到线下的研讨,并在研讨过程中进一步深化和巩固对知识体系的吸收和掌握。

(二)由以教材为中心转变为以问题为中心

传统教学思路依循教材内容而铺陈,教师根据教材内容对学生进行讲授和陈述,并不会关注在教学过程中有哪些问题需要解决,特别是学生对哪些问题较为关注,教师往往难以站在这个角度去思考如何对教学内容进行设计和呈现,当教师的"教"和学生的"学"之间产生冲突时,往往要求学生服从教师和教材,最终的课程考察也主要围绕对教材的掌握情况而展开。而线上线下混合课程不再受到教材内容的约束,将围绕以往教学中发现的重点难点问题设计线上教学内容,以问题的发布、探究和解答为主线,由学生通过课前线上预习和课后线上复习完成重要知识点的学习和消化,线下再对知识体系进行补充,从而做到有的放矢,学无遗漏,当教师的"教"和学生的"学"之间产生冲突时,并不要求学生服从教师和教材,而是由学生根据具体的问题对教学过程和教学内容作出调整。

(三)由标准化教学转变为个性化教学

传统教学由教师对所有学生进行无差别的单向知识传授,难以评估每个学生的学习状况,并根据不同学生对知识点的掌握情况进行个性化教学。而线上线下混合课程让学生成为学习行为的主体,教学活动围绕学生的需求而展开,可以由学生进行定制的或个别化的学习,学生会根据自己的特定知识结构以及对于知识建构的不同需求,采取更为适合自己的学习方式,并决定各自不同的学习框架体系和对知识的探究程度,自主地完成学习、评价与矫正,解决教师无法提供个性化指导的问题。

(四)由学生被动吸收转变为学生主动建构

传统教学中,学生只是被动地接受教师的知识传授和灌输。尤其在没有设计课堂互动的情况下,学生甚至完全不需要动脑筋思考,只需要将教师所讲内容机械地记录下来即可。在这种模式下,每个学生都在简单复制教师在课堂上所呈现的内容,其主观能动性难以得到发挥。但在线上线下混合课程中,学生一方面可根据自己个性化的知识结构、需求和学习节奏进行线上部分的主动学习,并在此基础上发现问题从而尝试解决问题。在线下的讨论交流中,学生会根据线上部分的体验而充分利用线下部分去解决线上学习中所发现的问题。在这个过程中,学生不再是被动接受、死记硬背,而是主动学习、勤于探究,在知识传承的基础上进行可能的挑战与创新,以此建构自己的知识与能力。

总的来看,线上线下混合教学充分融合了传统的单纯线上或线下教学的优势,并在较大程度上克服了两者各自的弊端,在一定程度上颠覆了传统师生关系,真正将学习活动交给学生自己,教学活动不再单纯以教师为主体,教师仅是教学过程的组织者和引导者,学生才是教学过程的主体和知识体系的建构者。可见,线上线下混合教学较之传统教学模式更有利于充分激发学生学习的主观能动性,也更有利于培养学生的探究能力和创造性。经济法课程选择线上线下混合教学模式也正是基于这样的考虑,基于金课建设对于高阶性、创新性和挑战度的要求,传统教学模式显然难以继续适用,而线上线下混合教学则显然更有利于综合培养学生的知识、能力和素质以及解决复杂经济问题的能力和法治经济思维,与经济法金课建设的目标更为契合。

二、如何开展经济法线上线下混合教学

(一)教学内容安排

1. 教学内容遴选。经济法教学内容的选择综合参照以下原则进行:第一,所选择的教学内容必须体系完整,重点突出,既要形成前后连贯、有机联系的整体,又要主次分明,突显重点。第二,所选择的教学内容既要体现经济法的专业性,又要具有思政元素,在知识的教与学中进行价值传递。第三,所选择的教学内容不能仅停留于知识的单向传授,更要有利于对学生经济法治思维与能力的培养。根据以上原则,确定本课程教学框架如下表。

经济法总论	经济法分论	
本体论	宏观调控法	财税法
发生论		金融法
价值论		计划法
规范论	市场规制法	反垄断法
运行论		反不正当竞争法
范畴论		消费者保护法

2. 教材选择。本课程教学同时使用主干教材与辅助教材。主干教材使用"马工程教材",即《经济法学》编写组所编著,由高等教育出版社 2018 年出版发行的《经济法学》。辅助教材选用本学科其他知名教材。如张守文教授编著、北京大学出版社 2018 年 5 月出版发行的《经济法学》。

3. 教学资源。主要包括两个方面。第一,自主建设资源。主要包括本课程任课教师在长期教学中建设与积累的包括教学大纲、教学设计、教案、教学 PPT、案例库、习题库等在内的较为系统完善的教学资源。第二,网络共享资源。上海交通大学王先林教授、西南政法大学盛学军教授等,均已在"中国大学MOOC"平台发布较为完整的《经济法》网络精品课程视频,经授权后可作为本课程建设参详之用。

(二) 学习过程安排

第一,课前明确学习任务清单。课前明确告知学生本次课程所要达成的学习目标、具体的学习任务与学习方法,并要求学生在线上学习结束后填写学习困惑与建议。第二,课后设置配套测试环节。对线上学习内容进行每课一练,帮助学生巩固学习内容,督促学生展开有效学习。第三,线上学习嵌入互动问题。在线上学习过程中根据课程内容嵌入师生互动以及学生之间互动交流的环节,以此检测学生的动态学习过程。第四,线上学习与线下讨论联动。将线上内容设置为线下课堂讨论的前置性环节,促进学生对线上内容进行完整学习。第五,线上学习设置截止时间。线上课程可根据实际需要设置合理的截止时间,且时间截止后不再开放,以此确保线上内容能及时被学生充分预习。第六,线上学习纳入成绩考核。线上学习情况应设计评价标准,并纳入课程考核体系。

(三) 课程考核

首先,线上考核与线下考核相结合。线上与线下都是本课程不可分割的组成部分,故而均要在课程考核当中有所体现,线上考核主要采取平台在线考试,线下考核则以书面考试或论文考试为主。其次,过程评价与结果评价并重。课程考核不能仅看考试结果,更要重视对学习过程的评价。过程性评价应覆盖单元作业(线上线下)、课程讨论(线上线下)等模块。再次,教师评生与生生互评结合。由教师对结果性考核进行评价,辅以学生相互之间对主观性单元作业进行交叉互评,每人至少他评 3 次,以起到相互督促与交流作用,同时也能在一定程度上提升学生的能力。

(四) 实践教学

实践教学是整个教学活动非常重要的一个环节,混合教学模式中亦不例外。在混合教学模式下开展实践教学,可从如下几个方面考虑。

第一,课内实践与课外实践互补。一方面,在课堂上充分展开案例教学法和角色体验式教学法以及模拟法庭等,对具有代表性的实际案例进行研讨,根据案情给学生分配原告、被告、法官等不同角色,启发学生通过情境化思考与角色式体验深刻领悟法律适用。另一方面,在课堂之外鼓励和辅导学生针对经济法领域的前沿问题积极申报大学生创新创业项目,撰写调研报告与论文,进一步深化课堂教学内容,提升学生的综合实践能力。

第二,校内实践与校外实践结合。除前述校内实践外,还通过多种形式的校外实践进一步锤炼学生对于经济法律的实际应用能力,包括学生参与法律诊所、法律援助,到司法机关、律师事务所、企业等校外实践基地从事经济法律实践,在校外实践导师的指导帮助下掌握对经济法律问题的分析和法条的运用方法,进而形成更为成熟完善的经济法律思维,提升分析和解决实际问题的能力。

第三,传统实践与新型实践迭代。除以上传统实践教学途径外,随着互联网与现代智能手段对教学活动的深入渗透,经济法也可广泛引入新型实践教学模式。具体来说,在线上视频中嵌入实际案例,围绕案情设计线上互动与线下研讨;开发经济法领域的虚拟仿真实验,通过对真实场景的模拟激发学生主动学习,提升其实践创新能力。

三、经济法线上线下混合教学可能存在的问题与化解

(一) 线下课程的定位及组织

由于线下课程是由教师和学生面对面完成教学活动,故而极有可能回归到以教师"教"为特点的传统教学模式,这是必须予以避免的。首先要明确的是,线下课程并非是由教师按照既定教材来对课程内容进行宣讲,而是让学生成为课堂的主体,教师在线下课程中的定位更多是一个组织者和引导者。线下课程的目的在于通过线下部分的研讨来巩固和深化此前学生在线上环节对知识点的学习。线下课程的组织中,可以采取分组讨论、角色扮演、游戏体验等多元化手段,以各种新颖的方式吸引学生的关注,让学生真正成为课堂的主体,从而激发其学习的主动性和创造性。

（二）线上资源的建设

线上课程作为经济法混合课程的半壁江山，其资源建设至关重要。具体来说，线上的资源主要包括如下几个部分：授课大纲、教学视频、课间提问、文档（PDF）、富文本（网页）、随堂测验、单元作业、答疑和交流、课程考察。其中，教学视频的制作最为核心。一般来说，一个教学单元可以由多个视频组成，每个视频的时长不能超过 15 分钟，因为大多数人对于新内容的持续关注不会超过 15 分钟。尤其在网络环境下，学生更不可能在较长时间内保持对教学内容的关注。在拍摄前，需要写出拍摄脚本，准备各种素材，并在录播室进行拍摄，最后进行后期制作。当然，在线上资源尚未建设上线时，也可以考虑先使用网络平台比如中国大学慕课上的其他同一课程资源来过渡。

（三）线上与线下的有机衔接

由于混合课程的组织包括线上线下两个部分，所以极有可能会产生两个部分各自孤立的情形。为避免出现此类情况，有必要对两个部分的功能进行准确定位：线上部分的目的在于培养学生的自主学习、主动探究的能力，而线下课堂则重在培养学生的沟通交流、团队合作的能力；通过两个部分的学习，综合培养学生分析和解决实际问题的能力和创新能力。基于各自不同的功能定位，线上和线下内容不能重复、不可相互替代。线上主要针对基础知识本身，侧重于对知识的传授，线下部分则是在线上的基础上对线上部分进行提升和深化，侧重于对能力的培养。①

（四）教学过程的安排

经济法混合课程的教学安排按照章节顺序逐步往前推进，对于每一个章节，首先向学生发布学习目标，明确学生学习的要点和相关要求，由学生在规定的时间范围内自主地完成线上基本知识的学习并完成相关测试。在确保学生已经掌握理论知识的基础上，教师在线下组织学生进行研讨和角色扮演，增加学生之间互评的比重，通过多元化的手段深化对线上部分知识的掌握，进一步培养学生各方面的综合素养。最后，教师对本单元线上学习部分以及线下研讨部分的学习情况进行总结梳理，对表现较好的学生予以表扬，归纳本部分的知识和能力要点，梳理重点和难点。

---

① 参见朱艳：《线上线下混合模式下的教学课程改革》，载《创新创业理论研究与实践》2022 年第 2 期。

（五）考核标准的细化

考核环节包括线上和线下部分。线上部分又包括过程性考核和结果性考核。过程性考核可分为随堂测验、作业评价和单元测试。其中，随堂测验指的是学生在自主学习的过程中，嵌构在视频教学中的互动测试，一方面帮助学生加深理解，另一方面也随时检测学生的学习状况。学习完毕之后，学生需在线上完成针对该知识点的作业。一个单元结束后，还会有单元测试，进一步督促和帮助学生查漏补缺。学期中和学期结束之前，会安排线上期中和期末考试，较为全面地检验学生的学习情况。线下部分则主要是针对学生的分组讨论情况、角色体验情况等，进行生生互评和教师评价，并最终与线上部分进行加权计算，得出学生该门课程的最终得分。

国际经济法课程复合型考核模式探析

孙秀娟　何新容

【摘要】 法学专业教育致力于培养应用型、复合型、创新型人才。因此，在专业教学中构建合理的考核指标非常必要，本文以建立符合人才培养目标和教学目标的课程考核体系为切入点，结合国际经济法课程理论和实践相结合的特点，强调考核模式应该能够满足课堂教学和课外学习的良性互动，达到教学相长的目标，提出以教学考核目标为中心，建立多元的考核方式，注重课程考核的过程监控，将教学和考核同步进行，为更好地实现教学目标，提高教学效果提供理论和实践基础。

【关键词】 法学教育；考核模式；成绩评定；形成性考核

课程考核是高校本科教育教学中关键的环节，对创新人才的培养起着非常重要的作用，课程考核承载着诊断、评价、导向和激励等诸多功能。无论是哪一门课程，不可否认课程考核是检验教学效果的重要一环。通过合理的考核方式，可以有效检查学生对课程知识的掌握程度，也检验教师教学的有效性。国际经济法学传统考核评价方式与其课程的理论和实践相结合的特性之间存在一定程度的矛盾，无法充分达到教学考核应有的目标，需要进行改革和调整。

【基金项目】本文系南京审计大学国家级一流专业（法学）建设专项课题"法学专业课程考核体系的构建"（课题编号：2020JG156）的研究成果。本文也是南京审计大学国家级一流专业（法学）建设专项课题"思政教育引领下的《经济法》（经管类专业）线上线下混合式课程建设研究"（课题编号：2020JG137）的研究成果。

【作者简介】孙秀娟，南京审计大学法学院讲师，主要从事国际经济法学教学与理论研究。何新容，南京审计大学法学院副教授，主要从事民法学教学与理论研究。

一、高校课程现有考核方式的不足之处

课程考核与评价改革是课程教学的瓶颈,扼住了课程建设的咽喉,使法学专业课程改革也面临了困境。在教学意义上的概念或教学范畴上,教学效果检查是指教学论中研究的检查、分析和评定,不是选拔意义上的概念,因此需要慎重地把教学评价与以选拔为宗旨的应试在理论上区分开来了。但是当前高等教学实践中,却依然保守着森严的考纪、规范的标准、无误的记分排序、重结果不问过程的常规考核为主的特征,依然维持着选拔功能为特征的教学考核模式。

(一)课程考核方式单一

在我国绝大部分高校中,法学专业的课程考核模式主要为结业性考核模式,而且过分重视应试考核,一定程度上忽视形成性评价。当前,课程考核方式主要体现为:闭卷考试、开卷考试、课程论文写作等形式,这种考核方式内容局限、结果评定终结性、考核方式单一性等特点,难以科学评定学生的素质和能力。[1] 因此,在教学改革中首当其冲。在大部分课程中,闭卷考试是最主要的形式,因其一考定终身的弊端,自然在教学改革中被各高校率先进行调整。其调整方式主要包括:

1. 将闭卷考试改革为课程论文的形式进行考核。这种考核方式下,要求在课程结束时,学生提交一篇或数篇与课程内容相关的论文,任课老师根据设置的论文评价指标,通过对论文的审阅,以评估学生的知识掌握水平,给予对应的成绩。

这种考核方式,在一定程度上解决了闭卷考试的僵化性,但是,并未改变考核方式的单一性,且因为这种考核方式的主观性过多,其考核结果的公平性受到了学生的质疑,再加上有些课程的学生数量较大,教师在短时间需要评阅几十篇甚至上百篇论文,其评分的尺度是否能够保持一致性自然就受到学生的质疑,容易引起学生的不满。另外,课程论文写作本身就需要集中在某一个知识点深入挖掘,无法衡量学生对整个课程体系的完整把握程度。对一个问题的了

---

[1] 张镝,崔宇婕:《"互联网+"背景下高校法学课程形成性考核模式改革初探》,载《甘肃教育》2021年第14期。

解程度深浅,并不意味着对整个课程知识的掌握程度的深浅,[①]显然,课程论文考核无法全面且合理地对学生学习效果进行评价。

2.通过调整平时成绩与期末试卷卷面成绩的比例,以增加平时成绩的比重为手段,弱化期末考试卷面成绩的占比,从而通过平时成绩的考核方式,对学生课程学习过程中的具体情况进行量化,以促进学生平时学习效率。这种改革模式,给予老师对学生的平时表现上作出更多自由裁量权,有利于课堂教学的效果和教学方式的多样化,但是,平时成绩的衡量标准,构成平时成绩的依据以及评判过程往往缺乏透明性。同样在授课对象数量比较多的时候,无法真实地反映学生的学习情况。因此,形成性考核在实践中往往会流于形式。不过,这种做法的优点是,教师会更多地关注学生的平时表现,因而能够及时地通过学生的平时作业结果调整教学方案,并和学生形成较为频繁和深入的互动。

3.在部分实践课程中,将课程考核由闭卷考试或者实践报告改革为口试为主的考核方式。口试的方式包括课堂上学生讲解案例、法庭辩论、做课程单元报告,这种模式可以根据课程的内容属性,因地制宜,做出相应的调整。

客观地说,法学是一门实践性的学问,学生不仅要理解抽象的法律规则,而且需要将其熟练运用于实践,解决具体的纠纷。这就要求学生具备很强的互动交流能力,能够在交流过程中对对方观点提出质疑是法律工作者应当具备的基本法律素养。[②] 法学专业课程就应当注重对学生表达能力的培养。口试方式的考核,在一定程度上,能够满足这一培养目标的需要,但是,口试考核的评价中,由于口试的灵活性大、开放程度高,也存在规范性和确定性不足等问题,导致最终成绩的客观性和公正性存疑等问题的出现。

上述的这些改革,固然回避了闭卷考试的弊端,但是,并没有从根本上解决法学专业课程考核方式单一性问题。因此,还需要探索多维度的考核评价方式,以形成立体化的复合考核体系。

(二)考核内容重理论轻实践

无可否是的是,重理论轻应用、重理论轻实践是我国高等教育中的普遍现象。在我国大部分的法学专业考试中,试卷的内容往往侧重于理论知识的识记能力的考核,对应用能力的考核比重不够。法学本科课程设置一般包括通识课程、专业课程和实践课程三类,当前,很多学校对理论课程的考核非常重视,但

[①] 周乐娟:《浅谈法学专业课程考核方式改革》,载《法制与社会》2017年第2期。
[②] 王利明:《法学教育中辩论能力的培养》,载《人民法治》2018第16期。

是实践课程的考核往往流于形式。

法学专业是理论与实践相结合的专业方向,因为,法学知识要体现在法律的实际应用中。法学专业的每一门课程中,应该都包含了实践性要求,而有些理论课程,甚至可以说,在一定程度上,实践性更强与其理论性,比如国际经济法课程。

但是,现在法学专业课程设置往往将专业课程分成理论课和实践课,人为地将课程的理论和实践进行区分,即使在部分课程中,设置了理论授课课时和实践课时比例,但是也在授课计划或者授课方案中,通过加入实践环节等作法,强行区分理论内容和实践内容,忽略了理论产生于实践以及实践是对理论的运用这一原则。

二、以教学考核的目标为改革的中心

课程教学考核改革首先要解决问题是探究课程考核的目的或者宗旨是什么。法学专业教育致力于培养应用型、复合型、创新型人才。因此,课程考核改革的目标必然是构建合理的考核指标,以建立符合人才培养目标和教学目标的课程考核体系,使课堂教学和课外学习产生良性互动,以专业知识培养为主线与以能力锻炼为中心的学习过程评价的重要价值,需要根据不同性质、不同目标的课程,设置多元的考核方式,注重课程考核的过程监控,将教学和考核考察同步进行,更好地实现教学目标。

简而言之,课程考核应该在一方面能够客观的,合理的评估学生的学习态度和学习效率,而且也应该能够调动学生的学习兴趣,进而培养其自主学习的能力,另一方面,考核应当满足教学相长的追求,能够检验教学效果,在教学活动过程中准确掌握教学情况并发现问题,及时反馈并进行修正和调整,进而提升课程教学效率,实现从"以教师为中心"到"以学生为中心"的转变。

因此,教学考核评价最少应该有两个维度,从学习者的视角,应当要探索性构建课程考核评价指标体系,能够客观公正地反馈学生的需求,从教师的角度,所构建的课程考核评价体系,应该能够满足优化教学模式和提升目标的需求。因此,课程考核评价体系改革,至少要兼顾学生现实的需求以及教学相长之目标。

(一)以检验学生的学习效率为课程考核的目的和宗旨

当前,很多高校推行了学分绩点,而学分绩点与学生的利益息息相关,包括评奖,推免保研,升学等。因此,每一门课程的考试成绩自然是对学生至关重要,学生对课程综合评价结果或者总评成绩锱铢必较也屡见不鲜。

满足学生的现实需求,也就意味着肯定学生对学分绩点的重视与对高分成绩追求的合理性,最终的考核结果能够体现学生在本门课程的努力程度,学习的效率以及学习的效果。还需要能够满足公平合理的评价所有选择本门课程的学生的综合表现。也就是说在一定程度上让学生感觉到最终的评价结果是符合其预期的,或者通俗地说最终的评价结果,让他感觉到是公平和客观的。

在教学改革中,不能否认学生对于课程分数追求的合理性。因为当前社会的评价机制还普遍地在以一种量化的方式进行时,我们就不能脱离这种量化的评价方式。在学生中广泛流传的俗语"考考考老师的法宝,分分分就是学生的命根"就直观地展现了应试教育的结果。在学生面临进入社会或者升学或者出国深造之时,评价体系中依然还存在着数字量化的影子。尽管量化的方式可以表现出多维性,但是这种多纬度同样又以数字化加以衡量,其核心依然表现在分数上,尤其在课程考核上,其评价结果无论是百分制,五分制抑或等级制,最终要给所有的学生排出一个成绩序列,这也是闭卷考试模式在非选拔性高等教育尽管经常受到诟病但是仍然无法被彻底废除的原因之一。

教学考核本身应该带有以考促学的目标,而这种期末考试定总评成绩的方式容易使学生陷入在期末时间,通过死记硬背的方式获得高分,导致学生平时的自主学习有所欠缺。

(二)课程考核还应该满足检验教学效率和反馈教学效果的目标

"教学效果检查是指教学论中研究的检查、分析和评定,是专指教学效果的检查,即教学意义上的概念或教学范畴。"[①]王策三先生的观点,在高等教学考核改革中应该有振聋发聩的功能。

在检验教学效果上,很多高校也推出了一些指标体系和管理措施,在教学过程中有各种同行听课、学生课程教学座谈会或者其他教学检查手段定期对教学工作进行反思和质量分析。在课程教学结束后,有些学校引入学生对教学效果评价的环节,以此作为教学管理措施之一,并将其评价结果作为教学质量监控机制的重要结果进行展现,以期促进教师改进教学工作,提升教学质量。还有对每一门课程考试成绩进行评价分析,通过诸如平均分、相关度和标准差等

---

① 王策三:《"三维目标"的教学论探索》,载《教育研究与实验》2015年第1期。

指标,让教师通过对每一个班和每一门程进行回顾和反思,检验其教学成果。但是,显而言之,这些对教学效果检验的方式,缺陷也非常明显,其中最重要的是,教学环节的两个最重要的参与者对于教学效果反馈和检验的机会基本上在课程结束后,无法通过检验结果及时调整教学手段和教学方案,而且,可以说,缺乏与课程教学的密切互动,因此,加强在教学进行工作中的教学效果检验就非常有必要。

很多改革后的课程考核一般由平时成绩,期中考试成绩和期末成绩以一定的比例构成,而平时成绩,基本上包括课堂考核,平时作业等等,期末考试成绩则是期末以考试试卷的形式得到,显然期末闭卷考核在课程结束之后才能够进行,因此无法及时的发现学生在学习过程中存在的问题,教师也就无法对应的调整其教学内容,以考促学的效果也不明显。对课程考核分数的追求,对考核的结果的过分重视反而形成了舍本逐末的结果。

课程考核本身就需要满足教学相长的目的,那么必须要能够实时地对学生学习的效果进行反馈,进而老师能根据反馈的结果,及时地去调整教学的方案和教学进度以及教学的重点和难点。

课程考核改革,应该能够让教师通过多种方式验收学生的学习效果,如课堂讨论、提交论文等均可,同样,我们不能回避考试这种考核模式,还应该有效利用考试来对教学活动进行评估和反馈。

三、国际经济法课程教学考核的特殊要求

与其他法学专业的课程相比,国际经济法课程教学具有明显的特殊性。国际经济法以国际经济交往和国际经济活动中所产生的国际法律关系作为调整对象,是一门新兴的、综合性的边缘性学科,必然有其独特的结构和体系,根据国际经济关系发展的客观需要,国际经济法广泛涉及国际保险关系、国际货物买卖关系、国际税收关系、国际投资关系等,这些国际关系又分别涉及私法关系、公法关系和经济关系,涵盖了有关国际经济的国际法规范和国内法规范,形成了一个独立的综合的法律体系。国际经济法是一门系统讲授国际经济法基本理论和基础知识的课程,就教学内容而言,国际经济法课程涉及的理论和实践领域都非常广泛,具有综合性和实时性的特殊表现。

此外,国际经济法课程还具有理论性和实践性相结合的特点,尤其是其理论性是在实践中产生,而实践活动又不断地推动了理论性向更深更广阔的方向

发展,因此,其理论基础处于随着国际形势的变化和发展而常态化地进行改变。国际经济法教学中,必然需要深刻了解和体会有关的理论基础、法律制度和规则,并能够借助具体的案例,学会解决国际经贸关系法律问题的方法,并培养和锻炼学生分析实际问题的能力。

在国际经济法的课程考核评价中,就应当贯彻课程所具有的实践和理论相结合的特点。因此在教学方面,实践教学占据一定的比重,国际经贸案例具有专业性、复杂性和涉外性的特点,国际经济法的实践教学,又面临着和一般法学课程相比更难以解决的现实问题,比如说国际经济法所面临的实践内容,因为其体系庞杂的特点往往具体涉及的法律部门和实务领域比较广泛。而且,国际经济法学受国际关系影响较大,体现了国际经济法学鲜明的政治色彩,深入融合了国际关系史、国际关系和国际政治和国际经济的实践,[1]一般的法律诊所或者模拟法庭很难以得到全面的表现和展示,因此国际经济法课程的实践教学,只能在通过精简的方式进行,教师在教学中抛砖引玉,引导学生自己查阅资料、阅读教科书,指导学生做分类卡片、课堂笔记、撰写读书报告及研读科研论文等,综合运用模拟谈判、模拟法庭、组织辩论、观看视频,案例讨论等方式进行,这些需要学生大量地做课外工作,而且,量化性也不明显,此时实践教学考核模式的完善就显得尤为重要,导致过程性考核就显得尤为重要,而过程性考核中间,如何设计过程性考核内容和评价指标就更至关重要了。

与其他法学专业课程相比,国际经济法的教学目标应该秉承"中国立场、国际视野、专业典范、协同创新"的培养理念,[2]培养具有扎实的法学理论基础和国际法律基础、丰富实践能力,可直面目前社会问题和国内国际环境,能全面考虑社会经济、政治、文化、科技因素,能够参与国际法律事务和维护国家利益,可创新性解决法律问题的专业人才。这就要求在新的国内和国际形势下的国际经济法教学应当以培养更多具有思考能力和分析能力、富有法律思想和法律精神、具备法治信仰的人才为目标,[3]从实践出发去分析和阐述国际经济法问题。

在这样的教学目标下,沿用以往国内法的课程考核方法已不能适应对国际经济法学专业人才的培养需要。应以创新国际经济法教学模式,革新教学理念为基础,通过过程性考核与学生达成密切互动,充分发挥学生的主体性,不断提

---

[1] 尹丹阳:《新国际形势下国际法教学的优化研究》,载《法制与社会》2018年第2期。
[2] 胡铭,项雪平:《卓越涉外海洋法律人才培养模式》,载《中国法学教育研究》2014年第1期。
[3] 尹丹阳:《新国际形势下国际法教学的优化研究》,载《法制与社会》2018年第12期。

升国际经济法学教学质量,优化有效的教学策略。因此,应当赋予国际经济法学的课程考核以一定的灵活性和多样性,在进行期末考试的基础上,要充分重视实践教学的考核结果,对学生在模拟仲裁庭或模拟法庭、组织辩论活动中的表现,案例分析作业考核以及根据热点问题进行的分组讨论、撰写论文等等方面进行综合衡量,多视角地考查学生学习国际经济法的实际效果,和在此过程中每个学生所展现的解决问题、分析问题的能力,通过多角度、多方位地对学生的学习效果进行考核,才能够真正达到课程考核评价的目标。通过包括案例教学在内的法律实践教育,使学生能够将法学原理与现实社会生活之间进行联系,提高学生的法律实践能力,并在考核环节中有所体现,对法学教育现代化是非常必要的。

四、建立全面考核评价模式

(一)强化考核评价机制中的全程追溯

把形成性成绩纳入大学课程考核体系已经成为共识。2016年,我国教育部出台的《关于办好开放大学的意见》中就已明确提出:要推行开卷与闭卷、形成性考核与终结性考试相结合的考核方式,增加形成性考核比重。很多大学认识到形成性考核是整个考核体系中最重要的考核,形成性考核模式与我国应用型法律人才培养的目标相契合,就法学专业的教学实践性特点而言,形成性考核模式更加注重考核内容的针对性以及考核方式的灵活性,因此,形成性考核模式与高校法学课程的特点更加匹配。[①]

围绕以学生为中心,提升学生能力的教学理念,客观方面要求教学和考察的方式具有可接受性,要能为学生所学习和接受,并且要求教学过程考察和组织必须要与学生的认知规律相吻合,课程考核应该围绕构建"情境展开,案例探讨,合作交流,专题研习"全程学习模式而展开。

在强化形成性考核中,要增强形成性考核的科学性、有效性,严格课程学习过程的监控,才能够充分发挥形成性成绩评定的导向作用,从而实现课程考核目标多元化、考核内容多样化、考核方式灵活化、考核评价个性化的改革目的。通过,设计课堂发言积极度与发言质量、课堂展示性演讲、随堂小测、小组讨论

[①] 张镝,崔宇婕:《"互联网+"背景下高校法学课程形成性考核模式改革初探》,载《甘肃教育》2021年第14期。

环节等,综合评阅研究报告的书写以及实践类课程的成果展示等量化考核学生平时学习的表现,建立平时成绩的考核细则,①防止平时成绩等形成性成绩评定的简单化和表面化,使形成性考核能够真正展示学生真实的学生状态,达到教学相长的目标。

(二)形成多元立体的考核内容

课程考核方式改革,应该将着力点放在如何结合各种方面的因素,构建符合课程教学目标的复合考核方式,应该要以多元化的考核内容为核心。法学专业课程中,考核内容可考虑五方面内容:学生学习能力考查(自学能力、理解能力、信息采集和处理能力)、解决问题的能力考查、创新能力考查、学生学习态度的考查、学生学习习惯的考查,这些考核内容,注重学生学习过程的评价、发展性评价,将这些内容列成指标利用大数据,互联网技术,对这些信息进行技术处理,对每位学生整体评价、诊断,客观核定学生实验中的总评成绩。

课程考核首先要摆脱传统考试思维的局限,在发挥考试的总结性和导向性以提升教学质量和学习激励的功能的基础上,建立合理有效的考核体系。提倡个性化和多元化发展,在教学过程中加入模拟庭审、法律援助、专题辩论、社会调查、课堂讨论等偏重能力和创造的环节,并将其纳入考核构成中,使得新的考核体系更加注重过程、技术和素质的考核,真正培养学生运用专业知识解决实际问题的能力。

多元立体的考核方式,要求考核评价项目多元、评方式多样,同样要求加强与实务部门的合作,将学生在实践实习中的表现作为考核内容,从而评估学生运用知识的实践能力。② 因此,这种既关注结果又更加重视过程的评价体系,突出考核评价结果对改进教学实践、促进教师与学生发展的功能,改变课程评价方式过分偏重知识记忆与纸笔考试的现象以及过于强调评价的选拔与甄别功能的倾向。

(三)线上线下混合式教学模式下建立立体化考核机制

与传统的教学方式不同,线上线下混合式教学,将传统面授式教学模式和数字化在线教育的优势相结合,课程教学考核体系的构建应该满足当前以在线

---

① 董晓蝶,肖芊芊,陈瑞,等:《高校课程成绩综合评定体系的初步探索》,载《教育现代化》2019年第49期。
② 张镝,崔宇婕:《"互联网+"背景下高校法学课程形成性考核模式改革初探》,载《甘肃教育》2021年第14期。

教学为主流的多种教学形式的现状。

在线教学具有不同于传统线下教学的特点,在线教学更加强调学习型导向、知识共享、动态管理等发展策略,来进行传统模式教学向"互联网+"的新业态教学转变。在这种教学模式下,师生互动的速度和效率都得以提高,有利于建立教学中的不断测评模式,促使学生不断地温故知新。在考核方式上,可以要求围绕教学目标设计的考核手段,考核的指标体系应该能够强化学生对知识的主动学习和吸收,进而使学生在学习该课程的整个过程中不能松懈。

因此,建立有别于传统教学模式的考核机制,能够有效地评价在这种混合式教学模式下学生的学习效果和学习能力是非常有必要的,也是培养应用型人才的一流本科课程建设中不可或缺的一环。

纪检监察学科发展与课程体系建设初探

池 通

【摘要】 国家监察体制改革是事关全局的重大政治体制改革,《中华人民共和国监察法》的通过意味着国家监察制度总体框架初步建立。伴随着国家监察体制改革、纪律检查体制改革和纪检监察机构改革一体推进,党统一指挥、全面覆盖、权威高效的纪检监察监督体系已经形成。纪检监察改革与实践对纪检监察人才培养提出了新的时代命题,纪检监察学科也应运而生。推进纪检监察学科建设,必须科学定位纪检监察学科,系统建构纪检监察学科的教学内容体系,有效回应实践需求建立纪检监察人才培养体系。

【关键词】 纪检监察;监察法学;学科定位;课程体系

纪检监察学科,是关于纪检监察制度及其发展规律的系统知识体系,是党的纪律检查活动和国家监察活动实践经验的总结和概括。[①] 1993年纪律检查机关和行政监察机关合署办公以后,纪检监察机关作为一种整体制度形态和话语模式开始出现,同时也出现了围绕纪检监察制度建设开展的理论探讨。随着纪检监察体制和反腐败制度的变革发展,对于构建纪检监察学、廉政学等学科的理论观点也渐次出场,但真正从顶层设计角度明确提出监察学科或纪检监察学科建设的是在国家监察体制改革以后。推动纪检监察学科建设,既是实现纪检监察工作规范化和法治化的必然要求,又是顺应全面深化改革和全面推进依法治国的必然举措。

【基金项目】本文系江苏省教育科学"十四五"规划2021年度项目"中国特色监察法治视域下监察法学教学内容体系研究"(课题编号:D/2021/01/86)、南京审计大学2021年校级教改项目"监察法学教学体系建构研究"(课题编号:2021JG046)的研究成果。

【作者简介】池通,南京审计大学法学院讲师,主要从事纪检监察理论与实务教学科研工作。

① 王希鹏,罗星:《纪检监察学科的发展现状、学科建构与实现路径》,载《西南政法大学学报》,2020年第2期。

一、纪检监察学科建设的背景与依据

（一）纪检监察学科建设的时代背景

1. 监察对象倍增导致纪检监察人才需求量增加

国家监察体制改革的目标是建立"集中统一、权威高效、全面覆盖"的监察体制，以实现对所有行使公权力的公职人员的监督。《监察法》规定了六类监察对象，涵盖"公务员、参公管理人员、国有企业管理人员、公办科教文卫体单位中的管理人员、基层群众自治组织中的管理人员"等。纪检监察合署办公，纪检与监察职责一体化行使，纪检监察机关实现了对所有党员和所有公职人员监督的双重全覆盖。伴随各级监委组建完成，全国纪检监察机关的监督对象呈现倍增态势。北京市监察对象达到99.7万人，较改革前增加78.7万人；山西省监察对象达到131.5万人，较改革前增加53万人；浙江省监察对象达到70.1万人，较改革前增加31.8万人。[①] 黑龙江省、市、县三级监察委员会成立后，监察对象数量从改革前的29万人增加到105万人；广西壮族自治区全区监察对象数量从改革前的30.5万人增加到90.3万人。[②] 纪检监察机关监督对象大幅增加，纪检监察人才需求量持续增加成为无法回避的客观事实。

2. 纪检监察机构多样化决定人才需求路径多元化

按照《监察法》的规定，监察机关从纵向上分为国家监察委员会、省级监察委员会、地市级监察委员会、县区级监察委员会，横向上除了监察委员会机关，还有监察委员会的派出、派驻机构，其中包括派驻国有企业、公办教科文卫体等单位的纪检监察组织，国有企业内部的纪检监察机构等。根据监察机构多样化的制度设计，纪检监察人才需求的路径也呈现多元化特征。首先，各级纪委监委机关需要大量专业纪检监察人才。其次，纪检监察机关派驻国有企业的纪检监察机构，以及国有企业内部的纪检监察机构也需要大量纪检监察专业人才。比如，2019年中国工商银行工行为适应纪检监察派驻改革新要求，面向全国公开招聘37名纪检监察专业人才，充实纪检监察干部队伍力量，努力补齐人才短

---

① "国家监察体制改革试点取得实效——国家监察体制改革试点工作综述"，载《人民日报》2017年11月6日，第1版。

② "蹄疾步稳描绘监察体制改革蓝图"，载《人民日报》2018年2月26日，第4版。

板,提升派驻改革新形势下纪检监察履职能力。[①] 2020年,江苏省纪委监委会同国资委管理的省属国有企业首次面向全国公开招聘31名派驻纪检监察组审查调查工作人员,以充实国有企业纪检监察人才队伍。[②] 再次,大中型民营企业也开始设置纪检监察部门或专职岗位,如百度的职业道德建设部,腾讯的反舞弊团队,京东集团的监察部与内控合规部,阿里巴巴的廉政合规部等,这些企业的纪检监察(合规)部门对具有复合知识结构的监察人才有广泛需求。

3.纪检监察业务复合性要求人才培养体系创新

纪检监察机关的业务内容涵盖信访举报、案件监督管理、监督检查、审查调查、案件审理、综合文字、组织人事、信息技术等。纪检监察专业知识体系呈现多元复合结构,既包括宪法、监察法、刑法、刑事诉讼法等法学学科知识,还涵盖党内法规、党史党建、财务审计、公共管理等多学科知识。从实践看,纪检监察干部普遍面临能力恐慌、本领恐慌、知识恐慌,特别在如何正确适用纪律、法律两种规范,如何正确执行执纪、执法两种程序,如何严格按照刑事审判标准收集证据等方面的专业能力不足,不能完全满足实践的新需求。只有通过系统性、专业化的纪检监察学学科教育,才能使其建立科学的纪法思维方式,提高执纪执法的专业本领,培养出符合实践需求的纪检监察后备力量。

(二)纪检监察学科建设的立法依据

2021年8月审议通过的《中华人民共和国监察官法》明确规定:"国家加强监察学科建设,鼓励具备条件的普通高等学校设置监察专业或者开设监察课程,培养德才兼备的高素质监察官后备人才,提高监察官的专业能力。"这从立法层面鼓励高等学校积极参与监察学科建设和监察人才培养,同时也给高等院校监察学科教学内容体系设置提出了新的要求。在监察体制改革和监察人才需求增加的时代背景下,必须精准把握监察专业教学改革与创新型人才培养的核心要求。法学专业(监察方向)要以习近平法治思想为引领,立足中国特色社会主义法治体系建设的基本要求,以纪检监察实践为导向,以《监察官法》为立法指引,以大数据时代为背景,汲取新文科建设的理念和方法,通过多元教学内容和多维教学方法的探索,推动专业教学与职业标准相衔接,建构系统科学、特

---

① 中央纪委国家监委派驻中国工商银行纪检监察组:"引进纪检监察人才 有序推进派驻改革",载中央纪委国家监委网站:https://www.ccdi.gov.cn/yaowen/201901/t20190130_188022.html。

② "江苏省纪委监委派驻省属国企纪检监察组公开招聘",载江苏省纪委监委网站:http://www.jssjw.gov.cn/art/2020/8/4/art_9_141222.html。

色鲜明、契合中国纪检监察体制与反腐败实践需求的专业教学体系,有效回应新时代纪检监察人才培养的实际需求。

二、纪检监察学科建设的基本路径

纪检监察学是国家监察体制改革后的新兴学科。随着《监察法》《监察官法》《公职人员政务处分法》《监察法实施条例》《中国共产党纪律检查机关监督执纪工作规则》《中国共产党纪律检查委员会工作条例》等法律法规和党纪党规陆续颁布实施,纪检监察制度规范体系不断丰富完善,纪检监察实践不断向纵深推进,高等院校也在不断探索纪检监察学科建设路径。

(一)纪检监察学科建设路径的不同观点

1. 将"监察学"作为法学门类下独立一级学科进行建设

该路径将监察学视为监察学科体系的总论,从一级学科定位出发,以监察政治、监察法治为学术视角和研究路径,提出对国家监察制度进行全面定位、完整理解和综合研究。在监察学一级学科之下,设置监察政治学、监察法规学、监察史学等二级学科,设置监察体制学、监察监督学、监察调查学、监察处置学、监察程序学、监察证据学等三级学科。[1]

2. 将"纪检监察学"作为法学门类下独立一级学科进行建设

可以先将纪检监察学科作为"政治学"或"马克思主义理论"下的二级学科进行建设,参照"公安学"的成功经验,逐步待条件成熟后,在法学门类下设纪检监察一级学科。基于全国纪检监察干部人数多(70—80万),对纪检监察人才有规模性、稳定性需求的客观情况,提出纪检监察学已经具有独立研究对象,但要"形成相对独立、自成体系的理论、知识基础"和"有一定数量的学位授予单位已开展了较长时间的科学研究和人才培养工作"等,还需要一个过程。[2]

3. 将"监察法学"作为法学一级学科之下独立二级学科或三级学科进行建设

从已出版的监察学、监察法学相关教材看,对监察学科属性和学科定位,主要为法学二级学科或三级学科。因此,大多编写者将监察学科作为法学学科的

---

[1] 吴建雄、杨立邦:《论监察学学科创建的价值目标、属性定位与体系设计》,载《新疆师范大学学报(哲学社会科学版)》,2022年第1期。

[2] 王希鹏、罗星:《纪检监察学科的发展现状、学科建构与实现路径》,载《西南政法大学学报》,2020年第2期。

一个类别,以"监察法学"命名,主要内容也是对监察法基本原理和监察法条文的释义。有学者依据监察法学制度具有特殊性质、监察法学的研究理论具有独立品格、监察法律实践具有独特规律,将监察法学确立为法学下的二级学科。有学者认为,《监察法》融合了宪法、行政法、刑事诉讼法等学科知识和内容,因而"监察法学"应定位于"法学学科之下的带有交叉性和融合性的三级学科"范畴。[1]

(二)纪检监察学科建设的实践探索

1.依托法学专业培育监察法学学科

云南师范大学纪检监察学院 2013 年开始招收法学专业纪检监察方向的函授本专科生和全日制本科生,2014 年开始招收"纪检监察与反腐倡廉建设研究"方向的硕士研究生。湖南大学 2019 年博士招生目录把"腐败预防与惩治"作为法学的重要研究方向进行招生。南京审计大学于 2019 年开始培养法学专业(监察方向)本科生,2021 年正式招生监察法方向全日制硕士研究生。中国政法大学 2020 年研究生招生目录中在"诉讼法学"专业增设"监察法学"招生方向。西南政法大学 2020 年研究生招生目录将"监察法学"作为法学独立二级学科进行招生。

2.依托政治学科培育纪检监察学科

北京大学政府管理学院组织编写《政治监督学》《廉政政策分析》等教材,在本科中设立"监察与监督"课程。2013 年,经国务院学位办批准,中国政法大学将"纪检监察学"作为政治学下独立的二级学科进行招生,2020 年研究生招生目录将其更名为"国家监察学"进行招生,下设国家监察理论、党纪检查、中国监察制度三个研究方向。吉林大学廉政研究与教育中心自 2014 年以来招收廉政方向博士研究生,自 2018 年招收廉政专项计划博士研究生。

3.依托马克思主义理论学科培育纪检监察学科

西安文理学院纪检监察学院专门设立了思想政治教育(纪检监察专业方向)本科专业。西北政法大学 2020 年研究生招生目录在马克思主义中国化研究学科下设立"廉政文化与廉政建设研究"方向。西安交通大学 2020 年研究生招生目录在马克思主义理论学科下设立"党风廉政建设与廉洁教育研究"方向。

(三)国家对纪检监察学科建设路径的定位

2022 年 1 月,国务院学位委员会公布《博士、硕士学位授予和人才培养学科

---

[1] 马怀德主编:《监察法学》,人民出版社 2019 年版,第 2 页。

专业目录（征求意见稿）》，将"纪检监察学（0308）"作为法学门类下一级学科予以建设。2022年2月，教育部公布2021年度普通高等学校本科专业备案和审批结果，纪检监察（030108TK）被列入普通高等学校本科专业目录新专业名单，作为法学一级学科增设的二级学科，授予法学学士，学制为四年。同时，该专业被限定为"特设专业和国家控制布点专业"。纪检监察专业人才培养与法学学科教育密不可分，目前在本科培养阶段，在法学一级学科下建设纪检监察专业，有其逻辑合理性和现实必要性。

三、纪检监察学科课程体系建设——以南京审计大学纪检监察学科建设为例

（一）南京审计大学纪检监察学科建设的基本思路

南京审计大纪检监察学科建设经历了两个阶段，依次为"设立监察专业方向"和"推进纪检监察学科整体建设"。

1. 设立监察专业方向

2018年7月1日，南京审计大学在江苏省内率先成立监察学院。办学模式上，依托法学、审计等学科的优势，开办法学专业（监察方向）。2020年1月，法学专业（监察方向）面向法学院2019级本科生选拔优秀学生30余名，设立监察法学班，制定专门性的人才培养方案，旨在培养既通晓法学专业知识和技能，又熟练掌握纪检监察理论知识和专业技能的新时期监察后备人才。2020年以来，法学专业（监察方向）以通识类课程、学科基础课为基础，在监察法学班开设监察学原理、监察法学、纪检监察实务等监察特色课程，配备专业师资，目前学生反馈教好，为推动纪检监察学科建设迈向专业化、精品化奠定了坚实基础。

2. 推进纪检监察学科整体建设

在国家大力推进纪检监察学科建设的背景下，纪检监察专业已被教育部作为"特设控制专业"正式列入高等院校本科专业目录，纪检监察学也极有可能作为法学门类下的一级学科列入硕士、博士招生目录。南京审计大学以法学（监察方向）学科建设为基础，以习近平法治思想为引领，立足中国特色社会主义法治体系建设的基本要求，以纪检监察实践为导向，以大数据时代为背景，汲取新文科建设的理念和方法，通过多元教学内容和多维教学方法的探索，推动纪检

监察专业教学与纪检监察职业标准相衔接,建构系统科学、特色鲜明、契合中国监察体制与反腐败实践需求的纪检监察专业教学体系,积极推进纪检监察学科整体建设。

(二)南京审计大学纪检监察学科的课程体系探索

1. 紧扣纪检监察学科定位,开展教学内容体系设计

纪检监察学知识体系呈现复合性特征,其涵盖党内法规学、刑法学、刑事诉讼法学、宪法学、行政法学、法理学等学科内容,同时涉及政治学、中共党史学等其他学科内容。学科属性决定教学内容体系建构,纪检监察专业制定人才培养方案紧扣学科属性展开,充分回应纪检监察的学科定位、基本特征。同时,围绕《监察官法》的立法精神及具体规定,探索创建纪检监察学教学内容体系。包括纪检监察学教学内容、教学方法、课程评估体系建设等内容,还涉及纪检监察与审计的衔接,监察法与刑法、刑事诉讼法的衔接,监察法律规范体系与党内法规体系贯通等内容的教学。通过教学体系的设置和完善,培养学生较强的学习能力、分析能力,善于利用理论知识系统分析解决纪检监察实践问题的能力。

2. 围绕纪检监察人才培养目标确定课程体系

紧扣高校学科专业建设与课程体系改革的最新部署,根据法学专业(监察方向)人才培养目标,确定本专业毕业生应当具备的知识、能力和素质,据此确定毕业要求、课程体系。在课程体系设置时,以纪检监察职业标准相衔接的思路建构监察法学教学内容体系,力求解决监察专业教学与纪检监察实务之间的衔接不畅问题,要求每门课程都要与培养目标与毕业要求相关,并制作每门课程与毕业要求的知识、能力和素质的相关矩阵图,充分优化现有课程结构体系。以通识类课程、法学核心课程为基础,设置监察学、监察法、纪检监察实务、党内法规学等学科特色基础课,设置公务员法、党纪政务处分、职务犯罪财务审计方法、纪检监察证据审查疑难问题解析、中国特色监察法治概论、党内问责与监察问责的原理与方法、纪检监察公文写作与处理、纪法思维与纪法衔接、纪检监察谈话讯问策略、监察官职业伦理、大数据与智慧纪检监察、犯罪心理学、纪检监察审理技巧与实例、比较监察制度、职务犯罪理论与实务、中国监察史等特色选修课程。

3. 在新文科背景下谋划纪检监察学科建设和人才培养

纪检监察学科课程体系以新文科建设为背景,以专业优化、课程提质、合作育人为重要抓手,充分整合校内校外优质资源,不断更新教学内容,利用大数据

技术不断拓展教学手段，创新人才培养模式，搭建合作育人载体，构建资源互补的协同育人机制。注重要把《监察官法》的制定和实施与形成纪检监察人才培养模式贯通起来，谋划、优化办学目标、知识体系、能力素质，及时更新优化教学和教材。同时，重视理论与实践的结合，立足国情、党情和现实，注重多学科交叉融合，注重对传统文化的认知与理解，把握好党内法规发展变化中的稳定性与特殊性规律和特点，始终保持与纪检监察领域前沿问题发展趋势的一致性。

4. 尊重学生个性化发展需求，提供可选择性课程模块

纪检监察学科课程体系以学生为中心，因材施教，充分尊重学生的个性化发展需求，设置可供学生自由选择的多个选修课程模块。在学生必须完成的专业基础课程之外，设计丰富多元的选修课程体系，依据课程内容、培养目标，将选修课程划分为"理论探索""纪检监察监督""涉外法治""法律应用"四个不同模块。学生可以根据自己的兴趣爱好、自我定位和发展规划，自由选择适合自己需求的课程模块，进行有针对性的集中学习，以更深入地了解某一领域的知识，养成特定的能力、素质。

KOLB 学习圈理论在民法学教学上的应用与反思

郑 祺

【摘要】 为深入学习贯彻习近平总书记关于教育的重要论述,充分认识文科教育创新发展的重要意义,深刻把握新时代文科教育发展新趋势,需要不断改革教学内容和教学方法,精心谋划,科学布局,加强项目研究与改革实践探索。在坚持立德树人、守正创新的基础上,本研究以民法学课程为案例,进行了 KOLB 学习圈理论的课程建构,系统化、多层次地贯穿具体体验、反思观察、抽象概括和主动实践的教学过程,实现使学生内在知识体系、创新实践能力以及跨学科融合能力多维发展的教育目标。同时,本文也针对该理论在民法教学中的实践应用作出了阶段性总结,为进一步推进教育教学改革、培养德才兼备的法律人才提供理论与实践基础。

【关键词】 KOLB 学习圈理论;教育教学改革;创新课程设计;应用与反思

教育部于 2011 年 11 月 3 日发布了《新文科建设宣言》,指出"文科教育是培养自信心、自豪感、自主性,产生影响力、感召力、塑造力,形成国家民族文化自觉的主战场主阵地主渠道",对新文科建设作出了全面部署。[①] 在国家大力推进新时代中国高等文科教育创新发展举措的背景下,创新教育教学模式,探索人才培养的有效途径成为高校的重要任务。近几年,新的科技与教育教学理论不断被应用于教学内容和教学方法的改革上,取得了显著的成效。自 2017 年起,教育部共计遴选认定了包括 1875 门线上课程、728 门虚拟仿真实验教学课

【基金项目】 本文系南京审计大学 2021 年校级新文科研究与实践项目"新文科背景下法学专业建设方案探索"的阶段研究成果。

【作者简介】 郑祺,南京审计大学法学院讲师,主要从事知识产权法、民法学教学与理论研究。

① 《新文科建设工作会在山东大学召开》,中华人民共和国教育部:http://www.moe.gov.cn/jyb_xwfb/gzdt_gzdt/s5987/202011/t20201103_498067.html

程和 868 门线上线下混合式课程在内的国家级一流课程。目前我国上线慕课数量超过 3.4 万门,学习人数达 5.4 亿人次,慕课数量与学习规模位居世界第一,课程建设数量和应用规模迅速跃居世界第一。① OPAD 在线对分教学、翻转课堂教学、PBL 项目教学法等一些新的教学理论在许多高等院校得到推广。其中,KOLB 学习圈理论提出的"将教学方法与学习者的学习风格相匹配"的理念在部分高校也有了一定的实践。

一、Kolb 经验学习圈理论与实践

美国社会心理学家、教育家大卫·库伯(David Kolb)以哲学、心理学、生理学等多种不同学科为视角,于 1984 年在《体验学习:体验——学习发展的源泉》一书中提出了学习圈理论。Kolb 教授认为学习是一个体验循环过程,需要完成具体体验、反思观察、抽象概括和主动实践四个阶段。学习过程有两个基本结构维度:一是领悟维度,包括两个辩证对立的经验掌握模式,即通过直接领悟的具体体验(感知)与通过间接理解符号的抽象概括(领悟);二是改造维度,包括两个辩证对立的经验改造模式,即通过内在反思与通过外在行动。② 这两者在学习过程中缺一不可,体验学习过程就是一个不断经验领悟和改造过程。

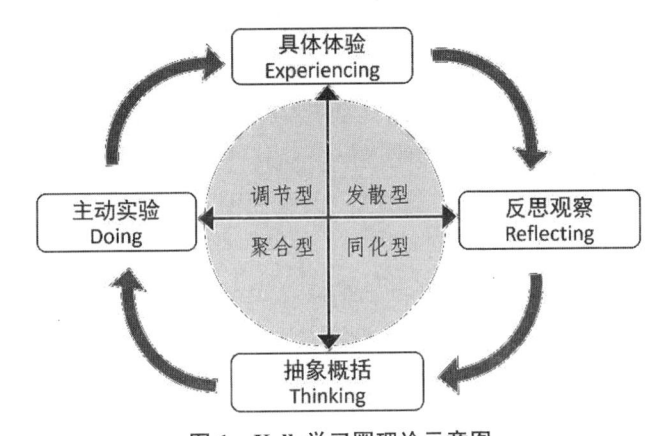

图 1　Kolb 学习圈理论示意图

---

① 《慕课正成为推动高等教育变革的重要引擎——世界慕课大会侧记》,载《光明日报》2020 年 12 月 13 日第 01 版。
② David A. Kolb, Experiential Learning: Experience As The Source Of Learning And Development [M], Prentice-Hall (2005).

345

假设一个学生擅长用感知的学习方法，那么首先，学生会在实践中获得具体经验；随后，学生经过对具体经验的反思与观察，对碎片式的知识与经验进行回忆、清理、整合、分享等，形成有条理、有类别的结果；然后，学生会结合其理论知识背景与自身的概括分析能力，对结果抽象化、概念化，总结为系统的理论与规律；最后，学生会在新情境中将这些理论和规律运用于问题解决与策略制定中，用理论和规律反哺实践。简单来说，就是"从行动归纳出经验，把经验升华为规律，用规律再指导行动"。当然，学习圈并不是必须从具体体验出发，而是可以根据学生的学习风格，从任一节点进入，形成一个螺旋上升（知识与认知进化）的过程。①

如何最大限度地设计和实施教学内容，帮助学生深化对重要概念的理解，激发学生学习动力，从而增强学习自主性、提高学习成效，Kolb 学习圈理论提供了一个有益的尝试方向。目前，Kolb 学习圈理论已经应用于国外一些高校。例如 Kolb 教授任职的美国凯斯西储大学，其法学院、商学院和生物学院联合开设了"知识产权交易与商业化"跨专业课程：教师先阐述专利商业化的流程和核心知识点并进行分组，每组生物学院的学生介绍若干有商业前景的新技术及其技术优势；商学院学生了解技术特点后进行 SWOT 分析，推荐其中风险最低、前景最好的技术进行模拟专利交易；法学院学生进行合规分析并拟定专利交易的重要法律文书，最后形成小组成果并公开汇报。这一课程能让学生体会到聆听知识、查找文献、观察讨论、模拟实践、结果检验等一系列"感知"与"领悟"的完整过程，对夯实学生理论基础，提高问题解决能力、团队合作能力、交流表达能力和综合实践能力等有极大的促进作用。其他如巴西 ABC 联邦大学的计算机仿真课程、拉夫堡大学实验室课程等，已经证明在应用 Kolb 学习圈理论后，学生整体学习效果优于传统教学方法。② 国内一些高校也对该理论进行了探索与实践，例如上海交通大学的"创新思维与现代设计"课程、齐齐哈尔大学的"语文学科教学设计"课程、③山东师范大学的生物学课程等。但总体来说应用面较为狭窄，以师范类、工科实践类课程居多。

---

① 张执南，张国洋，朱佳斌：《基于 Kolb 体验式学习循环的创新设计能力培养》，载《高等工程教育研究》2020 年第 1 期。

② David A. Kolb, Alice Y. Kolb, The Kolb Learning Style Inventory—Version 3.1Technical Specifications[M], Boston, MA: Hay Resource Direct（2005）.

③ 赵天琪：《基于 KOLB 体验式循环理论的教学设计能力培养》，载《齐齐哈尔大学学报》（哲学社会科学版）2021 年第 5 期。

二、Kolb 经验学习圈理论在民法学课程中的应用

本文以民法学课程为应用案例,论述如何基于 Kolb 学习圈理论进行教学设计,贯彻"学术性、知识性与价值性、思想性相统一"的价值要求,改善学生学习体验,达到预期教学目标。

民法学课程是法学学科的专业必修课,是学习其他法学课程的基础,旨在通过围绕《民法典》的教学,让学生掌握我国民事法律的基本规定,培养学生民事法律思维和运用法律知识分析处理民事法律纠纷的能力。该课程面向大一新生,正是打破被动式学习与题海训练思维、培养自主学习习惯与知识探索精神的最佳时机。基于 Kolb 学习圈理论进行的民法学教学设计如图 2。

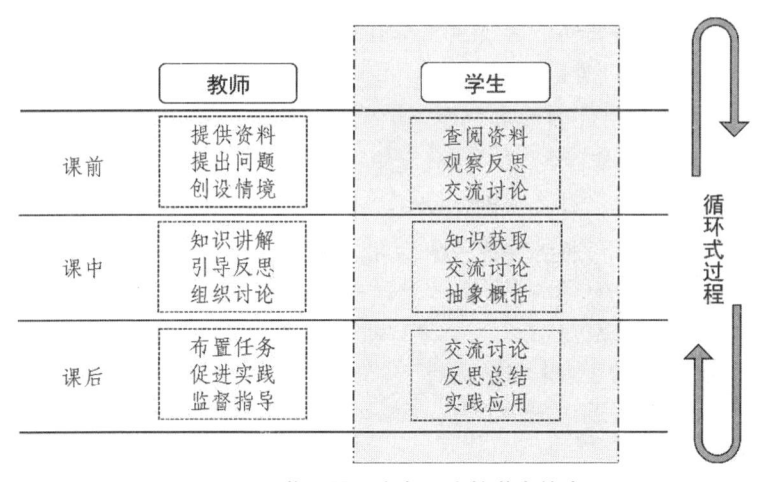

图 2 Kolb 学习圈理论在民法教学中的应用

(一)具体体验

对于新生而言,法律专业学习并不似影视剧中描绘得那般跌宕起伏、妙趣横生,反而佶屈聱牙、晦涩枯燥。具体体验就是要通过问题引导和情境创设,让学生能真情实感地体验和思考,产生探索新知识的内在驱动力。教师应考虑新生的年龄、心理、阅历、喜好等因素,发掘与学生生活、成长、个性等相关的联结点,将课程思政的要素融合在内,创设问题和情境,加深学生对知识的感悟与体会,改变学习的畏难心态,增强学习自信心和自主性。以"监护"这一小节为例,通过课前提问引发学生关注"南京饿死女童案""燕某虐待女儿致死案"等诸多

监护人失职的案件,再于课堂上展示、播放相关的新闻和视频资料,极大地唤起了学生的同情心和愤怒感。学生迫切想知道如何运用法律手段处理此类问题,为此积极查阅相关资料,课堂讨论参与度极高,课后也在课程 QQ 群内主动交流探讨其他类似的社会事件。学生经历了具体体验环节后,不仅自发完成了理论与实践融合的教学目标,也自觉强化了身为法律人的道德感、责任感和使命感。

（二）观察反思

观察反思是学习圈理论最为关键的环节,也是学生依据现有的具体经验进行观察思考,发现新旧知识之间的联系与区别、建构新认知的突破阶段。教师要善于在与学生的交流中提取关键信息,及时调整下一阶段的教学设计,同时递进式深入提问,引导学生深层思考、构建新认知。例如针对"监护"小节,教师在解析案例中的知识点后,要求学生分组讨论:如何理解法律的滞后性？对比《民法典》修订前后对监护的规定有何不同与具体作用？民事法律该如何平衡人的权利和义务？借此引导学生进一步思考民事立法的目的和意义,展望未来的民事法律发展方向。学生在对比、反思我国的历史、文化、社会认识等多重因素对民事立法的影响后,认识到法律难以克服滞后性的问题,必须随着经济发展与社会进步而不断完善,对我国法治理念的进步与人权保护的加强有了更充分的认识与理解,也对建设社会主义法治国家的奋斗目标有了更深刻的认同感。

（三）抽象概括

抽象概括是将具体体验与观察反思的结果进行归纳总结,从感性认知过渡为理性认知的阶段。作为法学学科,教师直接讲授式灌输民法理论和规律是较为生硬粗暴的,学生接受度也较低。教师应善于引导学生在前两个阶段学习的基础上,运用归纳法、演绎法、类比法等逻辑推理方法进行知识梳理与概括总结。继续以"监护"小节为例,教师向学生描述加强对未成年人权益保护、发挥司法防线作用的重要意义,同时也要注意平衡好权利与义务的对立统一关系。学生在小组内展开讨论,总结出应充分考虑被监护人的身心发展需求,针对不同程度的监护人失职情形进行不同程度的惩罚。之后,教师具体讲解监护人的权利和义务、监护人资格撤销和恢复的构成要件、临时监护措施,以及监护人责任在《民法典》总则部分、婚姻家庭编、侵权责任编中的规定与联系。最后,要求学生课后根据自己的思维习惯,结合之前所学知识绘制逻辑思维导图,完成抽象化、系统化的认知。

（四）主动实验

主动实验是指学生主动在新情境、新问题中检验前一阶段所得的抽象概括成果是否合理。这一阶段的检验，有传统的要求学生完成辨析题、案例题、论述题的方式，也有创新式的演讲、小组汇报、作品展示等方式。以"监护"小节的课程为例，教师要求学生根据自己的喜好，观看电影《刮痧》《我是山姆》《何以为家》《倾其所有》中的任意一部，分析其中反映了怎样的监护问题，以及如果该情节发生在我国有无相关法律规定、该如何处理等。学生在电影赏析的过程中再次巩固了监护相关的抽象概念，同时因为电影呈现的国家法律制度不同，学生必然要在分析评价的过程中查阅相关资料，形成新的体验和问题。教师可以在点评时鼓励学生跟进相关时事热点，引导学生结合宪法、行政法、刑法等其他部门法知识进行多角度思考，从而推动学生进入新一轮学习圈。在如此循环往复中，学生通过深度学习，培养主动积极的学习态度与创新性、批判性思维，强化对知识的掌握和运用，将新知识与旧知识进行理解与迁移，形成螺旋式上升的良性循环。

三、Kolb 经验学习圈理论在民法学课程应用后的反思

经过两年的理论实践，民法学课程实现了课堂教学生动有趣、交流氛围平等和谐、学习氛围积极主动的教学成效；课堂上不依靠点名也能实现几乎全勤的到课率，学生在期末考试中集中在 75—90 的中高分段，参与大学生创新创业项目、专业知识竞赛的表现十分踊跃。学生的自主学习能力、批判思维能力、团队合作能力均得到了锻炼。根据学生反馈与学院教学测评结果，学生对教师的满意度也从全校前 80.67％，跻身全校前 13.94％。当然，在实践中也发现了一些新的问题有待进一步探索和解决。

（一）对教师的教育教学能力要求大幅提高

要在一门课程的教学活动中贯穿 Kolb 学习圈理论的四个阶段，实现理想的教学目标，教师在其中的作用极为重要。教师必须做到在教学活动前扩大研究范围、进行深入分析，对课程内容精心设计、灵活整合，课堂教学高效有序，课后交流及时便捷，监督把控学生学习的全过程。同时，教师还承担着匡正人心、把握文科教育的价值导向，"立德树人，全面推进高校课程思政建设，推动习近

平新时代中国特色社会主义思想进教材、进课堂、进头脑,提高学生思想觉悟、道德水准、文明素养,培养担当民族复兴大任的新时代文科人才"的重要使命。①因此,教师需要投入比传统讲授式教学更多的时间和精力,充分开发其他内容性资源,及时更新案例库、习题库、课件等;不断调整教学方法,综合运用多媒体、互联网、大数据分析等设备和手段,营造活泼进取的学习环境。还需要提升自身的思政教育意识和思政教育能力,把握课程的整体性和系统性,深入挖掘课程的思政元素,寻找合适的切入点和融入方式,避免生硬的引入破坏课程的完整性和统一性,实现专业知识与思政理论的自然融合。

(二) 对学生的自我管理能力要求大幅提高

Kolb学习圈理论强调学生对体验进行领悟、体察、反思,在思维碰撞中实现理性的升华,这就要求学生在课堂之外进行大量的自主性、探索性、实践性学习。而国家"卓越法治人才教育培养计划2.0"和新文科建设更是指出要培养"立德树人、德法兼修,践行明法笃行、知行合一,主动适应法治国家、法治政府、法治社会建设新任务新要求"的一流法治人才,②对高校学生的思想修养、专业技术、实践能力、服务意识、国际视野和创新精神都提出了更高的要求。学生在专业学习、个体学习之外还需参与各类学习和实践活动,如果不能合理规划校园生活,高效利用课堂之余的碎片时间,掌握学习方法,提高学习效率,必然只能导致疲于奔命、浮于表面的学习状态。因此,新生要在入校后快速适应大学的教育教学环境,及时塑造良好的学习和生活习惯,始终以高标准严格进行自我管理。

(三) 探索应对混合式教学的新思路

疫情的长时间、大范围影响使得线上线下混合式教学在近两年内成了常态化教学方式,虚拟仿真课堂也成了隔离中进行实践教学的新方法。经历了各个阶段的演变和发展后,混合式教学早已非简单的互联网技术延伸或传统课堂拓展:混合式学习环境下,课堂的概念被进一步颠覆;学习者的自主建构成为学习过程的核心,教师是学习的设计者和促进者。在共性化、标准化知识获取基础上,个性化方案、模块化学习的理念正在得到推广和应用,必将驱动未来教学模式的全面变革。

---

① 《新文科建设:"新"从何来,通往何方》,载《光明日报》2021年3月20日第10版。
② 《教育部 中央政法委关于坚持德法兼修实施卓越法治人才教育培养计划2.0的意见》,中华人民共和国教育部:http://www.moe.gov.cn/srcsite/A08/moe_739/s6550/201810/t20181017_351892.html

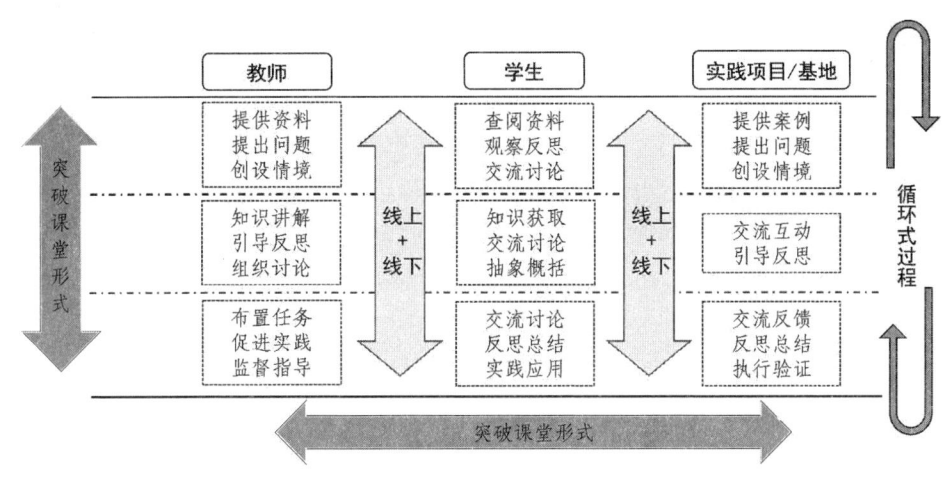

图 3　Kolb 学习圈理论新应用的构想

面对日新月异的信息技术进步，Kolb 学习圈理论需要在现有实践基础上做出突破，构想新的混合式教学应用模式。例如，混合式教学中学生可以根据自身需要开启对应模块或加入临时线上小组学习，课前、课中、课后的课堂时间界限不再明显，学生感知和领悟的任意过程都有可能发生在线上、线下或线上线下结合。教师也不再遵循"以传授知识为主"的讲解路径，而是减弱自己的主导身份，设计和组织课程全过程的学习活动，借此发现学生的问题，引导并协助学生解决问题。网络化、社会化的线上交互可以帮助学习者在复杂动态的网络节点中找到关键结点，线下活动则可以促进学习者与关键结点的深层次交互，促进学习的发生。① 另外，课堂边界的进一步模糊也使得实践教学可以突破空间限制，在专业教学的过程中随时加入，让学生有习得知识后即时应用于实践、即时得到反馈、即时加以佐证或试错的机会，形成与专业知识教学的深度交互与结合，触及传统课程教育与网络学习所无法涉及的人格及社会性的发展领域。

四、结语

新文科建设要求教师在教育教学中要具备战略眼光，既要有风险忧患意

---

① 冯晓英，孙雨薇，曹洁婷：《"互联网+"时代的混合式学习：学习理论与教法学基础》，载《中国远程教育》2019 年第 2 期。

识,持续推动教育教学改革,应对来自各方面的风险挑战;又要有历史机遇意识,把握中华民族伟大复兴的战略全局,努力在这场百年未有之大变局中把握航向。将 KOLB 学习圈理论在民法学教学中进行初步应用,是理论研究与实践探索、人才培养与科学研究紧密结合的有益尝试,为今后进行新课程、新模式探索提供了一定的经验。我们要在坚持尊重规律,尊重文科教育特点和人才成长规律的基础上,坚持不懈挖掘新材料、发现新问题、提出新观点、构建新理论,加强对实践经验的系统总结。立足国情,守正创新,培养担当民族复兴大任的新时代文科人才。

行政法教学的中国话语研究

刘文凯

【摘要】 构建新时代法学教育的中国话语体系是贯彻落实习近平法治思想融入课堂教学的重要内容。然而,由于我国的行政法学主要是借鉴域外成果形成的理论体系,行政法的本土化研究尚未系统融入主流教材,因而导致行政法教学陷入中国话语缺失的困境。事实上,伴随行政法学理论研究自主意识的不断增强,目前涉及行政法学各个层次的本土化理论已经逐渐成形。在此背景下,可以根据有关中国话语发展的不同程度,通过教师讲授、课堂研讨以及启发学生课后思考等方式,将行政法学中国话语融入日常行政法教学。

【关键词】 习近平法治思想;行政法教学;中国话语

2021年9月,马克思主义理论研究和建设工程重点教材《习近平法治思想概论》[①]正式出版。在《习近平法治思想概论》这本权威教材的引领下,各大高校纷纷开设了习近平法治思想概论这门专业课程。专业课程的开设对于贯彻落实、宣传普及习近平法治思想无疑具有重要意义。然而,由于我国法学理论长期以来主要是参考借鉴域外研究成果的产物,因此如何将这一具有重大政治意义、理论意义、实践意义和世界意义的中国特色社会主义理论成果融入各门专业课程的教学之中,才是扭转我国法学理论研究和学生学习本土化意识薄弱的关键所在。行政法学作为一门法学专业基础课程,同样面临着中国话语缺失的困境。而要破解这一困境,就必须在习近平法治思想的引领下,系统梳理我国行政法学的中国话语,进而将其融入日常教学体系之中。

【作者简介】 刘文凯,南京审计大学法学院讲师,主要从事行政法学理论与教学研究。
① 《习近平法治思想概论》编写组:《习近平法治思想概论》,高等教育出版社2021年版。

一、行政法教学的中国话语缺失

（一）行政法教学中国话语缺失的原因

在无数学界同仁的共同努力下，我国的行政法学理论体系已经日臻成熟。这不仅体现为对行政法学具体理论进行研究的学者灿若繁星，更体现在系统阐释行政法学理论体系的学术专著和行政法学教材日益完备。系统性的行政法学理论研究成果为行政法教学提供了重要支撑。然而，由于我国的行政法学主要是借鉴域外成果形成的理论体系，其发展尚处于一个参考借鉴域外成果与本土化研究交叉重叠的关键转型期，因此诸多行政法学教材所秉持仍是一种以域外成熟理论介绍为主的相对谨慎态度。这虽然并不影响学生对于行政法学基础理论的学习，但不利于学生及时了解中国行政法的理论和制度创新，尽早树立本土化的学习和研究意识。换言之，当前行政法学主流教材仍主要阐释的是域外行政法学通论以及我国与之相对应的制度设计，但对于从我国国情出发，在我国行政法治实践过程中所形成、改进和创设的行政法学理论与制度则少有提及。这不仅导致我国行政法学理论的系统阐释欠缺立足于本土的意识，缺失具有中国特色的理论和制度创新等内容，而且也影响到了行政法教学，使其陷入中国话语缺失的困境。

（二）行政法教学中国话语缺失的体现

行政法教学中国话语的缺失主要体现在两个方面：其一，从教师授课的角度来看，由于主流教材对于中国特色的行政法学理论和制度涉及较少，因此教师在教学设计时往往陷入避而不谈或者谈而不深的困境；其二，从学生学习的角度来看，学生在学习过程中实际已经关注到目前教材中的理论知识无法很好地解释中国社会中的各种行政现象，如何通过学习行政法解决中国的本土问题已经成为新时代高校大学生的学习目标。

1. 教师在行政法教学设计中的困境

在长期的行政法治实践中，我国形成了诸多具有中国特色的理论和制度。由于这些本土化的理论和实践成果与域外传统的行政法学理论存在冲突，因此教师在教学设计时要不要把这些内容纳入教学范围，纳入教学范围会不会与教材内容产生冲突，如何处理本土理论和制度创新与传统行政法学理论的关系，均是不得不予考虑的问题。譬如，在讲授行政合法性原则时，是否需要将具有中国特色的权力清单理论和制度作一介绍，如果需要，就会对传统行政法学分散化的职权法定造成冲击，进而需要进一步从我国的具体国情出发阐释权力清单理论和制度的产生基础和中国实践。又如，在讲授行政给付行为时，是否应当结合我国以实现共同富裕为目标的精准扶贫理论进行讲解，如果结合二者，我国的行政给付概念是否仍要继续沿用域外行政法对行政给付所作的"最低生活保障"限制。再如，讲授行政征收行为时，是否需要从社会主义公有制出发阐释我国的行政征收理论，如果需要，那么行政征收中的公共利益界定、征收补偿标准、土地增值收益分配等内容是否需要根据我国的具体国情进行重新阐释。

2. 学生在行政法学习过程中的困惑

新时代的高校大学生具有获取知识途径广、了解知识程度深、对学习内容好奇心强等特点。学生在学习的过程中，往往能够较为主动地理论联系实际，并对有关社会现象进行有益的思考和探索。在行政法的学习过程中，学生经常能够通过关注社会热点事件、考察新的行政现象，甚至通过社会调研，对自己所学的知识进行应用和检验。然而，由于不少行政现象或者实践做法具有鲜明的中国特色，因此简单运用教材中所学的传统理论知识便很难解决学生遇到的问题。比如，学生通过关注新闻报道，发现行政机关近几年开展了不少失信惩戒活动，并且国外没有相关制度。有的学生认为行政机关的失信惩戒是行政处罚，但也有学生认为其不是行政处罚，如果不是行政处罚，那么行政法应该参照哪一类行政行为对其进行控制？目前似乎很难从教材中的行政行为类型化理论得出答案。再如，学生通过关注"南通甘蔗事件"发现行政主体把职权"外包"给了保安公司，由此学生就产生了一系列疑问：首先，行政职权还可以外包吗？哪些可以外包？哪些不能外包？其次，行政职权外包属于行政委托还是公私合作治理？行政委托和公私合作治理有无区别？最后，教材上关于行政组织法的理论似乎并没有涉及这些内容。除此之外，学生还关注到了党政机构合署合设、检察公益诉讼、行政负责人出庭应诉、复议维持共同被告、行政约谈等具有中国特色的行政法学理论和制度。

二、行政法学中国话语的逐渐成形

目前行政法教学面临的中国话语缺失困境，本质上是行政法学本土化研究成果未能及时有效、系统全面地进入行政法教材所致。申言之，我国行政法学其实并不缺少回应中国问题的理论成果，只是这些理论成果尚未成为构建中国特色行政法学理论体系的重要基石。

（一）行政法学概论的中国话语

行政法学概论的中国话语主要是指我国在行政法学理论基础、基本原则等方面所形成的具有中国特色的理论和制度。目前，我国行政法学界已经对行政法学的理论基础以及方法论等做了较为深入的研究，由此正在形成一股突破传统行政法学理论体系，建构新的行政法学理论体系的内生力量。[1] 近些年来，我国学者还对中国的行政法法典化进行了深入讨论，[2]提出了自动化行政[3]、数字行政法[4]等新概念。在行政法基本原则方面，为实现行政法对行政权的合法性控制，我国创设了具有中国特色的权力清单理论和制度。为加强政府诚信，我国在建设具有中国特色的社会信用体系过程中将"政务诚信"作为一项重要内容。此外，学界还对"行政效能原则"[5]"关联性原则"[6]以及比例原则是否应当增加"目的正当性"的子原则[7]等进行了广泛讨论。

（二）行政法学基础理论的中国话语

行政法学基础理论的中国话语主要是指我国在行政组织、行政行为、行政程序等方面所作的理论和制度创新。行政组织理论方面，党和国家机构改革在对传统行政主体理论形成冲击的同时，创设了具有中国特色的党政协同主体理论，形成了党政机构合署合设这一新型行政组织形式。[8] 在公私合作治理方面，

---

[1] 朱芒：《中国行政法学的体系化困境及其突破方向》，载《清华法学》2015年第1期。
[2] 关保英：《论行政法典总则与部门行政法及其成典的关系》，载《中州学刊》2022年第1期；王万华：《我国行政法法典编纂的程序主义进路选择》，载《中国法学》2021年第4期；薛刚凌：《行政法法典化之基本问题研究——以行政法体系建构为视角》，载《现代法学》2020年第6期；章志远：《中国特色行政法法典化的模式选择》，载《法学》2018年第9期。
[3] 胡敏洁：《论自动化行政中的瑕疵指令及其救济》，载《北京行政学院学报》2021年第4期；胡敏洁：《自动化行政的法律控制》，载《行政法学研究》2019年第2期；查云飞：《人工智能时代全自动具体行政行为研究》，载《比较法研究》2018年第5期。
[4] 于安：《论数字行政法——比较法视角的探讨》，载《华东政法大学学报》2022年第1期；陈越峰：《数字行政法的形成与构造》，载《华东政法大学学报》2022年第1期。
[5] 沈岿：《行政法上的效能原则》，载《清华法学》2019年第4期。
[6] 沈岿：《社会信用惩戒的禁止不当联结》，载《暨南学报》（哲学社会科学版）2021年第11期。
[7] 刘权：《目的正当性与比例原则的重构》，载《中国法学》2014年第4期。
[8] 金国坤：《党政机构统筹改革与行政法理论的发展》，载《行政法学研究》2018年第5期；林鸿潮：《党政机构融合与行政法的回应》，载《当代法学》2019年第4期；喻少如、刘文凯：《党政机构合署合设与行政主体理论的发展》，载《南京社会科学》2019年第4期；程琥：《党政机构合并合署改革的行政法回应》，载《治理研究》2021年第5期。

我国也进行了中国本土的有益探索。① 此外，还对行政职权委托或外包等进行了理论研究。② 在行政行为理论方面，我国建立在社会主义公有制基础之上的土地征收补偿理论与制度，无论是在公共利益界定、征收补偿标准，还是在土地增值收益分配等方面均与域外传统的行政征收理论与制度存在根本差异。我国以实现共同富裕为目标的精准扶贫理论已经突破了域外行政给付作为最低生活保障的理论限定。基于中西方现代信用体系的差异以及政府在现代信用体系中扮演的不同角色，我国产生了失信行政性惩戒这一新型行政方式。在行政程序方面，我国进行了行政执法公示制度、执法全过程记录制度、重大执法决定法制审核制度等创新。③

（三）行政诉讼法学的中国话语

行政诉讼法学的中国话语主要涉及的是我国在行政诉讼法方面所产生的具有独创性的理论和制度。检察公益诉讼理论和制度是基于我国国情、结合中国实际，在客观诉讼方面所作的重要创新。④ 复议维持共同被告制度虽然与传统行政法理论中的"统一性原则"相冲突，但却是我国基于实践理性所作的制度选择。⑤ 与域外行政诉讼制度相比，我国行政诉讼中的行政负责人出庭应诉制度颇具中国特色，是中国问题中药医的典型范例。⑥ 此外，我国还在中国司法体制下进行了行政诉讼立案登记制、跨区域管辖等制度的探索。

---

① 石佑启、陈可翔：《合作治理语境下的法治化营商环境建设》，载《法学研究》2021年第2期；章志远：《迈向公私合作型行政法》，载《法学研究》2019年第2期；邹焕聪：《公私合作主体的兴起与行政组织法的新发展》，载《政治与法律》2017年第1期。

② 叶必丰：《论行政机关间行政管辖权的委托》，载《中外法学》2019年第1期；刘莘、陈悦：《行政委托中被委托主体范围的反思与重构——基于国家与公务员间法律关系的思考》，载《行政法学研究》2018年第2期；黄娟：《行政委托内涵之重述》，载《政治与法律》2016年第10期；王克稳：《政府业务委托外包的行政法认识》，载《中国法学》2011年第4期。

③ 《国务院办公厅关于全面推行行政执法公示制度执法全过程记录制度重大执法决定法制审核制度的指导意见》，国办发〔2018〕118号。

④ 刘艺：《检察公益诉讼的司法实践与理论探索》，载《国家检察官学院学报》2017年第2期；刘艺：《构建行政公益诉讼的客观诉讼机制》，载《法学研究》2018年第3期。

⑤ 熊樟林：《行政复议机关做被告的理论逻辑》，载《法学》2021年第7期；俞祺：《复议机关作共同被告制度实效考》，载《中国法学》2018年第6期；梁凤云：《行政复议机关作共同被告问题研究——基于立法和司法的考量》，载《中国政法大学学报》2016年第6期。

⑥ 章志远：《行政机关负责人出庭应诉制度的法治意义解读》，载《中国法律评论》2014年第4期；喻少如：《功能主义视阈下的行政机关负责人出庭应诉制度》，载《法学评论》2016年第5期；卢超：《行政诉讼行政首长出庭应诉制度：司法政治学的视角》，载《北方法学》2015年第4期。

三、行政法学中国话语融入教学的具体路径

破解行政法教学中国话语缺失困境的根本之道在于立足建构中国特色的行政法学理论体系,及时、系统、全面地将我国在行政法学理论和制度方面的创新纳入行政法学教材。但在这一艰巨任务尚未完成之前,可以根据有关中国话语的发展程度,通过教师讲授、课堂研讨以及启发学生课后思考等方式,将行政法学的中国话语融入行政法教学。

(一)定型话语的教师讲授

涉及行政法学各个层次的中国话语虽然已经逐渐成形,但是有关中国话语的发展程度仍然存在一定差异。因此,在将有关中国话语融入行政法教学时,应根据有关中国话语的不同发展程度选择差异化的融入策略。所谓定型话语,即是指在我国已经达成共识的理论创新和已经纳入实在法的制度创新。譬如权力清单理论和制度、检察公益诉讼理论和制度、复议维持共同被告理论与制度、行政机关负责人出庭应诉理论与制度、行政诉讼案件跨区域管辖理论与制度以及行政执法三项改革理论与制度等。由于以上具有中国特色的理论与制度已经定型,因此可以主要通过教师讲授的方式将其融入行政法教学。有鉴于上述中国话语不可避免地会与传统的行政法学理论产生冲突,所以在具体讲授时可采用"多层次教学法"对相关内容进行分层次的讲解。即先讲授传统行政法学的基础理论和制度,再讲授中国面临的实际问题,然后阐释中国在此方面所作的创新及根源。如此一来,便可在保证学生掌握行政法学基础理论的前提下,使其进一步了解和关注具有中国特色的理论和制度创新,从而避免学生把教材内容当成教条,帮助学生尽早树立起本土化的学习和研究意识。

(二)成熟话语的课堂研讨

所谓成熟话语,是指已经有过广泛研究但尚未达成普遍共识且未实定法化的理论和制度创新,或者已经实定法化但还存有争议的本土理论和制度。譬如中国特色的行政法学体系建构、中国行政法的法典化、行政法基本原则体系完善、党政机构合署合设的行政组织法建构、公私合作治理、社会主义土地征收补偿理论与制度、以共同富裕为目标的精准扶贫理论等。针对此类中国话语,教师的讲授或许就是一家之言。因此,宜采用课堂研讨的方式,让学生充分了解这些中国话语在我国形成、发展和成熟的过程,引导学生从中国问题和中国具

体国情出发,结合所学知识,探索最佳解决方案。针对有关中国话语的课堂研讨设计,需提供必要的参考资料,对有关分歧和不同方案作一基础梳理,然后根据学生赞同、反对以及提出新想法的不同立场,分组进行研讨。

(三)发展话语的课后思考

相较于定型话语和成熟话语,发展话语主要是指已经纳入我国行政法改革范围或者已经广泛实践,但尚未形成共识且未实定法化的理论和制度创新。譬如自动化行政、数字行政法、行政职权委托或外包、政务诚信建设以及失信行政性惩戒等。长远来看,上述内容终将成为行政法学中国话语的重要组成部分。但是,由于这些话语仍然处于发展阶段,尚未形成丰富成熟且稳定的行政法理论和制度,因此可以将其作为行政法教学的拓展性内容加以对待。针对此类行政法教学的拓展性内容,可以通过布置课后作业或者向学生提供毕业论文选题参考等方式,促使学生增强对行政法学中国话语的了解,不断提升学生的问题意识,拓展学生的研究视野。

"非必选"型课程定位下环境法学教学质量提升路径研究

谌 杨

【摘要】 2018年1月教育部发布的《法学类教学质量国家标准》将环境法学由法学专业的16门核心课程之一"降格"为"非必选"课程,设置法学专业的高校可以自由选择是否开设环境法学课程,以及自由选择将环境法学列为必修课或选修课。学科地位的下降导致高校环境法学课程的课堂教学普遍陷入"教师无心教、学生不想学"的困境。对此,应当从适当提高学科地位、培养学生学习兴趣、引导教师回归教学等方面予以应对,通过提升环境法学课程的教学质量,为国家培养更多的优秀环境法治人才。

【关键词】 环境法学;核心课程;学科地位;教学质量

一、背景梳理与问题缘起

环境与资源保护法学(以下简称环境法学)是我国的一个新兴法律部门,其既属于法学的一个分支学科,又属于环境科学的一个分支学科,具有社会科学和自然科学相互交叉渗透的特点。[①] 我国环境法学的研究与教学工作肇始于20世纪80年代初期,在我国最早一批环境法学者的不懈努力之下,中国特色社会主义环境法学的基本概念、基本原则、基本制度等基础性问题得以逐步厘清。基于环境法学与其他部门法学在研究对象、研究方法、结构体系等诸多方面的差异,将环境法学作为一个独立的法律部门的呼声日渐高涨。[②]

1987年12月,在原国家教育委员会印发的《普通高等学校社会科学本科专

【作者简介】谌杨,南京审计大学法学院讲师,主要从事环境与资源保护法学教学与理论研究。
① 王明远:《环境法学:拥抱生态文明的新兴交叉学科》,载《清华法学》2018年第5期。
② 汪劲:《环境法学的中国现象:由来与前程》,载《清华法学》2018年第5期。

业目录》之中,环境法学被列为法学门类下的9个本科专业之一,这是环境法学首次成为一门独立的法学学科。1990年11月,国务院学位委员会、原国家教育委员会发布《授予博士、硕士学位和培养研究生的学科、专业目录》,环境法学被列为法学的16个二级学科之一。1997年6月,国务院学位委员会、原国家教育委员会对《授予博士、硕士学位和培养研究生的学科、专业目录》进行了修订,法学门类下的16个二级学科被减为10个,但环境法学得以被保留为10个法学二级学科之一,并一直延续至今。

在环境法学的学科地位方面,1998年11月,教育部高校法学学科教学指导委员会确定了法学专业的14门核心课程,环境法学未被列入。[①] 但在2007年3月,教育部高校法学学科教学指导委员会召开全体委员会议,会议通过了调整法学学科核心课程的决定,在原来14门核心课程的基础上又新增了2门,环境法学位列其中。[②] 至此,环境法学正式进入法学专业的16门核心课程序列,环境法学在我国法学教育体系中的相对重要地位得到基本确立。

然而在2018年1月,教育部发布了《普通高等学校本科专业类教学质量国家标准》,针对我国普通高校的92个本科专业大类均制定了教学质量国家标准,其中就法学本科专业制定了《法学类教学质量国家标准》,明确法学专业的核心课程采用"10+X"的分类设置模式:其中"10"是指法学专业学生必须完成的10门必修核心课程,包括法理学、宪法学、中国法律史、刑法、民法等10门课程;"X"是指各院校根据办学特色开设的其他核心课程,包括经济法、商法、环境资源法等若干门课程,"X"选择设置的门数原则上不低于5门。

不难发现,《法学类教学质量国家标准》将我国法学专业的"核心课程"分为了两种类型:一是所有设置法学本科专业的高校都必须开设的10门必修核心课程;二是允许设置法学本科专业的高校自主选择开设的若干门其他核心课程。显然,这两类课程虽然同被称为法学专业的"核心课程",但两者的学科地位存在显著差异:纳入"10"之中的"核心课程"成了所有设置法学本科专业高校的必选项,也即所有设置法学本科专业的高校均须开设这10门课程,且必须将其设为必修课,其学科地位显然较高;而纳入"X"之中的"核心课程"则只有在高校选择开设这门课程,且将其确定为必修课之后,才能成为真正意义上的"核心

[①] 中华人民共和国教育部高等教育司:《全国高等学校法学专业核心课程教学基本要求》,高等教育出版社1998年版,第1页。

[②] 中国法学会环境资源法学研究会、环境资源保护法教学研究委员会:《我国环境与资源保护法教学情况报告》,载《中国法学会法学教育研究会2011年年会论文集》,第497页。

课程",但高校也完全可以将其设为选修课,甚至选择不开设这些课程,因而其学科地位相对较低。基于此,笔者将纳入"10"之中的课程称为法学专业的"必选"型核心课程,而将纳入"X"之中的课程称为"非必选"型核心课程。

《法学类教学质量国家标准》将法学专业的核心课程进行分类设置的模式,一定程度上增加了高校的自主选择权,有利于不同类型的高校充分结合其学科优势和办学特色开展法学教育:例如一些财经类院校的法学本科专业可以选择经济法、财税法等作为核心课程,一些语言类院校可以选择国际私法等作为核心课程,而一些农林类院校则可以选择环境资源法作为核心课程等。同时,这一规定亦有利于一些新设置法学本科专业、师资力量和师资结构尚有不足、暂无能力开设全部16门法学核心课程的高校顺利完成法学本科教学任务,从而有效提升了法学人才培养的效率和灵活性。

然而同样毋庸讳言的是,对于原本属于法学16门核心课程序列,但在2018年《法学类教学质量国家标准》中被列入法学专业"非必选"型核心课程的学科而言,其学科地位的下降是不言而喻的,而环境法学即是如此:在2018年《法学类教学质量国家标准》发布之后,设置法学本科专业的高校可以自主选择是否开设环境法学课程;倘若高校决定开设环境法学课程,则可以自主选择将环境法学设为必修课或选修课。环境法学的学科地位在2018年《法学类教学质量国家标准》中遭到"降格"的原因主要在于:2007年教育部高校法学学科教学指导委员会所确定的16门法学核心课程并不是一项强制性要求,[①]实践中有不少高校囿于环境法学专业教师匮缺等原因,一直未开设环境法学课程,因而倘若以国家标准的形式将环境法学列为"必选"型核心课程,进而强制性要求每个设置法学本科专业的高校均开设环境法学课程,客观上会使一些高校因师资力量不足、无法开课而陷入教学工作难以符合国家标准要求的困境。

因此,2018年《法学类教学质量国家标准》从实际出发,将环境法学调整为了法学专业的"非必选"型核心课程,这使得环境法学虽然位居我国法学二级学科之一,但环境法学的学科地位并不高,特别是在当下我国高校的法学教育实践中,环境法学课程往往未能得到足够的重视。在一些高校中,环境法学课程逐渐被边缘化,甚至在部分高校的环境法学课堂上出现"教师念课件、学生玩手机"的尴尬场面,这显然不符合我国深入贯彻习近平生态文明思想、大力推进生

---

① 李慧敏、胡成功、宋国磊:《我国高校法学专业核心课程建设存在问题及对策》,载《中国法学教育研究》2008年第4期。

态文明建设、用最严格的制度和最严密的法治保护生态环境等基本要求。因此,如何在当下环境法学被列为"非必选"型核心课程的背景下,打破因环境法学的学科地位"降格"所带来的一系列负面连锁反应,有效提升高校环境法学课程的教学质量,是亟待我国环境法学教育工作者研究的一个重要问题。

二、当下我国环境法学教学陷入困境的原因分析

(一)学科定位问题

如前文所述,在我国一些开设了环境法学课程的高校中,环境法学的学科地位及其受重视程度近年来有所下降,环境法学课程也存在逐渐被边缘化之倾向,而这除了可以归因于环境法学由16门法学核心课程之一"降格"为"非必选"型核心课程之外,同样不容忽视的另一方面原因则是环境法学在我国的法学教育体系中始终未能得到真正的重视,对此可以从以下两个方面得到印证:

首先,在法学教育领域内最为重要的国家级考试——国家统一法律职业资格考试之中,环境法学内容的占比历来较少。例如在《国家统一法律职业资格考试辅导用书》(2019年版)这一官方教材中,全部4册教材共计近2500页,但其中环境法学的内容仅27页,约占全部页数的1%。不仅如此,在国家统一法律职业资格考试(国家司法考试)的试题中,环境法学试题的分值同样占比较少,例如在2017年国家司法考试中,涉及环境法学内容的试题分值仅为6分(共计3个不定项选择题),在总分600分中占比1%。[①] 众所周知,国家统一法律职业资格考试是从事法官、检察官、律师等法律职业的前提条件和敲门砖,其重要性无须多言,而在如此的重要考试中基本不考察环境法学相关知识的做法,无疑是给法学专业学生和广大考生灌输了"环境法学重要程度不高"的思想。事实上,实践中大部分参加国家统一法律职业资格考试的考生在准备考试的过程中,并不复习环境法学的相关内容,这是因为环境法学在考试中的分值占比太少,一般情况下,无论考试时涉及环境法学内容的考题是否回答正确,对于最终能否通过考试的影响并不大,因而从功利角度出发,考生通常会将更多

---

① 由于自2018年起"国家司法考试"改为"国家统一法律职业资格考试",且司法部不再公布"国家统一法律职业资格考试"的试题及答案,故本文采用2017年"国家司法考试"的官方数据资料。但据参加"国家统一法律职业资格考试"的人员回忆,在2018年至2021年的"国家统一法律职业资格考试"中,涉及环境法学内容的试题同样极少。

的时间用于复习民法、刑法、行政法等分值占比较高的学科。

其次,在我国另外一个极为重要的国家级考试——全国硕士研究生招生考试之中,环境法学的定位同样颇为尴尬。例如在学术型硕士研究生报考方面,除了报考环境法学专业的学术型硕士的考生在考研时通常需要考察环境法学知识之外,报考法学其他专业的学术型硕士的考生在考研时基本不涉及环境法学知识的考察。而在专业型硕士研究生报考方面,无论是供法学专业的本科生报考的法律硕士(法学),还是供非法学专业的本科生报考的法律硕士(非法学),其考试内容均不涉及环境法学相关知识。因此,对于意向报考法学硕士或法律硕士的学生(特别是法学专业本科生)而言,其学习环境法学知识的意愿和动力明显不足。

由此可见,基于环境法学在国家统一法律职业资格考试以及全国硕士研究生招生考试等国家级重要考试中所处的边缘地位,使得法学专业学生对于环境法学课程的重视程度普遍较低。在日常学习中,法学专业学生通常不会花费较多的时间和精力学习环境法学知识,亦不会特别认真地对待环境法学课程的课堂教学,这就使得环境法学教师常常在课堂上陷入演"独角戏"的尴尬境地,难以形成师生互动,从而导致环境法学课程的课堂教学效果不甚理想。

(二)授课教师问题

所谓教学,即是"教"与"学"的结合。[①] 除了前述因学科定位问题而导致学生"学"环境法学的兴趣不高,进而造成高校环境法学课程的教学效果普遍不佳之外,从"教"的角度来看,亦存在因环境法学教师自身方面的问题而导致环境法学课程的教学质量欠佳的情况,具体原因包括以下几个方面:

一是因环境法学专任教师数量不足而产生的连锁反应。目前我国高校对于法学专任教师的基本要求是具有法学博士学位,但目前我国招收和培养环境法学专业博士生的高校仅有十余所,每年毕业的环境法学专业博士生的数量也较为有限,这就造成全国范围内具有环境法学教育背景的法学专任教师的数量相对较少。而环境法学专任教师的普遍匮缺,导致我国高校环境法学课程由其他法学专业教师代课的情况较为常见。但是,临时代上环境法学课程的教师有自己的专业和研究方向,对于环境法学课程教学并不一定具有兴趣,通常也并不愿意花费过多的时间进行备课,甚至可能以应付工作的心态完成代课任务,

---

[①] 喻聪舟、温恒福:《以高效能为抓手促进"教"与"学"的有机融合》,载《当代教育论坛》2020年第4期。

从而造成环境法学课程的教学质量不佳。此外,囿于代课的其他法学专业教师并不具备环境法学知识背景,即使其花费一定的时间进行备课,也难以保证取得理想的教学效果。

二是环境法学专任教师的授课经验通常不足。如前文所述,囿于我国环境法学专任教师的数量较少,环境法学专业的博士毕业生通常在入职高校后即要立刻走上讲台,然而青年博士在历经漫长的学习生涯以及长期的学术训练之后,通常在科研工作方面有所心得,但在教学工作方面往往经验不足,一时恐难以用通俗易懂的语言将法学的乐趣深入浅出地描绘给学生。[①] 特别是对于入职未开设过环境法学课程的高校的博士毕业生而言,环境法学课程的教学工作相当于"从零开始",设计教学大纲、收集案例、制作课件等都需要自己不断摸索,而囿于缺少资深教师的引领以及缺乏相对成熟的教学经验可供借鉴,在刚走上讲台的一段时间内,环境法学专业青年教师的授课效果往往不是特别理想。

三是以科研成果为主要导向的职称评价体系使得高校教师在教学工作中投入的时间和精力较为有限。虽然当下我国高校正在广泛开展以"破五唯"为核心的职称评价体系改革,但目前科研项目与学术论文仍是高校教师评定职称时的重要参考之一。囿于环境法学并非法学领域内的主流学科,环境法学专职教师在科研项目申请、学术论文发表等方面通常处于弱势地位,但在高校教师职称评审的过程中,却并不会因为环境法学专职教师所面临的上述天然劣势而予以降低标准或给予政策倾斜,这就造成高校内环境法学专职教师的科研压力相对更大。此外,一些高校还设置了"非升即走"的考核制度,不能在聘期内完成相应科研任务的教师将面临解聘的风险。因此,在职称评定和聘期考核的双重压力之下,以青年博士为主的大部分环境法学专职教师只能选择将更多精力置于科研工作之中,而投入环境法学教学工作的时间则相对有限,从而造成环境法学课程的教学质量不甚理想。

(三)课程内容问题

如前文所述,环境法学是一门社会科学与自然科学相融合的交叉学科,在环境法学的知识体系之中,既有法律原则、法律制度、权利义务关系等属于法学领域内的相关内容,亦有生物学、生态学、环境科学等属于自然科学领域内的相关内容,因而相较于其他法学学科而言,环境法学的知识体系较为复杂,对于已

---

① 竺效:《环境法入门笔记》,法律出版社2018年版,第1页。

经普遍养成文科思维、更善于通过思辨方法和逻辑推导等方式进行社会科学研究的法学学生而言,确实存在一定的学习门槛。此外,包括环境标准制度、环境规划制度、环境影响评价制度等在内的多个环境法学特有的法律制度与学生的日常生活距离较远,如果不是专门从事生态环境保护相关工作的人员,通常难以接触到这些制度,因而相较于民法、刑法等与日常生活联系较为紧密的法律部门而言,学生较难以就环境法学的课程内容产生感性认知,通常会认为环境法学的课程内容较为抽象和枯燥,导致其学习环境法学的兴趣不高。① 基于此,环境法学课程的课堂教学经常会面临学生的学习积极性难以调动的问题,从而造成环境法学课程的教学效果不甚理想。

三、我国环境法学课程教学质量提升的应然路径

(一)适当提高学科地位

正如习近平总书记所指出的,生态文明建设关系人民福祉、关乎民族未来,要用最严格的制度和最严密的法治保护生态环境。② 在我国大力推进生态文明建设以守护绿水青山与净土蓝天的宏大背景下,更应当充分发挥环境法学在完善和发展中国特色社会主义生态环境保护法律体系中的重要作用,通过扩大环境法学课程在我国法学教育体系中的覆盖度和影响力,为国家输送更多的环境法治人才。为此,我国高等教育主管部门应当以提升环境法学的学科地位为导向,加快推进环境法学专业硕士点和博士点的建设工作,加大环境法学专职教师的培养力度,扩充环境法学专职教师的师资规模,待时机成熟时,及时将环境法学由"非必选"型核心课程调整为"必选"型核心课程。此外,在国家统一法律职业资格考试以及全国硕士研究生招生考试中,应当适当增加环境法学试题的比重,引导法学专业学生重视环境法学课程的学习。由此,可在一定程度上为环境法学课程的教学质量提升打下基础。

(二)培养学生学习兴趣

如前文所述,囿于环境法学领域内的法律制度通常较为抽象,与学生的日常生活联系并不密切,导致学生通常会因为难以对环境法学的课程内容产生感

---

① 巩固:《加强高校环境法学教育 切实推进生态文明建设》,载《环境教育》2011 年第 3 期。
② 中共中央文献研究室:《习近平关于社会主义生态文明建设论述摘编》,中央文献出版社 2017 年版,第 99 页。

性认知而缺乏学习环境法学的兴趣。对此笔者认为,可以在环境法学课程的课堂教学中采用播放视频和展示图片等多种方式,更为直观地展现教学内容,通过图文并茂、生动有趣的课件吸引学生的注意力;同时,可以采用"实地调研+现场走访"的实践型教学方法作为课堂教学的补充,使学生亲历生态环境保护工作,培养学生的学习兴趣。[1]以笔者自身的教学经历来说,在环境法学课程的开篇部分,宜于以身边的环境污染和生态破坏的真实案例作为导入,引起学生对于环境问题的重视,帮助学生充分认识学习环境法学的重要性,从而为后续教学内容的展开做好铺垫。在讲解环境法学领域内的各项法律制度时,宜于结合科普视频、实物资料等进行课堂教学,增加学生对于环境法律制度的感性认知。此外,如果客观条件允许,亦可以借助当下我国各级生态环境主管部门广泛开展的"环保设施向公众开放"活动,带领学生实地参观污水处理厂、垃圾焚烧发电厂等环保设施,通过实践型教学方式,帮助学生更加直观地了解环境法律制度及其实践应用,提高学生的学习兴趣,从而为环境法学课程的教学质量提升打下基础。

（三）引导教师回归教学

教学是高校教师的首要任务。然而如前文所述,囿于科研成果考核"指挥棒"的引导,当下我国高校教师大多存在"重科研、轻教学"的现象,[2]导致高校的课堂教学效果普遍不佳。笔者认为,有必要从以下几个方面入手,引导我国高校的环境法学专职教师回归教学工作,从而提升环境法学课程的教学质量:一是在客观条件允许的情况下,尽可能安排具有环境法学专业知识背景的教师任教环境法学课程,以确保任课教师对于所授的环境法学课程具有熟悉度和认同感;二是继续推进高校教师职称评定中的破"五唯"改革,将课堂教学质量作为高校教师职称评定时的重要参考并适当增加其权重,倒逼教师在教学中投入更多的时间和精力;三是基于环境法学并非法学主流学科的客观情况,适当降低对环境法学专职教师的科研考核标准,避免与刑法学、民商法学、行政法学等法学主流学科"一刀切",以在一定程度上减轻环境法学专职教师的科研压力,使其能够更加专注于教学;四是积极开展环境法学专职教师的教学能力提升培训工作,例如邀请环境法学领域内的资深教师进行"传帮带",搭建不同高校环境法学专职教师之间的教学经验交流与学习平台等。

---

[1] 韩卫平、陈曦:《环境法学实践型教学模式初探》,载《大学教育》2019年第5期。
[2] 胡乐乐:《高校"重科研 轻教学"的现状亟待改变》,载《光明日报》2015年4月2日第02版。

四、结语

生态兴则文明兴,生态衰则文明衰,生态文明建设是关系中华民族永续发展的根本大计。自党的十八大提出大力推进生态文明建设以来,"绿水青山就是金山银山"的理念深入人心,我国的生态环境质量得到了持续改善。为了牢固守护我国生态文明建设所取得的丰硕成果,不断推进环境法治教育、大力培养环境法治人才等工作必不可少。为此,在高校法学专业的日常教学中,应当重视环境法学课程的教学质量提升工作,通过活跃课堂气氛、丰富教学内容等多种方式破解环境法学的学科地位"降格"所带来的一系列负面连锁反应,使环境法学成为一门"教师想教、学生想学"的法学热门课程。

新时代知识产权法课程改革教学实践研究

范晗婷

【摘要】 近年来,我国知识产权产业不断发展,走出了一条具有中国特色的社会主义知识产权发展之路,知识产权保护工作取得了历史性成就。与此同时,我国正面临着知识产权产业转型,从知识产权引进大国向知识产权创造大国转变。近年来,美国利用其知识产权产业的霸权地位对中国企业发起301调查和337调查,企图打压中国企业,遏制我国知识产权产业发展,以维护其在医药、高科技等领域的垄断地位。习近平主席提出:民族伟大复兴必须有创新精神,保护知识产权就是保护创新。要全面加强知识产权保护工作,激发创新活力,推动构建新发展格局,贯彻新发展理念,推动知识产权高质量发展。知识产权体制机制建设关系着国家长治久安,人民幸福安康。建立健全中国特色社会主义知识产权体制机制,离不开高质量知识产权法律人才。虽然近年来,知识产权法课程已纳入各大高校法学核心课程中,但因知识产权法内容庞杂,知识产权领域科技更新迭代,使传统教学手段在知识产权法课堂难以发挥最大效果。本文结合实例,探讨知识产权法课程改革的有效路径,研究如何通过新理念、新内容、新方法、新技术方法的运用,为国家培养高质量知识产权法律人才,进而推动中国特色知识产权体制机制的建设和完善,逐步把我国知识产权制度推向世界。

【关键词】 知识产权;课程思政;教学实践

2021年1月习近平主席在中央政治局第二十五次集体学习中提出:全面加强知识产权保护工作,激发创新活力,推动构建新发展格局,贯彻新发展理念,推动知识产权高质量发展。习近平主席指出:"创新是引领发展的第一动力,保护知识产权就是保护创新。"习近平主席还提出,我们要建立高效的知识

【作者简介】范晗婷,南京审计大学法学院讲师,主要从事知识产权法教学与理论研究。

产权综合管理体制,打通知识产权创造、运用、保护、管理、服务全链条,推动形成权界清晰、分工合理、责权一致、运转高效的体制机制,构建知识产权综合管理体制。目前在知识产权行业,我国还存在各种问题亟待解决。近年来,美国利用其知识产权产业的霸权地位对中国企业发起 301 调查和 337 调查,企图打压中国企业,遏制我国知识产权产业发展,以维护其在医药、高科技等领域的垄断地位。此外,全社会对知识产权保护的重要性认识需要进一步提高;随着新技术新业态蓬勃发展,知识产权保护法治化仍然跟不上;知识产权整体质量效益还不够高,高质量高价值知识产权偏少;行政执法机关和司法机关的协调有待加强;知识产权领域仍存在侵权易发多发和侵权易、维权难的现象,知识产权侵权违法行为呈现新型化、复杂化、高技术化等特点;有的企业利用制度漏洞,滥用知识产权保护;市场主体应对海外知识产权纠纷能力明显不足,我国企业在海外的知识产权保护不到位,等等。①

要解决以上问题并建立完善我国知识产权体制机制需要高质量的知识产权法律人才队伍。如何培养高质量知识产权法律人才是目前我国高等院校法学专业所共同面临的新挑战。虽然近年来,知识产权法课程已纳入各大高校法学核心课程中,但因知识产权法内容庞杂,知识产权领域科技更新迭代,使传统教学手段在知识产权法课堂难以发挥最大效果。新时代知识产权法课程改革应当以习近平新时代中国特色社会主义思想为指导,全面贯彻党的十九大和十九届历次全会精神,紧紧围绕迎接、宣传、贯彻党的二十大这条主线,从知识产权国家战略视角出发,围绕知产强国政策,紧扣《知识产权强国建设纲要(2021—2035 年)》和《"十四五"国家知识产权保护和运用规划》,结合我国知识产权事业发展取得的历史性成就开展课程思政教育,增强学生民族自信心。

一、知识产权法课程教学难点

目前知识产权法课程领域主要存在以下几个教学难点:1. 课时短,内容多;2. 知产行业对法律人才要求高;3. 知产体系为国外起源,基于资本主义社会形态;4. 涉及科技高精尖,与学生日常生活较脱节;5. 知识产权虽属于私权,知识产权法却是以保护公共利益为出发点。以我校为例,知识产权法课程为法学院

---

① 习近平:《全面加强知识产权保护工作 激发创新活力推动构建新发展格局》,中国政府网:http://www.gov.cn/xinwen/2021—01/31/content_5583920.htm

核心课程,共3学分,51个课时,共涉及著作权,专利权,商标权,与知识产权有关的反不正当竞争法,以及知识产权国际条约在内五个板块。从以往教学实践经验来看,由于课时短内容多且复杂,往往出现学生对某些内容掌握不深需要重复讲解,因而出现教学进度过慢,计划内容无法完成等问题。以著作权法为例,邻接权是以往教学经验中学生理解困难的一个教学点,在学习如表演者权和录音录像制作者权时,学生经常出现概念混淆,进而对著作权法的学习产生畏难情绪。在期中期末检测中,学生表现往往达不到预期。此外,知识产权产业科技更新迭代,涉及领域越来越广,导致对知产法律人才要求水涨船高,这给知识产权法本科教学带来了更多的挑战。以专利行业为例,高质量专利人才需要拥有丰富的产业背景,并熟练掌握专利授权、转让、政府监管、涉外法律、金融私募、房地产等多领域的实务操作。因此,知识产权法学教育不仅仅局限于本科法学院以内,更贯穿于知产法律从业者整个职业生涯。在知识产权法课堂,教师在为学生打牢知产法律基础的同时,更要注重培养学生实际操作技能,终身学习意识和自主学习能力。

知识产权制度起源于17世纪的欧洲,是工业文明借助市场经济逐步形成的一种财产制度,经历四百余年的变迁,从区域法逐渐走到世界舞台中央,成为新时代世界各国所普遍接受的一种财产制度,并直接影响各国科学技术的发展变迁。在我国,新中国成立不久后,我国就颁布了《保障发明权与专利权暂行条例》《商标注册暂行条例》等法规,对实施专利、商标制度作出了初步探索。20世纪70年代末改革开放以来,我国逐步建立起知识产权制度,并加入了主要知识产权国际组织和公约。虽然我国在知识产权法治建设上已经取得了历史性的成就,但目前国际上知识产权法律制度仍以西方国家尤其是美国为主导,带有浓厚的帝国主义色彩,以维护美国利益为出发点。近年来,美国利用其知识产权产业的霸权地位对中国企业发起301调查和337调查,企图打压中国企业,遏制我国知识产权产业发展,以维护其在医药、高科技等领域的垄断地位。我国自2021年9月以来加入CPTPP(全面与进步跨太平洋伙伴关系协定),并努力从知识产权国际规则的参与者向建设者转变,在国际上逐步争取话语权,但目前知识产权法课程仍然以西方建立的知识产权体制为基础,与中国国情出入较大,给学生学习知产法造成困难。

此外,知识产权法往往涉及高精尖科技,与学生日常生活较脱节,因此学习起来颇有难度。例如,在讨论FRAND原则(公平合理非歧视原则)以及FRAND费率裁决案件时,可能会涉及4G LTE及5G标准必要专利。此外,

LED行业、电池行业等均是近年来专利案件中的热点，要理解这些案件需要对这些科技技术背景有一定了解。在医药专利领域，当学习原研药与仿制药概念时，学生需要对临床试验以及"生物等效性"等医药背景有所了解。此外，知识产权法学习的另一难点是，虽然知识产权是私权利，知识产权法却是出于保护公共利益的目的，在实际教学中，学生往往对这两点产生混淆，对知产案件理解产生偏差。

二、知识产权法课程教学改革路径探索

对于新时代法治人才培养机制，习近平主席明确提出，我们要坚持立德树人、德法兼修、明法笃行。高校是法治人才培养的第一阵地，高校法学教育在法治人才培养中发挥着基础性、先导性作用，要深化高等法学教育改革，优化法学课程体系，强化法学实践教学。结合时代背景，习近平理论指导，以及在过去知识产权法教学中遇到的难点，我们重新梳理整合了知识产权法的课程内容。知识产权法本科课程的根本目的是引导学生学习知产法并为学生在未来学习从事知识产权法打下基础，因此在课时有限的情况下，在课程内容的选择上，应当有的放矢，适当精简内容。首先，在法学本科教育中，知识产权法通常作为一门入门的概论课程，一些法学院校在知识产权法的基础上还为学生提供商标法、专利法、著作权法、网络资讯技术法、知识产权法写作等配套高阶课程。即使院校不提供此类高阶课程，在线上课程快速发展的今天，由各大院校制作的线上课程基本覆盖了知产法高阶课程领域，学生可以通过课余时间参与线上课程的形式对感兴趣的高阶课程进行系统学习，知识产权法教师可根据学生情况推荐引导学生进行线上学习。因此在知识产权法入门阶段，可以对于一些与日常实务操作关联度不大的理论历史等内容进行精简，这有助于解决课时量少内容多且复杂的问题，帮助学生夯实基础，提升学生学习兴趣，以解决现实问题为出发点，将问题聚焦在学生未来执业中可能遇到的情境，逐步实现知产法教学从传统型教学向应用型教学的转变。诚如习近平主席所说，目前我们需要强化法学实践教学。法学是一门实践性很强的学科，法学教育与社会实践共同推进，逐步增加实践在教学中的比例，进一步加强产教结合，是法学课程深化改革的大方向。纸上得来终觉浅，绝知此事要躬行。因此在课程设置中，我们联合我校知识产权实践基地与知识产权法研究中心，为学生提供实践机会，并不定时邀请校外实务专家给学生开展讲座。此外，为了进一步鼓励学生学习知产法，我

们带领学生参与江苏省知产局举办的知识产权知识竞赛等活动,通过多种方式提升学生学习知产法的兴趣。

在教学实践中,结合线上教学工具,我们采取了以下几种尝试。首先,在课前安排自主学习环节。自主学习是知识产权法律教育中不可或缺的一环。学生在走上职业岗位后仍然需要不间断地进行自主学习,以适应不断变化的知识产权产业形态。在传统教学中,虽然也强调预习的重要性,但这种预习主要是让学生提前阅读下节课的教材内容,在实践中,这种预习方式很难达到预期效果,学生普遍完成度较差。在课程改革中,我们通过借助线上教学工具,将自主学习与平时成绩挂钩,激发学生的学习兴趣,全面提升学生自主学习的效果和效率。课前,教师通过线上学习软件向学生下达学习任务单,学生根据自主学习任务单的要求,通过观看视频、阅读案例、法条、新闻、文献,在线测试,小组讨论等形式进行自主学习,完成学习任务后将取得相应分数,计入平时成绩。习近平总书记提出要统筹国内法治与涉外法治,大力培养涉外法治人才。为响应习近平总书记的号召,在自主学习任务中适当涵盖一些英文的新闻,案例,文献,合同等,以提升学生英语阅读分析能力。例如,在著作权法的自主学习任务中,学生将阅读全英文的电影制作合同,通过学习与著作权相关的英文合同条款,加深学生对著作权的理解,增进学生对涉外法治的认识。在自主学习任务布置中,有两点注意事项。第一,课前任务内容要适量。在以往实践中,考虑到学生的不同需要,自主学习任务呈阶梯性分布,学生完成基础任务即可获得平时分数,如果学生学有余力还可以挑战高阶任务。然而在实践中我们发现,如果布置太多内容,即使不需要学生全部完成,也会给学生造成一定压力,降低学生学习的积极性,影响基础任务的完成度。因此,布置课前任务需要因材施教,基础任务统一布置,如果学生学有余力,可以一对一布置高阶任务。第二,课前任务不可与课堂教学内容重合度过高。例如,如果课前任务的视频涵盖了课堂的大部分重点内容,将导致学生课堂学习不积极,影响授课质量。

习近平总书记强调:"要坚持显性教育和隐形教育相统一,挖掘其他课程和教学方式中蕴含的思想政治教育资源,实现全员全程全方位育人。"因此,在知识产权法课堂教学中,应当结合思政内容,引导学生将爱国情、强国志、报国行自觉融入实现中华民族伟大复兴的奋斗之中。例如,在专利法的教学中,一般会结合时下热门的专利法案例进行授课。在过去一年中,消费电池(俗称"小电池",例如笔记本手机电池)专利是国内外专利法案件中的热点。目前消费电池企业之间的国际化专利争夺尤为激烈,其中,日立 Maxwell,宁德新能源科技

ATL 和珠海冠宇三家竞争最令人瞩目。日立 Maxwell 成立于 1961 年,是当时能源储存和电池技术的全球领先者。然而近年来,其锂电池业务已经式微,2020 年营收仅约 70 亿人民币。新能源科技有限公司 ATL 后来居上,是目前聚合物锂电池领域的全球领导者,于 1999 年在东莞成立。ATL 占据全球智能手机电池市场的 42%,全球排名第一,其笔记本电脑及平板电脑锂离子电池出货量也居世界首位,近年营收大概在 300 多亿元。而珠海冠宇成立于 2007 年,在笔记本电脑及平板电脑锂离子电池领域出货量达 20.87%,全球排名第二,仅次于新能源科技 ATL;手机锂离子电池出货量达 7.27%,全球排名第四,2021 年营收约 103.47 亿元。[①][②] 近年来,以日立 Maxwell 为代表的国外企业,如荷兰飞利浦等,不思进取,坐吃山空,企图通过专利货币化的方式,对中国企业发难,旨在遏制我国产业发展,实践证明他们的企图是不会成功的。以日立 Maxwell 为例,其 2021 年知识产权许可业务收入超 100 亿日元(合 7931 万美元,从 2021 年开始 10 年付完),而为了获得这些许可业务,日立 Maxwell 过去一年花费了高达 66.43 亿日元(5262 万美元)的诉讼与律师费。2021 年,日立 Maxwell 在美国起诉 ATL 专利侵权,其后 ATL 向美国 PTAB 提交了无效日立 Maxwell 四项专利的复审,均已获得受理,根据规则,这四项专利大概率将被判无效。在日立 Maxwell 节节退败,日渐衰落的同时,中国企业如 ATL 和珠海冠宇等齐头奋进,这些案例体现了国人自强不息,奋勇拼搏,开拓创新,不断进取的精神。通过学习此类案例将大大提升学生的民族自豪感。

三、结论

目前我国处在经济社会高速发展时期,国家越来越重视知识产权产业战略布局与知识产权国家安全,我们要进一步提升各类创新主体的知识产权综合能力、实现知识产权存量价值、更好地支撑创新驱动发展和经济转型升级。这就要求各大法学院校培养出更多高质量的知识产权法律人才。课程教育是人才培养的核心要素,我们应当以学生发展为中心,将新时代对社会主义建设者和接班人的培养要求与学科专业的培养目标相结合,融入思政教育,运用新兴教学手段,全面完善和发展本科阶段知识产权法课程,为我国知识产权事业添砖加瓦。

---

① 走进冠宇,冠宇官网:http://www.cosmx.com/html/about/about/
② 《消费电池三国杀》,腾讯网:https://view.inews.qq.com/a/20220413A0D33900

"法学+"复合型专业本科生专业承诺及影响因素研究

牛建平　韩冰瑶

【摘要】 新文科建设背景下,"法学+"复合型专业近些年正逐渐兴起,提升其人才培养质量离不开对学生学习态度和行为的研究。专业承诺是反映大学生积极学习的一个重要综合指标,通过实证研究发现,现阶段"法学+"复合型专业本科生专业承诺整体状况处于中等偏上水平,较过去有显著提高;男女生和来自不同生源地的学生在专业承诺总水平上存在显著差异;学生对所学专业的了解度、对就业预期、与自己的兴趣符合度、专业教学氛围、对人才培养方案了解度是专业承诺的重要影响因素。提升"法学+"专业学生的专业承诺水平需要做好专业认知引导、深入解读人才培养方案、深化教学改革、适当扩大理科生招生规模。

【关键词】 专业承诺;法学+;法务会计;法务金融;监察

一、引言

习近平总书记2021年4月在考察清华大学时强调,高等教育是有机的整体,其内部各部分之间具有内在的相互依存关系,要用好学科交叉融合的"催化剂",加强基础学科培养能力,打破学科专业壁垒,对现有学科专业体系进行调整升级,瞄准科技前沿和关键领域,推进新工科、新医科、新农科、新文科建设,

---

【基金项目】本文系江苏省高校哲学社会科学研究基金项目"卓越法律人才素质模型构建——基于胜任力视角"(课题编号:2018SJA0332)成果之一。
【作者简介】牛建平,南京审计大学法学院助理研究员,主要从事教育心理学、法学教育研究;韩冰瑶,南京审计大学法学院法学(法务金融)专业学生。

加快培养紧缺人才。① 在我国全面推进依法治国和新文科建设背景下,复合型卓越法治人才培养是新时代法学教育的重要使命。近十年来,我国许多高校已开始探索"法学+"复合型专业,培养德法兼修、复合创新的"卓越法治人才",这已成为新时代高等法学教育发展的重要趋势。"法学+"复合型专业,是将法学与其他学科进行有机融合交叉,旨在培养适应时代社会经济发展需要的、既懂法学又懂其他学科的复合型法治人才。例如南京审计大学立足新文科建设,依托该校审计、会计、金融等优势学科,打造出法学(法务会计)、法学(法务金融)、法学(监察方向)等系列"法学+"特色专业方向,培养德法兼修、复合创新的法治人才。②

显而易见,探索"法学+"复合型方向,培养卓越法治人才,这是法学教育活动。教育是一个系统,它包含三种基本要素"教育者""学习者"和"教育影响"。③ "学习者"是教育活动必不可少的一个要素,学习者的学习目的、学习风格和兴趣、学习能力、对学习的反思或管理能力都将影响教育效果,影响人才培养质量。重视对学习者的研究,是"法学+"复合型专业教育必须重视的问题,是促进法学教育良好发展的重要环节。

那么从"学习者"的研究视角出发,作为"学习者"的大学生,他们对"法学+"复合型专业的目标和价值认同如何?他们是否愿意为专业学习付之努力?这就有必要对他们的专业承诺状况展开研究。生涯社会认知理论的观点认为,个体对学业的承诺是学生在学校阶段体验的综合体现与反映。④ 专业承诺是指学生对自己本专业的认同度并且愿意继续为之努力的行为和积极态度。⑤ 专业承诺高的个体会更加主动、积极地通过多种渠道加深专业了解、设立学习目标、加强专业知识,从而树立清晰的职业定位、获取实践经验、进行职业决策。而专业承诺低的个体容易对未来的职业定位产生迷茫,学习过程被动消极,缺少掌控感,同时也难以取得满足未来职业要求的专业学习结果。⑥ 大学生专业承诺

---

① 新华网:《习近平在清华大学考察时强调 坚持中国特色世界一流大学建设目标方向 为服务国家富强民族复兴人民幸福贡献力量》,参考网:http://www.xinhuanet.com/politics/leaders/2021-04/19/c_1127348921.htm.
② 邵春雷:《用"法学+"理念培养复合型应用型人才》,载《民主与法制时报》2021年12月9日第5版.
③ 全国十二所重点师范大学联合编:《教育学基础》,教育科学出版社2015年版,第5页.
④ Lent R W, Brown S D. Social cognitive model of career self-management: Toward a unifying view of adaptive career behavior across the life span. [J]. Journal of Counseling Psychology, 2013, 60(4): 557-568.
⑤ 连榕,杨丽娴,吴兰花:《大学生的专业承诺、学习倦怠的关系与量表编制》,载《心理学报》2005年第5期.
⑥ 陈宛玉,温东荣,叶一舵:《大学生专业承诺和职业决策困难的关系再探讨》,载《宁波大学学报(教育科学版)》2018年第6期.

直接影响其对专业的学习态度,是大学生学习主动性最重要的心理基础,[1]直接影响学生对学习的投入、[2]学习生涯管理、学习效果、专业满意度。[3] 专业承诺由情感承诺、理想承诺、规范承诺、继续承诺组成。情感承诺是指学生对于所学专业的喜爱、对本专业的愿望和寄予的个人情感。理想承诺是指学生是否认为自己可以通过自身的努力在本专业真正发挥出自己的专长与特长,有利于实现自己的理想和抱负;规范承诺代表学生是否认同并愿意遵守本专业的要求和规范;继续承诺指学生是否愿意留在该专业继续进行学习或将来从事所学专业。[4]

通过研究"法学+"复合型专业本科生的专业承诺状况,有效掌握学生对专业的认可程度、了解学生的学习态度和行为,可以为"法学+"专业教育提供"学习者"环节的数据支撑,为新文科背景下卓越法治人才培养提供一些思考。

二、方法

(一)研究工具

本研究采用连榕等[5]编制的《大学生专业承诺调查量表》和自编的学习情况调查问卷进行研究,《大学生专业承诺调查量表》共计 27 个题目,自编的学习情况调查问卷 13 道题目,量表的 Cronbach a 系数为 0.941。每道题采取从完全不符合到完全符合的五级计分法。

(二)研究对象

采用整群抽样法,于 2021 年选取南京审计大学 467 名在校本科生进行调查,包括法学专业、法学(法务会计)、法学(法务金融)、法学(监察方向)[6]本科生 467 人,每个专业方向包括大一至大四年级(监察方向仅有大一和大二年级)

---

[1] 段陆生:《大学生专业承诺学习倦怠与学习投入的关系》,载《中国健康心理学杂志》2008 年第 4 期。
[2] 张浩:《大学生专业承诺与生涯管理》,载《华东经济管理》2005 年第 1 期。
[3] 严瑜:《大学生专业承诺的实证研究》,载《湖北师范大学学报(哲学社会科学版)》2008 年第 6 期。
[4] 连榕,杨丽娴,吴兰花:《大学生的专业承诺、学习倦怠的关系与量表编制》,载《心理学报》2005 年第 5 期。
[5] 连榕,杨丽娴,吴兰花:《大学生的专业承诺、学习倦怠的关系与量表编制》,载《心理学报》2005 年第 5 期。
[6] 为表述简洁,下文中将法学(法务会计)、法务(法务金融)、法学(监察方向)复合型专业方向分别简称为法务会计、法务金融、监察方向。

（三）数据分析与处理

本次问卷采用不记名方式进行线上施测。实际回收问卷 467 份，剔除无效问卷 37 份，保留有效问卷 430 份，其中法学专业共 134 人，法学（法务会计）143 人，法学（法务金融）82 人，法学（监察方向）71 人。数据采用 SPSS 24 软件进行统计分析。

三、结果与分析

（一）"法学＋"复合型专业本科生专业承诺状况

1. 专业承诺整体状况

表 1 "法学＋"复合型本科生专业承诺整体状况及差异比较

专业（人数）	情感承诺 M±SD	理想承诺 M±SD	规范承诺 M±SD	继续承诺 M±SD	专业承诺总水平 M±SD
法学（134）	3.784 ± 0.591	3.674 ± 0.577	4.063 ± 0.630	3.537 ± 0.614	3.752 ± 0.527
法学（法务会计）（143）	3.745 ± 0.578	3.630 ± 0.579	4.071 ± 0.609	3.519 ± 0.518	3.726 ± 0.498
法学（法务金融）（82）	3.627 ± 0.662	3.458 ± 0.684	3.866 ± 0.825	3.319 ± 0.721	3.559 ± 0.620
法学（监察方向）（71）	3.761 ± 0.588	3.545 ± 0.649	4.037 ± 0.713	3.507 ± 0.505	3.700 ± 0.537
四个专业方向全体	3.738 ± 0.601	3.597 ± 0.615	4.024 ± 0.681	3.485 ± 0.594	3.698 ± 0.541
F	1.236	2.422	1.870	2.699	2.398
p	0.2963	0.065	0.134	0.045	0.067
多重比较				3＜1**,2*	

多重比较中数字 1、2、3、4 分别代表法学、法务会计、法务金融、监察方向；* $p<0.05$ ** $p<0.01$ *** $p<0.001$

由于本调查样本学校法学专业在人才培养方案设计上比较注重法学与其他学科的交叉,在专业课设置增加了诸如审计、会计、微积分等课程,因此,我们认为这里的法学专业实际上也是法学复合型专业。由表1可以看出,"法学+"复合型专业本科生专业承诺得分为3.698,情感承诺、理想承诺、规范承诺、继续承诺四个维度以及专业承诺总水平均处于中等偏上水平(5点计分制中间值为3)。

整体来看,"法学+"复合型专业本科生情感承诺(3.738)和规范承诺(4.024)得分较高,理想承诺(3.597)和继续承诺(3.485)水平次之。刘晓磊等人对江苏省内大学生专业承诺研究结果显示,情感承诺(3.47)和规范承诺(3.79)较高,理想承诺(3.40)和继续承诺(3.32)均分较低。[1] 与此相比,"法学+"复合型专业本科在专业承诺总水平以及各维度上的得分普遍较高。这可能与教育部、中央政法委发布的《关于坚持德法兼修实施卓越法治人才教育培养计划2.0的意见》实施以来,提出培养德法兼修的卓越法治人才的新要求,加强法学高等教育革新有关。此外,人们对公平正义的渴求,对法律敬仰,对法律从业者社会价值的认同,也有助于促使大学生对本专业产生较强的认同感,更愿意主动地投入到专业学习中来,因而规范承诺和情感承诺比较高。

为比较不同专业方向学生的专业承诺水平,对法学、法学(法务会计)、法学(法务金融)和法学(监察方向)四个专业方向学生的专业承诺水平进行单因素方差分析,结果见表1。四个专业方向在专业承诺总水平和情感承诺、理想承诺以及规范承诺的得分上没有显著差异(p>0.05),在继续承诺上存在显著差异。进行事后比较(LSD)发现,法务金融方向学生的继续承诺得分比法学和法务会计学生的低。分析其原因可能有二:一是,法务金融专业方向发展历史较短,在国内尚没有大规模招生,不及法务会计、监察方向等复合型专业普遍,学生对于该专业培养目标、就业方向等方面的认识难免认识不够全面;二是,学生自身内部因素决定,在同期关于学习动机的调查中发现,在"该专业符合自己兴趣""想掌握专门的知识和技能""想提高自己的素养"等选项上,法务金融学生选择人数占比均比其他专业方向人数少。虽然,法务金融本科生继续承诺水平低于法学其他专业方向,但与江苏省大学生其他专业学生的继续承诺水平基本持平。[2]

---

[1] 刘晓磊:《大学生职业价值观、专业承诺和就业力的关系研究》,载《江苏高教》2021第12期。
[2] 刘晓磊:《大学生职业价值观、专业承诺和就业力的关系研究》,载《江苏高教》2021第12期。

2. 不同性别、文理科、生源地"法学+"复合型专业本科生专业承诺状况

以不同性别、高中时的文理科、不同生源地为分组变量，分别就专业承诺各维度及总体状况进行差异比较（t检验和单因素方差分析），结果见表2。男女生在情感承诺、规范承诺和继续承诺以及专业承诺总水平上存在显著差异（$p<0.05$），女生的专业承诺得分普遍比男生的得分高。法学（法务会计）、法学（法务金融）和法学（监察方向）的男女生专业承诺水平没有显著差异，但法学专业男女生的专业承诺水平差异非常显著（$p<0.001$），女生专业承诺水平在各维度均比男生高。有可能是因为男生和女生在对待选择、环境适应、挑战性等方面的认知态度造成的。女生往往在学习中多以社会、家长和老师等外部评价为主，对于法学这样的文科性比较强的传统专业的职业预期和接受程度更高，专业兴趣也较男生高，专业承诺水平就更高；而男生则更偏向于接受挑战，相比而言，法务会计、法务金融交叉性学科比较强的"法学+"复合型专业，挑战更高，较法学专业而言更符合男生的期许，且结果也显示，男生对法务会计、法务金融的兴趣符合度较法学高，在学科的交叉作用下，男女生的专业承诺水平差异不大。

理科学生在理想承诺和继续承诺这两个维度上得分高于文科学生（$p<0.05$），而文理科学生的专业承诺总水平没有显著差异（$p>0.05$），但法务会计方向的理科生比文科生在专业承诺总水平得分高，达到显著水平。分析其原因有可能是："法学+"复合型方向涉及法学和其他专业知识，有学科交叉，而且有微积分、会计学等相关偏理科的课程，且法学专业本身也是逻辑性比较强的专业，而理科生在高中学习训练中这方面比较占优势，更符合他们对专业的预期，因此对专业学习认可度更高。因此，法学专业应转变传统的以文科为主的生源构成，解放思想，适当扩大理科生招生规模。①

不同生源地的学生在情感承诺、理想承诺和专业承诺总水平上存在显著差异（$p<0.05$），通过事后比较（LSD）发现，来自农村的学生得分低于城市和县镇的学生，法务会计学生的这种差异更为明显。法学专业属于人文社会科学类专业，法务会计等复合型专业是现代经济社会发展对法治人才新需求的产物。城镇较农村经济更发达，人们获取信息的渠道更多，同学们对专业认知就更加充分。另一方面也说明，多为农村及偏远地区学生提供更多的专业认知渠道和平台，对于提高其专业承诺水平，增强专业学习信心非常重要。

---

① 徐显明：《新文科建设与"新法学"教育的挑战和应对》，载《新文科教育研究》2021年第1期。

表2 不同人口学变量在专业承诺及各维度上的状况

项目(人数)		情感承诺 M±SD	理想承诺 M±SD	规范承诺 M±SD	继续承诺 M±SD	专业承诺总水平 M±SD
性别	男 90	3.614±0.646	3.503±0.611	3.847±0.733	3.326±0.61	3.564±0.546
	女 340	3.770±0.585	3.622±0.614	4.071±0.659	3.527±0.583	3.733±0.535
文理科	理科 193	3.748±0.681	3.674±0.685	4.007±0.779	3.554±0.649	3.734±0.628
	文科 237	3.729±0.527	3.534±0.545	4.037±0.59	3.428±0.539	3.669±0.458
生源地	城市 191	3.78±0.611	3.666±0.59	3.991±0.682	3.522±0.592	3.732±0.535
	县镇 140	3.777±0.532	3.638±0.568	4.084±0.633	3.519±0.562	3.741±0.49
	农村 99	3.6±0.655	3.406±0.688	4.002±0.741	3.364±0.631	3.572±0.604
性别	t	−2.210	−1.632	−2.798	−2.874	−2.655
	p	0.028	0.103	0.005	0.004	0.008
文理科	t	0.332	2.366	−0.440	2.145	1.207
	p	0.740	0.018	0.660	0.033	0.228
生源地	F	3.383	6.492	0.831	2.687	3.553
	p	0.035	0.002	0.436	0.069	0.029
多重比较		3<1*,2*	3<1***,2**		3<1*,2*	3<1*,2*

多重比较中数字1、2、3分别代表来自城市、县镇、农村;* p<0.05 ** p<0.01 *** p<0.001

3. 不同年级本科生专业承诺状况

对各年级的专业承诺水平进行单因素方差分析,结果见表3,专业承诺的四个维度及总体水平均没有显著差异(p>0.05)。这与之前的研究结果不太相同。国内连榕等人研究发现,本科生专业承诺年级之间存在差异,大一学生的专业承诺水平普遍高于大二和大三学生的水平;而本研究中,从描述性统计来看,大二学生的专业承诺水平在各维度上均高于大一、大三和大四学生,大四学生除情感承诺外其他各维度承诺水平次之,最低的是大三学生,虽然有差异,但各年级的专业承诺水平差异却并未达到统计学意义上的显著水平。

表3 不同年级学生在专业承诺各维度上的差异

年级 （人数）	情感承诺 M±SD	理想承诺 M±SD	规范承诺 M±SD	继续承诺 M±SD	专业承诺总水平 M±SD
大一(220)	3.7762± 0.63355	3.5735± 0.63551	3.9903± 0.71000	3.4369± 0.60289	3.6879± 0.56540
大二(84)	3.7875± 0.56301	3.6643± 0.60741	4.1725± 0.68380	3.5854± 0.58461	3.7819± 0.52126
大三(72)	3.6013± 0.59735	3.5210± 0.63924	3.9765± 0.69757	3.5147± 0.62410	3.6307± 0.55785
大四(79)	3.7018± 0.53801	3.6579± 0.53710	4.0000± 0.56095	3.4803± 0.54431	3.6964± 0.47272
F	1.733	1.015	1.587	1.275	1.017
p	0.160	0.386	0.192	0.283	0.385

对法学、法学（法务会计）、法学（法务金融）和法学（监察方向）四个专业方向各年级学生的专业承诺水平分别进行单因素方差分析，进一步考察四个不同专业方向学生专业承诺水平的差异。结果显示，监察方向大二学生在规范承诺的得分为4.29，显著高于大一学生的3.88（$p=0.18$），除此之外，四个专业方向各年级在专业承诺总水平及各承诺维度上均没有显著差异（$p>0.05$）。这一结果与笔者之前的研究有所不同，法务会计大四学生的专业承诺水平显著高于大一、大二和大三，大四学生的专业承诺水平最高，大三学生的专业承诺水平最低；[①]而法学（法务金融）大一学生的专业承诺水平显著高于大二和大三，大三学生的专业承诺水平最低。[②] 分析其原因可能是：其一，法学会计、法务金融等"法学+"复合型专业符合新时代社会经济发展对卓越法治人才的需求，办学成效也开始显现，获得社会和学生的逐渐认可，致使年级之间专业承诺水平差异缩小；其二，南京审计大学法学院近些年来对本科生的专业认知教育多管齐下，通过在大一至大四不同阶段实施"新生入学教育""学业规划指导""校友分享""就

[①] 牛建平：《法务会计本科生专业承诺实证研究——以南京审计学院为例》，载《黑龙江教育（高教研究与评估）》2014年第4期。

[②] 牛建平、杨玲玲：《法务金融本科生专业承诺现状调查》，载蔡财祥编：《高等学校教学改革探索与实践》，中国时代经济出版社2014年版，第55—62页。

业指导""专业教学改革"等多种措施,提升了学生对专业认识和热爱程度。而监察方向虽然办学历史比较短,但国家对纪检监察人才急需,并且在专业成立之初,学校通过多种途径对学生进行了全方位的专业认知教育,近80%的学生表示想通过该专业学习掌握纪检监察相关知识和技能,有迫切的成才动机,因而其规范承诺水平比较高。

(二)"法学+"复合型专业本科生专业承诺影响因素

在本研究中,设置了学生对所学专业的了解程度、对所学专业就业前景的预期、所学专业与自己兴趣的符合程度、专业课程的教学氛围、对人才培养方案的了解度、学习成绩等题项,以便考察这些因素与专业承诺的关系。通过相关分析发现以上6个项目与专业承诺总水平的相关系数在0.075—0.666之间,均达到显著水平,说明这6个变量对专业承诺都有影响,且六个变量之间没有高相关。以专业承诺总分为因变量,以上面所述项目为预测变量,进行逐步多元回归分析,结果见表4。可以看出,6个变量均进入了回归模型,是专业承诺的有效预测变量,与专业承诺的多元相关系数R为0.850,决定系数R^2为0.723,最后回归模型整体性检验的F值为181.138,p=0.007<0.5,6个预测变量可有效解释专业承诺72.3%的变异量,对专业承诺最具预测力的为"所学专业与自己兴趣的符合程度",其解释变异量为58.2%,对人才培养方案的了解程度、对所学专业就业前景的预期、专业课程的教学氛围、对所学专业的了解程度和学习成绩预测力分别为9%、2.3%、1.3%、1%、0.5%,从标准化的回归系数β值来看,五个变量对专业承诺的影响均为正向。

表4 相关因素对专业承诺的逐步多元回归分析摘要表

投入变项顺序	R	R^2	ΔR的增量	F值	净F值(ΔF)	B
截距						0.944
所学专业与自己兴趣的符合程度 B3	0.763a	0.582	0.582	588.008***	588.008***	0.26
对人才培养方案的了解程度 B5	0.820b	0.672	0.09	430.807***	114.900***	0.12
对所学专业就业前景的预期 B2	0.834c	0.695	0.023	319.321***	32.297***	0.099
专业课程的教学氛围 B4	0.841d	0.708	0.013	253.799***	18.140***	0.108

续　表

投入变项顺序	R	R²	ΔR的增量	F值	净F值（ΔF）	B
对所学专业的了解程度 B1	0.847^e	0.718	0.01	212.703***	14.824***	0.094
学分绩点	0.850^f	0.723	0.005	181.138***	7.295*	0.085

* $p<0.05$　** $p<0.01$　*** $p<0.001$

从以上结果可以看出,所学专业与自己兴趣的符合程度越高、对人才培养方案的越了解、对所学专业就业前景的预期越好、专业课程的教学氛围越好、对所学专业越有客观了解、学习成绩越好,学生的专业承诺就越高;且专业兴趣对专业承诺影响比较大;不过,学习成绩对专业承诺虽然有影响,但影响并不是很大,可以解释变异量仅为 0.5%。

通过对样本数据做进一步回归分析,发现对专业了解度、专业教学氛围、对人才培养方案了解程度 3 个因素对专业兴趣符合度有很好的测试作用,其联合解释变异量为 45.5%,尤其是专业教学氛围,能解释兴趣符合程度总变异量的 35.3%。

通常情况下,兴趣属于内在动机,人们对有兴趣的东西会表现出很大的积极性。俗话说"兴趣是最好的老师。"在专业兴趣的激发下,个体能产生强烈的专业学习动机,克服重重困难去学习或钻研;能更好地集中注意力,提高专业学习效率,还易得到满足与成就感。正所谓"知之者不如好之者,好之者不如乐之者"。而兴趣是可以通过后天来培养的。良好的专业教学氛围,为学生带来较好的专业学习体验,体验到更多的学习乐趣,进而巩固专业兴趣;对专业的认知越清晰,对人才培养方案越了解,可以帮助学生对学习内容、未来从业方向以及专业价值有更深入的了解,进而有助于使其对专业抱有更强烈的兴趣。由此可以看出,提高专业承诺需要提高学生对该专业的兴趣,而提高学生对专业的兴趣则需要优化专业教学氛围、增强学生对专业和人才培养方案的了解程度。

（三）对比研究结果

2013 年,笔者对南京审计大学法学院法学、法务会计、法务金融本科生的专业承诺状况曾进行过研究,调查对象包括法学本科生 169 人、法学（法务会计）本科生 320 人、法学（法务金融）本科生 167 人。为了更好地了解法学专业各方向本科生专业承诺及其影响因素的变化情况,笔者将本次样本与 2013 年样本进行对比研究,结果见表 5。各项目计分均为五点计分制,最高分 5,最低份为

1。可以看出,在专业承诺水平各维度、学生对所学专业的了解度、对就业预期、与自己的兴趣符合度、专业教学氛围、对人才培养方案了解度各个项目上,2021年样本的得分水平均高于2013年样本的得分。进一步进行独立样本t检验发现,差异均达到非常显著的水平,见表6。

表5 前后样本在专业承诺及其5个影响因素上的得分状况

项目	样本年份	法学 M±SD	法务会计 M±SD	法务金融 M±SD	全体 M±SD
专业承诺总水平	2013	3.284±0.548	3.177±0.537	3.187±0.587	3.207±0.554
	2021	3.752±0.527	3.725±0.498	3.559±0.62	3.698±0.541
情感承诺	2013	3.348±0.564	3.221±0.554	3.217±0.599	3.253±0.57
	2021	3.784±0.591	3.745±0.578	3.627±0.662	3.737±0.601
理想承诺	2013	3.096±0.662	3.01±0.659	3.043±0.685	3.04±0.666
	2021	3.674±0.577	3.63±0.579	3.458±0.684	3.597±0.615
规范承诺	2013	3.77±0.657	3.567±0.701	3.571±0.769	3.62±0.712
	2021	4.063±0.63	4.071±0.609	3.866±0.825	4.024±0.681
继续承诺	2013	3.002±0.61	2.982±0.602	2.989±0.649	2.989±0.616
	2021	3.537±0.614	3.519±0.518	3.319±0.721	3.485±0.594
B1 对专业了解度	2013	3.083±0.711	3±0.792	3.072±0.861	3.04±0.79
	2021	3.709±0.681	3.622±0.669	3.524±0.773	3.63±0.71
B2 对就业预期	2013	2.574±0.884	2.913±0.909	3.006±0.895	2.849±0.913
	2021	3.545±0.801	3.49±0.721	3.378±0.898	3.47±0.789
B3 兴趣符合度	2013	3.03±0.954	2.911±0.907	2.964±0.969	2.955±0.935
	2021	3.724±0.817	3.552±0.845	3.476±0.972	3.605±0.875
B4 专业教学氛围	2013	3.243±0.856	2.963±0.822	2.964±0.924	3.035±0.865
	2021	3.955±0.703	3.86±0.793	3.707±0.923	3.898±0.81
B5 对人才培养方案了解度	2013	3.112±0.805	2.994±0.885	3.144±0.94	3.063±0.881
	2021	3.724±0.808	3.755±0.78	3.707±0.896	3.765±0.818

可以看出,与2013年的法学、法务会计、法务金融本科生相比,现阶段各专业方向学生的专业承诺总水平及各承诺维度上的得分更高,特别是情感承诺、

规范承诺得分提升幅度较大,规范承诺水平普遍已达到4分以上的较高水平;专业教学氛围、专业兴趣符合度和对人才培养方案的了解程度也有了明显提高。由此可以看出,"法学＋"复合型专业经过近几年的发展,其专业价值得到认可;积累了丰富的教学经验,获得了学生们肯定;同学们对专业有了更充分的认知,反过来也激发了同学们对专业的兴趣,这给"法学＋"复合型专业发展提供了更为乐观的数据支撑。

表6 各专业方向前后样本在专业承诺及其他专业认知状况上的差异比较

项目	法学 t	法学 p	法会 t	法会 p	法金 t	法金 p	全体 t	全体 p
专业承诺总水平	−7.513	0.000	−10.37	0.000	−4.617	0.000	−14.4	0.000
情感承诺	−6.555	0.000	−9.277	0.000	−4.907	0.000	−13.41	0.000
理想承诺	−7.989	0.000	−9.704	0.000	−4.495	0.000	−13.88	0.000
规范承诺	−3.918	0.000	−7.446	0.000	−2.773	0.006	−9.289	0.000
继续承诺	−7.56	0.000	−9.228	0.000	−3.636	0.000	−13.15	0.000
B1 对专业了解度	−7.759	0.000	−8.722	0.000	−4.026	0.000	−12.82	0.000
B2 对就业预期	−9.895	0.000	−6.706	0.000	−3.08	0.002	−11.55	0.000
B3 兴趣符合度	−6.699	0.000	−7.177	0.000	−3.912	0.000	−11.48	0.000
B4 专业教学氛围	−7.956	0.000	−10.98	0.000	−5.967	0.000	−16.48	0.000
B5 对人才培养方案了解度	−6.557	0.000	−8.862	0.000	−4.517	0.000	−13.22	0.000

四、结论

"法学＋"复合型专业本科生专业承诺整体状况处于中等偏上水平,较过去有显著提高;男女生和来自不同生源地的学生在专业承诺总水平上存在显著差异;不同年级的学生在专业承诺总水平上没有显著差异;"法学＋"不同专业方向本科生在专业承诺总水平上虽然差异不显著,但在继续承诺水平上法务金融学生明显低于法学和法务会计学生;法学各专业方向本科生的专业承诺水平受学生对所学专业的了解度、对就业预期、兴趣符合度、专业教学氛围、对人才培养方案了解度等因素影响。